高等院校国际经济与贸易系列精品规划教材

国际商法 第3版

International business law

宁烨 杜晓君 主编

洪晓梅 郑红 赵进华 参编

机械工业出版社
China Machine Press

图书在版编目（CIP）数据

国际商法 / 宁烨，杜晓君主编 . —3 版 . —北京：机械工业出版社，2019.9（2024.8 重印）
（高等院校国际经济与贸易系列精品教材）

ISBN 978-7-111-63511-6

I. 国… II. ①宁… ②杜… III. 国际商法 – 高等学校 – 教材 IV. D996.1

中国版本图书馆 CIP 数据核字（2019）第 180898 号

  本书立足于国际商事行为所需要的相关法律知识，全面、系统、科学地阐述国际商法的基本理论和基本制度，将国外民商法基本理论、判例法司法实践与我国商事法律和对外贸易实践相结合，在理论上具有较强的系统性和概括性，在应用上具有针对性，在内容上反映国际商法的最新发展成果，具有鲜明的时代特色。

  本书可作为国际经济与贸易、工商管理、市场营销等专业以及英语、日语和俄语等语言专业的国际商法教材，还可供国际贸易等相关从业人员参考。

出版发行：机械工业出版社（北京市西城区百万庄大街 22 号　邮政编码：100037）
责任编辑：王一尘　　　　　　　　　　　　责任校对：殷　虹
印　　刷：北京捷迅佳彩印刷有限公司　　版　　次：2024 年 8 月第 3 版第 9 次印刷
开　　本：185mm×260mm　1/16　　　　印　　张：18.75
书　　号：ISBN 978-7-111-63511-6　　　定　　价：45.00 元

客服电话：（010）88361066　68326294

版权所有·侵权必究
封底无防伪标均为盗版

PREFACE 前言

本教材参考教育部"普通高等教育精编法学教材编写规划"的总体要求，并针对大学本科非法学专业的教学特点和人才培养目标，在借鉴、吸收国际商法学科最新科研成果和国际经贸实践的基础上，由国际商法和经济法学一线教学工作者和理论研究工作者编写而成。本教材以国际商事合同法、国际货物买卖法、知识产权保护法和国际商事争议的解决方法四大内容为主线，通过对当代世界经济影响极大的大陆法系、英美法系等若干发达国家的商事法律及有关国际商事交易的国际公约和国际贸易惯例的比较研究，在广泛借鉴国内外专家、学者的研究成果和国内外立法文件的基础上，较为深入地讨论了国际商法的理论和实务。

本教材的重要意义在于，它不仅符合教育部"普通高等教育精编法学教材编写规划"的总体要求，而且兼顾了学校非法学专业大学生的专业背景及特点。我们在多年的实际教学中认识到，非法学专业的大学生掌握法律知识的实际范围和程度，应当与专业法学学生区别对待，而且他们所学的法律知识一定要与其专业背景相联系，这样才能满足市场和社会的需要，培养出高级实用型人才。

为适应国际经济与贸易专业、工商管理专业、市场营销专业及外语学院英语、日语及俄语专业等非法学专业学生的特点及时代发展的新要求，我们除在教材内容的编写上尽可能把最新的立法与研究成果吸收渗透到教材中外，在内容安排、教法选择、编写体例等方面进行了幅度较大的调整和扩充，甚至是新尝试，使本教材与同类教材相比具有以下特点。

1. 专业的针对性

"国际商法"是一门专业法律课程，按照教学计划的要求，往往在大三下学期或大四上学期开设，但作为这门课程先期准备课程的"法律基础"则是在大一开设，而且作为选修课，所学内容（特别是民法学部分）的深度和广度与法学专业不能同日而语，而MBA学生中则有相当一部分人还没有这样的知识储备。这样，在学习"国际商法"这门课程时，学生均感到比较吃力，而作为授课教师，则更是苦于没有合适的教材。现有的国际商法教材通常是针对法学专业学生编写的，虽然体系完备、理论性强，但对于非法学专业学生而言，学习起来有一定的难度。同时，现有教材的内容也未能与学生的专业背景相联系，使学生感到不够实用。针对这种情况，我们非常迫切地需要编写适合非法学专业大学生的国际商法教材以及与之配套的系列教学辅助资料。教材在内容和体系上兼顾到非法学专业大学生的专业背景及特点，帮助学生更加深入全面地了解所学知识，增加学习兴趣。

2. 内容的最新性与体系的创新性

本教材力求内容的最新性，注重学科知识的系统性、先进性和权威性，吸收和反映国内外法学领域的最新成果，并具有鲜明的时代性特色与一定的前瞻性，力求做到与时俱进，满足现代国际商事活动的需求。本教材修订版在内容上增加了我国最新修订的2013年《中华人民共和国公司法》、2014年最高人民法院关于适用《中华人民共和国公司法》若干问题的规定（一）（二）（三）及2017年最高人民法院关于适用《中华人民共和国公司法》若干问题的规定（四）、2014年《中华人民共和国消费者权益保护法》、2015年《中华人民共和国电子签名法》、2015年《中国国际经济贸易仲裁委员会仲裁规则》、2016年《缺陷消费品召回管理办法》、2016年《缺陷汽车产品召回管理条例实施办法》、2017年《中华人民共和国民法总则》及2018年《中华人民共和国电子商务法》等方面的新材料；更新了各章的部分案例、热点关注、习题及延伸阅读等内容使之更能反映法律的最新发展情况；针对每一章的案例分析提供了答案，在教材最后也针对各章的"思考与练习"提供了答案，旨在方便学生自主学习和教师组织多种形式教学，并帮助学生考察对基本知识和概念的掌握情况，检验学习效果。

3. 注重实践性

本教材在注重理论性的同时，也增强了实践性。法学是一门实践性很强的学科，因为"法律的生命在于经验而不是逻辑"。理论与实践相结合是国际商法教学工作的一项基本原则。针对非法学专业大学生，特别是MBA学生的需求以及国际商法技术性、应用性、国际性非常强的特点，在每章内容中增设实务性内容，如与法律实务密切相关的"知识窗""热点关注""案例阅读""案例分析"及"阅读材料"等，加大了技能训练的比重，突出了"能力培养"和"创新教育"的教学理念，进一步体现了应用学科的特点，从而满足学生学以致用的需要。

4. 语言的简洁性与逻辑的清晰性

本书严格遵守国家教育部颁布的《高等学校国际经济与国际贸易专业课程教学大纲》以及《高等学校外语专业课程教学大纲》的要求，在保证知识点全面的同时，要求语言精练，概括性强，力求使本教材的逻辑思路达到尽可能最清晰的程度，使理论知识程度较低的学生也能较容易地掌握。

本教材第1、2、4、5、6章由宁烨负责，第3章由杜晓君负责，第7、9章由洪晓梅负责，第8章由郑红负责，第10章由赵进华负责。

衷心感谢机械工业出版社一直以来对本教材的鼎力支持与帮助！非常感谢编辑的辛苦工作，使得本教材修订版得以顺利完成！同时，对那些为本教材提出了诸多宝贵意见的读者表示最诚挚的谢意！

SUGGESTION 教学建议

教学目的

"国际商法"课程介绍国际商法的基本理论和实务，旨在培养和提高学生从事国际商事活动的法律素质。通过本课程的学习，使学生能够初步掌握国际商法的基本原理和主要内容，熟悉国际商事活动范围内涉法问题的解决程序和有关办法，初步具备运用所学知识分析问题和解决问题的能力，特别是能够运用所学知识参与国际商事活动，分析国际商事纠纷，以便开展涉外商务活动。

前期准备知识

民法、经济法、国际贸易实务等课程相关知识。

课时分布建议

教学内容	学习要点	课时安排 MBA 授课学时	课时安排 MBA 案例讨论	课时安排 本科 授课学时	课时安排 本科 案例讨论	案例使用建议
*第1章 导论	• 了解国际商法的概念 • 了解国际商法的渊源 • 了解世界两大主要法律体系的含义与特征	1	1	1	1	案例：关于合同是否具有国际性的判断
*第2章 合同法	• 了解合同的概念及特征 • 了解我国合同法的基本原则 • 了解合同成立与合同生效的要件 • 了解合同保全的概念及方法 • 了解违约责任及缔约过失责任的规定 • 了解抗辩权的含义及种类	4	8	10	6	案例：关于要约、承诺、重大误解及违约责任的判断

（续）

教学内容	学习要点	课时安排 MBA		课时安排 本科		案例使用建议
		授课学时	案例讨论	授课学时	案例讨论	
*第3章 商事组织法	• 了解商事组织类型及法律特征 • 了解各种商事组织内部组织结构的设置，经营管理人员承担的义务 • 了解各国公司法确定的公司资本制度 • 了解我国公司法关于公司合并和分立的规定 • 了解各国公司法关于董事责任的规定	2	4	3	3	案例：关于公司成立、股东权利与义务的分析
第4章 国际货物买卖法	• 了解国际货物买卖法的概念和本质 • 了解关于国际货物买卖的国际公约与国际贸易惯例 • 了解国际货物买卖合同中买卖双方的权利与义务 • 了解违反国际货物买卖合同的救济方法 • 分析国际货物买卖中货物所有权与风险的转移	2	2	2	2	案例：关于国际货物买卖合同双方当事人权利与义务、关于责任以及所有权及风险转移的分析
*第5章 代理法	• 了解代理的概念和种类 • 分析代理法律关系的内容	2	2	3	1	案例：关于无权代理及表见代理的分析
*第6章 产品责任法	• 了解产品责任的概念及性质 • 了解产品责任法的概念与性质 • 了解美国产品责任法中原告的诉讼依据与被告的抗辩理由 • 了解我国的产品质量责任与产品质量法的有关规定	1	1	1	1	案例：关于产品责任诉讼依据及赔偿范围的分析
第7章 票据法	• 了解票据关系与非票据关系 • 了解票据行为 • 分析票据权利和抗辩 • 了解票据丧失与补救 • 了解涉外票据的法律适用 • 分析汇票、本票与支票的主要区别	1	1	2	2	案例：关于合法持票人权利保护的分析
第8章 国际商事仲裁与涉外民事诉讼	• 了解国际商事仲裁的概念、种类与特点 • 了解国际商事仲裁协议 • 了解国际商事仲裁程序及仲裁裁决的执行 • 了解中国的仲裁机构、仲裁规则与仲裁协议的作用 • 了解涉外民事诉讼	1	1	3	1	案例：关于仲裁协议效力的分析
第9章 国际知识产权保护法	• 了解知识产权的概念及特征 • 了解专利权的概念及主要法律制度 • 了解商标权的概念及主要法律制度 • 了解著作权的概念及主要法律制度 • 了解保护知识产权的主要国际公约	2	2	3	1	案例：关于著作权保护及商标权认定的分析

（续）

教学内容	学习要点	课时安排				案例使用建议
		MBA		本科		
		授课学时	案例讨论	授课学时	案例讨论	
*第10章 电子商务法	• 电子商务和电子商务法的概念 • 电子商务法的基本原则 • 电子商务合同的订立和生效 • 电子签名的法律效力 • 域名权的法律属性及与其他类型知识产权的关系 • 网络环境中商标权、著作权和专利权的侵权及解决	1	1	1	1	案例：关于电子商务合同的成立、生效及网络环境下商标权保护的分析
课时总计		40		48		

说明：（1）在课时安排上，MBA学生是40个学时；国际经济与贸易专业本科生是48个学时；其他专业的本科生可以是32~40个学时，标注*的内容建议要讲，其他内容可以作为选择性补充。

（2）案例讨论可以采用"模拟法庭"的形式，即让学生分别模拟原告、原告律师、被告、被告律师、审判长以及审判员等角色，按照法庭审判程序，展开辩论。体验法庭审判案件的形式和程序，旨在提高学生的应变能力、策划能力以及法律知识的应用能力。另外，为了使学生能够更加深刻地理解审判程序及实体法律依据，可以指导学生根据每次案例讨论结果做出规范的民事判决书，引导学生运用法律语言将各种纷争转化为明确的权利义务关系，进而针对具体的法律问题进行分析判断，并注重书写的逻辑性、准确性和规范性，从而培养学生的综合能力。

CONTENTS
目 录

前言

教学建议

第 1 章　导论 …………………………………………………………………………… 1

本章要点 …………………………………………………………………………… 1
1.1　国际商法的概念 ………………………………………………………………… 1
1.2　国际商法的产生与发展 ………………………………………………………… 2
1.3　国际商法的渊源 ………………………………………………………………… 4
1.4　世界两大主要的法律体系 ……………………………………………………… 5
本章小结 …………………………………………………………………………… 14
关键术语 …………………………………………………………………………… 14
思考与练习 ………………………………………………………………………… 14
案例讨论 …………………………………………………………………………… 15
延伸阅读 …………………………………………………………………………… 15

第 2 章　合同法 ………………………………………………………………………… 16

本章要点 …………………………………………………………………………… 16
2.1　合同法概述 ……………………………………………………………………… 16
2.2　合同的成立 ……………………………………………………………………… 23
2.3　合同的生效 ……………………………………………………………………… 32
2.4　合同的变更、合同的转让及第三人利益合同 ………………………………… 56
2.5　合同的保全 ……………………………………………………………………… 61
2.6　合同的终止 ……………………………………………………………………… 65
2.7　违约责任 ………………………………………………………………………… 66

2.8	双务合同履行中的抗辩权	80
2.9	缔约过失责任	83
本章小结		84
关键术语		85
思考与练习		85
案例讨论		87
延伸阅读		90

第3章 商事组织法 …………………………… 91

本章要点		91
3.1	商事组织法概述	91
3.2	合伙企业法	92
3.3	公司法	95
本章小结		119
关键术语		120
思考与练习		120
案例讨论		121
延伸阅读		124

第4章 国际货物买卖法 …………………………… 125

本章要点		125
4.1	概述	125
4.2	国际货物买卖合同中卖方的义务	128
4.3	国际货物买卖合同中买方的义务	132
4.4	违反国际货物买卖合同的救济方法	133
4.5	货物所有权与风险的转移	137
本章小结		140
关键术语		140
思考与练习		140
延伸阅读		142

第5章 代理法 …………………………… 143

本章要点		143
5.1	概述	143
5.2	代理的法律关系	149
本章小结		154

关键术语	154
思考与练习	155
案例讨论	156
延伸阅读	157

第6章 产品责任法 ... 158

本章要点	158
6.1 产品责任法概述	158
6.2 美国的产品责任法	161
6.3 欧洲各国的产品责任法	168
6.4 关于产品责任的法律适用公约	169
6.5 中国的产品责任法	170
本章小结	176
关键术语	177
思考与练习	177
案例讨论	179
延伸阅读	180

第7章 票据法 ... 181

本章要点	181
7.1 票据法概述	181
7.2 汇票	191
7.3 本票	197
7.4 支票	198
本章小结	199
关键术语	200
思考与练习	200
案例讨论	200
延伸阅读	201

第8章 国际商事仲裁与涉外民事诉讼 ... 202

本章要点	202
8.1 国际商事仲裁的概念及其特点	202
8.2 国际商事仲裁协议	204
8.3 国际商事仲裁程序	207
8.4 国际商事仲裁裁决的承认和执行	210

8.5　国际常设仲裁机构及其规则 ····················· 213
　　8.6　涉外民事诉讼 ································· 215
　　本章小结 ··· 221
　　关键术语 ··· 221
　　思考与练习 ······································· 221
　　延伸阅读 ··· 223

第9章　国际知识产权保护法 ··························· 224
　　本章要点 ··· 224
　　9.1　知识产权法概述 ······························· 224
　　9.2　专利法 ······································· 225
　　9.3　商标法 ······································· 231
　　9.4　著作权法 ····································· 236
　　9.5　知识产权的主要国际公约 ······················· 242
　　本章小结 ··· 243
　　关键术语 ··· 243
　　思考与练习 ······································· 243
　　案例讨论 ··· 244
　　延伸阅读 ··· 245

第10章　电子商务法 ·································· 246
　　本章要点 ··· 246
　　10.1　电子商务法概述 ······························ 246
　　10.2　各国及国际电子商务立法概况 ·················· 250
　　10.3　电子商务合同的法律问题 ······················ 259
　　10.4　电子商务与国际知识产权保护 ·················· 267
　　本章小结 ··· 274
　　关键术语 ··· 275
　　思考与练习 ······································· 275
　　案例讨论 ··· 276
　　延伸阅读 ··· 277

附录　思考与练习参考答案 ···························· 278
参考文献 ··· 285

第1章

导 论

■ **本章要点**

- 国际商法的概念
- 国际商法的渊源
- 世界两大主要法律体系的含义与特征

1.1 国际商法的概念

国际商法（international commercial law），是调整国际商事交易和商事组织的各种关系的法律规范的总和。为进一步理解国际商法的概念，尚需明确以下几方面内容。

1.1.1 确定国际性的标准

何谓国际性，各国所采用的标准不尽一致。通常采用的标准有：①国籍标准。当事人有一方是外国企业、经济组织或个人，该种商事交易即具有国际性。②营业地标准。《联合国国际货物销售合同公约》（以下简称《公约》）等采用了此标准。《公约》确定买卖合同是否具有国际性是以合同当事人的营业地是否在不同国家作为标准，如果合同当事人的营业地设在同一国家，即使他们具有不同的国籍，他们之间达成的合同也不属于国际性的货物买卖合同。这里应特别注意的是，当事人的国籍不是衡量国际性的标准，如果双方当事人具有同一国国籍，但他们在不同国家设有营业地，那他们之间订立的合同仍然具有国际性。所谓营业地，是指永久性的经常从事一般商业交易的场所，不包括那些临时性的或者为某一特定交易而进行谈判或联络的地方。

1.1.2 商事交易的含义

根据对全球有重大影响的《联合国国际商事仲裁示范法》的脚注解释，"商事"并不只限于商业活动，而是包括买卖、代理、租赁、咨询、许可证交易、投资、银行、保险、项目开发、合营和其他形式的工商业合作、货运或旅客运输等一切经济活动。可见，所谓的"商事"关系就是人们的经济活动关系。

1.1.3 商事组织的含义

在商法中被称为商事组织的须符合法定条件。在具体条件上，各国的规定不尽相同，但以下要求基本是各国的共同规定：①须有自己的名称（或商号）；②有固定的场所（或住所）；③拥有一定的自主支配的资本，以赢利为目的；④具有一定的组织形式，其设立的手续须符合法律的规定等。根据多数国家的商法规定，商事组织的形式主要有公司、合伙、独资。

1.1.4 法律适用的复杂性

在认定当事人的合同能力和确认当事人之间的合同关系的法律适用上有明显特征。对于认定当事人的合同能力上要使用当事人国籍的国内法；对于确认合同关系要适用当事人约定的法律或与合同有最密切联系的法律；还要受当事人所在国参加的国际条约的支配，力求符合国际惯例。因此，法律适用上可能是双方国家法律、第三国法律，也可能适用国际条约、惯例。

1.1.5 国际商法的调整范围

国际商法不仅包括有形商品的国际交易，还包括技术、资金和劳务在国际流动中所产生的各种关系。因此，国际商法的范畴既包括《公司法》《海商法》《保险法》《票据法》，还包括国际技术转让、工业产权与专有技术许可贸易、国际投资、国际合作生产、国际融资、国际工程承包、国际租赁等国际商事交易方面的法律。因此，有人又将国际商法称为国际交易法。

1.2 国际商法的产生与发展

根据史料记载，公元前 15 世纪古巴比伦王国的《赫梯法典》中就有关于商品价格管理的规定。在古希腊时期制定的罗得法中也有关于海商法的一些规定。在古代罗马时期，随着商品经济的发展，关于调整涉外商事关系的法律规范日益丰富。但是，由于古代各国的商事交往并不十分频繁，上述法规也比较简单，而且与其他法规相混杂，因此那时并不存在独立的商法。随着国家间商事交往的不断增多，国际商法逐渐产生和发展起来，大致经历了以下三个阶段。

1.2.1 "商人习惯法"阶段

大多数法学家认为，真正作为一项专门法律的国际商法产生于欧洲中世纪的"商人习惯法"（Law Merchant）。在 11～15 世纪，欧洲地中海沿岸的城市及国家之间国际贸易迅速发展。而当时存在的封建法和寺院法不但不能为商业交易提供必要的保护，反而限制了贸易的迅速发展。在这种情况下，意大利的佛罗伦萨等地首先出现了保护商人自己利益的商人行会组织——商人基尔特（Merchant Guild）。这种商人自治组织从封建领主那里买了自治权，组织商人法庭，适用他们在商事交往中形成的习惯规则，处理商人之间的纠纷，"商人习惯法"因此得名。"商人习惯法"后来随着世界贸易中心转移至大西洋沿岸而波及法国、西班牙、荷兰、德国及英国等地。经过几百年沿用与发展，在中世纪地中海一带形成较为系统的国际商事规则。现代商法的许多制度也源于这些规则，如诚实信用原则、商事合伙制度、商事代理制度、保险制度、海商制度、票据制度等。

"商人习惯法"包括商事合同、汇票、海上保险、破产等方面的规则，尤以海商法最为发达。其典型特征是：①国际性，即它不局限于在一国适用，而是普遍适用于各国从事商业交易的商人；②自治性，即它的解释和运用不是由一般法院的专职法官来掌执，而是由商人自己组织的法院来掌执；③简易性，即不拘泥于形式，纯粹为商人之间的习惯约束规则，强调按公平合理的原则来处理案件。这是国际商法发展的第一个阶段。

1.2.2 国际商法本国化阶段

16世纪以后，随着欧洲一些国家封建割据势力日益衰弱和统一的民族国家的形成，一些封建法和寺院法被废除。同时，随着资本主义生产关系的产生和商人地位的上升，国家统治阶级开始注重商事立法，反映商品经济关系的"商人习惯法"逐渐得到确认，表现为欧洲各国纷纷采用各种方式把"商人习惯法"纳入本国的国内法，使之成为国内法的一部分。例如，1673年法国国王路易十四颁布了《商事条例》，其内容包括商人、票据、破产、商事裁判、管辖等规定。1681年又颁布了《海事条例》，其内容包括海上裁判所、海员及船只、海事契约、港口警察及海上渔猎等规定。这是欧洲最早的商事单行立法，为各大陆法系国家的商法典制定奠定了基础。拿破仑于1807年颁布了法国《商法典》，这是近代资本主义国家的第一部商法典，为荷兰、比利时、希腊、土耳其、西班牙、葡萄牙等国相继效仿。德国从18世纪开始也制定了一系列有关商事的法律，如1727年《普鲁士海商法》、1751年《普鲁士票据法》、1776年《普鲁士保险法》和1794年《普鲁士普通法》等。1897年颁布的德国《商法典》，对很多大陆法系国家有很大影响。

18世纪中叶，《商人习惯法》也被吸收到英美法的普通法中，成为普通法的一部分。自19世纪以来，英国先后制定了一些有关商事活动的单行法规，如1882年《票据法》、1890年《合伙法》、1893年《货物买卖法》等。美国从1896年起也陆续颁布了大量示范性法规，包括《统一流通票据法》《统一买卖法》等。

这是国际商法发展的第二个阶段。在这个阶段，由于中世纪的"商人习惯法"被各国的国内法所吸收或取代，使其具有了国家的强制性特点，而失去了原有的国际性或跨国性。但是，由于各国在处理涉外商事案件时，仍在一定程度上参考并适用上述的"商人习惯法"，使其仍具有一定的国际性特征，并为这些国家商法典的制定以及现代国际商法的产生奠定了基础。

1.2.3 现代国际商法的迅速发展阶段

第二次世界大战以后，特别是20世纪60年代以后，国际商法的发展进入了新的历史阶段。在这一阶段，由于世界经济的发展使得各国之间的经贸关系日益密切，经济全球化的趋势日益明显，各国之间的相互依赖程度大大增强。国际经济贸易的发展趋势，在客观上要求建立一套调整国际经济贸易关系的统一的商法，为各国的经济交往提供良好的法律环境。同时，各国在经贸往来中也逐渐形成了一些普遍遵循的贸易惯例和习惯做法，为国际商法的统一创造了有利条件。经过各政府间国际组织和非政府国际组织长期坚持不懈的艰苦努力，在国际贸易领域逐步扫除了法律上的障碍。国际商会（ICC）制定的《国际贸易术语解释通则》《跟单信用证统一惯例》，联合国国际贸易法委员会（UNI-TRAL）主持制定的《国际货物销售合同公约》《联合国国际贸易法委员会仲裁规则》，国际统一私法协会（UNIDROIT）支持制定的《国际上合同通则》等，都是国际贸易统一法的突出成果。这些国际贸易惯例和国际公约的问世及应用，为国际商法的统一和独立奠定了良好的基础。

这是国际商法发展的第三个阶段。在这个阶段，随着国际经济贸易的迅速发展，国际商法的国际性和统一性的价值和意义重新得到确认。进入 21 世纪的今天，随着国际政治关系的进一步缓和，世界经济一体化的更快发展，国际商法的法律规则将更加全球化、统一化，国际商法的领域也将更加多元化。

1.3 国际商法的渊源

"法的渊源"一词源自拉丁文。古代罗马把法比作水，从而出现"法的渊源"概念。渊源有"历史"之义。所谓法的渊源，是指法的创制形式和法的表现形式。

国际商法有两大渊源，即国际法规范和国内法规范。

1.3.1 国际法规范

国际商法中的国际法规范是指两个或两个以上的国家共同制定或普遍认可的跨国商事规范，称国际条约或公约；而国家间普遍承认的商事惯例则称国际商事惯例。

1. 国际商事条约或公约

国际商事条约或公约是国际商法的重要渊源。两个国家共同制定的商事规范称为条约，如通商航海条约、贸易协定、贸易议定书、相互保护和促进投资协定、避免双重征税的协定等。多个国家共同制定的商事规范称为公约，如《联合国国际货物销售合同公约》《世界贸易组织协定》等。

根据"条约必须信守"的国际法准则，国际条约对缔约国有法的约束力。但由于国际商事规则具有的国际性和规律性，国际条约中规定的商事规则往往也得到非缔约国的遵守，特别是一些历史悠久、参加国众多的国际公约。

按照国际条约的内容，国际条约可以分为两类：一类是属于实体法内容的国际条约，即对国际商事交易双方的实体权利和义务做出具体规定的条约，如 1967 年《世界知识产权组织的公约》、1978 年《联合国海上货物运输公约》、1980 年《联合国国际货物销售合同公约》（以下简称《公约》）等。另一类是属于冲突法性质的国际条约，即规定如何解决各国法律冲突的规范，如 1985 年《国际货物销售合同法律适用公约》、1980 年《关于合同之债的法律适用公约》等。

2. 国际商事惯例

国际商事惯例是指国际商业活动中的具有稳定性的通例和习惯。

商事惯例不是法律，不具备法律的普遍约束力，但是，按照各国的法律，一旦当事人在合同中采用了某项惯例，它对合同双方当事人就具有约束力。因此，国际商事惯例是国际商法的重要渊源和补充。

构成对国际商事交易有约束力的惯例必须具备三个条件：①具有确定的内容，具体包含了确定参加国际商事活动的当事人权利和义务规则；②它已成为国际长期商事活动中反复使用的习惯；③它是各国普遍承认具有拘束力的通例。

目前，受到全球普遍承认的或在一定重要区域内被普遍接受的国际商事惯例主要有：国际商会制定的《国际贸易术语解释通则 2010 年修订本》（International Rules for the Interpretation of Trade Terms，简称 Incoterms 2010）、《跟单信用证统一惯例（2007 年修订版）》（The Uniform Customs and Practice for Documentary Credits，2007 Revision，简称 UCP600）等。

关于国际条约与国际惯例的生效，一般来说，国际条约分为自动生效和非自动生效两种。前者是指一经缔约国批准即自动产生效力，当事人可直接作为法律依据；后者是指即使缔约国批准也不对其国民产生直接约束力，只有经该国立法机关制定和实施有关法律后，才对其国民具有法律约束力。国际贸易惯例则具有民间性和非官方性，因此不需要国家立法机关的批准，由国际商事交易的当事人约定适用，当事人也可以对其进行修改。

1.3.2 国内法规范

由于国际经贸关系具有多样性和复杂性，以及现有的国际公约和国际商事惯例在体系及内容上尚有许多不完善之处，仅凭现有的国际商事条约和国际商事惯例仍不足以满足实践中的需求，在处理某些国际商事纠纷时，还须借助法律冲突规则的指引，适用有关国家的国内法加以解决。同时，尽管各国已参加或承认大量的国际商事公约或惯例，但由于文化背景和自身利益不同，各国仍在很多的商事领域内保留了独占的立法权，即使在国际商事公约或惯例管制的领域，很多国家也以国内法的形式加以确认。因此，国内法成为国际商法的另一主要法律渊源。

1.4 世界两大主要的法律体系

法系是法学中经常使用的一个概念，主要是指具有某种历史共性或共同历史传统的法律的总称。即根据法在结构上、形式上、历史传统等外部特征以及法律实践的特点、法律意识和法在社会生活中的地位等因素对法进行划分，具有某种共性或传统的法律构成一个法系。目前，在世界范围内对各国法律影响最大的法系是大陆法系和英美法系。

1.4.1 大陆法系

1. 大陆法系的概念

大陆法系（continental law system），主要因最初在欧洲大陆各国实行而得名，又称罗马法系、民法法系、罗马—德意志法系。大陆法系 13 世纪形成于西欧，是在罗马法（roman law）的原则和形式的基础上形成和发展起来的法律体系。在大陆法系内部，各个国家和地区的法律制度有所不同，大体上有两个分支——以法国《民法典》为代表的法国法（又称拉丁法系）和以德国《民法典》为代表的德国法（又称日耳曼法系）。

2. 大陆法系的分布范围

大陆法系是欧洲国家中历史悠久、分布广泛、影响深远的法系，以法国和德国为代表，并在许多其他国家得到移植和采用，从而逐渐发展为世界性的法律体系。目前，属于这一法系的国家，除法国和德国以外，还有许多欧洲国家，如瑞士、意大利、奥地利、比利时、卢森堡、荷兰、西班牙、葡萄牙等。北欧各国即挪威、瑞典、丹麦、芬兰和冰岛的法律，统称为斯堪的纳维亚法系，基本上也属于大陆法系。

在资本主义、帝国主义时期，随着殖民主义的扩张，各宗主国把自己的法律体系带到了各个殖民地，在殖民地建立了相应的法律秩序。因此，大陆法也随之向世界各地扩展。目前，除欧洲外，整个拉丁美洲，非洲部分国家，如刚果、卢旺达、布隆迪等国，近东的某些国家及日本、土耳其等一些亚洲国家均属于大陆法系。北非各国的法律，如阿尔及利亚、摩洛哥、突尼斯等国的法律，也受大陆法系的强烈影响。

此外，在属于英美法系的国家中，某些国家和地区，如美国的路易斯安那州、加拿大的魁北克省、联合王国的苏格兰，也为大陆法系。

3. 大陆法系的渊源

（1）**法律** 法律是大陆法的主要渊源。大陆法国家的法律主要包括宪法、法典、法律和条例等。一般来说，宪法处于最高地位，具有最高的权威性。但是，在大陆法系国家，各国宪法的效力和地位也有差异。在有些国家，宪法可以按一般立法程序制定和修改，而另一些国家则规定，宪法必须经特殊程序才能制定和修改，并且制定了一套监督违宪的制度。法典是指把同一类内容的各种法规和原则收集起来，加以系统化，汇编为一个单一的法律文件。大陆法国家都制定了一系列法典，这些法典是大陆法的主要渊源。除了由立法机关国会或议会制定的法律以外，在大陆法国家还有许多由行政机关指定的成文法，一般称之为条例。

（2）**习惯** 尽管法学界仍有争议，但一般来说，大陆法国家都承认习惯是法的渊源之一。至今习惯仍发挥一定的作用，某些法律往往需借助于习惯才能为人们所理解，立法者在法律中所使用的某些概念也需要参照习惯才能搞清楚其含义。

（3）**判例** 大陆法国家原则上不承认判例具有与法律同等的效力，判例一般只对被审理的个案有效，对日后法院审理同类案件并无约束力。但是，20 世纪以来，大陆法国家无视判例作用的态度已有所改变，判例在一定范围内有其约束力和参考价值。

（4）**学理** 一般来说，学理不是法的渊源。但是，在大陆法发展的过程中，学理起着重要作用，表现在三个方面：第一，为立法者提供法学理论、词汇和概念，通过立法者的活动制定为法律；第二，解释法律，分析和评论判例；第三，通过法学家的论著和培训法律人才，影响法律实施进程。

4. 大陆法系的特点

（1）**在法律渊源上，很大程度上受罗马法影响** 罗马法是指罗马奴隶制国家的全部法律，即从公元前 6 世纪罗马国家形成时期起，至东罗马帝国从奴隶制转变为封建制时止的整个历史时期的法律。其中，主要是指从公元前 5 世纪罗马最早的成文法《十二铜表法》开始，到公元 6 世纪东罗马帝国皇帝优士丁尼安编撰的《国法大全》为止这一时期的法律。《国法大全》集罗马法之大成，对后世资本主义法律的发展有着深远的影响。进入资本主义时期以后，欧洲各国制定的民商法受罗马法的影响很深，不仅继承了罗马法成文法典的传统，而且采纳了罗马法的体系、概念和术语。恩格斯曾指出，在 1804 年法国《民法典》中，"把古代罗马法巧妙地运用于现代的资本主义条件下"。而 1900 年德国《民法典》，同样在内容、结构方面深受罗马法的影响，甚至被人称为"现代罗马法"。其他欧洲国家如西班牙、比利时、荷兰、波兰、瑞士及某些亚洲国家如日本的法律也都直接或间接地受到罗马法的影响。

（2）**强调成文法的作用** 成文法（written law）又称制定法（statute law），它是指国家立法机构依照立法程序制定，并经一定形式公布施行的条文形式的法律。大陆法强调成文法的作用。它在结构上强调系统化、条理化、法典化和逻辑性。它所采取的方法是运用几个大的法律范畴把各种法律规则分门别类归纳在一起。具体来说，大陆法各国都把全部法律分为公法（public law）和私法（private law）两大部分，公法是与国家状况有关的法律，包括宪法、行政法、刑法、诉讼法和国际公法等；私法是与个人利益有关的法律，包括民法、商法、婚姻法及家庭法等。

（3）**法官没有立法权，要遵从法律明文规定办案** 在大陆法系国家，立法和司法分工明确，强调成文法典的权威性，制定法的效力优先于其他法律渊源，法官只能严格执行法律规定，不能擅自创造法律或违背立法精神。虽然也允许法官有自由裁量的余地，并承认判例和习惯在解释法律方面的作用，但一般不承认法官的造法职能，强调立法只是议会的权限，法官只能适用法律，决案必须援引制定法，不能以判例作为依据。

（4）**在审判方式上，一般采用"纠问式"诉讼方式**　在司法过程中，法官只是起着加强对法律的解释作用。

（5）**在法律的推理形式和方法上，采取演绎法**　法官的作用在于从现存的法律规定中找到适用的法律条款，将其与事实相联系，推论出必然的结果。

5. 大陆法系国家的法院组织

大陆法系各国的法院组织虽然各有特点，但法院的层次基本相同。一般来说，各国的法院分为三级，即一审法院、上诉法院和最高法院。一些国家根据诉讼的性质和标的数量来设立不同的一审法院。上诉法院主要受理对第一审法院判决不服的上诉案件，但对可以提出上诉的条件，各国有不同的规定。最高法院有的国家是上诉审法院或再上诉审法院，有的国家则规定其只能维持或撤销原判决，不能进行实体审理。有些国家除普通法院以外，还设有一些专门法院，如商事法院、亲属法院和劳动法院，专门受理有关商务关系、家庭关系和劳资关系的案件。但商事法院只限于第一审，所以并不成为与普通法院并行的体系。有些国家则设有行政法院并构成独立的审级层次。有些国家除设有行政法院系统外，还设有其他一些独立的司法机关，如德国设有劳动法、税法的最高联邦法院，瑞士设有关于海关法、军事法、社会保险法等的联邦法院。有些大陆法系国家实行联邦制，其法院组织体系更为复杂，往往在州法院之上还设有联邦法院。

1.4.2　英美法系

1. 英美法系的概念

英美法系（common law system），又称普通法系，形成于英国，是以英国中世纪的普通法为基础而发展起来的法律制度体系，是西方国家中与大陆法系并列的一种历史悠久且影响较大的法系。普通法系虽然以英国的普通法为基础，但并不仅指普通法，它是指在英国的三种法律，即普通法、衡平法和制定法的总称。由于其中的普通法对整个法律制度的影响最大，所以英美法系又称为普通法系。

美国法律作为一个整体也属于普通法系，但从1776年独立以来，开始有了自己的法律，到了19世纪后期开始独立发展，并已经对世界的法律产生了很大的影响。因此，英美法分为英国法和美国法两个支系。

2. 英美法系的分布范围

英美法系形成于英国，随着英国殖民扩张而逐步扩展到美国以及其他过去曾受英国殖民统治的国家和地区，主要包括加拿大、澳大利亚、新西兰、爱尔兰、印度、巴基斯坦、马来西亚、新加坡。

我国的香港地区也采用英美法。中国香港原有的法律包括普通法、衡平法、条例、附属立法、习惯法。这些法律目前基本不变。现在中国香港实行《中华人民共和国香港特别行政区基本法》（以下简称《基本法》）、上述原有法律及香港特别行政区立法机关制定的法律三类。其中《基本法》是宪法性质的法律文件，所以香港仍属英美法系。

由于历史的原因，有一些国家属于大陆法与英美法的混合物，如南非，原属大陆法系，后被英国吞并，受英美法影响，是大陆法与英美法的混合物；菲律宾原是西班牙殖民地，属大陆法系，后来随美国势力渗入，又引进英美法的因素；斯里兰卡的情况也是如此。

但是，联合王国的苏格兰、加拿大的魁北克省、美国的路易斯安那州不属英美法系，而属大陆法系。

3. 英美法系的渊源

（1）**判例法**（case law）　判例法是英美法的主要渊源之一，也是英美法赖以生存和发展的基础，它是法官在审判实践中逐渐发展起来的以判例表现出来的法律规则，即从判例中挖掘和创制法的规则。判例法的一个主要特点是，法院在判决中所包括的判决理由必须得到遵循，即对做出判例的法院本身和对下级法院日后处理同类案件均具有约束力。这是19世纪上半叶在英国确立起来的"先例约束力原则"（rule of precedent）。先例约束力原则并非要求法院判决的全文都构成先例而具有法律约束力。法院的判决一般分为两个部分，一部分是法官做出该判决的理由，另一部分是法官在解释判决理由时阐述的与判决有关的法律规则，称为题外的话。根据普通法原则，只有前者即判决理由才构成先例并具有约束力，后者并不构成先例，但是具有一定程度的说服力。

【知识窗】

判例法的产生

英美法主要由英国法律演变进化而来。英国法律系统的诞生可追溯到公元1066年诺曼底人征服英国的年代。在那之前，均由各部族自行解决各自的纠纷。威廉大帝在英国称帝后建立了皇家法庭（curia regis），在以后的年代里又逐渐建立起一套通行于全国的法律，此乃普通法的雏形，普通法也由此得名。随着法律系统的完善，各种官司纷至沓来，其中比较重要的案子就编入年报（year book），供法官在决定类似案件时作为凭据。如果有前所未遇的纷争，法官必须做出新的裁决。但法官们仍旧借助于旧案的法律原则，作为新案判决的依据。一代又一代，在将近十个世纪的历史长河中，这项传统一直在沿用着，因而普通法也被称为判例法（case law）。

资料来源：尹尊声，海闻. 美国商法浅谈［M］. 上海：上海人民出版社，1995.

（2）**成文法**　成文法是英美法系的另一重要渊源。英国的成文法包括由立法机关议会制定的法律和由行政机关依据法律制定的条例。美国的成文法则分为联邦的成文法和州的成文法。在联邦成文法中，美国宪法占有非常重要的地位。美国最高法院认为，宪法是一切法律支援，凡是违反宪法的法律或判例，美国各法院均有权不予执行。自19世纪末以来，美国联邦和各州都加强了立法活动，特别是在社会、经济立法方面，出现了成文法取代普通法的趋势。但是，无论是在英国还是美国，成文法都要通过判例法才能起作用，因此，在英美法系中，真正起作用的不是法律条文本身，而是经过法院判例予以解释的法律规则才是适用的法律。虽然这种传统在20世纪以来已经有了很大改变，但是在成文法的实施中仍有一定的影响。

（3）**习惯法**（custom law）　习惯目前在英国法律中所起的作用极小，根据至今仍生效的1265年的一项法律，只有那些在1189年就已经存在的地方习惯，才有约束力。

4. 英美法系的特点

1）**在法律的渊源上**，判例法在英美法系中占有重要地位。判例法最大的特点是新案判决依据于旧案（stare decisis）。这一特点有助于国家法律的稳定，减少随意性。然而，判例法的弊病却也由此而来。为了维护法律的稳定，法院很难对过去同一法院做出的决议宣布无效（overrule）。例如，在美国历史上，联邦最高法院宣布本院判决无效的情况只有可数的八次，其难度可见一斑。

【案例阅读】

普莱西诉弗格森案

No. 210 Argued：April 18，1896—Decided：May 18，1896

普莱西诉弗格森案（Plessy v. Ferguson），也简称"普莱西案"，是美国历史上一个标志性案件，对此案的裁决标志着"隔离但平等"原则的确立。

1892年6月7日，具有1/8黑人血统的荷马·普莱西故意登上东路易斯安那铁路的一辆专为白人服务的列车，根据路易斯安那州1890年通过的相关法律，白人和有色种族必须乘坐平等但隔离的车厢。根据该条法律，普莱西被认定为"有色种族"，遭到逮捕和关押。于是他将路易斯安那州政府告上法庭，指责其侵犯了自己根据美国宪法第13、14条修正案而享有的权利。但是法官约翰·霍华德·弗格森裁决州政府有权在州境内执行该法，普莱西最终败诉，以违反隔离法为名被判处罚金300美元。

普莱西接着向路易斯安那州最高法院控告弗格森法官的裁决，但该法院维持了弗格森的原判。1896年，普莱西上诉至美国最高法院。5月18日，最高法院在1名法官缺席的情况下，以7∶1的多数裁决路易斯安那州的法律并不违反宪法第13、14条修正案，因为"隔离但平等并不意味着对黑人的歧视，而只是确认白人和黑人之间由于肤色不同而形成差别"。但持少数意见的哈伦法官认为，美国宪法应当是"色盲"，当涉及法律所保障的基本民权时，法律只应就人论人，而不应考虑其背景或肤色。故路易斯安那州立法禁止白人和黑人自由选择乘坐哪一节车厢，禁止其平等使用公共交通工具，显然是侵犯公民的人身自由和平等权，故路易斯安那州立法违宪。但这个伟大而且符合人性本质的意见，并未被当时绝大多数联邦法官接受。因此，该案成为美国通过第14条修正案后，继续实行种族隔离政策的宪法判例根据。

之后经过58年的漫漫长路，才由美国著名的黑人大法官瑟古·马歇尔（Thurgood Marshall）在1954年布朗诉托皮卡教育委员会案（Brown v. Board of Education）中，宣布普莱西一案无效。这两个案例均为美国宪法权利的著名案例，是美国法学院的必修课。

资料来源：http://zh.wikipedia.org/wiki/普莱西诉弗格森案.

2）**在法律的分类方面，与大陆法系相比，英美法系并没有系统性、逻辑性很强的法律分类，法律分类以实用为主。**例如，美国一般采用两种分类：实体法与程序法，民法与刑法。实体法是指规定权利与义务的法律，程序法是指法律上的行政管理。民法（civil law）在美国法律中指的是法院对原告与被告权利和责任的裁决。原告与被告一般是个人、私人企业或民间团体，偶尔也有政府作原告或被告的情形。刑法（criminal law）旨在保护个人在社会中的权利以及社会的最高利益，因此起诉的一方总是政府。民法的主要目的是赔偿，刑法的主要目的则是制裁与惩罚。民法部分的实体法包括：银行法、破产法、公司法、商业文件法、保险法、财产法、民事侵权法、合同法等，刑法部分的实体法包括：轻罪与重罪。上述实体法在起诉程序以及其他若干方面均有很大区别。

3）**英美法系更重视程序法**。英国法有一句格言："救济先于权力"（remedies precede rights）。这里的救济是指通过一定的诉讼程序给予当事人以法律上的保护，这是属于程序法的范畴，而权力则是属于实体法的范畴。在英美法系国家，当事人先有程序权利，然后才有实体权利，这种原则至今在英美法系仍占有很重要的地位。

4）**法官地位很高，对法律和社会发展的影响很大**。法官的任务不仅是解释和适用法律，还可以制定法律，判例法中的规则就是法官在审理案件时创立的，因而判例法又被称为法官法（judge-made law）。这一点与大陆法系国家存在显著区别。

5）**在法律的推理形式和方法上，采取归纳法**。这一方法的模式可以表述为：运用归纳方法对前例中的法律事实进行归纳；运用归纳方法对待判案例的法律事实进行归纳；将两个案例中的法律事实划分为实质性事实和非实质性事实；运用比较的方法分析两个案例中的实质性事实是否相同或相似；找出前例中所包含的规则或原则；如果两个案例中的实质性要件相同或相似，根据遵循先例的原则，前例中包含的规则或原则可以适用于待判案例。

5. 英美法系的法院组织

（1）**英国的法院组织** 英国的法院组织十分复杂。它首先把法院分为高级法院与低级法院两种。高级法院称为高等法院（supreme court of judicature），高等法院分为三个部分，即高级法院（high court of justice）、王冠法院（crown court）和上诉法院（court of appeal）。高级法院又分为三个庭，即王座法庭、枢密大臣法庭和亲属法庭。王座法庭内还设有海事法庭与商事法庭，枢密大臣法庭内还设有公司法庭与破产法庭。每个法庭都有从律师中选任的专业法官并有特殊的诉讼程序。高级法院作为第一审法院时，由独任法官审理，对于民事案件在例外情况下有陪审团参加。王冠法院负责审理刑事方面的案件。上诉法院是高等法院内的第二级审判机关，原则上由三名法官组成合议庭审理案件。对于上诉法院的判决如有不服，在例外的情况下，可以向上议院（house of lord）的上诉委员会上诉。高级法院与王冠法院在上诉法院和上议院的监督下，享有全面的审判权，当事人可以直接向这两个法院起诉。

英国的低级法院主要有郡法院（county court）和治安法院（magistrate court）。郡法院负责审理民事案件，治安法院负责审理轻微犯罪行为的案例。对郡法院的判决如有不服，可直接向上诉法院上诉；对治安法院的判决如有不服，可向王冠法院或王座法院上诉。

在上述法院中，高级法院、上诉法院和上议院的判决共同构成先例，具有法律的约束力，其他法院或准司法机构的判决只有说服力而无约束力。

（2）**美国的法院组织** 由于美国是联邦制国家，美国法律包括联邦法和州法，这是美国法律结构的一个主要特点。美国的法院组织也反映出联邦制的特点，设有联邦法院和州法院。美国50个州各有一个法律系统，再加上联邦的法律系统，全美国共有51个法律系统。

美国的联邦法院分为三级：美国最高法院（the U. S. supreme court）、上诉法院（the U. S. court of appeals）和地区法院（federal district court）。美国最高法院设在华盛顿特区，由9人组成，是美国行使司法权的最高机构，其法官须经参议院2/3同意并经总统任命后终身任职。最高法院在涉及国际诉讼和一方当事人为州的案件中作为一审法院，也是对州最高法院判决的上诉案件的二审法院。上诉法院共有13所，是二审法院，由3名法官负责审理。地区法院根据情况分设于全国各州境内，每个州至少拥有1个联邦地区法院，有些州则多达数个，数目的多少决定于该州的面积大小、人口众稀及诉讼案件的多少。目前在美国的50个州共有89个联邦地区法院，另外还有一个在首都哥伦比亚特区，一个在波多黎各，这91个联邦地区法院都只拥有联邦管辖权，另外在关岛、维京群岛和北马里亚纳群岛也各有一个联邦地区法院，这3个法院则同时拥有联邦和地方管辖权，因此在所有美国领地共有94个联邦地区法院。

除上述一般法院外，还根据需要设立特别联邦法院，如国际贸易法院（the U. S. court of international trade），专门受理有关关税的诉案。同时，联邦政府的行政机关在某些方面也拥有准司法权。

美国最高法院拥有一项非常重要的权利，即对法律是否符合宪法拥有监督权。根据这项权利，美国最高法院不仅可以对联邦和各州的法律是否符合宪法规定进行监督，而且有权对各级法院的判例进行监督，对违反宪法的法律或判例可以撤销。

美国各州都有自己的法院系统，而且各州的法院设置有所不同，但一般来说，各州都设有两个审级，即一审法院和上诉审法院。一审法院主要包括两类法院：有限管辖法院和普通管辖法院，前者主要负责审理轻微的刑事和金额较少的民事案件，后者主要负责审理涉及州法的一般民事和刑事案件。上诉审法院则包括各州的上诉法院和最高法院。

在管辖权分配上，联邦法院在美国宪法或国会法律授权的范围内拥有管辖权，其余案件均由各州法院审理。联邦法院行使管辖权的标准是：从诉讼性质看，凡涉及联邦宪法、条约的案件均属于联邦法院管辖；从当事人情况看，凡涉及两个州的当事人的诉讼案件且诉讼标的超过1万美元的案件属于联邦法院管辖。

【知识窗】

英美法系中的陪审团制度

陪审制是指从一般市民中随机选出若干名陪审员，委派其参与刑事诉讼或民事诉讼的审理，并独立于法官做出事实认定以及决定法律适用的司法制度。陪审制的起源至少可以追溯到公元9世纪初的法兰克帝国内，一种为了确认国王的权力而由地方的重要人物提供证言的制度。目前，陪审制主要存在于美国、英国等为主的普通法国家及地区。下面以美国为例进行介绍。

美国联邦法院的陪审团制度由宪法第七修正案而来，保证公民享受陪审团审判的权利。各州法院则由州宪法作相应的规定。原告与被告皆可率先提出陪审团审判的要求。若双方均未提出，即被视为放弃（presumed to be waived）。一般来说，比较重要的案子才会使用陪审团。

美国的陪审团分为两种，即大陪审团和小陪审团。大陪审团只适用于刑事案，是刑事案起诉程序的重要一环。联邦大陪审团必须由16～23人组成，且多为23人。大陪审团的作用是在刑法制度中制衡，以便不要让过多的权力集中在行政长官手里。这一传统由英国普通法制度因袭而来。大陪审团的主要任务是决定：①有否可能成立的理由以相信某一特定的犯罪事实；②有否可能成立的理由以相信嫌疑人即是作案人。小陪审团人数较少，由6～12人组成。这是我们通常所说的陪审团。小陪审团的任务，在刑事案件中是决定某嫌犯是否有罪，在民事案件中则是决定是否要赔偿，即赔偿数目。陪审团的人选通常以特定地区的社会安全号码或汽车驾驶执照号码随机抽样，以便机会均等，避免甄选过程中的政治或种族倾向。但在实际挑选过程中，很难达到真正的机会均等和公平。因为，双方律师均可向候选人发问，以决定该人在此案件上是否会有偏见，或与某一方当事人或证人有任何关系。这两个原因居一，即可要求该人回避，这是有理由的回避，不受人次限制。此外，还有无须指明理由的"绝对回避",但这种绝对回避双方以用三次为限。由于小陪审团更带有"操生杀大权"的色彩,因而其成员甄选过程往往是原告与被告律师法庭交战的序曲。

资料来源:尹尊声,海闻. 美国商法浅谈 [M]. 上海:上海人民出版社,1995.

1.4.3 两大法系法律渊源的发展趋势

英美法系国家,成文法日益增多,判例法有所减少,有些判例所反映的法律原则,通过立法变成了成文法;大陆法系虽没有"遵守先例"的原则,但是在旧法文已经不适用的情况下,特别是在法典没有明文规定的情况下,判例往往成为法官判案的参考和依据。此外,由于存在上诉制度,大陆法系国家的下级法院在审判时很可能要考虑到上级法院的态度,否则,自己的判决很可能被上级法院推翻,而斟酌上级法院态度的最合法途径就是查阅上级法院以前的有关判例(这些国家强调法院独立审判,因此不允许下级法院就有关案件非法地请示上级法院)。这样,判例在这些国家里的很多场合便扮演着准法律的角色。上述事实说明,两大法系的法律渊源正在逐步靠近,但并未统一,汇合成统一的西方法系任重而道远。

【知识窗】

世界五大法系简介

一般法学家认为,对世界各国的法律有重大影响的法系包括:英美法系、大陆法系、中华法系、印度法系及伊斯兰法系,其中大陆法系和英美法系前文已经做过介绍,以下对其他三种法系做介绍。

1. 中华法系

中华法系是由中国汉朝以后的中国封建制法和朝鲜、日本、越南的封建制法构筑的世界法系。中华法系以中国奴隶制法和早期封建制法为历史渊源,其中中国奴隶制法主要是西周奴隶制法中的"礼",早期封建制法主要是"律"——刑法,它们是中华法系历史的两大源流。一般认为,中华法系的主要特点是:以儒家学说为基本指导思想,但也融合了道、释的教义;出礼入刑,礼刑结合;家族本位的伦理法占有重要地位;立法与司法始终集权于中央,司法与行政合一;"民刑不分,诸法合体"与"民刑有分,诸法并用";多民族的法律意识与法律成果的融合等。

中华法系已知最早的法典为公元前5世纪李悝编订的《法经》,共分为6篇,即盗法、贼法、囚法、捕法、杂法和具法。以后历代相继承袭和不断发展。公元7世纪的唐律集中国封建法律的大成,是中华法系的代表。《唐律疏议》是唐律的精髓和骨干,颁布于公元653年(唐高宗永徽二年)。《唐律疏议》在中国被宋、元、明、清所继承,在东亚被其他国家所接受,在近代东亚法律变革以前,中华法系一直是整个东亚地区实际运行的法律体系。

中华法系源远流长,具有强大的生命力。历史上许多法系在发展过程中或因汇入其他法系而消弭,或因国家灭亡而灭亡,或因许多复杂的原因而中断。而中华法系经过数千年的发展始终不曾中断。这种悠久性、完整性、系统性、典型性,是世界上其他法系所不具备的。

2. 印度法系

我们今天所称的印度法系(Hindu law system)系指公元5~7世纪以前古代印度奴隶制法及以其为基础的古代缅甸、锡兰(今斯里兰卡)、暹罗(今泰国)、菲律宾等国法律的统称。1~15世纪,东南亚历史上曾经有过一段印度化时期。印度的宗教文化对东南亚产生了很大影响，许多国家如缅甸、泰国、斯里兰卡、越南等都模仿印度法建立自己的法律制度，形成了世界五大法系之一的印度法系。随着15世纪最后一个印度化王国的灭亡，古印度法系也已被认定为"死法系"。不过，我们也应当看到，虽然印度先后受到伊斯兰法和英国法的冲击，但印度教法作为一种属人法至今仍发挥着很大作用，1947年印度独立后编纂的《印度教法典》仍以《摩奴法典》为基础，现在上述各国在习惯中还保留有一些古印度法的痕迹。

古代印度居住着不同种族、不同风俗习惯和不同宗教信仰的人民，其各自法律的共同点是，都与宗教、道德规范和哲学联系密切。印度古代法大体可分为佛教分支和婆罗门教分支，相互兴替。古印度法也往往被称为印度教法，流行最广、后世研究最多、最具有代表性的是《摩奴法典》，内容多包含着实际生活中通行的习惯和宗教戒律。

3. 伊斯兰法系

通常伊斯兰法系，又称阿拉伯法系，是指公元7~9世纪形成的阿拉伯哈里发国家的法律，包括伊斯兰宗教、社会、家庭等各方面的法规，兼具宗教和道德规范性质，同伊斯兰教教义有密切联系，是每个伊斯兰教徒即穆斯林所应遵守的基本生活准则。

伊斯兰法主要包括四个方面的法源，即《古兰经》、圣训、公议和类比。《古兰经》是指先知穆罕默德在传教过程中颁布的经文。按伊斯兰教法学家的观点，它是"天启"的法律，因而是伊斯兰法中最重要的法律渊源，具有最高权威性，其他任何法律规则和学说都不得与之相抵触。圣训是对《古兰经》的补充，从广义上来看，圣训是指伊斯兰教权威人士依照真主意愿发表的言论和施行的行为以及显露出的生活习惯；从狭义上来看，圣训是指穆罕默德在传教生活中的非启示性言行、默示和生活习惯，这些内容后来被总结为调节伊斯兰社会和穆斯林个人生活的强制性教法规范。公议在伊斯兰法中特指穆罕默德的直传弟子或权威法学家对与教法有关的问题发表的一致性意见。类比是指对照《古兰经》和圣训的规则处理类似的情况和问题。

伊斯兰法在公元8~10世纪期间发展到了鼎盛时期。伴随着伊斯兰教的广泛传播，伊斯兰法系分布在世界的广大地区，包括西亚、北非、南亚、东南亚、南部非洲及其他地区。随着伊斯兰国家中资本主义的发展和社会的变革，昔日伊斯兰教法的特殊地位已不复存在。在大多数伊斯兰国家中，世俗法律基本取代伊斯兰法。这种情况在20世纪五六十年代后，随着当代伊斯兰复兴运动的兴起有一定改观。同时，由于伊斯兰教仍是占统治地位的意识形态之一，因而在伊斯兰国家里，伊斯兰法对穆斯林的行为依然具有不同程度的约束力。

资料来源：

[1] 杨振洪. 论中华法系的形成和发展条件 [J]. 法学研究, 1997, (4): 145-149.

[2] 张晋藩. 中华法系研究新论 [J]. 南京大学学报, 2007, (1): 111-117.

[3] 杨慧清.《法经》名称由来驳议 [J]. 韶关学院学报, 2001, 22 (4): 1-6.

[4] 张中秋. 中华法系与罗马法的原理及其哲学比较——以《唐律疏议》与《法学阶梯》为对象的探索 [J]. 政法论坛, 2010, 28 (3): 41-49.

[5] 谢冬慧. 三大宗教法的近现代改革及其启示 [J]. 甘肃政法学院学报, 2010, (2): 13-17.

[6] 索南才让. 藏传佛教对藏族民间习惯法的影响 [J]. 西北民族大学学报（哲学社会科学版）, 2004, (2): 57-61.

[7] 何勤华.《摩奴法典》：古印度法律的珍贵文献 [J]. 检察风云, 2014, (10): 36-37.

[8] 郑筱筠. 试论云南大理白族本主神祇的特点及其成因 [J]. 民族艺术研究, 2003, (3): 34-39.

[9] 肖非云. 浅谈伊斯兰法系中的确定性与灵活性 [J]. 西部学刊, 2018, (10): 57-59.

[10] 耿龙玺. 浅谈伊斯兰法的法源理论 [J]. 甘肃政法学院学报, 2003, (5): 6-11.

本章小结

国际商法,是调整国际商事交易和商事组织的各种关系的法律规范的总和。国际商法是随着商品经济的发展以及国家间经济贸易交往的增多而逐渐产生和发展起来的,大致经历了三个阶段:商人习惯法阶段,国际商法本国化阶段及现代国际商法的迅速发展阶段。国际商法有两大主要渊源,即国际法规范和国内法规范,前者主要包括国际商事条约或公约及国际商事惯例。为便于国内法规范的学习及研究,需要明确法系的概念以及世界上主要的法律体系。目前,对世界各国法律影响最大的有两大法系,即大陆法系和英美法系。这两大法系在其法律渊源、分布范围、结构特点及法院组织等方面均有显著不同,但是,种种迹象表明,两大法系的法律渊源有正在逐步靠近的趋势。

关键术语

国际商法　　　　　国际商事条约　　　　　国际贸易惯例　　　　　大陆法系
英美法系　　　　　"先例约束力原则"　　　成文法　　　　　　　　判例法

思考与练习

一、填空题

1. 国际商法是调整国际商事交易和_____的各种关系的法律规范的总和。
2. 目前在国际经济贸易中影响最大的贸易惯例是国际商会制定的_____和_____。
3. 国际商法的两个重要渊源是_____和_____。
4. 大陆法的一个特点是强调_____的作用。它在结构上强调_____、_____、_____和_____。
5. 美国法律分为_____和_____两大部分,这是美国法律结构上的一个主要特点。

二、判断题

1. 在"国际商法"这一概念中,"国际"一词的含义是指"国家与国家之间"的意思。(　　)
2. 在英美法国家不存在独立的商法。(　　)
3. 大陆法各国都主张编纂法典,主要有民商合一与民商分立两种编制方法。(　　)
4. 一般来说,学理也是大陆法国家法的渊源。(　　)
5. 在美国真正起作用的是经过法院判例予以解释的法律规则。(　　)

三、单项选择题

1. 判例在法律上和理论上不被认为是法律的渊源的国家是(　　)。
   A. 英国　　　　B. 美国　　　　C. 印度　　　　D. 中国
2. 大陆法各国都把全部法律分为公法和私法两大部分,这种分类法最早是由(　　)提出来的。
   A. 法国法学家　B. 罗马法学家　C. 德国法学家　D. 荷兰法学家
3. 在国际上从事国际商事交易的主体不包括(　　)。
   A. 公司　　　　B. 个人企业　　C. 合伙　　　　D. 国家

四、多项选择题

1. 大陆法系的特征是（　　）。
   A. 以成文法为主　　　　　　　　B. 以判例法为主
   C. 受罗马法影响很小　　　　　　D. 受罗马法影响很大
   E. 民商合一

2. 目前在中国香港地区实行的法律有（　　）。
   A. 香港原有的法律　　　　　　　B. 劳动法
   C. 《香港特别行政区基本法》　　D. 香港特别行政区立法机关制定的法律

3. 各国缔结的有关国际商业和贸易的国际条约或公约是国际商法的重要渊源之一。它可以分为两种（　　）。
   A. 产品责任适用法律公约　　　　B. 统一实体法规则的国际公约
   C. 冲突法规则的国际条约　　　　D. 1978年国际海上货物运输公约

4. 大陆法与普通法构成两大法律制度体系。有的国家法律中却兼有大陆法体系与普通法体系，是一种混合法。采用这种混合体的国家有（　　）。
   A. 南非　　　　B. 斯里兰卡　　　　C. 菲律宾　　　　D. 墨西哥

5. 商人习惯法的特征是（　　）。
   A. 具有跨国性　　　　　　　　　B. 由商人自己组织的法院执法
   C. 具有统一性　　　　　　　　　D. 公平合理原则审案
   E. 不具有统一性

五、简答题

1. 简述大陆法的结构和特点。
2. 简述大陆法系的渊源。
3. 简述英美法系的渊源。
4. 简述英美法系"先例约束力原则"的含义。

案例讨论

某市中外合资企业奥尼尔服装有限公司（乙方）与该市舒尔弛服装辅料供应站（甲方）签订了一项购买5万米进口布料合同。双方约定该布料原产韩国，甲方向乙方交货时，应同时出具原产地证书；如有违约，则应适用韩国法律，双方同时约定了管辖法院。签约后，甲方积极组织货源，但因该时期韩国生产商货物供应不全，甲方未能如期如数准备好约定布料。乙方遂依合同向约定法院提起诉讼。

思考题

该案应适用何种法律？

资料来源：杜晓君，宁烨，董云华.《国际商法》. 沈阳：沈阳出版社，2000.

延伸阅读

1. 沈四宝，王军. 国际商法 [M]. 北京：对外经济贸易大学出版社，2016.
2. 陈伟. O.J. 辛普森比窦娥还冤吗 [M]. 北京：中国法制出版社，2006.

CHAPTER 2

第2章

合 同 法

本章要点

- 合同的概念及特征
- 我国合同法基本原则
- 合同成立与合同生效的要件
- 合同保全的概念及方法
- 违约责任及缔约过失责任的规定
- 抗辩权的含义及种类

2.1 合同法概述

合同是当代社会进行各种经济活动和交易活动的基本形式,是最常见、最必要的确定当事人之间民商事权利与义务的根据。各国都非常重视对合同关系进行法律调整,从而确保社会经济秩序稳定,确保交易行为公平、安全、有效。

2.1.1 各国合同法的编制体例

1. 西方国家合同法的编制体例

在大陆法国家,合同法是以成文法的形式出现的,如德国、法国、意大利、瑞士和日本等国,它们的合同法都包含在民法典或债务法典中,对合同的规定比较系统,逻辑性较强,结构也较严谨。

在英美法国家,关于合同的法律规则主要包含在普通法中,这是几个世纪以来由法院以判例形式发展起来的判例法,除印度外,没有一套成文的、系统的合同法。1872年的印度合同法,是一部法典化的合同法,它是印度在英国统治时期由英国人制定的,是英国普通法中有关合同法的原则和规定的条文化。虽然,英美等国也制定了一些与货物买卖、海上运输、海上保险等类商事交易合同有关的成文法,如英国1893年的《货物买卖法》、美国1906年的《统一买卖法》和1952年的《统一商法典》等,但它们只是对一些商事交易合同做了具体规定,至于合同法的许多基本原则,如合同成立、合同的履行、合同的解除和合同的终止等,仍须按照判例法所确定的规则来处理。而且,在制定法中,主要是对判例法进行归纳和吸收,制定法中所包括的一般原则和规则又要依靠判例去解释、补充和发展完善。《统一商法典》是依照商业流程的自然顺序，对各交易阶段分别加以立法。在普通法与《统一商法典》发生抵触时，通常以后者为准，因其在一些重要方面对前者做了改动。但《统一商法典》并不是一部独立的法典，它并未对所有的商业交易活动做出全面的法律规定。对于它没有涉及的大量问题，仍需依靠美国普通法解决。因此，尽管制定法的发展在英美合同法的发展过程中所起的作用日益突出，但判例法依然是创制和发展该法的一般原则和规则的最主要的渊源。

2. 我国的合同法

我国自改革开放以后也非常重视合同立法。我国合同立法见之于《中华人民共和国民法总则》（以下简称《民法总则》）和《中华人民共和国合同法》（以下简称《合同法》）。

《民法总则》于 2017 年 3 月 15 日通过，2017 年 10 月 1 日起施行。它规定了合同法的一般原则，主要包括民事权利能力与民事行为能力、民事法律行为和代理、债权、民事责任等内容。它所规定的各项原则，基本上适用于一切合同。

《中华人民共和国合同法》自 1999 年 10 月 1 日起施行。它的颁布施行，结束了《经济合同法》《涉外经济合同法》《技术合同法》三法鼎立的现状，标志着我国合同法律制度的发展进入了一个新的阶段。合同法具有如下特色：其一，统一合同法赋予市场主体以广泛的权利和自由，使市场主体享有高度的意思自治，充分体现了市场经济中经济民主和身份平等原则。其二，统一合同法结构清晰，体系完备，填补了原三部合同法的漏洞，增设了合同设立程序、合同保全、合同权利义务终止等制度。在合同法分则中，除了对一些传统的合同形式进行了更为明确、完整的规范之外，对市场经济中出现的一些新型合同形式如融资租赁、赠与、仓储、行纪、居间等合同类型，也做了具体法律规定，从而使得各种市场交易行为都有法可依。其三，统一合同法吸收借鉴了英美法系和大陆法系合同法的立法经验及司法实践结晶，在一些重要的立法原则和法律内容上已与国际惯例接轨。

2.1.2 合同的基本概念

世界各国对合同所下的定义并不完全相同。长期以来，大陆法系与英美法系对合同的概念一直存在着不同的理解。

1. 协议说

大陆法学者基本上认为合同是一种协议或"合意"。法国《民法典》第 1101 条规定："合同是一人或数人对另一人或数人承担给付某物、做或不做某事的义务的一种合意。"这里所谓合意，就是指当事人之间意思表示一致，即只有当事人间意思表示一致，合同才可以成立。

我国民法理论在合同定义上，基本继受了大陆法的概念。合同在本质上是一种协议或合意，已为我国立法所确认和接受。我国《民法总则》第 119 条规定，"依法成立的合同，对当事人具有法律约束力"。《民法总则》第 133 条规定，"民事法律行为是民事主体通过意思表示设立，变更、终止民事法律关系的行为"。《合同法》第 2 条第 1 款规定："本法所称合同是平等主体的自然人、法人、其他组织之间设立、变更、终止民事权利义务关系的协议。"根据上述定义，合同具有如下法律特征。

1) **合同是一种民事法律行为**。民事法律行为是民事主体实施的能够引起民事权利和民事义务的产生、变更或终止的合法行为。民事法律行为以意思表示为要件，在性质上不同于事实行为。所谓事实行为，是指不以意思表示为要件，并不能产生当事人预期法律效果的行为。

2）合同以设立、变更、终止民事权利义务关系为目的。当事人订立合同都有一定的目的和宗旨，一是在当事人之间设立某种民事权利义务关系；二是变更当事人之间的民事权利义务关系；三是终止当事人之间的民事权利义务关系。

3）合同是两方以上当事人意思表示一致的协议，或者说是当事人协商一致的产物。由于合同是合意的结果，因此它必须包括以下要素：第一，合同的成立必须有两个或两个以上的当事人；第二，各方当事人须互相做出意思表示；第三，两方以上当事人的意思表示必须一致。

2. 允诺说

在英美法中，一般认为合同是一个允诺或一系列允诺，违反该允诺将由法律给予救济，或者法律以某种方式承认，履行该允诺是法律所确认的义务。诺言可以是作为，也可以是不作为。但并不是一切允诺都可以成为合同，而是只有法律上认为有约束力的、在法律上能够强制执行的允诺，才能成为合同。

2.1.3 合同关系的相对性

所谓合同关系的相对性，在大陆法中通常被称为债的相对性，它主要是指合同关系只能发生在特定的合同当事人之间，只有合同当事人一方能够向另一方基于合同提出请求或提起诉讼；与合同当事人没有发生合同上权利义务关系的第三人不能依据合同向合同当事人提出请求或提起诉讼，也不应承担合同的义务或责任；非依法律或合同规定，第三人不能主张合同上的权利。

应当指出，在现代大陆法国家，债的相对性已有所突破。例如在产品责任领域，为加强对消费者的保护，法国法承认消费者可享有"直接诉权"。对与其无合同关系的生产者、销售者提起诉讼；而德国法则承认了"附保护第三人作用的契约"，以加强对消费者的保护。不过，这些措施的使用仍然只是合同相对性规则适用的例外。

在英美法中，"债的相对性"规则被称为"合同的相对性"，其基本内容是：合同项下的权利义务只能赋予当事人或加在当事人身上，合同只能对合同当事人产生拘束力，而非合同当事人不能诉请强制执行合同。当然，在英美法中，合同相对性原则在实践中也存在许多例外。现代英美法在产品责任领域为了充分保护广大消费者的利益，发展了对利益第三人的担保责任。如美国《统一商法典》第 2-318 条规定："卖方的明示担保或默示担保延及买方家庭中任何自然人或买方家中的客人，只要可以合理设想上述任何人将使用或消费此种货物或受其影响，并且上述任何人因卖方违反担保而受到人身伤害。"

总之，合同的相对性一直为两大法系所确认，是合同法规则制度的奠基石，在债法或合同法中具有十分重要的地位。

合同相对性规则主要包括三方面的内容。①主体的相对性。所谓主体的相对性，是指合同关系只能发生在特定的主体之间，只有合同当事人一方能够向合同另一方当事人基于合同提出请求或提起诉讼。②内容的相对性。所谓内容的相对性，是指除了法律、合同另有规定以外，只有合同当事人才能享有某个合同所规定的权利，并承担该合同规定的义务，合同当事人以外的任何第三人不能主张合同上的权利。合同规定当事人享有的权利，原则上并不及于第三人；合同规定由当事人承担的义务，一般也不能对第三人产生拘束力。③责任的相对性。所谓责任的相对性，是指违约责任只能发生在特定的合同当事人之间；

合同关系以外的人，不负违约责任，合同当事人也不对其承担违约责任。第一，违约当事人应对因自己的过错造成的违约后果承担违约责任，而不能将责任推卸给他人。尤其应当指出，债务人应对其履行辅助人的行为负责。所谓债务履行辅助人，是指根据债务人的意思辅助债务人履行债务的人。履行辅助人主要包括两类，一是债务人的代理人，二是代理人以外的根据债务人的意思事实上从事债务履行的人。履行辅助人通常与债务人之间具有某种委托与劳务合同等关系，但他与债权人之间并无合同关系，因此债务人应就履行辅助人的行为向债权人负责，如果因为履行辅助人的过错而致债务不履行，债务人应对债权人负违约责任。第二，在因第三人的行为造成债务不能履行的情况下，债务人仍应向债权人承担违约责任；债务人在承担违约责任以后，有权向第三人追偿。债务人为第三人的行为向债权人负责，即是合同相对性规则的体现，也是保护债权人利益所必需的。第三，债务人只能向债权人承担违约责任，而不应该向国家或第三人承担违约责任，因为只有债权人与债务人才是合同当事人，其他人不是合同的主体，所以，债务人不应对其承担违约责任。如果因为违约造成国家、集体或他人损害，债务人应承担民事责任、行政责任乃至刑事责任。

2.1.4 合同法的基本原则

合同法的基本原则是指导整个合同法律规范和合同行为的准则，贯穿于整个合同法制度和规范之中。

1. 诚实信用原则

诚实信用原则是合同法中一项极为重要的原则，在大陆法系被列为债法的最高指导原则或"帝王规则"。

1）**当事人要以善意方式行使权利和履行义务**。诚信原则是道德伦理规范在法律上的表现，具体表现在：①这一原则要求当事人必须具有诚实、守信、善意的心理状况。也就是说，当事人主观上都应当是诚实的、善意的，并依据诚信的观念行为。只要主观上是善意的，即使因过失而未能如实陈述事实真相，也不能认为违反诚信原则。②这一原则要求当事人在从事交易活动中应当忠于事实真相，不得欺骗他人，损人利己。当事人订立合同后应恪守诺言，任何违反合同义务及违反附随义务的行为，都是对诚信原则的违背。③当事人应依善意的方式行使权利和履行义务，不得规避法律和合同规定。在合同的订立、履行、变更、解除的各个阶段，甚至在合同关系终止以后，当事人都应当严格依据诚信原则行使权利和履行义务。

2）**诚信原则要求平衡当事人之间的各种利益冲突和矛盾**。平等主体之间的交易关系，都是各个交易主体因追求各不相同的经济利益而产生的，而各方当事人之间的利益常常会发生各种冲突或矛盾，这就需要借助诚信原则来加以平衡。例如，一方交货在量上轻微不足且未致对方明显损害，则可以使出卖人承担支付违约金等责任，但不应导致合同的解除，否则对出卖人是不公平的。

诚信原则不仅要平衡当事人之间的利益，而且要求平衡当事人的利益与社会利益之间的冲突与矛盾，即要求当事人在从事民商事活动中，要充分尊重他人和社会的利益，不得滥用权力，损害国家、集体和第三人的利益。

3）**诚信原则具有解释法律和合同的作用**。诚信原则要求在法律与合同缺乏规定或规定不明确时，司法审判人员应依据诚信、公平的观念准确解释法律和合同。具体来说，一方面，在适用法律方面，诚信原则要求司法审判人员能够依据诚信、公平的观念正确解释法律、适用法律，弥补法律规定的不足。可见，诚信原则实际上给予司法审判人员一定的自由裁量权，使其能够依据诚信、公平等观念适用法律、正确处理民事纠纷。另一方面，诚信原则也是司法审判人员在解释合同时所应遵循的一项原则。在实践中，当事人在订立合同时可能其所使用的文字词句不当，未能将其真实意思表达清楚，或合同未能明确各自的权利义务关系，使合同难以正确履行，从而发生纠纷。此时，法院或仲裁机关应依据诚实信用原则，考虑各种因素（如合同的性质和目的，合同签订地的习惯等）以探求出当事人的真实意志，并正确地解释合同，从而判明是非，确定责任。

确定行为规则、平衡利益的冲突、为解释法律和合同确定准则，是诚信原则所具有的三项基本功能。这些功能都是因为诚信原则体现了伦理道德的观念或正义的现实要求，从而使诚信原则在适用中能产生特殊的作用。

2. 合同自由原则

（1）**合同自由原则的内容** 合同自由原则是近代西方合同法的核心和精髓。我国合同法已正式将合同自由原则作为一项基本原则。合同自由原则包括较为广泛的内容：①缔结合同的自由。即指缔约当事人有权决定是否与他人缔约，这种自由是决定合同内容等方面自由的前提。②选择相对人的自由。即指自由决定与何人订立合同。③决定合同内容的自由。当事人在法律规定的范围内，可以自由订立合同条款，只要其内容不违背法律法规和社会公共利益，法律就承认其有效。从自由决定合同内容上说，当事人有权通过协商，改变法律的任意性规定。但是合同的内容若违背了法律、法规的强行性规定和社会公共利益的要求，则将被宣告无效。④变更和解除合同的自由。即指当事人有权通过协商，在合同成立以后变更合同的内容或解除合同。⑤选择合同方式的自由。即指当事人依法享有选择合同方式的自由。除法律有特别的规定以外，当事人有权选择合同方式，可以采取书面形式，也可以采取口头形式。当然，对于口头合同，当事人负有举证证明合同关系和合同内容的责任。

（2）**对合同自由的限制** 自20世纪以来，随着垄断发展到一定规模，加之交易内容的重复性，交易双方（尤其是提供商品或服务的一方）要求简化缔约程序，合同自由原则受到越来越多的限制。另外，随着国家对经济干预的加强，各国相继制定了大量的法规对合同自由原则进行限制。可以说，对合同自由的限制是20世纪以来合同法发展的一个重要趋势。对合同自由的限制主要表现为两个方面，即格式合同和国家立法对合同自由的限制。

格式合同又称标准合同，或叫定式合同。当事人一方为了重复使用而预先拟定，并在订立合同时未与对方协商的条款为格式条款；采用格式条款订立的合同，即为格式合同。一般而言，格式条款具有以下法律特征。

1）**格式条款具有广泛性、重复性和不变性**。其内容作为要约的一部分或者全部，是向公众发出的，或至少是向某一类有可能成为承诺人的人发出的；在订立同类合同中，格式条款被多次重复使用；格式条款作为合同的一部分或者整体，已经定型化，对方只有完全同意才能成为合同当事人，没有讨价还价的余地。

2）**格式条款具有单方面的事先决定性**。格式条款由一方制订并提出。但有些格式合同是由某些超然于双方当事人利益之上的社会团体、国家授权的机关制订的。出现此类情形，或是为了保障交易公平，维护当事人利益的平衡；或是为了实现国家干预社会经济的职能。但无论如何，对方当事人不直接参与合同条款的制订。

3）**格式条款以书面明示为原则**。其标准条款多由提供商品或服务的一方当事人明确印制到书面文件形式上（保险单），以便对方当事人了解。但在实践中也有非书面形式的格式合同。

4）**采用格式条款的一方往往经济上占有绝对的优势地位，使其可能将预订的合同条款强加给对方，排除双方就有关条款进行协商的可能性。**这种格式条款，往往表现出法律上及事实上的垄断。法律上的垄断指当事人根据法律规定对铁路、自来水、煤气、电力供应等所享有的经营垄断；事实上的垄断指当事人对保险、海上运输等合同的某些条款在事实上所具有的垄断权利。

格式合同之所以日渐普遍，主要有三种原因：一是法律行为或缔约行为的强制倾向；二是缔约、履约大量发生，不断重复，企业利用格式合同作为攫取高额利润的有效工具；三是以大量生产消费为内容的现代生活关系，使得企业与顾客均希望能简化缔约程序。格式合同的大量应用，其有利的一面主要体现在节省时间，简化繁杂的交易手续，降低交易成本，事先分配风险。

但与此同时，格式合同不可避免地有其弊端：提供商品或服务的一方在拟定格式条款时，经常利用其优越的经济地位，制定有利于己而不利于消费者的条款，如免责条款、法院管辖地条款等，客观上具有一种经济上的强者借助合同自由之名，压榨弱者的意味。制订合同的一方对合同上的风险及负担做不合理的分配，于是被大量使用的格式合同，又导致了法律上的另一种倾向，即各国法律都对格式条款的使用进行严格限制，并充分考虑对弱者一方的法律救济。对定式合同进行规制，主要有以下几种形式。

1）**行业协会自律**。行业协会自律，是指行业协会对格式合同进行审查，对公平合理的定式合同予以认可，对显失公平者不予承认。这一规制方式在英美国家盛行。实行行业协会自律的一个基本前提是有健全的并在一定程度上能够超然于本行业经济利益之上能够主持公道的行业协会。

2）**行政规制**。行政规制，是指由行政机关对定式合同的内容先行审查，经核准后才允许它作为与顾客订约的基础；同时又以监督的方法于事后修正定式合同的不公平倾向。这种规制方式在我国比较发达。实行行政规制的基本前提是，彻底实行政企分离，最主要的是在经济利益上脱钩；主管部门在制订、审核此类格式合同同时，应广泛征求消费者的意见；消费者协会应逐步强大起来，成为真正能代表消费者利益并能在一定程度上影响行政主管部门制定政策的社会组织。

3）**立法规制**。立法规制，是指通过立法规定格式合同有效无效的条件、格式合同的解释原则和规则、格式合同无效或被撤销的法律后果。我国《合同法》第39～41条，对格式合同进行了规定。第一，提供格式条款的一方需遵循公平原则，确定当事人之间的权利和义务，违反这一要求，受损害一方可请求法院或仲裁机构变更或撤销合同。第二，提供格式条款的一方有提示义务和说明义务，也就是必须用合理的方式提请对方注意格式合同中的免责条款和限制责任的条款，并按对方要求说明。提请注意必须达到合理的程度，其方法以"个别提请注意为原则"，以"公开张贴广告"为例外。说明则不得有隐瞒或欺诈，否则该条款不发生效力。第三，直接规定了加重对方责任而排除其主要权利的条款无效。当事人的主要合同义务或主要合同权利是形成当事人合同关系的必备要素，免除自己的责任，加重对方的责任，排除对方主要权利，即置双方权利义务于明显的不对等地位，此种格式条款无效。第四，对格式条款的理解发生争议的，应当按照通常理解予以解释，对格式条款有两种以上解释的，应当做出不利于提供格式条款一方的解释。这样做的理由在于，格式条款往往由提供一方预先拟定,并在拟定时未与对方协商,对方被动;一般消费者对相关条款未加注意,不知道它的存在;提供格式条款者往往出于某种目的,不希望对方注意和理解这类条款,在合同中把这类条款写得非常冗长,字体细小,不易阅读,或虽可阅读,但文字特别古怪,读也读不懂,容易产生歧义,所以应当由提供格式条款一方承担由于意思表述不清而导致的风险。

4) **司法规制**。司法规制,是指由法院对格式合同加以认定,对格式条款是否订入合同加以确认,对格式合同加以解释,对合同中条款无效予以处理。它属于事后补救,仅适用于个案。

国家立法对合同自由的限制主要体现在以下两个方面。

1) **合同缔结的强制**。强制缔结契约实际上就是给当事人施加必须缔结某种合同的义务。它是指法律规定某种合同当事人负有承诺的义务,非有重大事由不得拒绝订立合同。如在电力、邮政、煤气、铁路运输等公用服务事业,对顾客提出的缔结合同的要约,无重要事由不得拒绝。又如,对从事公证人、医生、护士、出租车司机等职务的人,由于其职务具有公共性或公益性,因此不得滥用其职务,拒绝他人正当缔约要求。

2) **规定一些强制性法规,禁止当事人排斥这些规范的适用**。为了限制垄断、维护竞争秩序,资本主义国家制定了很多反垄断和维护自由竞争的法律,这些法律本身就是对合同自由的限制。对合同自由的限制不仅仅通过经济行政立法来实现,而且在民商法中也加强了一些强制性规范,对合同自由进行限制,如对利息的限制、商业登记许可等,这些规范都不允许当事人通过协议加以改变。

尽管各国立法对合同自由做出了诸多限制,但并没有动摇合同自由原则在合同法中的重要地位,合同自由原则仍然是合同法中的重要原则。

【热点关注】

"霸王条款"为何屡禁不止

所谓"霸王条款",是指一些经营者单方面制定的逃避法定义务、减免自身责任的不平等格式合同、通知、声明、店堂告示或者行业惯例等,限制消费者权利,严重侵害消费者利益。到底是什么催生了"霸王条款"?一般认为深层原因主要有两个方面:①机会主义者的"本性"是经济根源;②基于垄断形成的强势地位是关键因素。格式合同的制作者或提供者多是垄断组织,这些垄断组织凭借其强大的经济实力和广泛的社会影响造就了自己的强势地位。这一强势地位"使其与一般的消费者之间处于一种形式上平等而实质不平等的地位"。例如,公用企业和依法具有独占地位的经营者(如银行、保险、邮政、电信,水电气等),沿袭旧体制下的规定或仅从自身利益出发制定行业惯例,对消费者利益多方限制,严重侵犯消费者的权益。

要让"霸王条款"在市场上消失,通常认为主要有以下几种方式:消费者自己的"反霸"能力、企业的行业自律、政府相关部门的监督以及法律规制等。在我国,这几方面都在不断进步,特别是政府相关部门的监督与管理以及法律规制更是不断完善。例如,我国工商行政管理总局于2010年10月公布了《合同违法行为监督处理办法》,针对经营者利用格式条款免除自身责任、加重消费者责任及排除消费者主要权利的一系列行为规定了相关的行政处理办法。

资料来源:作者根据相关资料整理。

2.1.5 合同的分类

合同是经济流转的法律形式，经济流转的多样性决定了合同的不同类型。合同依其成立条件和法律效力不同，主要可分为以下一些类型。

1. 单务合同与双务合同

（1）**单务合同** 当事人一方只承担义务而不享受权利，另一方只享受权利而不承担义务的合同，称为单务合同。如借贷合同，合同成立后，借用人负有返还的义务，而出借人享有请求返还的权利。又如"悬赏寻物"也是典型的单务合同。一方作出给赏的许诺，另一方则以寻物的行为换取赏金。

（2）**双务合同** 双方当事人互相享有权利和承担义务的合同，称为双务合同。如买卖合同，是典型的双务合同。在买卖合同中，卖方有义务交付货物，并有权利要求买方付款；而买方有义务付款，并有权利要求卖方交付货物。

区分单务合同与双务合同的意义在于：双务合同的当事人，在法律和合同没有另行规定的情况下，双方应为"对等的给付"，即任何一方如果没有履行自己的合同义务，就无权请求对方履行义务。

2. 诺成合同与实践合同

（1）**诺成合同（不要物合同）** 当事人双方就合同的必要条款协商一致即告成立的合同，称为诺成合同。如买卖合同，租赁合同。

（2）**实践合同（要物合同）** 除双方当事人协商一致外，还必须交付标的物才成立的合同，称为实践合同。如赠与合同。

区分诺成合同与实践合同的意义在于，确定合同的成立和生效时间。诺成合同，双方当事人协商一致签约后，合同即生效。实践合同，则是在交付标的物后合同才成立。因此，诺成合同比实践合同要求更高，对当事人履约前约束性更强，更正规。实践合同随意性更大。

3. 要式合同与非要式合同

（1）**要式合同** 必须依法定方式才能成立的合同，称为要式合同。

（2）**非要式合同** 无须采用特定方式就能成立的合同，称为非要式合同。

此种区分的意义在于：确定合同是否成立生效。要式合同在未履行法定方式前，合同不成立，因而不产生法律效力。

4. 明示合同与默示合同

（1）**明示合同** 用口头或书面做出意思表示的合同，称为明示合同。

（2）**默示合同** 从当事人的行为或沉默推定其缔约意图的合同，称为默示合同。如自动售货机售货。但并非所有沉默均可构成接受。仅是在法律规定的某些情况下，沉默才可以构成接受。

在法律上，两者并无本质区别，唯一真正区别在于发生争执时，向法院证明合同的方式不同。

2.2 合同的成立

尽管各国对合同的概念在理论上存在着分歧，但实际上无论是英美法国家还是大陆法国家都把双方当事人的意思表示一致作为合同成立的要素。

合同是当事人意思表示一致的结果。法律上把当事人意思表示一致分解为一方的要约和对方的承诺。当要约人用明示或暗示的方式向受要约人提出要约，且受要约人接受了此要约，意思表示即为一致，当事人之间就有了法律上有约束力的合同关系。

2.2.1 要约

要约（offer）又称发盘、出盘、发价、出价或报价等。要约是当事人一方以缔结合同为目的，向对方所做出的一种订约提议。提出要约的一方为要约人（offeror），接受要约的一方则称为受要约人（offeree）、相对人或承诺人。要约可以书面提出，也可以口头提出。

1. 要约的构成要件

要约通常具有特定的形式和内容，一项要约要发生法律效力，则必须具有特定的有效条件。要约的构成要件如下：

1) 要约必须具有订立合同的意图。 要约的目的在于订立合同，而这种订约的意图一定要由要约人通过其发出的要约充分表达出来。因此，凡不是以订立合同为目的的意思表示，就不能称之为要约。要约的特点在于：它一经受要约人的承诺，合同即告成立，无须再征求要约人之同意或经其确认。换言之，只要受要约人对要约予以承诺，要约人就必须受其约束，不得否认合同的成立。否则，就不能认为是一项真正的要约。因此，在法律上有必要把要约与要约邀请（invitation for offer）加以区别。

要约邀请的目的虽然也是为了订立合同，但它本身并不是一项要约，而只是为了邀请对方向自己发出要约。例如，在商业活动中，有些公司经常向交易对方寄送报价单（quotation）、价目表（price lists）及商品目录（catalogues）等，其内容可能包括价格、品质、规格、数量等，但这些都不是要约，而是属于要约邀请，其目的是吸引对方向自己提出订货单，只有当对方收到上述报价单或价目表后提出了订货单，这种订货单才是一项真正的要约。它须经寄送报价单或价目表的一方表示承诺之后，合同才能成立。如果寄送报价单或价目表的一方不予承诺或接受，那么，即使订货单的内容与报价单或价目表相符，合同也不能成立，寄送报价单或价目表的一方也不受约束。由此可见，要约与要约邀请的主要区别在于：如果是要约，它一经对方承诺，要约人即须受到约束，合同即告成立；如果是要约邀请，则即使对方完全同意或接受该要约引诱所提出的条件，发出该项要约邀请的一方仍不受约束，除非他对此表示承诺或确认，否则合同仍不能成立。

在很多情况下，当事人的意思往往不甚明确，这时一般是从当时所处的环境来确定是要约还是要约邀请。各国法院一般将报价单、商品目录等视为要约邀请。英美法院在实践中还常常采取反证法，即假定为要约，后果会怎样。如果后果荒谬，则不是要约而是要约邀请。

2) 要约必须向要约人希望与之缔结合同的受要约人发出。 要约人向谁发出要约也就是与谁订立合同，要约只有向要约人希望与之缔结合同的受要约人发出才能够唤起受要约人的承诺。然而受要约人是否必须是特定的人，各国法律有差异。这个问题往往与广告（advertisement）有关，因为广告的对象是社会公众而不是某个或某些特定的人。广告能否构成要约，要根据不同情况来确定。有一种广告叫悬赏（reward）广告，是指广告人以广告的方式声明，对于完成特定行为的人，将给予一定的报酬。例如，寻人广告、寻找失物广告等。广告人在这类广告中都声明，凡是找到失踪的人或遗失的物品者，将给予若干报酬。对于这种悬赏广告，各国法律一般都认为是一项要约，一旦有人看到广告后完成了广告所要求做的事情，即构成承诺，合同即告成立，广告人有义务支付广告中所规定的报酬。至于普通的商业广告，原则上不认为是一项要约，而仅视为要约邀请。但英美法院的一些判例认为，要约既可以向某一个人发出，也可以向某一群人发出，甚至可以向全世界发出。只要广告的文字明确、肯定，足以构成一项允诺（promise），亦可视为要约。在这个问题上，北欧各国的法律同英美法有所不同。北欧各国的法律认为，要约必须向一个或一个以上的特定人发出，广告原则上不能认为是要约，而只是要约邀请，因为广告是向广大公众发出而不是向特定人发出的。罗马统一国际私法研究所制订的《国际商事合同通则（草案）》也规定，凡不是向一个或一个以上的特定人发出的订立合同的建议，应视为要约邀请，除非发出该建议的一方另有明确的相反表示。

【知识窗】

售楼广告是要约还是要约邀请

近几年，由售楼广告引起的纠纷越来越多，原因之一在于售楼广告中所宣传的一些内容在最终的售楼合同中并未体现。那么，当开发商没有实现售楼广告中所宣传的内容时，是否构成违约呢？

针对商品房买卖合同中出现的问题，最高人民法院于2003年3月24日通过了《关于审理商品房买卖合同纠纷案件适用法律若干问题的解释》（以下简称《解释》），其中第3条对商品房销售广告和宣传资料的法律性质作了更为具体的界定："商品房的销售广告和宣传资料为要约邀请，但是出卖人就商品房开发规划范围内的房屋及相关设施所作的说明和允诺具体确定，并对商品房买卖合同的订立以及房屋价格的确定有重大影响的，应当视为要约。该说明和允诺即使未载入商品房买卖合同，亦应当视为合同内容，当事人违反的，应当承担违约责任。"

根据该《解释》，将开发商的广告内容确定为商品房买卖合同的内容需要三个条件：①出卖人就开发规划范围内的房屋及相关设施做出的说明和允诺；②该允诺和说明具体确定；③对商品房买卖合同的订立及价格的确定有重大影响。

很多开发商在广告中大量宣传规划范围以外的事项，例如交通、周边环境、学校、商业及市政配套设施等。这些内容即使是虚假宣传，也只存在开发商承担行政责任，即由工商行政管理部门处罚，不存在民事责任的问题，因为不符合《解释》第3条的第1项条件，"出卖人就商品房开发规划范围内的房屋及相关设施所作出的说明和允诺"。

资料来源：作者根据相关资料整理.

3）**要约的内容必须确定和完整**。所谓要约的内容必须"确定"是指要约的内容必须明确，而不能含糊不清，使受要约人不能理解要约人的真实含义，否则无法承诺。所谓"完整"，是指要约的内容必须具有足以使合同成立的主要条件。由于要约人发出要约的目的是为了订立合同，这样要约中必须包含未来合同的主要条款，一旦受要约人表示承诺，就足以成立一项对双方当事人均有约束力的合同。如果不能包含合同的主要条款，承诺人即难以做出承诺，即使做了承诺，也会因这种合意不具备合同的主要条款而使合同不能成立。因此，要约人不必在要约中详细载明合同的全部内容，而只要达到足以确定合同内容的程度即可。至于某些条件，可以留待日后确定。在这一点上，大陆法和英美普通法的要求基本上是一致的。合同的主要条款,应当根据合同的性质和内容来加以判断。合同的性质不同,它所要求的主要条款是不同的。就买卖合同来说,根据《公约》第 14 条的规定,应当包括以下三个内容,即应当载明货物的名称,应明示或默示地规定货物的数量或规定如何确定数量的方法,应明示或默示地规定货物的价格或规定如何确定价格的方法。这一规定主要是针对买卖合同设立的,对其他类型的合同也不完全适用。而美国《统一商法典》则采取了较为宽松和灵活的态度,按照美国《统一商法典》第 2-204 条的规定,一项买卖合同,即使缺少某些条款,只要当事方确有订立合同的意图,并且存在合理确定的办法,就可以提供适当的救济,合同即不因缺乏确定性而不能成立。因此,根据美国《统一商法典》的规定,在货物买卖中,要约的内容最重要的是要确定货物的数量或提出确定数量的方法,至于价格、交货或付款时间等内容,均可暂不提出(left open),留待日后按照所谓合理(reasonable)的标准来确定。至于何谓合理,那是属于事实问题,得由法院根据案情和周围的情况做出解释。美国《统一商法典》的这一规定,是为了适应当代经济贸易发展的要求,尽可能使某些合同不致由于缺少某项条款而不能成立。

【案例阅读】

伦纳德诉百事公司
纽约州南区地区法院(1999 年)

被告百事公司为配合促销活动在电视中播出了一则广告,广告中告知公众可以通过购买商品获得积分,并用积分换取奖品,积分不足的可用美元购买。广告中出现了一架军用"鹞式"直升机,并标明了它需要的特定积分,而在促销活动的目录中并不包括"鹞式"直升机。原告伦纳德决定用相当于直升机积分的美元换取直升机,但遭到被告拒绝,于是伦纳德起诉被告违约。法院判决认定,双方不存在合同,驳回了原告的诉讼请求。

本案确定的规则是,如果广告内容没有具体和明确到可以让一个理性人视为要约,那么这样的广告就不构成合同法上的要约。

资料来源:约翰·卡拉马里,约瑟夫·佩里罗,等. 美国合同法案例精解 [M]. 王飞, 译. 上海:上海人民出版社, 2017.

2. 要约生效的时间

要约的生效时间关系到要约从什么时间对要约人产生拘束力,也涉及承诺期限问题。要约是一种意思表示,按照大多数国家的法律,要约须于到达受要约人时方能生效,从而使受要约人取得对该要约做出承诺的权利。《公约》第 15 条规定:"发价于送达被发价人时生效。"这是对大陆法立法经验的总结。如果要约在发出以后,因传达要约的信件丢失或没有传达,不能认为要约已经送达。只要将要约送达到能够为受要约人所能支配的地方即可,至于受要约人是否实际拆阅了这些信件或文件,则不必考虑。该销售公约采纳了到达主义。我国合同法亦采纳了到达主义。

3. 要约的拘束力

一般来说,要约对受要约人是没有约束力的。受要约人接到要约,只是在法律上取得了承诺的权利,但并不受要约的约束,并不因此承担了必须承诺的义务。不仅如此,在通常情况下,受要约人即使不予承诺,也没有通知要约人的义务。但某些国家法律规定,在商业交易中，在某些例外情况下，受要约人无论承诺与否，均应通知要约人。如德国及日本商法典均规定，商人对于平日经常往来的客户，在其营业范围内，在接到要约时，应即发出承诺与否之通知，如怠于通知时，则视为承诺。

要约对要约人是否有约束力的问题，就比较复杂。所谓要约对要约人的约束力，是指要约人发出的要约，已经到达受要约人之后，在对方承诺之前能否反悔，能否把要约的内容予以变更，或把要约撤销的问题。

至于要约人在其要约送达受要约人之前可以将其要约撤回或变更，那是毫无疑问的。因为按照各国的法律，要约必须在到达受要约人时才能发生效力，在要约人发出要约至该要约到达受要约人之前这段时间里，由于要约尚未发生效力，要约人当然有权把要约撤回，或更改要约的内容。但一旦要约已经到达受要约人之后，要约人是否须受其要约的拘束，是否可以撤销其要约或变更其要约的内容，对此，英美法、大陆法各有不同的要求或规定。

1）**英美普通法认为，要约原则上对要约人无约束力，要约人在受要约人对要约做出承诺之前，任何时候都可以撤销要约或更改要约的内容。**即使要约人在要约中规定了有效期限，他在法律上仍可在期限届满以前随时把要约撤销。其理由是，英美法认为，一个人所做出的允诺（promise），其所以在法律上有约束力，是由于取得对方的某种"对价"（consideration），或者是由于允诺人（promisor）在做出允诺行为时，采取了法律所要求的某种特殊的形式，如在允诺的书面文件上签字蜡封（signed and sealed），如果允诺欠缺上述条件中的任何一项，该允诺对允诺人就不具有约束力。英美法把要约视为要约人所做的一项允诺。不过有些要约是不能撤销的，主要包括：①有对价支持的要约。要约人在要约中申明，该项要约在10天之内不予撤销，但以受要约人支付100英镑为条件，如果受要约人同意支付这笔金额，双方就成立了一个关于保证该项要约于10天之内不得撤销的担保合同或有选择权的合同。在这种情况下，要约人在规定的期限内就不得撤销或修改要约的内容。②受"不得自食其言"（promissory estoppel）原则制约的要约。"不得自食其言"原则的含义是如允诺人在做出允诺时，应当合理地预料到受允诺人会信赖其允诺而做出某种实质性的行为或放弃去做某种行为，并已在事实上引起了这种后果，只有强制执行该项允诺才能避免产生不公平的后果，那么，即使该项允诺缺乏对价，亦应予以强制执行。这项原则英国目前只在债务等少数案件中适用，但美国已是广泛适用了。③美国《统一商法典》更进一步明确规定，在货物买卖中，在一定条件下可以承认无"对价"的"确定的要约"（firm offer），即要约人在要约确定的期限内不得撤销的要约。其条件是：要约人必须是商人（merchant）；要约已规定期限，或者如果没有规定期限，则在合理期限内不予撤销，但无论如何不超过三个月；要约须以书面做成，并由要约人签字。如果符合上述条件，即使该项要约没有对价支持，要约人仍须受其要约的拘束，在要约规定的期限内或在合理时间内不得撤销要约。

2）**德国法律认为，要约原则上对要约人具有拘束力。**德国《民法典》规定，除非要约人在要约中注明有不受约束的词句，要约人须受其要约的拘束，如果在要约中规定了有效期，则在有效期内不得撤销或更改其要约；如果在要约中没有规定有效期，则依通常情形在可望得到答复以前，不得撤销或更改其要约。瑞士、希腊、巴西等国均采取这一原则。

3）**由于各国在要约的法律规则方面，存在着重大的分歧，给国际贸易带来了很大的不便。**为了适应国际贸易发展的需要，《公约》把世界各国，特别是英美法国家和大陆法国家之间，在要约的法律规则方面的分歧加以调和折中，第16条规定，要约在其被受要约人接受之前，原则上可以撤销，但有下列情况之一者则不能撤销：①要约写明承诺的期限，或以其他方式表示要约是不可撤销的；②受要约人有理由信赖该项要约是不可撤销的，并已本着对该项要约的信赖行事。我国《合同法》第18条和第19条的规定与此相同。

▎【案例分析】

1. 甲于6月3日寄出一封航空信给乙："不可撤销发价。欲售东北大米1 000吨，每吨200美元，FOB大连，交货期为7/8月，即期L/C支付。"信刚寄出，甲发觉国际市场价格涨为每吨220美元，于是立即给乙发出传真："我方报价改为每吨220美元，FOB大连。"

思考题

如果乙接信后表示接受，合同的价格应为多少？

2. 甲于6月3日发传真给乙："不可撤销发价。欲售东北大米1 000吨，每吨200美元，FOB大连，交货期为7/8月，即期L/C支付。"刚发完传真，甲发觉国际市场价格涨为每吨220美元，于是立即给乙发出传真："我方报价改为每吨220美元，FOB大连。"

思考题

如果乙这时表示接受，合同的价格应为多少？

[参考答案]

1. 220美元。 2. 200美元。

4. 要约的消灭

要约的消灭是指要约失去效力，无论是要约人或受要约人均不再受要约的拘束。要约失效的原因很多，主要有以下几种情况。

1）**要约因期间已过而失效**。如果要约规定了承诺必须在一定期限内做出，在此期限内未作承诺，要约即告终止。若要约中无期限规定，则要约经过一定合理时间而终止。何谓合理时间应由法院根据具体案件来确定。英美法国家与大陆法国家在这一问题上是一致的。

如要约人在要约中没有规定承诺的期限，则有两种情况：第一，如果当事人间以对话方式进行交易磋商，对于此种对话要约必须立即予以承诺，如不立即承诺，要约即失去其拘束力。所谓对话要约包括当事人间面对面的商谈和电话等方式。第二，如当事人分处异地，以函电等非对话的方式发出要约，则要约经过一段合理时间而终止。如许多大陆法国家，如德国、瑞士、日本等国的民法典都规定，在隔地人之间发出要约而又未规定承诺期间者，如不在相当期间内或不在"依通常情形可期待承诺达到的期间内"做出承诺，要约即告失效，要约人不再受要约的拘束。按照大陆法学者的解释，此期间应包括要约到达受要约人的时间、受要约人考虑承诺的时间和承诺到达要约人的时间。这段时间究竟应以多长为适当，是属于所谓事实问题，应由法院根据两地相隔之远近，以及要约及承诺所采取的传递方法来决定。英美普通法认为，如要约没有规定承诺的期间，应在"合理的时间"（reasonable time）内做出承诺，否则要约即告失败。何谓合理时间也是一个事实问题，应由法院根据具体案情来确定。

2）**要约因被要约人撤回或撤销而失效**。

3）**要约因受要约人的拒绝而失效**。拒绝要约是指受要约人把拒绝要约的意思表示通知要约人的行为。要约在拒绝通知送达要约人时即告失效。此后，受要约人就不能改变主意再对该项要约表示承诺。受要约人的拒绝不仅指明示拒绝，还包括暗示拒绝。暗示拒绝即受要约人在承诺中对要约的实质条款作了扩张、限制或变更，其效果也视同对要约的拒绝，在法律上等于受要约人向要约人发出一项反要约（counter-offer），原要约遂告失效。

4）**要约变为非法**。如 A 向 B 发出贷款要约，规定年利率为 20%，但是在该要约到达后 B 做出接受前，政府签署了一项法令禁止私人之间贷款利率超过 14%，A 的要约则因违反政府的这项法令而失效。

5）**当事人死亡或失去行为能力**。无论是要约人或受要约人，只要是一方死亡或失去行为能力，要约即告失效。

2.2.2 承诺

承诺（acceptance）是指受要约人按照要约所指定的方式，对要约的内容表示同意的一种意思表示。要约一经承诺，合同即告成立。

1. 承诺的构成要件

一项有效的承诺应具备以下条件。

1）**承诺必须由受要约人做出**。受要约人包括其本人及其授权的代理人。除此以外，任何第三者即使知道要约的内容并对此做出同意的意思表示，也不是承诺，不能成立合同。

英美法还规定，行为人的某个行为如果要构成法律意义上的承诺，那么在他实施这一行为时，必须要知道要约的存在。例如，一名警察局局长，为了抓住一名越狱逃犯，发出了 500 美元的悬赏要约。原告抓住了这名逃犯并将逃犯送回监狱，但警察局局长却拒绝支付赏金，理由是当时原告并不知道悬赏要约的存在。法院认为，行为人知道要约的存在，对合同成立是必要的，因此，本案中合同没有成立，原告的诉讼请求被驳回。

2）**承诺必须在要约的有效期间内做出**。如果要约规定了有效期，则必须在该期限内承诺；如果要约未规定有效期，则必须在"依照常情可期待得到承诺的期间内"（大陆法）或在"合理的时间内"（英美法）做出。如果承诺人超过了规定的期限做出承诺，则称为"迟到的承诺"（late acceptance），或称为逾期承诺。迟到的承诺不是有效的承诺，而是一项新的要约，须经原要约人承诺后才能成立合同。

关于承诺的期限，《合同法》第 24 条及《公约》第 20 条规定：要约以信件或者电报做出的，承诺期限自信件载明的日期或者电报交发之日开始计算。信件未载明日期的，自投寄该信件的邮戳日期开始计算。要约以电话、传真等快速通信方式做出的，承诺期限自要约到达受要约人时开始计算。

《公约》第 20 条还规定：在计算接受期间时，接受期间内的正式假日或非营业日应计算在内。但是，如果接受通知在接受期间的最后一天未能送到发价人地址，因为那天在发价人营业地是正式假日或非营业日，则接受期间应顺延至下一个营业日。

3）**承诺内容应与要约的内容一致**。承诺是受要约人愿意按照要约的内容与要约人订立合同的一种意思表示，因此，承诺的内容应当与要约的内容相一致。如果受要约人在承诺中将要约的内容加以扩充、限制或变更，从原则上说这就不是承诺而是一项反要约，它是对原要约的拒绝，不能发生承诺的效力。

随着交易的发展，要求承诺与要约内容绝对一致，不利于合同的成立，因而不利于鼓励交易。所以，美国合同法对镜像规则做出了一定的修改。联合国《国际货物销售合同公约》第 19 条也做出了与美国《统一商法典》相同的规定，即：①对要约所做的承诺如载有附加、限制或其他更改，应视为对要约的拒绝，并构成反要约。②但如承诺所载的附加或不同条件在实质上并不变更该项要约的条件，则除要约人在不过分迟延的期间内提出反对外，仍可构成承诺。如要约人不提出异议，合同条件即以要约的条件以及承诺和所载的更改为准。③凡承诺中载有关于价格、支付、货物的质量和数量、交货地点和时间、当事人一方对他方的责任范围或解决争端等方面的附加条件或不同条件，均视为在实质上变更了要约的条件。

我国《合同法》第 30 条规定："承诺的内容应当与要约的内容一致。受要约人对要约的内容作出实质性变更的为新要约。有关合同标的、数量、质量、价款或者报酬、履行期限、履行地点和方式、违约责任和解决争议方法等的变更，是对要约内容的实质性变更。"第 31 条规定："承诺对要约的内容作出非实质性变更的，除要约人及时表示反对或者要约表明承诺不得对要约的内容作出任何变更以外，该承诺有效，合同的内容以承诺的内容为准。"这两条是关于承诺不得对要约的内容做出实质性变更和承诺对要约的内容的非实质性变更不影响合同效力的规定。

4）**承诺的传递方式必须符合要约所提出的要求。**要约人在要约中可以对承诺的传递方式做出具体规定，在这种情况下，受要约人在承诺时就必须按照规定的传递方式办理，否则承诺就不能成立。如果要约人在要约中对承诺的传递方式没有做出具体的规定，承诺人在发出承诺通知时，一般应按要约所采用的传递方式办理。但如果承诺人采用比要约所指定的或要约所采用的传递方式更为快捷的通讯方法做出承诺，这在法律上是有效的，要约人不能因此予以拒绝。

2. 承诺的方式

承诺是指受要约人通过何种形式将承诺的意思送达给要约人。从各国立法规定来看，对于承诺的方式，一般没有具体的规定。但是，如果要约没有对承诺方式做出特别规定，则受要约人可以采用如下方式来表示承诺：①以口头或书面的方式表示承诺，这种方式是在实践中经常采用的。一般来说，如果法律或要约中没有明确规定必须用书面形式承诺，则当事人可以用口头形式表示承诺；②以默示方式表示承诺。这就是说受要约人尽管没有通过书面或口头方式明确表达其意思，但是通过实施一定的行为和其他形式做出了承诺。根据美国《统一商法典》第 2-201 条第 3 款 C 项，当事人在收到要约后可以用行为表示承诺，但必须满足以下两个条件：①表示承诺的一方实质性地完成了对其承担的义务的履行；②这一履行已经为对方接受。英美法还规定，一方当事人在另一方当事人实施让自己受益的行为，其有机会提出反对而没有提出，此时沉默可以被推定为承诺。例如，原告在其与被告相邻的地块上建造了界墙，被告当时知道这一事实，也从中受益。原告要求被告支付一半的建造费用。法院认定，被告的沉默构成了承诺，双方形成了合同，判决支持了原告的诉讼请求。

3. 承诺的生效

承诺生效的时间，是指承诺什么时候产生法律效力。关于承诺从何时开始生效，两大法系存在着截然不同的规定。

1）大陆法采纳了到达主义，或称送达主义，即承诺的意思表示于到达要约人支配的范围内时生效，合同也告成立。

2）英美法采纳了送信主义，或称为发送主义（doctrine of dispatch），在美国也常常称为"信筒规则"（mailbox rule），是指如果承诺的意思表示以邮件、电报表示，则承诺人将信件投入信筒或电报交付电信局即生效力，除非要约人和承诺人另有约定。

3）我国立法和司法实践采纳传统大陆法的到达主义，合同成立的时间以受要约人将承诺的意思送达要约人才能生效。

所谓到达，应当指承诺的通知到达要约人支配的范围内，如要约人的信箱、营业场所等。至于要约人是否实际阅读和了解承诺通知则不影响承诺的效力。承诺通知一旦到达要约人，合同即宣告成立。当然，对于一些要式合同，则以履行特定的合同形式的时间为合同成立的时间。例如法律规定需要采用书面形式的合同，则应以当事人签订书面合同并在合同上由双方签字盖章后才能宣告合同成立。对于需要登记的合同则从登记之日起宣告合同成立。

4. 承诺的撤回

根据送达主义，承诺人发出承诺通知以后，可以撤回其承诺的通知。只要撤回的通知先于或同时于承诺到达于要约人，则撤回有效。而根据送信主义，承诺在承诺通知发送时即已生效，所以受要约人一旦将承诺的信件丢进了邮筒，或者将承诺的电报稿交给了电报局，承诺已经生效，承诺人不可能再撤回他的承诺通知，即使承诺人的撤回承诺的通知先于或同时于承诺通知到达于要约人，撤回也是无效的。所以实际上发信主义已经剥夺了承诺人撤回的权利。

我国《合同法》第27条规定，承诺是可以撤回的，受要约人在发出承诺通知之后，如发现不妥，可以在该承诺通知生效之前，赶紧发出撤回通知，只要撤回通知能在该承诺通知到达之前或与其同时送达对方，即可将该项承诺撤回。一旦承诺送达生效，合同即告成立，受要约人就不得予以撤销，否则就等于撕毁合同。

5. 承诺的迟延

在实际业务中，逾期的承诺无非有两种情形，一是因迟发而迟到：由于受要约人发出承诺的时间过迟，其责任在于受要约人；二是非因迟发而迟到：由于其他原因迟到，其责任不在于受要约人。

1）**因迟发而迟到**。我国《合同法》第28条规定，承诺必须在要约的有效期限内做出。在要约有效期限届满后发出的承诺为逾期的承诺或迟到的承诺，这时做出的承诺原则上不具有法律上的效力，而是一项新的要约。但是为了有利于双方合同的成立，法律对受要约人逾期发出的承诺亦采取了一些灵活的处理方式，使它在符合某些条件的情况下，仍然具有承诺的效力，合同仍得以成立。根据本条规定，受要约人逾期发出的承诺有效的条件是要约人及时通知受要约人该承诺有效。也就是说，要约人对逾期承诺有两种选择：①如果他不愿与对方订立合同，他可以将逾期的承诺置之不顾，无须做任何事情。这样，承诺无效，只被视为一项新的要约，当然，他也可以通知对方，表示由于对方承诺过迟，其要约已失效，以避免引起误解或不必要的纠纷。②如果他愿意与对方订立合同，他就必须及时地将此意图通知对方，即向对方表示尽管对方的承诺已逾期，但他仍视之为有效，不影响合同的成立。在这种情况下，承诺仍然有效。

2）**非因迟发而迟到**。我国《合同法》第29条规定："受要约人在承诺期限内发出承诺，按照通常情形能够及时到达要约人，但因其他原因承诺到达要约人时超过承诺期限的，除要约人及时通知受要约人因承诺超过期限不接受该承诺的以外，该承诺有效。"本条是关于非因受要约人的原因致使承诺逾期的效力的规定。根据本条的规定，该承诺原则上有效，除非要约人及时通知受要约人该承诺已超过期限而不接受该承诺。非因受要约人的原因致使承诺逾期，根据本条规定，要约人有两种选择：①如果他不愿与受要约人订立合同，他必须及时通知受要约人，表明他的要约已因承诺逾期而失效；②如果他愿意与受要约人订立合同，他就无须做任何事情，只要保持沉默即可产生合同成立的效果。在此情形下，该承诺有效。当然，他也可以通知对方，表示对方的承诺有效合同成立，以避免引起误解或不必要的纠纷。

【案例分析】

中国山东某公司于某年6月14日收到甲国某公司来电称："×××设备3 560台，每台270美元CIF青岛，7月甲国×××港装船，不可撤销即期信用证支付，6月22日前复到有效。"中国山东公司于6月17日复电："若单价为240美元CIF青岛，可接受3 560台×××设备；如有争议在中国国际经济贸易仲裁委员会仲裁。"甲国公司于6月18日回电称仲裁条款可以接受，但价格不能减少。此时，该机器价格上涨，中方又于6月21日复电："接受你14日发盘，信用证已经由中国银行福建分行开出。"但甲国公司未予答复并将货物转卖他人。

思考题

下列哪些选项是正确的？

A. 甲国公司要约中所采用的是在甲国完成交货的贸易术语

B. 甲国公司将货物转卖他人的行为是违约行为

C. 中国山东公司于6月17日的复电属于反要约

D. 甲国公司于6月18日回电是在要约有效期内发出，属有效承诺

资料来源：www.0755law.net/eWebEditor/uploadfile/200...159K，2008-4-22.

[参考答案]

AC

2.3 合同的生效

所谓合同效力，是指已经成立的合同在当事人之间产生了一定的法律拘束力，也就是通常所说的法律效力。效力，一般指与法律规定相符合因而能够得到法律确认和维护的效果。合同的成立与合同的生效常常是密切联系在一起的。但是合同成立与合同生效是两个完全不同的概念。合同成立是指合同订立过程的完成，即当事人经过平等协商对合同的基本内容达成一致意见，要约承诺阶段宣告结束，合同成立是当事人合意的结果。合同成立只是解决了合同是否存在的问题，对于已经成立的合同是否有效则是合同生效制度要解决的问题，如果不符合法律规定的生效要件，自然不能产生效力。所谓合同的生效要件，是指使已经成立的合同发生完全的法律效力所应当具备的法律条件。合同的生效要件和成立要件是不同的，具备了成立要件，合同将宣告成立；但已经成立的合同必须符合一定的生效要件才能产生法律拘束力。合同生效要件是否完备是判断合同是否具有法律效力的标准。根据各国法律，一个合同生效的基本要素是：①协议存在对价（consideration）或约因（cause）；②当事人意思表示真实（reality）；③当事人具有签订合同的行为能力；④协议的形式合法；⑤协议的内容合法。

2.3.1 对价

在英美法中，一项在法律上有效的合同，除了当事人之间意思表示一致以外，还必须具备另一项要素——"对价"，法国法称之为"约因"，并以有无对价或约因作为区别有诉

权的合同（actionable contracts）与无强制执行力的约定（unenforceable pacts）或社交性的协议（social agreement）的一个根本标志。

1. 对价的定义

现在英国法通用的定义是 Pollock 首次提出并经上议院在 1915 年 Dunlop v Selfriage 判决所沿用的：对价是作为报答允诺实际给予或答应给予的东西。也有人把对价说成是"购买某种允诺的代价"。英美法在解释对价时，主要是强调当事人之间必须存在"我给你是为了你给我"的关系，即彼此之间要提供"相互给付"（counterpart）。

【案例阅读】

金诉宋
加利福尼亚州第四上诉法院第三合议庭（2009 年）

原告金与被告宋都是韩国人，彼此是好朋友。在被告宋的劝说下，原告将大量资金投入被告公司，被告个人从未获得这些资金，也没有承担个人担保责任。后来，原告投入被告公司的钱都亏损掉了，被告对原告感到愧疚，以大头针刺破自己手指，以自己的血写下了一份还款书，但是之后并未实际归还。于是，在一年多之后，原告以被告所写的还款书作为依据向法院起诉，要求被告承担还款责任。法院认为，这一还款书没有对价支持，判决驳回了原告的诉讼请求。

本案确定的规则是，一个有效合同必须有对价支持，没有对价支持的承诺只是一个无偿的承诺，这样的承诺是不能强制执行的。

资料来源：约翰·卡拉马里，约瑟夫·佩里罗，等. 美国合同法案例精解［M］. 王飞，译. 上海：上海人民出版社，2017.

2. 英美法中关于对价的一些原则

1）**对价必须来自受允诺人**（promisee）。所谓对价必须来自受允诺人，是指只有对某项允诺付出了对价的人，才能要求强制执行此项允诺。但这一规则也有例外，主要为：①代理关系中，受允诺人的代理人可支付对价；②保险关系中保险人赔偿的允诺的对价——保险费可来自非被保险人的投保人；③票据关系中付款人的付款允诺对价可来自非持票人。

2）**对价必须是待履行的对价或者是已经履行的对价，而不能是过去的对价**。英美通法把对价分为三种：①待履行的对价（executory consideration）：是指双方当事人允诺在将来履行的对价。②已履行的对价（executed consideration）：是指当事人一方以其作为要约或承诺的行动，已经履行了依据合同所承担的义务，这时，他所提出的对价就是已履行的对价。如"悬赏广告"。③过去的对价（past consideration）：是指一方在对方做出允诺之前已全部履行完毕的对价。

英美法有一项原则，"过去的对价不是对价"（past consideration is no consideration），这通常是指某人过去曾为对方做过某些事情而使对方得到了某种好处，日后，对方为表达感谢，允诺给予某种报答。但这种允诺是缺乏对价的，因为过去做过的事情不能作为现在这项允诺的对价，所以，这项允诺是没有约束力的。英美法认为，这种允诺是属于无偿的允诺，无偿的允诺除非是以签字蜡封式做成，否则是没有约束力的。

但在英美法中，"过去的对价不是对价"这一原则也有例外情况。①英美法一般认为，如果一方应对方的请求为对方提供了某种服务，日后对方允诺给予报酬，则这种过去已经提供的服务仍可以作为日后允诺给予报酬的对价，这项允诺是有约束力的。因为在商业服务中，一方的请求往往暗示有付款的意向，这是商业社会的惯例。美国许多州还把这种例外的原则推广到某些未经对方提出要求的行为，只要这种行为是在紧急情况下做出的，则在完成此种行为之后，如对方允诺给予报酬，该项行为可以作为此项报酬的对价，此项允诺即具有约束力，承诺人不得反悔。②允诺人对受诺人负有道德上的义务时，过去的对价可以成为对价。

【案例阅读】

韦布诉麦克戈文（1935年）

1925年，原告受雇于一家木材公司。一天，他在公司的锯木厂清理木材。当他把楼上摆放的一堆原木一根根掀落到楼下时，突然发现麦克戈文从楼下经过，他正搬动的一个原木如果落下去，将恰好砸在麦克戈文身上，使其受到致命的伤害。为了挽救麦克戈文，原告紧紧抱住原木的一端，使其下落的方向改变，结果麦克戈文得救了，原告却跌到楼下，造成终身残疾，丧失了劳动能力。为报答原告，麦克戈文答应每两周付给原告15美元，直到原告死亡为止，以维持其生活。这笔钱从1925年9月起，支付到1934年1月麦克戈文去世。以后，麦克戈文的继承人拒绝支付这笔钱。于是原告对该继承人提起这一诉讼。

被告称，麦克戈文关于按期支付给原告抚恤金的诺言没有对价，因而没有拘束力。原告反驳说，他挽救了麦克戈文的生命，或至少使其免受严重伤害，这对于麦克戈文是一种实质性的利益，比任何经济上的帮助都更有价值。由于得到了这样的利益，麦克戈文在道德上负有对原告进行赔偿的义务。

法院判决，确定一项原则：当诺言人收到一项实质性的利益时，一种道德上的义务使过去的对价可以成为事后做出的给予金钱许诺的充分的对价，则这项允诺有约束力。诺言人不得以对价是过去的对价为理由，收回其诺言。

资料来源：王军，戴萍. 美国合同法案例选评[M]. 北京：对外经济贸易大学出版社，2006.

3）对价必须具有某种价值（valuable），但不要求充分或对等（adequate）。对价必须是真实的，必须具有某种价值。这里所说的价值不一定是指金钱上的价值，也可以是其他东西，例如，提供某种服务或不行使某种权利等。但对价不是等价，不要求与对方的允诺相等（equivalent to the promise）。例如，叔父为其侄儿健康着想，对侄儿说："你如果直到成年时，都能不抽烟、不喝酒、不打子弹等，我就给你5 000元。"这种情形，可认为叔父系以其允诺，换取其侄儿不作为之行为，符合对价的交易磋商性质。因此，法院判叔父遗产执行人败诉，须支付5 000元予侄儿。

美国法院虽然也不要求对价必须充分或对等，但是并不承认由一美元或数额很少的一笔钱构成的对价，即"名义上的对价"（nominal consideration）。根据《第二次合同法重述》（1981年），名义上的对价不能使赠与人的诺言对赠与人产生约束力。要想使赠与人的诺言对赠与人产生约束力，必须存在真实的而不是虚假的交易关系。

只有在欺诈、误会、不正当影响等案件中，法院才会把对价不充分作为证明欺诈、误会、不正当影响的一种证据，当事人才可以要求解除合同。

> **【案例阅读】**
>
> **宾夕供应公司诉美国灰循环利用公司**
>
> **宾夕法尼亚州高等法院（2006 年）**
>
> 原告宾夕供应公司承包了一个铺路工程，工程需要用到粉煤灰作为路基的原材料。根据招投标中的通知，原告从被告美国灰循环利用公司运走了相当数量的粉煤灰，原告对此没有支付任何费用。后来，原告施工的铺路工程出现了质量问题，经环保部门认定，粉煤灰是一种危险的废料。原告要求被告来清理这些粉煤灰，但是被告未予理睬。最后，原告花费了相当的费用修复路基，并清理和处理这些粉煤灰。原告向法院起诉，要求被告承担这些损失。被告则抗辩，本案中的所谓合同没有对价支持，不能在法律上强制执行。法院认定，粉煤灰本身被认定为一种有害的废料，美国灰循环利用公司设法使这些废料得到利用，是为了避免让自己花费大价钱来处理这些废料。宾夕公司利用了这些废料，为美国灰循环利用公司节省了处理这些废料的成本，美国灰循环利用公司从宾夕公司的行为中获得了利益。因此，本案中存在对价，双方成立了一个有效合同，判决支持了原告。
>
> 本案确定的规则是，如果允诺人从承诺中获得利益，而受诺人承受了不利后果，那么，这样的承诺就不是无偿的，应该认定这样的承诺存在对价，即使双方在交易过程中没有将这一点作为对价进行过协商也是如此。
>
> 资料来源：约翰·卡拉马里，约瑟夫·佩里罗，等. 美国合同法案例精解 [M]. 王飞, 译. 上海：上海人民出版社, 2017.

4）**已经存在的合同义务，不能视为对价**。根据既存合同义务规则，如果一方当事人所做的事情或答应去做的事情是已经依法确定有义务去做的事情，限制自己去做或者同意限制自己去做的事情并不是他在法律上有着特别权利去做的事情，那么，修改一份合同就不能得到对价的支持。例如，施工方向建设方表示，除非它获得额外的经济补偿，否则将拒绝按照这一无利可图的合同继续施工下去。对于这种情况，法院一般认定，如果施工方只是完成原合同要求它必须完成的工作，那么，随后双方达成的同意支付额外经济补偿的合同是不能强制执行的。

5）**公共义务的履行不能视为对价**。例如，证人在法庭上作证，当事人事先答应给他一笔钱，后又后悔了，这笔钱是不能执行的，因为证人作证是履行法律上的公共义务，不能成为对价。再比如，某甲的女儿被绑架，他登报声明，如找到其女儿，愿奉赏金 1 万美元。警察某乙奉命办理此案，并找回某甲的女儿。法院认为，这是法律上的责任，不足以作为对价。

6）**履行的义务超出了公共义务或合同义务的范围，可视为对价**。

3. 英美法中对价原则的例外

1）**美国法（衡平法）中的"不得自食诺言"原则（promissory estoppel），又称"禁反言"原则**。其含义是，如允诺人在做出允诺时，预见到或理应预见到受允诺人会信赖其允诺而做出某种实质性的行为或者放弃去做某种行为，并导致了受诺人的损失，只有强制执行该项允诺才能避免产生不公平的后果，那么，即使该项允诺缺乏对价，亦应予以强制执行。

【案例阅读】

德雷南诉星星铺路公司
加利福尼亚州最高法院（1958年）

作为总承包商的原告德雷南准备竞标一个工程。按惯例，各分包商会在指定日期前向总承包商提供分包工程报价，由总承包商汇总并放入总标书。如果中标，总承包商再将分包工程交给分包商完成。在竞标的指定日期前，被告星星铺路公司就铺路工程向原告提供报价，原告将被告的报价计入总报价，并将被告作为铺路工程的分包商。但在原告告知被告其已中标后，被告却表示原先的报价错误，无法按当时的报价施工。原告只能以更高的价格另请其他公司施工。原告诉至法院，要求被告赔偿损失。法院认定，原告已经对被告的报价产生了信赖，于是判决支持了原告的诉讼请求。

本案确定的规则是，对于某一个要约，如果要约人应该合理预见到受要约人可能会对要约产生信赖，而且受要约人也确实对要约产生了信赖，那么，这样的要约就是不可以撤销的。

资料来源：约翰·卡拉马里，约瑟夫·佩里罗，等. 美国合同法案例精解[M]. 王飞，译. 上海：上海人民出版社，2017.

2）**签字蜡封合同无须对价**。英美普通法将合同分为两类：①签字蜡封合同（signed and sealed contract）。这种合同是由当事人签字，加盖印鉴并把它交给对方而做成的。其有效性完全取决于它所采用的形式（form），所以，不要求任何对价。在早期，蜡封指依特定的方式将文件用火漆加封，以表示该文件是郑重其事地签署的。如今，当事人通常只需在文件上加上"seal"或"L. S."的标记，该文件就被蜡封了。目前，转让地产、地产权益、船舶的合同须签字蜡封。目前，这一原则并没有被美国各个州所采纳，多数州并不承认蜡封有法律效力。②简式合同（simple contract）。包括口头合同和非以签字蜡封做成的一般书面合同。这类合同必须有对价，否则没有约束力。

3）**修改现有合同的协议**。为适应现代商业发展的需要，美国《统一商法典》第二篇2~209条明文规定：关于改变现有合同的协议，即使没有对价，也有约束力。近年来，英国法院的少数判例也有朝着美国法的方向发展的趋势。由此可见，英美法在对价的问题上正在逐渐演变，总的倾向是采取比较灵活的态度，以便使对价原则与现代商业的习惯做法协调起来。

【案例阅读】

安杰尔诉默里
罗得岛州最高法院（1974年）

被告之一马厄与纽波市达成了一份五年期合同，由被告马厄为纽波市收集处理所有的垃圾，费用为每年137 000美元。后由于纽波市的居民区有了大幅增长，马厄向纽波市提出增加费用，纽波市在听证之后同意另外向马厄支付10 000美元。下一年，马厄提出了同样的请求，也得到了纽波市的批准。原告安杰尔向法院提起诉讼，认为马厄从事的是合同原先确定的义务，根据既存合同义务规则，被告马厄获得的这20 000美元没有法律依据，应该予以返还。法院认定，纽波市与马厄的合同已经被修改，这一修改是公平且合理的，判决驳回了原告的诉讼请求。

本案确定的规则是，如果合同履行过程中出现了签订合同时所没有预料到的情形，当事人可以对原先的合同进行修改，即使没有对价，修改也是有效的，只要这样的修改是公平并且合理的。

资料来源：约翰·卡拉马里，约瑟夫·佩里罗，等. 美国合同法案例精解［M］. 王飞，译. 上海：上海人民出版社，2017.

2.3.2 当事人订立合同的能力

一份合同是否有效，还取决于该合同的当事人是否具有法律上的签订合同的能力或资格。合同的签订者可能是商事组织，也可能是自然人。

1. 自然人订立合同的能力

由于任何合同都是以当事人的意思表示为基础，并且以产生一定的法律效果为目的，因此，行为人必须具备正确理解自己行为性质和后果、独立地表达自己意思的能力，也就是说必须具备与订立某项合同相应的民事行为能力。各国民法大都将行为人有无行为能力作为区别法律行为有效和无效的条件。我国《民法总则》也将行为人具有相应的民事行为能力作为民事法律行为生效的条件之一。

各国法律都区别成年人和未成年人。成年人除法律另有规定外，都具有订立合同的能力。但各国对于成年人的法定年龄规定不一。英国、德国及我国规定18周岁为成年人。法国规定21周岁为成年人。美国各州规定不一，主要有两种：一种为满18周岁；另一种为满21周岁。

（1）中国法 我国《民法总则》把自然人的民事行为能力分为完全民事行为能力、限制民事行为能力和无民事行为能力三类。①有完全民事行为能力的人。按照《民法总则》第17条和18条的规定：18周岁以上的自然人是成年人，具有完全民事行为能力，可以独立实施民事法律行为，即有能力通过自己的独立行为，取得民事权利和承担民事义务。对于16周岁以上的未成年人，如果是以自己的劳动收入为主要生活来源的，亦视为有完全民事行为能力的人。他们都可以独立进行民事活动，包括订立各种合同。②限制民事行为能力的人。《民法总则》第19条规定，8周岁以上的未成年人为限制民事行为能力人，实施民事法律行为由其法定代理人代理或者经其法定代理人同意、追认，但是可以独立实施纯获利益的民事法律行为或者与其年龄、智力相适应的民事法律行为。《民法总则》第22条规定，不能完全辨认自己行为的成年人为限制民事行为能力人，实施民事法律行为由其法定代理人代理或者经其法定代理人同意、追认，但是可以独立实施纯获利益的民事法律行为或者与其智力、精神健康状况相适应的民事法律行为。我国《合同法》第47条对限制民事行为能力人所订立的合同效力做了规定：限制民事行为能力人订立的合同，经法定代理人追认后，该合同有效，但纯获利益的合同或者与其年龄、智力、精神健康状况相适应而订立的合同，不必经法定代理人追认。相对人可以催告法定代理人在1个月内予以追认。法定代理人未作表示的，视为拒绝追认。合同被追认之前，善意相对人有撤销的权利。撤销应当以通知的方式做出。③无民事行为能力的人。《民法总则》第20条和21条规定：不满8周岁的未成年人、不能辨认自己行为的未成年人是无民事行为能力人，由其法定代理人实施民事法律行为。无民事行为能力人不能实施有效的法律行为，他们签订的合同是无效的。

（2）德国法 德国法区别无行为能力与限制行为能力两种情况。①无行为能力的人。依据德国《民法典》第104条的规定，凡有下列情况之一者，即属于无行为能力的人：未满7周岁者；因精神错乱不能自由决定其意志者，但按其性质这种状态仅为暂时性的除外。上述无行为能力的人所做的意思表示一概无效。他们所订立的合同不产生任何法律效力。②限制行为能力的人。所谓限制行为能力的人，是指年满7岁的未成年人，他们的行为能力受到法律上的一定限制。根据德国《民法典》的规定，未成年人所做的意思表示，须取得其法定代理人的同意。凡未成年人未经其法定代理人的同意所订立的合同，须经法定代理人追认后，才能生效。如法定代理人不予追认，则此项合同应视为自始无效。未成年人达到法定的成年年龄或依照法律的其他规定取得完全的行为能力之后，对于其先前未经法定代理人同意所签订的合同，得以其自己所做的追认，替代法定代理人的追认。

此外，德国《民法典》还规定，如未成年人的法定代理人经法院的同意，允许未成年人独立经营业务者，未成年人对在其营业范围所做的一切法律行为有完全的行为能力，他所签订的合同无须取得法定代理人的同意即可生效。

把未成年人分为未满7岁的儿童与7岁以上的未成年人，并以此作为区别他们是无行为能力或限制行为能力的标准，这是德国法的一个特点。在资本主义各国，除奥地利法律有类似规定外，其他国家的法律对这一点都没有做出具体规定，而是取决于具体情况，即视儿童的理解能力与判断能力，来决定其行为的法律效果。

（3）英美法 根据英美法，未成年人（infants，minor）、精神病者、酗酒者，都属于缺乏订约能力的人，对于他们所订立的合同，根据不同情况，可能产生以下三种不同的结果：具有约束力、可以撤销、无效。

1) 有效合同。即对双方当事人均有约束力的合同，包括两类，第一类是涉及必需物品和服务的合同。如果一个人提供给未成年人必需品，满足了未成年人的实际需要，那么法律规定未成年人有义务付钱。不过，原告当事人必须证明，物品确实适合于未成年人，这主要视未成年人的收入、社会地位和其他一些相关的方面而定。如一辆赛车适合于富家子弟，对穷学生来说可能就是一件不适合的奢侈品，此物品未成年人确实没有，在交货时，未成年人确实需要。此外，原告还必须证明该未成年人已具有了一定的识别能力，且智力正常。第二类是对未成年人有利的合同。例如，原告——一个未成年人参加了一场拳击比赛。按规定可获3 000英镑，但被告认为原告是未成年人，不符合拳击手年龄，欲取消其奖金。法院认为，虽然原告不符合拳击手年龄资格，但这一合同对其有利，故可执行。

【案例阅读】

佩蒂特诉利斯顿
俄勒冈州最高法院（1920年）

原告佩蒂特是一个未成年人，他从被告利斯顿处购买了一辆摩托车，双方约定了价格，原告先支付部分货款，然后每个月支付一定货款，直到货款全部付清。原告取走了这辆摩托车，并使用了一段时间。之后，原告要求将这一辆摩托车退回给被告，遭到了被告拒绝，被告认为原告已经使用了这辆摩托车，对摩托车造成了损耗。于是，原告向法院起诉，要求被告退回已经支付的款项。法院认定，原告已经实际使用摩托车，必须对被告进行补偿，判决驳回了原告的诉讼请求。

本案确定的规则是，如果未成年人从事的是一个公平合理的交易，在未成年人已经使用了财产的情况下，如果他想要退回财产，要回付出去的款项，就必须对这一财产进行合理补偿。

资料来源：约翰·卡拉马里，约瑟夫·佩里罗，等. 美国合同法案例精解［M］. 王飞，译. 上海：上海人民出版社，2017.

2）可撤销合同。这包括期间较长的或者与不动产有关的合同，未成年人欲撤销这类合同，须在未成年时或成年后的适当时间内进行。适当时间美国规定为2年，英国规定为1年。

3）无效合同。非必需品买卖和借贷合同是绝对的无效合同，即根本不存在合同，双方不能要求执行。这样的规定主要是为了保护未成年人利益，但它有时对合同的另一方当事人很不利。因为未成年人往往在借贷或买非必需品时采取欺骗的手段，诸如谎报年龄等。对此，包括美国在内的很多国家处理上述问题时一般采用下列规定：未成年人签订的合同在被撤销或宣告无效时，未成年人根据合同得到的财物或钱款未被损坏或未被用光的应归还；损坏、用光的不还。另一方当事人根据合同所得的钱物则应全部退还，损坏、用光的应照价赔偿。

2. 法人的行为能力

法人的行为能力是特殊的行为能力。19世纪，许多国家的民商法都要求法人必须在公司章程规定的范围内活动，如果超越其经营范围和业务范围，即为超越能力范围的行为，或称"越权行为"，其行为是无效的。

但随着时代的演进，传统的越权无效理论发生了根本性的变化。许多大陆法国家的公司法都规定，公司的缔约行为超越章程范围时不能证明相对人为恶意则合同仍为有效，在此情况下，仅发生有关负责人对公司的民事责任。而英美法国家在这一问题上变化得更快，英美法国家认为，公司章程不能穷尽所有的事项，如果公司从事与主营业务相关的活动，那么此行为有效。可以说在现代的普通法中，超越经营范围则合同无效理论已无多大意义。超越经营范围一般有两种后果：一是公司从事未经政府批准的行业而经营的，这关系社会公共利益，因而可以由行政机关主动采取措施；二是公司超越章程中规定的经营范围的，股东对此有诉权，法院根本不必考虑公司是否超越经营范围。在此情况下，超越公司经营范围不能对抗第三人。在第三人从公司取得或向公司转移财产之前，股东得以公司为被告，公司得以董事、经理为被告，请求法院禁止越权行为，由此对第三人造成直接损失的，由公司负赔偿责任。

2.3.3 合同的形式

根据合同是否应以一定的形式为要件，可将合同分为要式合同与不要式合同。所谓要式合同，是指必须依据法律规定的方式而成立的合同。对于一些重要的交易，法律常常要求当事人必须采取特定的方式订立合同。所谓不要式合同，是指当事人订立的合同依法并不需要采取特定的形式，当事人可以采取口头形式，也可以采取书面形式。合同除法律有特别规定以外，均为不要式合同。根据合同自由原则，当事人有权选择合同形式，但对于法律有特别的形式要件规定的，当事人必须遵循法律规定。要式与不要式合同的区别在于是否应以一定的形式作为合同成立或生效的要件。

合同形式的法律发展经历了一个从重形式到重意思的变化趋势。这是在交易安全允许的前提下，适应不断发展的社会经济越来越强烈地要求交易便捷的结果。从重形式到重意思的转变，是合同自由原则在合同形式上的反映。但现代合同法为兼顾交易安全与交易便捷两项价值，已经不同程度地将要式合同的运用范围加以扩大。对某些重要领域的合同强调书面形式，定式合同（standard form contract）的普遍推广更能说明问题。因为经过法律规制的定式合同，除去其不公正条款以外，省去消费者调查的麻烦，使其不必耗神费力地就交易条件讨价还价，使缔约迅速化，更加符合交易安全与交易便捷的要求。总之，各国的法律，在合同形式问题上，都采取"不要式原则"（principle of informality），只是对某些合同才要求必须按照法律规定的特定形式来订立。但这种要式合同一般为数甚少，是属于例外情况。

各国法律之所以对某些合同要求必须按法定的形式来订立，其目的和作用有二：有的是用以作为合同生效的要件；有的是用以作为证明合同存在的证据。在前一种情况下，合同如果不依法定形式订立，就不能发生法律上的效力，该合同无效。在后一种情况下，合同虽然没按法定形式订立，但合同并非无效，只是不能强制执行（unenforceable），在发生诉讼时，必须以法律规定的形式（如书面形式、公证人的证明等）作为合同的存在及其内容的证据（evidence），而不能以口头证言作为证据。对于上述两种情况，各国法例各有不同的侧重点，一般地说，德国法侧重于作为合同有效成立的要件，法国法偏重于作为证据要求，英美法则根据不同类型的合同有不同的要求。

1. 法国法

法国法把要式合同分为两种情况：一种是以法定形式作为合同有效的要件；另一种是作为证据要求。在第一种情况下，法院有权不依当事人的申请，而依其职权宣告不按法定形式订立的合同无效。这种合同为数极少，按照法国《民法典》的规定，只有赠与合同、价值超过5 000法郎以上的交易合同、夫妻财产制合同、设立抵押权合同等几种。这些合同都以公证人的文书作为合同有效成立的形式要件，否则，就不能产生法律上的效力。第二种情况是以某种法定形式为证据，用以证明合同的存在及内容，除了法律规定的形式以外，法院不接受其他形式的证据。根据法国《民法典》第1341条的规定，如果份额在150法郎以上的合同没有采用公证人证书或私证书的形式，该合同并不是无效，而只是不能以证人作为证据，由于缺乏证据，法院将不予强制执行。但如果债务人承认，合同仍属有效。不过，上述原则有一个重要的例外，根据法国的法律，商事合同是不要式合同，可以用口头方式，也可以用书面方式，任何证据方式都可以使用。这种规定的目的是适应商业活动的需要。

2. 德国法

德国法在合同形式问题上，以不要式合同为原则，要式合同仅属例外，只有某些合同才要求具备法定的形式，其他合同都不要求具备特定的形式。对于要式合同，必须按照法定形式办理，否则合同即归于无效，而不问当事人能否提出证据证明合同的存在，这是德国法与法国法的不同之处。例如，对于转移土地所有权的合同，要求在土地登记部门登记才能生效；赠与合同要以公证人证明等。但在债权法方面，买卖合同不论标的物的价格多少，一律不要求法定形式。

3. 英美法

英美法把合同分为签字蜡封合同（contract under seal）和简式合同（simple contract）两类。签字蜡封合同是要式合同，这种合同无须对价，但必须以特定的形式订立。简式合同是指必须要有对价支持的合同。但简式合同不等于不要式合同。在简式合同中，一般是不要式的，可以用口头订立，也可以用书面订立，任由当事人自由选择合同使用的形式。但也有一些简式合同依法必须以书面形式订立，其作用有的是合同有效成立的条件，有的是作为证据上的要求，视合同的性质而定。

(1) **签字蜡封合同** 签字蜡封合同的订立必须遵守特定的形式，主要是合同必须以书面做成，有当事人的签名，加盖印戳，并须把它交付给合同的对方当事人。

按照英国的法例，下列三种合同必须采用签字蜡封形式：①转让船舶的合同；②转让地产或地产权益的合同，包括租赁房屋超过三年的合同；③抵押合同。上述三种合同，如不依签字蜡封形式订立，均属无效。但是美国大多数州已废止了签字蜡封式合同，按照这些州的法律，即使合同采用了签字蜡封的形式，但如果没有对价，合同仍然无效。

(2) **简式合同** 有些简式合同必须以书面形式做成，否则合同就无效或者不能强制执行。①要求以书面形式作为合同有效成立要件的合同。依照英国法律，下列合同必须以书面形式，否则无效，如汇票、本票与支票；海上保险合同；债务承认；转让公司股份合同；消费者信贷合同等。②要求以书面文件或备忘录作为证据的合同。这种书面形式要求同前一种不同之处在于，不具备这种书面形式要求的合同不是无效，而只是不能以口头证据来证明合同的存在及其内容，因而不能强制执行。如果双方当事人自愿执行，合同仍属有效。目前，在英国下列三种合同仍需以书面形式作为证据：为他人承担债务；金钱借贷；买卖土地或处分土地权益。

美国不将书面形式作为合同成立的一项要件，但要求下列合同须以书面形式作证据，否则不能请求法院强制执行：证券买卖合同；涉及某些证券权益的合同；不动产买卖合同；无形动产（intangible personal property）买卖合同；从订约时起1年内不予履行的合同；价款超过500美元的货物买卖合同。但是，在特定情况下，无书面证据，合同也可以强制执行，这就是部分履行原则（doctrine of part-performance），即一方当事人已经部分履行了合同义务，法院就可以发布强制执行命令，强迫另一方履行其合同义务。当然，在法院强制执行之前，原告必须证明：①他确已履行了某种行为，这一行为暗示着合同存在；②让一方食言，确实是不公平的。

4. 中国法

根据我国《合同法》第10条、第11条规定，合同的形式有四种。

(1) **口头形式** 指当事人只用语言为意思表示的合同形式。口头形式简便易行，在日常生活中经常被采用。集市上的现货交易、商店里的零售买卖以及一些现货买卖，一般都采用口头形式。合同采取口头形式，无须当事人特别指明。凡当事人无约定，法律未规定特定形式的合同，均可采用口头形式。但发生争议时，当事人必须举证证明合同的存在及合同关系的内容。口头形式的缺点是发生合同纠纷时难以取证，不易分清责任。所以，对于不能及时清结的合同和标的数额较大的合同，不宜采用这种形式。

(2) **书面形式** 书面形式是指合同书、信件和数据电文（包括电报、电传、传真、电子数据交换和电子邮件）等可以有形地表现所载内容的形式。书面形式的最大优点是合同有据可查，发生纠纷时容易举证，容易分清责任。

我国《合同法》规定了应当采用书面形式的两种情况：①法律、行政法规规定采用书面形式的，例如，我国《担保法》规定抵押合同必须采用书面形式；②当事人约定采用书面形式的。当事人对合同的形式可以进行约定，如果当事人约定采用书面形式，应当采用书面形式。

书面合同由文字凭据组成，但并非一切文字凭据都是书面合同的组成部分。成为书面合同的文字凭据，必须符合以下要求：当事人或其代理人在文字凭据上签字或盖章；文字凭据上载有合同权利义务，否则便没有意义。

表格合同。即当事人双方合意的内容及条件，主要体现为一定表格上的记载，不能全面反映当事人权利义务的简易合同。这种合同形式的整体，应该包括表格合同及其附件、有关文书，也包括通用条款，否则难以全面考察其中的权利义务关系。换言之，表格合同本身，只是该合同的组成部分或主要部分，而不能把它当成完整意义的合同。

车票、保险单等合同凭证。合同凭证不是合同本身，它的功能在于，表明当事人之间已存在合同关系。合同凭证是借以确认双方权利义务的一种载体。在现阶段，这种书面形式的适用范围不断扩大，特别是在财产租赁、物品保管、旅客运送、商品销售以及某些生活服务领域，合同凭证的运用已形成较稳定的秩序。例如，旅客持有车票，证明旅客与运输部门之间存在旅客运送合同关系。虽然双方的权利义务并未完全反映在车票上，但因法律及有关机关制定的铁路等运输规章已有明确规定，因而可以确认该车票标示着双方的权利义务关系。

合同确认书。所谓合同确认书，是为证明通过信件、电报、电传等方式达成的协议，根据一方当事人的要求而签订的一种简单的书面合同。签订确认书，一般需要三个条件：其一，合同确认书适用于通过信件、电报、电传达成协议的场合；其二，至少有一方要求签订确认书；其三，在上述条件具备时，只有签订确认书，合同才能成立。合同确认书可以把分散的协议文件统一起来，使之更加具体、明确，便于双方保管和履行。特别需要指出的是，确认书是对要约做出的最终的、明确的、肯定的承诺，对确认书的批注、加减可能会产生新的要约，必须即时、明确地答复，否则容易被对方视为默认。

格式合同。这是一种常见的合同形式，有口头形式的格式合同，也有书面形式的格式合同。

（3）**公证形式** 这种形式的特点是，当事人双方约定或者依照法律规定，由公证机关对合同的真实性和合法性加以审查，对具有真实性和合法性的合同予以证明，合同因此而成立生效。对不真实、不合法的合同拒绝公证。而且，公证的合同的证据力强，对促使双方自觉地履行合同，正确处理双方发生的合同纠纷，保障当事人的合法权益，都具有重要的意义。

（4）**鉴证形式** 即当事人约定或依照法律规定，以国家合同管理机关对合同内容的真实性和合法性进行审查并予以证明的方式作为经济合同的有效要件的形式。

2.3.4 合同的内容

1. 合同权利和合同义务

合同的内容，从合同关系角度讲，是指合同权利和合同义务。

（1）**合同权利** 所谓合同权利，又称合同债权，是指债权人依据法律规定或合同规定而享有的请求债务人为一定给付的权利。主要有如下几项权能：①请求履行的权利；②接受履行的权利；③请求保护债权的权利，当债务人不履行或不适当履行债务时，债权人有权请求国家机关予以保护，强制债务人履行债务或承担违约责任；④处分权能，债权人享有处分债权的权利。

（2）**合同义务** 合同义务按照不同标准有以下几种类型。

给付义务和附随义务。合同义务包括给付义务和附随义务。给付义务又可分为主给付义务或从给付义务。所谓主给付义务是指合同关系所固有的必备的并用以决定合同类型的基本义务。在双务合同中，主给付义务往往是相对应的，构成对待给付义务。从给付义务不具有独立的意义，仅具有辅助主给付义务的功能，其存在的目的，不在于决定合同的类型，而在于确保债权人的利益能够获得最大满足的义务。从给付义务发生的原因主要有两种：一是基于法律的明文规定，如我国《合同法》第266条规定："承揽人应当按照定作人的要求保守秘密，未经定作人许可，不得留存复制品或者技术资料"；二是基于当事人的约定，如甲企业兼并乙企业，约定乙企业应提供全部客户关系名单。

附随义务是指根据诚实信用原则，当事人在履行合同的过程中，由合同的性质、目的和交易习惯而附带产生的义务。附随义务主要有两种功能：其一是辅助功能，促进主给付义务的实现，使债权人的给付利益获得最大可能的满足；其二是保护功能，维护对方当事人人身和财产的利益，如通知义务、协助义务、保密义务、保护义务。附随义务也是合同的义务，当事人必须履行。违反附随义务为构成违约，有过错的一方应负责赔偿对方因此而遭受的损失。

先合同义务和后合同义务。从整个合同法而言，还有先合同义务和后合同义务。先合同义务是指当事人为缔约而接触时，基于诚实信用原则而发生的各种说明、告知、注意及保护等义务。违反它即构成缔约上过失责任。合同关系消失后，当事人依据诚实信用原则应负有某种作为或不作为义务，以维护给付效果，或协助对方处理合同给付善后事务，这一义务称为后合同义务。违反后合同义务，与违反一般合同义务相同，产生债务不履行责任。

上述义务群是合同法的核心问题。合同法以主给付义务为规定对象，基于诚实信用原则，由近而远，逐渐发生从给付义务，以及其他辅助实现给付利益及维护对方人身和财产上利益为目的的附随义务，组成了合同义务体系。现代合同法的发展，在一定意义上可以说是合同关系上义务群的发展。

2. 合同内容的合法性

"合同自由"（freedom of contract）和"意思自主"（autonomy of the will）是合同法的基本原则。但是为了维护经济秩序和社会秩序，各国法律都要求当事人订立的合同须合法，并规定违反法律，违反善良风俗与社会公共利益的合同无效。

（1）**英美法** 在英美法中，违法的合同主要有两种：一种是成文法禁止的合同；另一种是普通法所不承认的合同。主要包括以下几种。

1）**违反公共政策的合同**。所谓违反公共政策的合同是指损害公众利益，违背某些成文法所规定的政策或目标，或旨在妨碍公众健康、安全、道德及一般福利的合同。例如，限制贸易的合同，限制竞争的合同，冒充公职和妨害司法的合同，贿赂公职人员的合同等。尤其应当指出的是，商业限制不合理的合同是无效合同。合同中的商业限制主要是存在于雇主与雇员之间的商业限制，即雇主限制雇员另立门户，或参加别的合同。这样的规定是限制竞争的，为普通法所禁止，所以是无效的而不能执行的。只有两种涉及雇主合理利益的特定情况例外，包括涉及雇主的商业信誉（good will）和商业秘密（trade secrets），即如果雇员的行为影响到雇主的商业信誉，或者掌握商业秘密的雇员另立门户或另谋职务，势必给原雇主带来损失，故针对这类雇员离辞作合理时间、合理地域内的限制是允许的。

📖【案例阅读】

霍华德·舒尔茨公司诉布罗尼克
佐治亚州最高法院（1977年）

被告布罗尼克与奥比兹签订了一份帮助审计的协议，该协议中有一限制竞争条款规定被告在合同终止之后两年内不得在限定地域内从事与奥比兹及其委托人霍华德公司有竞争关系的工作，并规定不得泄露在工作中接触到的保密信息。后来这一合同几经转让，到了本案原告这里。合同到期终止后，由于被告违反了合同，原告向法院起诉，要求法院颁布禁令，禁止被告实施违反合同的行为。法院认定，原告与被告之间是雇用关系，本案中的竞业限制条款在时间、地域、范围上过于宽泛，不能强制执行，而且法院也不应该对这些不合理条款进行调整。

本案确定的规则是，竞业限制条款对于雇员的限制必须是在严格的时间、业务和地域范围内，限制的内容对于雇主需要保护的利益和雇员来说必须是合理的。同时，如果相关的限制条款是不合理的，法院将不会对不合理的条款进行调整、修改。

资料来源：约翰·卡拉马里，约瑟夫·佩里罗，等. 美国合同法案例精解 [M]. 王飞, 译. 上海：上海人民出版社, 2017.

2) **不道德的合同**（immoral contract）。所谓不道德的合同是指那些违反社会公认的道德标准，如法院予以承认将会引起正常人愤慨的合同。例如，英国判例认为，允诺以支付妻子生活费用作为她同意离婚的交换条件的合同是不道德的合同。

3) **违法的合同**。例如，差使他人去做犯罪行为的合同、以诈骗为目的的合同、赌博合同等，都是违法的，因而是无效的。

4) **无照人员订立的合同**。凡法律要求必须有执照（license）才能开业的专业人员，如没有执照即擅自与别人订立合同从事业务活动，这种合同也是违法的。

（2）**法国法** 法国法规定，构成合同非法的主要有两种情况：一种是交易的标的物是法律不允许交易的物品；另一种是合同的约因不合法，即合同所追求的目的不合法。

（3）**德国法** 德国法与法国法的区别在于，德国法不具体规定合同标的违法还是约因违法，而是着重于法律行为和整个合同的内容是否有违法的情事，并规定违反善良风俗的法律行为无效。这些规定不仅适用于合同，也适用于合同以外的其他法律行为。

善良风俗和公共秩序属于道德伦理和政治的范畴。在两大法系国家的审判实践中，何谓违反善良风俗和公共秩序，要由法院根据每个案件的具体情况做出决定，做出不同的解释，法官有很大的自由裁量权。

（4）**中国法** 我国《合同法》第7条规定，当事人订立履行合同，应当遵守法律、行政法规、社会公德，不得扰乱社会经济秩序，损害社会公共利益，并在《合同法》第52条进一步规定了无效合同的几种情形：①一方以欺诈、胁迫的手段订立合同，损害国家利益；②恶意串通，损害国家、集体或者第三人利益；③以合法形式掩盖非法目的；④损害社会公共利益；⑤违反法律、行政法规的强制性规定。

3. 合同内容的构成

无论是在英美法系国家还是在大陆法系国家，合同的内容都不只限于当事人明确议定的明示条款。也就是说，合同内容是由明示条款和未用或不能用明示条款排除的暗示条款所构成。暗示条款主要有两种。

（1）**民商事惯例**　各国法律一般都承认与合同中明示条款不相冲突的民商事惯例为该合同的组成部分。

（2）**法定暗示条款**　法定暗示条款是直接根据法律规定而成为合同条款，主要有两类：①强制性暗示条款，合同当事人不能用明示条款加以排除。例如，很多国家的产品买卖合同中含有一项强制性的暗示条款：卖方得依产品责任法承担产品责任。如果当事人产品买卖合同中用明示条款排除上述强制性的暗示条款，则该明示条款无效。②任意性暗示条款，当事人可以用明示条款予以排除。若无明示条款予以排除，该法定的任意性暗示条款即自动适应于该合同。如我国《合同法》第220条规定："出租人应当履行租赁物的维修义务，但当事人有约定的除外。"据此，如果合同有不同的约定，则该条款即不适用于合同；若合同中无约定，则依该条款来确定出租人的维修义务。

4. 合同中免责条款的效力

免责条款是指合同中规定的排除或限制一方当事人（往往是强的一方）未来责任的条款。在不同的免责条款中，免责的含义不尽相同。有的免责条款是完全排除当事人未来的民事责任，如某些商家或个体工商户在其柜台或摊床上醒目地标明"货已售出，恕不退换"，即属此类。有的免责条款是限制当事人未来责任的，即部分免责，一般是受害人同意接受以特定方法计算的、不超过一定数额的有限赔偿，如电报单中关于"电报在投递处理过程中，由于邮电局的原因，造成电报稽延或错误，以致失效的，邮电局应按规定退还报费，但不承担其他赔偿责任"，即属部分免责条款。

有的免责条款是排除或限制因违约或侵权所负责任条款，有的条款却只是免除单纯的合同债务。例如，企业财产保险合同明确免除因战争、军事行动、被保险人的故意行为等致保险财产损害的赔偿责任，该责任并非违约责任，而是保险合同债务本身。

由于免责条款往往是强的一方当事人所制定的，因此法院在案件中对免责条款的适用偏向严格。主要有三个条件。

1）**免责条款必须进入合同才能有效，在合同签订后再加入的免责条款无效。**

2）**免责条款进入合同的方式必须是合乎常人思维的。**免责条款必须写在合同正面或口头特别强调，以提请对方达到合理的或者充分的注意程度。若以书面形式订立合同，免责条款必须载于合同文本之上，并经双方当事人签字盖章；若以口头方式订立合同，免责条款是否成为合同的组成部分，必须基于当事人交涉的内容以及意思表示加以判断，需要主张免责条款已成为合同条款者举证证明。

3）**免责条款不得违反法律的强制规定。**免责条款订入合同并不意味着一定能生效。很多国家和国际公约规定，免除或限制由于疏忽导致的人身伤害或死亡的责任条款无效；其他免责条款不公平和不合理的亦无效。我国《合同法》第53条规定，下列免责条款无效：①造成对方人身伤害的免责条款无效。例如，在用工合同中注明"工伤概不负责"，这类造成对方人身伤害的免责条款违反宪法和法律，也严重违反了社会公德，属无效民事行为；②因故意或重大过失给对方造成财产损失的免责条款无效。

2.3.5　意思表示真实

合同是双方当事人意思表示一致的结果。如果当事人意思表示的内容有误解（mistake），或者在受欺诈（fraud）、胁迫（duress）、不当影响（undue influence）的情况下订立了合同，这时双方当事人虽然达成了协议，但这种合意是不真实的，因而当事人可以以此为抗辩（defence）理由，要求该合同无效或撤销。

1. 欺诈

欺诈是指一方当事人在协商订约过程中，故意实施某种欺骗他人的行为，并使他人陷入错误而订立了合同。各国法律都认为，凡因受欺诈而订立合同时，蒙受欺骗的一方可以撤销合同或主张合同无效。

（1）**欺诈的构成要件** 包括以下四点。

1）**欺诈方具有欺诈的故意**。所谓欺诈的故意，是指欺诈的一方明知自己告知对方的情况是虚假的且会使被欺诈人陷入错误认识，而希望或放任这种结果的发生。欺诈故意的着眼点主要在于是否妨碍他人自由地做出意思表示，只要妨碍了他人自由地做出意思表示，不论是否取得财产上的不法利益，都可构成欺诈。

2）**欺诈方实施了欺诈行为**。在实践中大都表现为故意陈述虚伪事实或故意隐瞒真实情况使他人陷入错误的行为。所谓故意告知虚假情况，也就是指虚伪陈述，如将赝品说成真迹，将质量低劣的产品说成是优质产品。所谓故意隐瞒真实情况是指行为人有义务向他方如实告知某种真实的情况而故意不告知。欺诈一般是指积极对事实做出的虚假的说明，单纯的沉默（silence）原则上不能构成欺诈。

德国判例认为，只有当一方负有对某种事实给予说明的义务时，不做这种说明才构成欺诈。如果没有此种义务，则不能仅因沉默而构成欺诈。至于当事人是否有此义务，应视合同的具体情况决定。以买卖合同为例，在磋商交易过程中，当事人没有提供商品市场价格的义务，因此，没有对此提供说明，不能认为是欺诈。但对于买卖标的物的情况，因其与对方决定是否订约有关，卖方必须予以披露，如明知一旦披露实情买方就不会订约，因而采取沉默的办法隐瞒实情，这就构成欺诈。

英美法也认为除非存在着说明义务，否则单纯的沉默不构成不当陈述。因为一般来说，合同当事人没有义务把各项事实向对方披露，即便他知道对方忽略了某种重要事实，或他认为对方可能有某种误会，他也没有义务向对方说明。但是，在某些情况下，英国法也认为当事人负有披露实情的义务，主要有以下两种：①如果在磋商交易中，一方当事人对某种事实所做的说明原来是真实的，但后来在签订合同之前发现此项事实已经发生变化变得不真实了，在这种情况下，即使对方没有提出询问，但该当事人也有义务向对方改正其先前做出的说明。②凡属诚信合同（utmost good faith），如保险合同、公司分派股票的合同、处理家庭财产的合同等，由于往往只有一方当事人了解全部事实真相，所以，该当事人有义务向对方披露真情，否则即构成不正确说明。一般来说，陈述的义务来源于两个方面：法定的陈述义务。如股份有限公司在招股时应披露其真实的财务状况，保险公司应向投保人披露与保险标的风险有关的事实等。根据诚实信用原则所产生的说明义务。例如在法律或合同没有规定陈述某种情况的义务时，根据诚实信用原则，当事人应当如实地向对方告知产品的使用方法、性能、隐蔽瑕疵等重要情况。这是当事人应承担的附随义务。

3）**被欺诈的一方因欺诈而陷入错误**。在欺诈的情况下，被欺诈人因欺诈陷入了错误的认识，这里应注意两点：①欺诈人提供的虚假情况与合同内容有密切关系。如果与合同内容并无联系，不能认为欺诈行为与认识错误之间有因果联系。②受害人基于虚假的情况而对合同内容发生了错误认识，例如因误信对方的假药宣传而将假药当成了真药。此种错误并不是因为被欺诈人自己的过失造成的，而是因受欺诈的结果。如果欺诈人实施欺诈行为以后，受欺诈人未陷入错误或者所发生的错误内容并不是欺诈造成的，则不构成欺诈。

4) 被欺诈人因错误而做出了意思表示。被欺诈人在因欺诈发生了错误认识以后，基于错误的认识做出了意思表示并订立了合同。这就表明欺诈行为与受害人的不真实的意思表示之间具有因果联系。如果被欺诈人虽因欺诈行为陷入错误，但并未做出意思表示，则不能认为构成欺诈。

只有同时符合上述四个条件，才能构成因欺诈而订立的合同。

（2）**欺诈的法律后果**　欺诈的法律后果是指被欺诈人因欺诈而做出了错误的意思表示以后，在法律上应当产生的后果。欺诈的后果主要涉及对欺诈订立的合同是应作为可撤销的合同还是应作为无效合同对待。

中国法。我国《合同法》第54条规定，一方以欺诈、胁迫的手段或者乘人之危，迫使对方在违背真实意思的情况下订立的合同，受损害方有权请求人民法院或者仲裁机构变更或者撤销。

在实践中，撤销权的行使，不一定必须通过诉讼的方式。如果撤销权人主动向对方做出撤销的意思表示，而对方未表示异议，则可以直接发生撤销合同的后果；如果对撤销问题，双方产生争议，则必须提起诉讼或仲裁，要求人民法院或仲裁机关予以裁决。受损害方可对可撤销合同在请求变更或者请求撤销之间做出选择。当然，如果受损害方当事人请求人民法院或者仲裁机构撤销合同，人民法院或者仲裁机构应当撤销合同；但是，如果受损害方当事人请求人民法院或者仲裁机构变更合同，人民法院或者仲裁机构也只能依当事人的请求变更该合同，而不得撤销，否则不仅违背了受损害方的真实意图，也不利于保护受损害方的利益。

撤销权人必须在规定的期间内行使撤销权。因为可撤销的合同往往只涉及当事人一方意思表示不真实的问题，如果当事人自愿接受此种行为的后果，则法律准许这种行为有效。如果撤销权人长期不行使其权利，不主张撤销，在合同已经生效后的很长时间再提出撤销，则会使一些合同的效力长期处于不稳定状况，不利于社会经济秩序的稳定。所以，各国立法往往明确规定撤销权必须在规定的期限内行使，超过了该期限，则撤销权消灭，可撤销的合同便绝对有效。

法国法与德国法。法国法与德国法对欺诈的处理有不同的原则。按照法国《民法典》第1116条的规定，欺诈的结果将导致合同无效。而按照德国《民法典》第123条的规定，欺诈的结果是导致撤销合同。

英美法。英美法把欺诈称为"欺骗性的不正确说明"（fraudulent misrepresentation）。受欺骗的一方可以要求撤销合同，但法官或仲裁员有自由裁量权，他们可以宣布维持合同并裁定以损害赔偿代替撤销合同。

2. 误解

各国法律都一致认为，并不是任何意思表示的错误，都足以使表意人主张合同无效或撤销合同，因为要是这样的话，交易安全就缺乏必要的保障。但与此同时，各国法律也都承认，在重大误解或实质性误解的情况下，动摇了契约双方当事人的权利义务关系，做出错误的意思表示的一方可以主张合同无效或要求撤销合同，以使某些并非故意做出错误的意思表示的当事人不致承担过重的义务。

（1）**重大误解的构成要件**　所谓重大误解，是指一方因自己的过错而对合同的内容等发生误解，并基于此种错误认识而订立了合同，直接影响到当事人所应享受的权利和承担的义务。误解既可以是单方面的误解（如出卖人误将某一标的物当作另一物），也可以是双方的误解（如买卖双方误将本为复制品的油画当成真品买卖）。在绝大多数情况下，误解会给误解方造成一定的损失，法律正是从保护意思表示不真实的误解方的利益出发才允许其撤销或变更合同。

重大误解必须符合一定的条件才能构成并产生使合同变更或撤销的法律后果。重大误解由以下要件构成。

1）必须是表意人因为误解做出了意思表示。首先，表意人要将其意思表示表达出来，否则无从评价其是否存在着误解问题。其次，表意人做出的意思表示必须是因为误解所造成的，即表意人的错误认识与其做出意思表示之间具有因果关系。

2）必须对合同的内容等发生了重大误解。在法律上，一般的误解并不都能使合同撤销。我国司法实践认为，必须是对合同的主要内容发生误解才构成重大误解。因为在对合同的主要内容发生误解的情况下才可能影响当事人的权利和义务并可能使误解的一方的订约目的不能达到。若仅仅是合同的非主要条款发生误解且不影响当事人的权利义务，就不应作为重大误解。发生错误的原因既可能是当事人缺乏必要的知识、技能和信息，也可能是缺乏必要的交易能力或经验，误解不同于故意隐瞒真实意思的行为。行为人因对行为的性质、对方当事人、标的物的品种、质量、规格和数量等的错误认识，使行为的后果与自己的意思相悖，并造成较大损失的，可以认定为重大误解。一般来说，重大误解包括如下几种情况。

第一，对合同的性质发生误解。在合同性质发生误解的情况下，当事人的权利义务将发生重大变化。例如，误将买卖作为赠与或将赠与作为买卖，则当事人将承担完全不同的权利和义务，而且发生此误解也完全违背了当事人在订约时所追求的目的，因此应作为重大误解。

第二，对对方当事人发生误解。对对方当事人的选择自由是合同自由的重要内容。在许多情况下，对对方当事人的选择发生错误不会对合同的权利义务内容发生重大影响，只要对方同意订立合同，自愿承担合同的权利义务，就应当依约履行。但在特殊情况下，对对方当事人的错误也可构成重大误解。主要是在一些基于当事人的信任关系和注重相对人的特定身份的合同中，当事人的身份对合同的订立与履行具有重要意义。例如，在加工承揽、委托、演出、约稿、借贷等合同中都十分注重相对人的技能、信用、资历、身份等情况。如果对对方发生误解，则应构成重大误解。

第三，对标的物的本质发生误解。法院对何谓"本质"错误往往做广泛和灵活的解释。例如法国的法官和学者有时把"本质"说成是"基本品质"（substantial qualities）、"决定性的考虑"或"买方非此不买的品质"（the quality without which the buyer would not have bought）等。例如，买方以为他所买的是路易十五的衣柜，但后来却发现并非路易十五的古物，误将赝品当作真迹出售或购买，误将钻石当作普通石头出售，此种误解构成重大误解。关于标的物本质的误解，许多国家的立法都有限制性规定。只有标的物的本质直接关涉当事人订约目的或重大的利益时，对本质发生误解才可以构成重大误解。

第四，对标的物品种的误解。例如，甲拟买的是黑马，乙拟出售的是白马，这实际上是对当事人权利义务的指向对象即标的本身发生了误解，应属于重大误解。在实践中对标的物规格的误解，如误将千吨水压机当作万吨水压机也应属于对标的物品种的误解。

第五，对价金和费用的误解。例如，误将仅值1 000元的标的物当作10 000元的商品购买。在实践中当事人在订约时对价金没有发生误解，但在履约时一方因为过失而向另一方多交付价款和酬金，此种情况并非是对合同本身发生误解，因此不应按重大误解撤销合同，而应当按给付的不当得利处理。

除对上述情况发生误解以外,对标的物的数量、包装、履行方式、履行地点、履行期限等内容的误解,如果并未影响当事人的权利义务或影响订约目的的实现,则一般不应作为重大误解。实践中,具体确定重大误解,要区分当事人所误解的不同情况,考虑当事人的状况、活动性质、交易习惯等各方面的因素来确定。

3)**误解是由误解方自己的过错造成的**。误解是由误解方自己的过错造成的,而不是因为受到他人的欺骗或不正当影响造成的。在通常情况下,都是由表意人的过失行为造成的,即由其不注意、不谨慎造成的。如果表意人具有故意或重大过失,例如表意人对于对方提交的合同草案根本不看就签字盖章,则行为人无权请求撤销。法律不允许当事人在自己具有故意或者重大过失的情况下,借口其实施的行为对自己不利而随时提出撤销。如果是因他人故意捏造虚假事实使一方陷入错误,则属于欺诈而不是重大误解。

4)**误解是误解的一方的非故意的行为**。如果表意人在订约时故意保留其真实的意志或者明知自己已对合同发生误解而仍然与对方订立合同,均表明表意人希望追求其意思表示所产生的效果。在此情况下并不存在意思表示不真实的问题,因此不能按重大误解处理。

(2) **误解的法律后果** 我国《合同法》第54条规定,因重大误解订立的合同,当事人一方有权请求人民法院或者仲裁机构变更或者撤销。

在关于错误的问题上,英国法与大陆法的主要区别在于:第一,英国法的要求比大陆法较为严格,一般来说,英国普通法不允许以单方面的错误为理由使合同无效;第二,因错误而引起的后果亦有区别:大陆法对法律认定的错误或者认为合同无效(如法国法),或者认为可以撤销合同(如德国法);而英国普通法与衡平法却采取不同的原则,如依普通法,错误可导致合同无效,而依衡平法则是撤销合同。

美国法院在审理涉及错误的案件时,往往考虑到各方面的情况。如果法院认为,对方由于信赖合同已有效成立而积极准备履约,从而改变了他的地位,以致难以恢复原状或不可能恢复原状时,有错误的一方就不能撤销合同。美国法院的态度是,宁愿让有错误的一方蒙受自身错误所造成的后果,而不把损失转嫁给对方。

【案例分析】

在下列情况下,均发生了错误:

①某人在计算商品价格时发生错误;②某人认为一古玩价值为10万美元,实际上只值1 000美元,估计失误;③某公司同意为另外一家公司在3个月内完成一项工程,但是实际上延长4个月后才完工;④某人在阅读邮购说明书时,错误地理解了产品的用途,因此购买了他并不需要的产品;⑤某人错误地把借贷认为是捐赠;⑥某人要购买5号电池却错选了6号电池,而营业员明明知道他错选电池,却并没有明确指出;⑦某公司想要购买小麦,而合同对方则想要出售大麦;⑧某公司打算将自己的一套文字处理设备转让给另外一家公司,但是在合同订立前不久,该文字材料设备已经被盗,双方均不知道。

思考题

上述哪些错误会导致合同无效?

资料来源:http://wenku.baidu.com/browse/downloadrec?

[**参考答案**]

前四种情况下,合同有效;后四种情况下,合同无效。

3. 胁迫与不正当影响

一个有效的合同必须是双方当事人在对等的地位、自由的意志下，经磋商达成意思表示一致。如果在他人的胁迫下订立了合同，则受胁迫的一方可以撤销合同。因为在受胁迫的情况下所做的意思表示，不是自由表达的意思表示，不能产生法律上意思表示的效果。

中国法。胁迫是以将来要发生的损害或以直接施加损害相威胁，使对方产生恐惧并因此而订立合同。受胁迫一方有权请求法院或者仲裁机构变更或者撤销合同。胁迫行为实际上包括两种情况：①以将要发生的损害相威胁。所谓将要发生的损害是指涉及生命、身体、财产、名誉、自由、健康、信用等方面的损害。例如以将要谋害对方相威胁，或以将要告发对方私生活中的不轨行为相威胁，迫使对方订约。损害既可以是危及受胁迫者本人，也可以危及受胁迫者的家庭成员、亲属朋友等。②胁迫者以直接面临的损害相威胁。也就是说胁迫者通过实施某种不法行为，形成对对方当事人及其亲友的损害和财产的损害，而迫使对方订立合同。如对对方施行暴力（殴打、肉体折磨、拘禁等），或散布谣言、毁人名誉、毁损房屋等。

因胁迫而订立的合同应符合如下四个要件。

1）胁迫人具有胁迫的故意 所谓胁迫的故意，首先是指胁迫者意识到自己的行为将造成受胁迫者心理上的恐怖而故意进行威胁；其次是胁迫者希望通过胁迫行为使受胁迫者做出某种意思表示。一般来说，胁迫的故意并不包括胁迫者希望通过胁迫行为使自己获取某种利益，牟利只是其动机问题。正是因为胁迫者具有胁迫的故意，因此其过错程度是较大的。

2）胁迫者实施了胁迫行为。胁迫行为包括以将要发生的损害相威胁或直接施加损害威胁他人。胁迫者既可以给自然人及其亲友造成损害相威胁，也可以给法人造成损害为要挟。

3）受胁迫者因胁迫产生恐惧而订立了合同。胁迫并不一定以危害是否重大为要件。只要一方所表示施加的危害或者正在施加的危害足以使对方感到恐惧，就可构成胁迫行为。需要指出的是，因胁迫行为是针对特定的当事人实施的，所以确定胁迫行为是否构成，应当以特定的受害人而不是一般人在当时的情况下是否感到恐惧为标准来加以判定。即使一般人不感到恐惧，而受害人感到恐惧，亦可构成胁迫。在恐怖和惧怕心理状态的支配下，使受胁迫人被迫订立了合同。由于受胁迫人是在受到恐吓的情况下订立的合同，因此其意思表示是不真实的。不过，如果胁迫一方的胁迫行为并未使被胁迫人产生恐惧或者即使产生了恐惧，但没有做出一定的意思表示，则不能认为胁迫行为与被胁迫人的意思表示之间有因果关系存在。

4）胁迫行为是非法的。胁迫行为给对方施加了一种强制和威胁，此种威胁必须是非法的、没有法律根据的。如果一方有合法的根据对另一方施加某种压力，则不构成胁迫。

胁迫行为通常是在合同订立时为强制对方订立合同而实施的。在合同订立以后，一方以胁迫手段迫使对方变更或解除合同也可构成胁迫。如果胁迫的目的并不在于迫使对方订立合同，则此种行为将构成侵权或其他非法行为，而不产生胁迫订立合同的问题。

大陆法。大陆法认为，胁迫是指对当事人施加心理上的压力，但不是身体上的强制。因此，大陆法把胁迫与绝对强制区别开来，两者的法律效果有所不同。在胁迫的情况下，受胁迫的一方可以撤销合同，而在绝对强制的情况下，受强制的当事人已失去了人身自由，其所订的合同应归于无效。

英美法。传统的普通法认为，暴力胁迫（duress）是指双方当事人于缔约过程中，一方当事人对另一方当事人本人及其亲属实施暴力或以暴力相威胁而订立合同。随着商业交易日趋复杂，双方当事人交易时，如发生经济上的胁迫（economic duress），也构成威胁。经济上胁迫是20世纪后期英国法律的产物，意指一方对另一方经济损失上进行恐吓迫使另一方订立合同。美国将这类在经济上处于强势地位或以类似勒索（blackmail）方式迫使对方订立合同均称为商业压迫（business compulsion）。因胁迫而订立的合同，受胁迫一方可以要求法院撤销合同。也就是说，受害人有两种选择，一为依约履行，承认合同的效力；二是请求法院将之撤销，使合同无效。特别要注意的是，如果受害人欲撤销合同，应尽快行使撤销权，如延迟，法院会认为受害人对该契约已确认。

不正当影响（undue influence）是指除人身暴力威胁以外的不适当影响，凡因此订立的合同可以撤销。在不当影响发生效力后，当事人必须立即请求救济，否则延迟即可能被法院视作确认的证据。不当影响有两种：

1）**实际上不当影响**。如果当事人间无特殊信托关系（fiduciary relations）存在，一方主张受不正当影响而订定契约时，则要求救济的一方须负举证责任，证明实际上有不当影响存在，方得请求法庭撤销契约。

2）**推定有不当影响存在**。当事人间由于长期之密切往来而处于信托关系（fiduciary relation or special relationship）时，如有任何金钱或财产上处分的约定，法律推定（presume）一方对他方已经施加不当影响，这些关系包括：父母与子女（parent and child）、监护人与受监护人（guardian and ward）、牧师与教徒（religious adviser and disciple）、医生及病人（doctor and patient）、律师与当事人（solicitor and client）、受托人与受益人（trustee and cestui que trust）等。因此，以上所举各相关人间如有任何金钱或财物上的交易约定，推定被告有不正当影响，被告必须提出反证，证明该当事人之行为，系处于完全独立自愿状态下所订立的约定。例如一位当事人以极低之价钱将一辆奔驰汽车卖给他的医生，但后来要求取消这笔交易。于此情形，该家庭医生必须证明该当事人当时之行为，系完全自愿并有独立自主权及能力。如该家庭医生不能提出上述之证据时，则推定有不正当影响存在而撤销此约定。当事人间因长久特别关系的存在，一方往往依赖另一方的言行。换言之，一方对于他方存在着忠诚之信任及信赖关系，因此有任何金钱及财产上的买卖或捐赠约定时，推定立于主导地位者有不当影响存在，因此，立于主导地位的一方，必须提出并无滥用其权力或影响力的证据，否则彼此间之约定可予撤销。

【案例阅读】

北大西洋公司诉海威汀造船厂案（1978年）

被告为原告造船，合同规定，价格为固定价格，不随市场波动，价款分五次付清。付第一笔款时，正值通货膨胀，被告知道原告急需用船，遂要求另加10%款项，原告只好同意。在交船后继续付款直至全部付清。后来原告要求偿还多付的款项。法院认为，在不正当影响下订立的合同是可以撤销的。在被告交船前，原告受到被告有可能不交船的不当影响，但是在被告交船后，即不正当影响解除后，原告仍然付款，直至全部付清，这就等于默认了附加的增加10%的合同，故不能撤销，原告败诉。

资料来源：王军，戴萍．美国合同法案例选评[M]．北京：对外经济贸易大学出版社，2006．

在我国现行法律中，并不存在不正当影响的概念。而从实践来看，确实存在着一方利用其特殊的职权、身份、地位等对对方施加不正当的压力和影响，使其在迫不得已的情况下订立合同的情况。如果一方利用其优势和地位，给对方施加一定的压力，迫使对方订立对其明显不利的合同，则可以构成显失公平。

4. 显失公平

英美法。在英美法国家，特别强调对显失公平合同中的受害人的保护。显失公平制度已成为英美合同法特别是美国合同法的一个重要制度。如果合同内容显失公平且"触动了法官的良知"，则该合同不能得到执行，法院可以拒绝强制执行，或仅执行显失公平部分之外的其他条款，或限制显失公平条款的适用以避免显失公平的后果。

根据显失公平理论，法院可以拒绝执行合同订立时出现的，程序性的瑕疵造成的不公平的或压制性的合同，或有关合同条件的实质性瑕疵造成的不公平的或压制性的合同。无论是程序性的还是实质性的瑕疵都可成为发现存在显失公平的理由。法院在决定一个合同是否显失公平时应考虑两点：第一，当事人在订立合同时是否做出了有意义的选择。这主要决定于两种因素：首先，双方的议价权是否平等，即双方的交易地位是否平等。在许多案件中，法官以议价权的明显不平等为理由，否认当事人做出了有意义的选择，要考虑订立合同的方式、被告向原告提供的是否是至关重要的和必不可少的东西。其次，当事人是否有合理的机会理解合同的条件，重要的条件是否隐藏在合同文字构成的迷宫之中或用缩小的字体加以说明的。在特定的案件中，某一选择是否是有意义的选择，只能在考察围绕交易发生的全部情况的基础上做出决定。第二，合同的条件是否极不公平。在决定合同条件是否合理或公平时，并没有简便易行的和可以机械地适用的检验标准。在考察合同的条件时，要参照总的商业背景、商业市场对特定行业的需要和案件的特殊情况，检验的标准是：合同的条件是否"如此地过分，以至于按照当时当地的习俗和商业惯例显得极不公平"。

中国法。显失公平的合同是指一方在紧迫或缺乏经验的情况下而订立的明显对自己有重大不利的合同。例如，某人因资金严重短缺或经营上的迫切需要，而向他人借高利贷，此种借贷合同大多属于显失公平的合同。显失公平的合同往往是当事人双方的权利和义务极不对等，经济利益上不平衡，因而违反了公平合理原则。我国《合同法》第 54 条规定，在订立合同时显失公平的，当事人一方有权请求人民法院或者仲裁机构变更或者撤销。

显失公平的构成要件包括客观要件和主观要件。显失公平的客观要件，是指当事人在给付与对待给付之间利益失衡或称利益不平衡。客观上经济利益的不平衡，是以利益能够依一定的价格、收费标准等加以确定为前提的，对于那些特定物、特殊的服务等，因很难计算其实际价值，一般不适用显失公平制度。

1) **显失公平合同对双方当事人明显不公平。**一方要承担更多的义务而享受极少的权利或在经济利益上要遭受重大损失，而另一方则以较少的代价获得较大的利益，承担极少的义务而获得更多的权利。例如某人投资额占全部总投资的大半，但利润的分配比例仅占 5%等。如果利益的不均衡违背了当事人的自主自愿，就有可能构成显失公平的合同。

2) **显失公平合同一方获得的利益超过了法律所允许的限度。**如标的的价款显然大大超出了市场上同类物品的价格或同类劳务的报酬标准等。一般来说，在市场交易中出现的双方当事人利益不平衡的现象有两种情况：一是主观的不平衡，即当事人主观上认为其所得到的不如付出的多，换言之，其主观上所应当得到的并未得到；二是客观的不平衡，即交易的结果对双方的利益是不均衡的，一方得到的多而另一方得到的少。在市场经济条件下，要求各种交易中给付和对待给付都达到完全的对等是不可能的，做生意总要有赔有赚，从事交易必然要承担风险，更何况交易风险都是当事人自愿承担的。如果当事人因某个交易不成功或者某个合同亏本，就以显失公平为由而要求撤销该合同，显然违背了显失公平制度所设立的目的。该制度并不是为了免除当事人应当承担的交易风险，而是禁止或限制一方当事人获得超过法律允许的利益。当然，有关利益平衡或不平衡问题，应根据各种交易关系的具体情况加以认定，特别是要考虑到供求关系、价格的涨落、交易习惯等各种因素。

显失公平的主观要件，是指一方具有利用其优势或利用对方轻率、无经验等而与对方订立显失公平合同的故意。此种利用他人的主观状态已表明行为人背离了诚实信用原则的要求。因此，受害人不能证明对方具有此种故意而仅能证明自己在订立合同时缺乏经验和技能、不了解市场行情、草率等，从而订立了于己不利的合同，则不能认为符合显失公平的主观要件。在此情况下，受有不利的一方应承担由此造成的不利的后果。主观要件包括以下几点。

1）**利用优势**。所谓利用优势，是指一方利用其经济上的优越地位，而使对方难以拒绝对其明显不利的合同条件。例如，大企业利用其优势制订了不公平的标准合同条款，迫使消费者予以接受。由于标准合同的相对人通常是众多的消费者，他们在经济上处于弱者的地位，很难与条款的制订者讨价还价，特别是某些企业和事业组织垄断了某种产品的生产和服务，使相对人在是否接受某种服务或购买某种产品时，无更多的选择机会。如要求提供生活必需的煤气、水、电等，必须向有关公司和企业提出申请，即使标准合同条款规定得不尽合理，相对人也只能被迫接受。除标准合同以外，在实践中也经常发生一方利用其经济实力和经营上的地位而提出苛刻的条件使对方难以接受的情况。利用优势地位并不同于乘人之危，因为它并没有乘对方处于危难或急迫时要挟对方。较之于乘人之危的行为，利用优势情况下的被利用一方，通常就是否接受合同条件具有一定的选择余地。

2）**利用对方没有经验或轻率**。所谓无经验，是指欠缺一般的生活经验或交易经验。无经验是否包括对某些特殊标的、特殊技术缺乏了解？从德国的经验来看，一般认为，欠缺经验仅限于欠缺一般的生活经验或交易经验，不包括欠缺特殊的经验。当事人在购买某种特殊的标的物如汽车时，应当适当了解此类标的物的信息。当事人订立合同时应当具备订约的基本知识，不能以这些经验具有特殊性、自己不了解为由而认为合同显失公平。所谓轻率，是指在订约时的马虎或不细心。例如，对合同的价格不作审查和判断，对标的物的性能不进行了解，匆忙地与对方订约。可见，在轻率的情况下受害的一方本身是有过失的。对于利用对方没有经验或轻率的情况，应作严格限定，受害人应当举证证明对方有利用行为，而不能仅证明自己在订约时无经验或轻率。为证明对方有利用行为，受害人可以证明对方明知自己无经验或轻率，而制造混乱的价格信息和标的物的信息或不适当地夸大标的物的销路，从而影响其做出正确的判断。一方制订标准合同文件和免责条款时应及时提请对方注意，不得隐藏合同中对对方不利而对自己有利的重要条款，否则也可认为利用了对方的无经验或轻率。

显失公平的合同对于利益受到损失的一方而言，并不是其自愿接受的。由于显失公平的合同在订立过程中具有瑕疵，利益受到损害的一方并未充分表达其意志，所以从这个意义上讲，显失公平的合同也可以说是一方意思表示不真实的合同。当然，这种意思表示不真实也确与利益受损失的一方的过失有某种联系。

【案例分析】

某山区农民赵某家中有一花瓶，系其祖父留下。李某通过他人得知赵某家有一清朝花瓶，遂上门索购。赵某不知该花瓶真实价值，以15 000元卖给了李某。随后，李某将该花瓶送到拍卖行进行拍卖，卖得价款110 000元。赵某在一个月后得知此事，认为李某欺骗了自己，通过许多渠道找到李某，要求李某退回花瓶。李某认为买卖花瓶是双方自愿的，不存在欺骗，拒绝赵某的请求。后赵某到李某所在地法院提起诉讼，请求撤销合同，并请求李某返还花瓶。

思考题

赵某的诉讼请求有无法律根据，为什么？

资料来源：http://wenku.baidu.com/browse/downloadrec？

[参考答案]

赵某的诉讼请求有法律依据。合同属显失公平的买卖合同，赵某有权请求李某返还财产。

2.3.6 违反生效要件的合同

1. 无效合同

所谓无效合同，是相对于有效合同而言的，它是指合同虽然已经成立，但因其违反法律、行政法规或公共利益，因此应被确认为无效。无效合同的特征如下。

第一，违法性。无效合同种类很多，但都具有违法性。所谓违法性，是指违反了法律和行政法规的强制性规定和社会公共利益。无效合同的违法性表明此类行为根本不符合国家意志，因此当事人不能使其发生法律效力。而且，对此类合同应当实行国家干预，而不能将是否主张合同无效的权利完全留给当事人。

第二，无效合同的不得履行性。所谓无效合同的不得履行性是指当事人在订立无效合同以后，不得依据合同实际履行，也不承担不履行合同的违约责任。即使当事人在订立合同时不知该合同的内容违法（如不知合同标的物为法律禁止流转的标的物），当事人也不得履行无效合同。若允许履行，则意味着允许当事人实施不法行为。如果合同订立时，其内容是合法的，但以后因法律做出新的规定，从而使已经订立的合同内容不符合法律规定，在此情况下，当事人可以依法律关于不可抗力可以导致合同解除和变更的规定，解除合同或变更非法的条款。

第三，无效合同自始无效。由于无效合同从本质上违反了法律规定，因此国家不得承认此类合同并加以保护。合同一旦确认无效，就将产生溯及力，使合同从订立之时起就不具有法律约束力，以后也不能转化为有效合同。对已经履行的，应当通过返还财产、赔偿损失等方式使当事人的财产恢复到合同订立前的状态。当然，之所以被确认为无效合同，是因为当事人一方或双方在订立合同时违反了法律的强制性规定或社会公共利益。

第四，无效合同当然无效。由于无效合同的违法性，因此无效合同无须经当事人主张是否无效，法院或仲裁机构可以主动审查合同无效。有关国家行政机关亦可对一些无效合同予以查处，追究有关无效合同当事人的行政责任。

我国《合同法》第52条规定有下列情形之一的，合同无效：①一方以欺诈、胁迫的手段订立合同，损害国家利益；②恶意串通，损害国家、集体或者第三人利益；③以合法形式掩盖非法目的；④损害社会公共利益；⑤违反法律、行政法规的强制性规定。第53条规定合同中的下列免责条款无效：①造成对方人身伤害的；②因故意或者重大过失造成对方财产损失的。

2. 可撤销合同

"撤销"一词，在民法上的运用十分广泛，如有意思表示的撤销、法律行为的撤销、非法律行为的撤销等多种情况。可撤销合同中所说的撤销，是指因意思表示不真实，通过撤销权人行使撤销权，使已经生效的合同归于无效。可撤销的合同的主要特点在于以下方面。

第一，可撤销的合同主要是意思表示不真实的合同。这里首先涉及对可撤销的对象的确定问题。在德国法中，可撤销的法律行为主要指意思表示不真实的行为，撤销权人可以请求法院宣告合同无效。可见，撤销的对象主要是意思表示不真实的行为。其他许多大陆法国家也通常将意思表示不真实的合同归入撤销合同的范畴。

第二，对可撤销合同的撤销，要由撤销权人通过行使撤销权来实现。但撤销权人是否行使撤销权，则应由权利人自由决定。如前所述，可撤销合同主要涉及一方当事人意思表示不真实的问题。而当事人意思表示是否真实，局外人往往无从判断，即使局外人已得知一方当事人因意思表示不真实而受到损害，然而当事人不提出撤销，却自愿承担损害的后果，法律也应允许这种行为有效。对于可撤销的合同可以撤销也可以不撤销，使其继续生效。如果当事人没有提出撤销的请求，法院和仲裁机关可以采取不告不理的态度，对当事人的自行处分行为不实行干预。

第三，可撤销合同在未被撤销以前，仍然是有效的。即使合同具有可撤销的因素，但撤销权人未在规定的期限内行使撤销权，合同仍然有效，当事人仍应依合同规定履行义务。任何一方不得以合同具有可撤销的因素为由（又未行使撤销权）而拒不履行其合同义务。

第四，我国《民法总则》第147条至151条规定了可撤销民事法律行为的几种情况，包括重大误解、欺诈、胁迫及显失公平等。

我国《合同法》第54条规定："下列合同，当事人一方有权请求人民法院或者仲裁机构变更或者撤销：（一）因重大误解订立的；（二）在订立合同时显失公平的。一方以欺诈、胁迫的手段或者乘人之危，使对方在违背真实意思的情况下订立的合同，受损害方有权请求人民法院或者仲裁机构变更或者撤销。当事人请求变更的，人民法院或者仲裁机构不得撤销。"第55条规定："有下列情形之一的，撤销权消灭：（一）具有撤销权的当事人自知道或者应当知道撤销事由之日起一年内没有行使撤销权；（二）具有撤销权的当事人知道撤销事由后明确表示或者以自己的行为放弃撤销权。"

3. 效力待定合同

1) 限制行为能力人订立的合同，须法定代理人追认。
2) 无权代理人订立的合同。
3) 无处分权人处分他人财产订立的合同。

4. 合同无效和撤销合同的法律后果

我国《合同法》第56条、57条和第58条分别规定，无效的合同或者被撤销的合同自始没有法律约束力。合同部分无效，不影响其他部分效力的，其他部分仍然有效。合同无效、被撤销或者终止的，不影响合同中独立存在的有关解决争议方法的条款的效力。合同无效或者被撤销后，因该合同取得的财产，应当予以退还；不能退还或者没有必要退还的，应当折价补偿。有过错的一方应当赔偿对方因此所受到的损失，双方都有过错的，应当各自承担相应的责任。当事人恶意串通，损害国家、集体或者第三人利益的，因此取得的财产收归国家所有或者返还集体、第三人。

2.4 合同的变更、合同的转让及第三人利益合同

2.4.1 合同的变更

1. 合同变更的概念

合同的变更，是指合同成立以后，履行完毕以前，由双方当事人依法对原合同的内容所进行的修改。这是狭义上的合同变更。从广义上讲，合同变更包括合同内容和主体发生变化。《合同法》第五章中合同变更指狭义变更，即仅指合同内容变更，而合同主体变更称为合同转让。

2. 合同变更的条件

1）必须双方协商一致。任一方未经对方同意，变更合同内容，构成违约。

2）合同关系局部变更，是非实质性变更，而不是实质性变更，或全部变更。否则即为合同更新，产生了一个完全不同于原合同的新合同。一般来说，合同标的的变更，属实质性变更，如买卖书籍合同变成了买卖纸张合同。除标的之外的数量、质量、价格/报酬、履行期限、地点、方式、违约责任、解决争议条款等变更，一般只影响局部利益，不太会导致合同关系的消灭。

3）合同变更，产生新的债权债务内容。

4）变更内容必须明确，否则视为未变更。

5）变更必须遵守法定方式。

2.4.2 合同的转让

合同的转让是指合同的主体发生变更，但合同的客体，即合同的标的并没有发生变化。合同的转让主要有三种情形：一是债权转移；二是债务承担；三是合同权利和义务的概括转移。

1. 债权转让

1）**债权转让的含义**。债权转让是指债权人不必征得债务人的同意，通过协议将其债权全部或部分地转让给第三人。在权利全部转让时，受让人基于债权让与成为新的债权人，他取代了原债权人的地位，如债务人不履行义务，新的债权人有权以自己的名义向债务人提起诉讼，请求依法予以救济。在权利部分转让情况下，受让人作为第三人将加入到原合同关系之中，与原债权人共同享有债权。

2）**债权转让的限制**。债权转让有以下限制。

①**根据合同的性质不得转让的权利**。所谓根据合同性质不得转让的权利是指根据合同权利的性质，只能在特定当事人之间生效，如果转让给第三人，将会使合同的内容发生变更，从而使转让后的合同内容与转让前的合同内容失去联系性和同一性，且违反了当事人订立合同的目的，因此此类权利不能移转。一般来说，在这些合同中，当事人双方均存在一种特殊的信任关系，也就是说当事人一方仅信赖另一方，并愿意另一方作为当事人，如果此类合同发生转让，则必然破坏了这种信赖关系，而且常常会使当事人的利益受到损害。如以某个特定演员的演出活动、某个作家的创作活动为基础所订立的演出合同、出版合同

等，在此类合同中，如果当事人发生变更，必然会使合同的权利义务内容发生重大变化，使转让后的内容与转让前的合同内容失去了联系性和同一性。

②**根据当事人的特别约定而不得转让的合同权利**。根据合同自由原则，当事人可以在订立合同时或订立合同后特别约定，禁止任何一方转让合同权利，只要此约定不违反法律的禁止性规定和社会公共道德，就应当产生法律效力。任何一方违反此种约定而转让合同权利，将构成违约行为。此种特别约定，只要在合同转让之前订立便可生效。如在合同权利转让之后再做出约定，则不能影响合同权利转让的效力。禁止合同权利转让的约定，可以是禁止转让给某一个人，也可以是禁止转让给一切不特定人；可以是在合同有效期限内不得转让，也可以是在某个时期内不得转让。当然，此种约定只能在特定当事人之间生效，不得拘束第三人。也就是说，如果一方当事人违反禁止转让的规定而将合同权利转让给善意的第三人，则善意的第三人可取得该项权利。

③**法律规定禁止转让的合同权利**。例如，依照法律规定应由国家批准的合同，当事人在转让权利义务时，必须经过原批准机关批准；如原批准机关对权利的转让不予批准，则权利的转让无效。

④**有实质性内容变化的合同权利转让**。当一种合同权利的转让将"实质性地改变债务人的义务，或实质性地增加债务人依其合同承担的责任或风险，或实质性阻碍债务人获得对应履行的机会或实质性地减少该对应履行的价值时"，该合同权利是不可转让的。

3）**权利转让是否须经债务人同意**。不同国家对此做了不同规定：①自由转让主义。按照德国法鼓励交易的原则，权利转让只需债权人与受让人合意，即对债务人生效。②通知主义。按照法国、英国、美国、中国等国的法律，债权转让通知债务人后方对其生效。合同债权的转让不以债务人的同意为必要，只需及时通知债务人。未经通知，该转让对债务人不发生效力。债权人转让权利的通知不得撤销，但经受让人同意的除外。

4）**从权利转让**。债权人转让权利的，受让人取得与债权有关的从权利，但该从权利专属于债权人自身的除外。如著作权中的人身权部分。

5）**抗辩权转移**。债务人接到债权转让通知后，债务人对让与人的抗辩，可以向受让人主张。

6）**抵消权转移**。债务人接到债权转让通知时，债务人对让与人享有债权，并且债务人的债权先于转让的债权到期或者同时到期的，债务人可以向受让人主张抵消。

2. 债务承担

债务承担是指基于债权人、债务人与第三人之间达成的协议将债务移转给第三人承担。债务承担包括两种形式：一是债务全部移转，二是债务部分转移。

大陆法。按照大陆法，承担人与债务人订立债务承担合同，必须取得债权人的同意。债务承担的效力主要表现在两个方面：一是由承担人代替原债务人负担债务，从而使原债务人脱离债务关系，免除其债务；二是承担人得以援用原债务人的抗辩事由。例如，如果债权人与原债务人之间的合同由于违法无效时，该项债务的承担人亦可向债权人主张合同无效。

英美法。按照英美国法的解释，债务转移只能通过更新（novation）的办法来实现。合同更新是指合同当事人一方与另一方（转让人）的受让人之间发生了直接的合同关系，从而使该受让人取代了另一方的地位。合同更新的结果是，原有合同关系消失了，新的合同关系建立了，转让人对受让人履行合同义务进行担保的义务被解除了。合同更新的关键因素是债权人是否存在使合同更新的意图。这是一个由法官依合同的条款和其他情况加以裁量的问题。在解决这一问题时，法院要求同意更新的意思表示必须明确。当合同的规定显得含糊不清时，法院对承认合同更新抱审慎的态度，因为这可能使合同的转让方逃避本来应由他承担的担保义务。

【案例阅读】

西尔诉贝茨
科罗拉多州最高法院（1961年）

原告西尔等人曾经与被告贝茨舞蹈学校签订培训合同，由被告为原告教授舞蹈课程，原告也支付了相应学费。在履行过程中，被告将合同转让给了戴尔舞蹈学校，当时原告并没有对此提出反对意见，而是实际接受了这一转让。此后原告对戴尔舞蹈学校的教学条件和课程等不满，没有继续参加培训课程，转而向法院起诉，要求被告贝茨舞蹈学校履行原来的合同，并退还他们支付的培训费。法院最终判决，双方争议的合同具有专属服务性质，被告转让不当。但由于原告事后没有追究，实际接受了这样的转让，原告就不能再否定转让效力。于是，法院驳回了原告的诉讼请求。

本案确定的规则是，具有专属服务性质的合同被转让后，如果权利人没有及时提出反对，则视为其放弃了解除合同的权力，接受了合同的转让。

资料来源：约翰·卡拉马里，约瑟夫·佩里罗，等．美国合同法案例精解［M］．王飞，译．上海：上海人民出版社，2017.

中国法。根据我国《合同法》第84条规定，债务人可以将合同的义务全部或者部分转移给第三人，但应当经债权人同意。债务人将债务全部移转给第三人的称为免责的债务移转；债务人将债务部分移转给第三人的，称为并存的债务移转。根据本条的规定，无论是免责的债务移转还是并存的债务移转都应当经债权人同意，这是债务移转生效的主要要件。债的关系通常建立在债权人对债务人的履行能力有所信任的基础上，如果未经债权人同意而将债务移转于第三人，该第三人是否有足够的资力和信用履行债务往往不能确定，债权人的利益是否能够实现也便不能确定。为了保护债权人的利益不受债务人与第三人之间的债务移转合同的影响，法律规定债权人同意为债务移转合同的生效要件。债务人与第三人如要使债权人同意债务移转，应提供第三人的资力、信用等证明，以供债权人抉择。债权人的同意，可以明示或默示。债权人即使未明确表示同意，但如果其向第三人请求履行或者受领第三人以债务承担为意图的履行，即可推定其已经同意。债权人同意后，债务移转即发生法律效力。

债务人转移义务的，新债务人代替原债务人的地位而成为当事人，原债务人将不再作为债的一方当事人。如果新债务人不履行或者不适当履行债务，债权人只能向承担人而不能向原债务人请求履行债务或要求其承担违约责任。原债务人基于原债的关系而享有的对抗债权人的抗辩事由，新债务人可以用来对抗债权人。这是因为债务承担以债务移转时的状态移转于新债务人的，故新债务人可以享有债务承担时已经存在的抗辩权。

债务人转移义务的，新债务人应当承担与主债务有关的从债务，但该从债务专属于原债务人自身的除外。例如，原第三人向债权人所提供的担保，是专属于原债务人自身的。

在债务的移转时，若担保人未明确表示继续承担担保责任，则担保责任将因债务移转而消灭。

3. 概括转让

所谓合同权利和义务的概括移转，是指由原合同当事人一方将其债权债务一并移转给第三人，由第三人概括地继受这些债权债务。合同权利义务的概括移转，可以依据当事人之间订立的合同而发生，也可以因为法律的规定而产生，在法律规定的移转中，最典型的就是因企业的合并而发生的权利义务的概括移转。

1）**合同移转**。合同移转也称合同承担，是指一方当事人与第三人之间订立合同，并经原合同的另一方当事人同意，由第三人承担合同一方当事人在合同中的全部权利和义务。例如，在房屋租赁合同签订后，承租人经出租人的同意，将承租人的地位全部转让给第三人，承租人不再成为合同当事人，而由第三人取代其在合同中的地位。第三人不仅要承担承租人所负的债务（如交付租金），而且要享受承租人所享有的权利（如使用房屋）。如在转让之后不履行或不适当履行合同义务，概由承担人承担义务和责任。合同权利义务的概括移转，不同于财产转租、合同转包等行为。在财产转租、合同转包中，承租人与转包人是在未终止与原出租人和原发包人所订立合同的情况下，而与第三人订立转租或转包合同，实际上存在两个合同关系，当事人也各不相同。

2）**企业合并和分立引起的债权、债务移转**。企业合并和分立引起的债权、债务移转不需要通过合同方式来实现，而是由法律直接规定，因此此种移转又称为法律规定的移转。我国《合同法》第90条规定，法人或其他组织在订立合同后合并的，其合同上的权利义务就概括移转于合并后的法人或其他组织。合并后的法人或其他组织基于原合同行使合同权利，履行合同义务。法人或其他组织在订立合同后分立的，其合同权利义务由分立的数个法人或其他组织承担。但是，为了便于分立后的数个法人或其他组织行使合同权利和保护第三人的利益，法律规定分离后的数个法人或其他组织对移转的合同权利和义务享有连带债权，承担连带债务。如果分立前的当事人对债务人享有债权的，则分立后的数个法人或其他组织享有连带债权。如果分立前的当事人对债权人负有债务的，分立后的数个法人或其他组织负有连带债务。

4. 第三人利益合同

第三人利益合同是指双方当事人在合同中约定，由债务人向合同以外的第三者履行合同所规定的义务，该第三者是合同的受益人，他可以用自己的名义直接要求债务人履行合同，如果债务人违反合同义务，受益人有权直接向债务人请求损害赔偿。

（1）**大陆法** 大陆法承认为第三人利益订立的合同，为第三人利益的合同，第三人可以"直接"取得请求给付的权利，其中包括以自己的名义直接请求债务人履行合同，和在债务人不履约时请求损害赔偿或申请法院强制执行等，未出生的人也可以作为此种合同的受益人。当然作为受益人的第三者可以拒绝接受基于此种合同所取得的权利。但是，关于债权人在订立了为第三人利益的合同之后，对于第三人的利益可否予以取消或更改的问题，法国法同德国法有所不同。德国法在这个问题上主要取决于当事人的意思，即取决于合同的债权人在合同中对这一点有无保留权利，如合同没有就此做出规定，则由法院根据合同的情形及合同的目的予以确定。而法国法则取决于第三人是否已接受合同给予他的权利，在第三人声明表示接受合同所给予的权利之前，债权人可以撤销或更改为第三人利益的条款，但当第三人已声明表示接受合同给予的利益之后，该第三人对合同的利益就具有直接权利。因此,即使债权人破产,其破产管理人也不能获取该项合同的权益,因为它已经不再是该债权人的财产了。

(2) **英国法** 英国法一般是不承认为第三人利益的合同的。但是,为了适应社会经济生活的需要,英国法也采取了些变通办法,使某些为第三人利益的合同得以实现。主要是:①法律规定。如保险合同能使第三者成为受益人,取得保险合同上的利益。②通过法院判例确认某些承认第三人利益的商业惯例。信用证(letter of credit)就是一个典型的例子。信用证是对外贸易中经常使用的一种支付方式,它是银行根据进口人的请求,开给出口人的一种保证按规定条件向出口人支付货款的一种凭证。如果出口人已按信用证的要求履行了他的义务,而银行拒绝付款时,出口人可以直接凭信用证向银行提起诉讼。③通过信托制度(trust)来使第三人取得合同上的利益。信托通常是指信托人(trustor)把财产交给受托人(trustee),而指定一个第三人为其受益人(beneficiary)。在信托制度下,第三人可以取得信托所给予的利益。④代理。如被代理人 A 委托代理人 B 与第三人 C 订立合同,A 可向 C 要求执行合同。⑤房地产合同。如 A 把房子卖给 B,要求 B 把价款交给他儿子 C,C 虽不是合同当事人,也可以要求执行合同。

(3) **美国法** 美国法承认第三人利益的合同(third-party beneficiary contract)。美国法律认为,只要双方当事人在订立合同时,有意思使第三人享受合同的利益,该第三人就可以凭合同向法院提起诉讼,要求取得合同给予的利益。

如果合同当事人在订立合同时,只是为他自己的利益而订立合同,并没有把任何利益给予第三人的意思,但由于履行该项合同的结果,却使第三人从中得到某种利益,这个第三人即称为偶然的受益人(incidental beneficiaries)。例如,甲与乙订立合同,由乙负责给甲修建水渠,由于该水渠通过丙的农场,从而使丙也得到某种好处。在这种情况下,由于丙既不是合同的当事人,也不是合同所指定的受益人。因此,丙在法律上不能就该合同取得任何权利,如果乙违反合同,只能由甲根据合同对乙提起诉讼,丙无权对乙起诉。

【案例阅读】

密歇根健身脚踏车公司诉韦森(1965 年)

纽约健身脚踏车公司是一家在美国各地区通过一个批发网络销售健身脚踏车的公司。该公司与包括原告和被告在内的许多批发商订立了合同,授予这些批发商在某一特定的地区出售这类产品的排他的经营权。这些合同都包括了这样一个条款:该批发商同意只在其获得准许的地区而不在任何其他的地区进行销售。纽约健身脚踏车公司与被告之间的合同授予了被告在大芝加哥地区及其周围的城市进行批发和销售的排他的权利,而原告则根据该纽约州公司的授权在密歇根州以及俄亥俄州的一些地区拥有排他的批发权。本案的争议产生于被告在原告管辖的地区进行了销售活动,从而侵犯了原告拥有的第三方当事人的权益。

该纽约州公司与被告订立的合同禁止被告在其获得授权的地区之外进行销售。正如初审法院所发现的,这一条款旨在对包括原告在内的其他批发商进行保护这一目的是主要的,而不是附带的。这一发现赋予了原告依第三方受益人的理论获得补偿的权利。初审法院发现,被告在原告管辖的地区内出售了 123 辆健身脚踏车。如果被告遵守与该纽约州公司订立的合同,原告本来可以至少多出售 123 辆这种车。

这 123 辆车的总销售价是 56 715 美元，销售成本为 34 390.50 美元。因此，原告损失的利润为 22 324.50 美元。原告有权获得这一数额的赔偿。

现代法律允许有意的第三方受益人依合同起诉的主要原因是：首先，可以防止诺言人不当得利。如果诺言人在从受诺人那里获得对价之后拒绝对第三方受益人履行义务，第三方受益人又不能强制诺言人履行其合同义务，就会使诺言人不当得利。其次，防止发生多余的诉讼。如果不允许第三方受益人对诺言起诉，第三方受益人就只能被迫对受诺人起诉，再由受诺人对诺言人起诉。于是就造成了多余的诉讼。

资料来源：王军，戴萍. 美国合同法案例选评[M]. 北京：对外经济贸易大学出版社，2006.

2.5 合同的保全

2.5.1 合同保全的概念和特征

根据债的相对性规则，债权仅发生在特定的当事人之间。然而，这并不意味着债权不产生任何对外效力，在特殊情况下，法律为保障债权人的利益，确认债权可以产生对第三人的效力，即债权的对外效力，此种效力集中表现在合同的保全上。

所谓合同的保全，是指法律为防止因债务人的财产不当减少给债权人的债权带来危害，允许债权人对债务人或第三人的行为行使撤销权或代位权，以保护其债权。其主要特点如下。

第一，合同的保全是债的对外效力的体现。在特殊情况下，因债权人与第三人实施一定的行为致使债务人用来承担责任的财产减少或不增加，从而使债权人的债权难以实现，法律为保护债权人的债权，允许债权人享有并行使代位权和撤销权。这两种权利的行使都涉及了债的关系以外的第三人，并对第三人产生了法律上的拘束力。因此，合同的保全是债的对外效力的体现。

第二，合同的保全的基本方法主要有两种，即确认债权人享有代位权与撤销权。这两种权利在保全债权的功能上有所不同。代位权的行使是为了防止债务人的财产不当减少，或称为保持债务人的财产；而撤销权的行使是为了恢复债务人的财产。保全的目的，旨在对责任财产采取法律措施予以保持，防止因责任财产的不正当减少而给债权人造成损害。

第三，合同的保全主要发生在合同有效成立期间。也就是说在合同生效以后合同履行完毕之前，都可以采取债的保全措施。只要在此期间，债务人怠于行使其权利或实施不正当处分其财产的行为，且对债权构成危害时，法律就允许债权人采取保全措施，对债务人的财产进行保全。在合同生效以后，合同履行期到来之前，债权人也可以采取这一措施。由此可见，保全措施的运用，与合同履行期到来后债务人是否实际履行义务，并无必然联系。但是合同并没有生效或者已被宣告解除、无效或被撤销，则债权人已没有任何根据行使代位权和撤销权。

第四，合同的保全旨在保障合同债权人的权利实现。在债权债务关系生效以后，债务人的所有财产，除对于特定的债权人设有担保物权的以外，都应当用来作为对债权的一般担保。也就是说，债务人的全部财产应成为其清偿债务和承担责任的财产，简称为责任财产。责任财产不仅为某一债权人的担保，而且应成为全体债权人的共同担保。可见，责任财产的增减对债权的实现关系十分重大。不论合同规定的期间是否到来或债务人是否实际实施违反合同的行为,只要债务人实施了不正当处分其财产的行为而有害于债权人的债权时,债权人就可以采取保全措施。合同的保全措施在保障债权人的债权方面,具有不同于债的担保、债不履行责任等制度的特点。

2.5.2 债权人的撤销权

债权人的撤销权,是指当债务人放弃对第三人的债权、实施无偿或低价处分财产的行为而有害于债权人的债权时,债权人可以依法请求法院撤销债务人所实施的行为。如债务人与第三人订立合同,低价转让财产给第三人,使债务人的财产不当减少且危及债权人的利益时,债权人可以请求法院撤销债务人与第三人订立的合同,从而恢复债务人的财产。撤销权的行使必须依一定的诉讼程序进行,也就是说,行使撤销权必须由债权人向法院起诉,由法院做出撤销债务人行为的判决,才能发生撤销的效果。

1. 债权人撤销权的构成要件

债权人撤销权的成立要件可分为客观要件和主观要件。

从客观要件上看,必须是债务人实施了一定的有害于债权人债权的行为,才能使债权人行使撤销权。具体来说,客观要件应包括以下内容。

1)**债务人实施了法律上的处分财产的行为**。法律上的处分行为,包括转让财产、抛弃财产、免除债务、在财产上设定抵押等。在实践中处分财产的行为大都是转让财产和一定财产利益给第三人。此种转让无论是通过低价转让,还是以无偿的方式实现;无论是通过合同行为,还是通过单独行为(如单方免除第三人债务)等,都可以被撤销。撤销权的行使,目的在于恢复债务人的责任财产,只要债务人处分财产的行为减少了债务人的责任财产,严重损害了债权人的债权,债权人就有权予以撤销。但是撤销权行使的目的并不在于增加债务人的责任财产,因此债务人拒绝受领某种利益的,债权人不得提出撤销。

2)**债务人的处分财产的行为已经发生法律效力**。债权人之所以要行使撤销权,乃是因为债务人处分财产的行为已经生效,财产将要或已经发生了转移。如果债务人的行为并没有成立和生效,不必由债权人行使撤销权。

3)**债务人处分财产的行为已经或将要严重损害债权**。也就是说,由于债务人实施的处分财产的行为,已经或将要极大地减少债务人的责任财产,致使债权人的债权难以实现或根本不能实现。如果在实施该行为以后,债务人仍有一定资产清偿债务,不能认为债务人的行为严重有害于债权,在此情况下,债权人无权干涉债务人的处分行为。撤销权行使的目的在于恢复债务人的责任财产,而不在于保障债务人是否能够交付特定物。因此,在交付特定物的债权中,如果债务人将该特定物的所有权移转给第三人,只有在债务人移转特定物导致责任财产减少的情况下,债权人才可以行使撤销权。如果没有导致财产减少,则不发生撤销权的问题。

从主观要件上看,债权人行使撤销权须债务人实施处分行为或债务人与第三人实施民事行为时具有主观恶意。当然,是否必备主观要件首先应当区分债务人实施的是有偿处分行为还是无偿处分行为。如果债务人无偿处分其财产,或者虽为有偿,但明显低于市价出售财产,那么根据许多国家的法律规定,则不必有主观要件存在就可予以撤销,因为撤销无偿行为仅仅只是受益人失去无偿所得的利益,并未损害其他的利益,因而法律应首先保护受到危害的债权人利益。但是对于有偿的处分行为的撤销,则必须以债务人及其第三人在实施交易行为时都具有加损害于债权人的恶意为要件。仅仅一方有恶意,而另一方为善意,不能发生撤销的后果。因为债务人为恶意而第三人为善意时,若允许债权人撤销债务人与第三人的行为,将会直接损害善意第三人的利益,也将会影响到社会正常秩序。如果债务人是善意而第三人为恶意,更不能发生撤销的后果。主观要件的关键是如何认定债务人与第三人的恶意。

1) **关于债务人的恶意**。只要债务人知道处分财产的行为将导致其无力清偿债务,从而有害于债权人的债权,却仍然实施此种行为,已足以表明债务人具有恶意。一般来说,认定债务人的恶意应以其实施行为之时为准。如果在实施一定行为时并无恶意,而在以后才具有恶意,该行为也不应予以撤销。

2) **关于第三人的恶意**。第三人实际上包括两种情况,与债务人发生交易行为的相对人;由该相对人处取得权利和利益的人,此类人在法国法中称为转得人,在德国法中称为权利转受人,我国一般将其称为转得人。第三人的恶意,通常是指第三人在取得一定财产或获取一定财产利益时,已经知道债务人所实施的处分财产的行为有害于债权人的债权,也就是说已经认识到了该行为对债权的损害的性质。如果第三人在受益时不具有恶意,即不知或不应当知道债务人的行为有害于债权人的债权,则不能对债务人与第三人的行为予以撤销。在转得人具有恶意时,如何对转得人行使撤销权?如果转得人具有恶意,则债权人在撤销了债务人与相对人的民事行为以后,可以请求恶意转得人退还财产,但若转得人基于善意而取得财产,转得人将依善意取得制度而取得财产,债权人不能请求转得人退还财产,而只能请求相对人赔偿损失。

2. 撤销权的主体、行使及其效力

撤销权的主体是指因债务人的不当处分财产的行为而使债权受到损害的债权人。如果债权人为多数人,可以共同享有并行使撤销权。债权人撤销权的行使必须由享有撤销权的债权人以自己的名义,向法院提起诉讼,请求法院撤销债务人不当处分财产的行为。由于撤销权行使的目的在于保障全体债权人的共同利益,因此,各个债权人行使撤销权将对全体债权人的利益发生效力。在撤销债务人的行为以后,对某一债权人取回的财产或利益,应作为一般债权人的共同担保,一般债权人对这些财产应平等受偿。撤销权行使的范围,即撤销的效力原则上应仅及于债权保全的范围,对债务人不当处分财产的行为超出债权保全的必要的部分,不应发生撤销的效力,否则势必不正当地干涉债务人正当行为的自由。

2.5.3 债权人的代位权

债权人的代位权,是指当债务人怠于行使其对第三人享有的权利而有害于债权人的债权时,债权人为保全自己的债权,可以自己的名义代位行使债务人的权利。例如,甲欠乙100万元,丙欠甲100万元,由于甲怠于行使对丙的债权,致使其无力清偿对乙的债务,则乙可依据代位权代位行使甲的权利,催促丙履行其对甲的债务。

1. 代位权的成立要件

1) **债权人与债务人之间须有合法的债权债务关系存在**。债权的存在是代位权存在的基础,如果债权债务关系并不成立,或被撤销、被宣告无效、被解除等,债权也不存在,债权人自然不应该享有代位权。

2) **债务人须有权利存在**。由于代位权的行使必须以债务人享有一定的权利为前提,如果债务人不享有一定的权利,债权人也就不能代位行使。此处所说的权利,首先是指非专属于债务人本身的权利。对于那些只有债务人本身才能享有专属于债务人的权利，如人格权、抚养请求权等，必须由债务人亲自行使，而不能由债权人代位行使。其次，债务人的权利主要是债权，但又不完全限于债权，还包括其他权利，如所有物退还请求权、债务人对他人享有的担保物权、优先权等。当然，这些权利都必须是债务人对第三人所享有的权利。如果这些权利与第三人毫无关系，则不能成为代位权的行使对象。第三，此种权利必须是可以依法请求的，如果此种权利本身应被确认无效或被撤销，或权利本身根本不存在，债权人自然不能行使代位权。

3）须债务人怠于行使其权利。所谓怠于行使，是指应当而且能够行使权利却不行使。所谓应当行使，是指若不及时行使权利，权利就有可能消灭或减少其财产价值。例如，债权因长期不行使将可能因时效届满而消灭。所谓能够行使，是指债务人不存在任何行使的障碍，他完全有能力由自己或通过其他代理人去行使权利。怠于行使权利的表现主要是根本不主张权利或迟延行使权利。如果债务人已经向其债务人提出了请求，或者已经向法院提起诉讼，则不能认为其怠于行使权利。

4）须债务人怠于行使权利的行为有害于债权人的债权。代位权主要是在债务人怠于行使已到期履行的债权，债权人为保全债权而行使的权利。但怠于行使权利必须影响到债务人的债务履行有害于债权人的债权，否则债权人不能行使代位权。特别要注意的是，在债务人与其债务人之间的关系中，如果债务尚未到履行期，则不发生债权人的代位权。在这一点上，代位权不同于撤销权。撤销权可以在履行期到来之前由债权人行使，因为在履行期到来之前债务人实施不当处分财产行为，减少了债务人的责任财产，已经表明债务人在履行期到来后不能清偿债务。因此，应允许债权人在履行期到来之前行使撤销权，否则，债权根本得不到保障。但是，对于代位权的行使来说，债权人能否行使代位权，要考虑债务人与其债务人的关系中债务是否到期的问题。如果履行期尚未到来，债务人不能向他人主张权利，债权人也不能代债务人行使权利。如果允许债权人行使代位权，将会干涉债务人的自由，而且也会遭到债务人的债务人的拒绝。

2. 代位权的主体、行使及其效力

代位权的行使主体是债权人，债务人的各个债权人在符合法律规定的条件下均可以行使代位权。当然，如果一个债权人已就某项债权行使了代位权，其他债权人则不得就该项权利再行使代位权，否则将遭到债务人的债务人的拒绝。债权人在行使代位权的过程中，应以自己的名义而不能以债务人的名义行使代位权。

由于债权人只是代替债务人行使权利，因此债权人代替债务人行使权利所获得的一切利益均归属于债务人，债权人行使代位权以后，不能就通过行使代位权所得到的给付而优先受偿，代位权行使的目的旨在保持债务人的财产，而债务人的财产则是所有的债权人的债权共同担保，各个债权人不管是否行使代位权，都依据债权平等原则，有权就债务人的财产平等受偿。

债权人行使代位权是否必须通过诉讼形式，对此国外立法采取了两种方式，即裁判方式和直接行使的方式。债权人可通过这两种方式加以行使。在我国，主张诉讼方式行使代位权。其主要原因在于：一方面，只有通过裁判方式才能保证某个债权人行使代位权所获得的利益能够在各个债权人之间平均分配；另一方面，只有通过法院裁判的方式，才能够防止债权人滥用代位权且随意处分债务人的权利或将债务人的权利用以充抵自己的债权，同时也能够有效地防止债权人与其他未行使代位权的债权人、债务人以及债务人的债务人之间因代位权的行使而产生的各种不必要的纠纷。尤其应看到，裁判的方式能够保证代位权的行使以保全债权为必要限度。所以，债权人通过行使代位权所获得的利益，只有通过强制执行程序才能满足其债权。

债权人代位行使的范围应以保全债权的必要为标准，即债权人的债权具有不能实现的危险时，才能行使代位权。如果债务人的财产足以清偿其债务，那么债权人只需申请法院强制执行债务人的财产，即可以实现其债权，因此无须行使代位权。如果债权人行使债务人的一项权利，已足以保全自己的债权，则不应就债务人的其他权利行使代位权。

2.6　合同的终止

合同为有期限的民事法律关系，它不能永久存续，有着从发生到终止的历程。合同的终止，是指合同关系在客观上不复存在，合同债权和合同债务归于消灭。

2.6.1　大陆法及中国法对合同终止的有关规定

大陆法及我国《合同法》对合同终止的法律规定大同小异，主要有以下几种方式。

（1）**清偿**（payment）　即债务已经按照约定履行。合同当事人利益的实现是合同的本来目的，债务一经履行，债权即因其达到目的而消灭。因此，清偿为合同终止的原因。

（2）**合同被解除**（discharge of contract）　合同的解除是指合同有效成立以后，当具备合同解除条件时，因当事人一方或双方的意思表示而使合同关系自始消灭或向将来消灭的一种行为。因此，合同的解除也是合同终止的原因。

（3）**债务相互抵消**（set-off）　是指双方互负债务时，各以其债权充当债务的清偿，而使其债务与对方的债务在对等额内相互消灭。

（4）**债务人依法将标的物提存**（deposit）　是指由于债权人的原因而无法向其交付合同标的物时，债务人将该标的物交给提存机关而消灭合同。

（5）**债权人免除债务**（release）　是指债权人抛弃债权，不要求债务人履行债务从而消灭合同关系。

（6）**混同**（merger）　即债权债务同归于一人，合同关系自然归于消灭。

（7）**法律规定或者当事人约定合同终止的其他情形。**

我国《合同法》第92条还规定了合同终止后的附随义务即后合同义务。在合同终止以后，尽管双方当事人不再承担合同义务，但亦应根据诚实信用原则的要求，承担某些必要的附随义务，这些附随义务包括通知、协助、保密等义务。

2.6.2　英美法有关合同终止的法例

英美法认为，合同的终止有以下几种方式：①合同因双方当事人协议而消灭；②合同因履行而消灭；③合同因违约而消灭；④合同因不能履行而消灭；⑤合同因法律规定而消灭。稍加分析即可发现，大陆法中导致合同消灭的原因与英美法并无实质差别，如大陆法中的"清偿"即相当于英美法中的"履行"；大陆法中的"免除""解除条件成就"等即相当于英美法中的"协议"；大陆法中的"混同""抵消"等也是英美法所承认的法定的合同消灭的原因。

2.7 违约责任

违约责任,是指合同当事人因违反合同债务所应承担的责任。在英美法中违约责任通常被称为违约的补救(remedies for breach),是指一个人的合法合同权利被另一方当事人非法违反时,法律授予受损害方的一定补偿。

违约责任制度在合同法中居于十分重要的地位。当事人的意志能够产生法律拘束力是以违约责任制度的存在为前提的,正是因为有责任的强制性作为保障,当事人的合意才能够像一把"法锁"一样拘束他们自己。

2.7.1 违约归责原则

归责原则是确定行为人的民事责任的根据和标准,也是贯穿于整个民事责任制度并对责任规范起着统帅作用的立法指导方针。其内容包括:过错责任原则,严格责任原则。后者又可分为:旅客运输合同中的严格责任;金钱债务关系中的严格责任;第三人致合同不能履行的严格责任。

我国现行《合同法》对于违约的归责原则采用严格责任而非过错责任。例如,《合同法》第121条规定:"当事人一方因第三人的原因造成违约的,应当向对方承担违约责任。当事人一方和第三人之间的纠纷,依照法律规定或按照约定解决。"这种立法选择既符合违约责任的本质属性,也符合现行合同法发展趋势。

按照过错责任原则,违约责任的构成要件包括:违约行为和过错。而按照严格责任原则,违约责任构成要件仅包括违约行为,不包括过错。

2.7.2 违约形态

关于违约形态的分类,各国立法和判例尚无统一的标准。在不同的法系乃至同一法系的不同国家,由于社会经济发展、法律传统等因素的影响,对违约形态的分类也是不同的。我国《合同法》第107条、第108条规定了两种违约形式,即预期违约和实际违约,实际违约又包括不履行和不适当履行。

1. 预期违约

预期违约(anticipatory breach)也称先期违约,包括明示毁约和默示毁约两种,是英美法独有的制度。所谓明示毁约是指在合同履行期限到来之前,一方当事人无正当理由而明确肯定地向另一方当事人表示他将不履行合同。所谓默示毁约是指在履行期限到来前,一方当事人有确凿的证据证明另一方当事人在履行期限到来时,将不履行或不能履行合同,而另一方又不愿提供必要的履行担保。在明示或默示毁约中,当事人没有从事实际违约行为,但毁约人的行为表明他已置合同于不顾,欲消灭有效的合同关系,因此从违反合同义务的角度理解,毁约仍可以包括在违约之中。在合同一方当事人预期违约的情况下,法律允许非违约方当事人行使合同解除权并请求损害赔偿。

一方预期违约以后,另一方基于自身利益的考虑,可能会视对方的预期违约而不顾,对预期违约方暂不提起诉讼,而要等待履行期到来以后,要求违约方履行义务或赔偿损失,对于无过错的当事人的此种选择,法院也予以承认。

在大陆法系国家中,并没有关于预期违约的概念,但其债法中规定了"不安抗辩权"

制度，与预期违约制度极为相似。《公约》也采纳了预期违约的概念。

（1）**明示毁约的构成要件**。主要包括以下几个方面。

1）**明示毁约方必须明确肯定地向对方提出违约的表示**。美国《合同法重述》第2版第250条提出，只有在"一方当事人的行为是自愿的、确定的，而且使其义务的履行现实地、明显地表现为不可能时，才构成明示毁约。"英美法的一些案例也表明只有在一方无条件地（unconditionally）、确定地（positively）提出毁约时才构成明示毁约。美国《统一商法典》允许毁约方撤回其毁约行为，但允许受害人在其撤回前取消合同（第2-611条）。这样，受害人不必以催告作为确定毁约行为的条件。从中国的实际情况出发，只要毁约方做出的毁约表示是明确肯定的，就可构成明示毁约，而不必要求受害人催告其是否有意撤回。

2）**必须在履行期到来前明确表示将不履行或不能履行合同义务**。在履行期尚未到来之前，一方明确提出他将不履行合同才构成提前毁约，如果在履行期限到来以后提出毁约的，则构成实际违约。

3）**必须表示不履行合同的主要义务**。明示毁约之所以对另一方当事人的利益构成重大威胁，将严重损害其期待利益，也正是因为被告将不履行合同的主要义务。这种拒绝履行对相对人从合同履行中获得的利益有重大影响，致使其合同目的落空。如果被拒绝履行的仅是合同的部分内容，并且不妨碍债权人所追求的根本目的，这种拒绝履行并没有使债权期待成为不能，就不构成预期违约。之所以如此，是因为预期违约制度所赋予相对人的权利在相当程度上行使起来较为剧烈，如果不区分拒绝履行的程度，一概任由债权人在发生拒绝履行的情况下均可解除合同，不但对债务人过于苛刻，而且对整个社会也是无益的。正是基于这一点，《公约》强调一方表示其将根本不履行合同时，才能构成明示毁约。

4）**明示毁约无正当理由**。债务人做出明示毁约的表示，常常辅之以各种理由和借口，这就需要准确地分析这些理由是否构成正当理由。这里所说的正当理由，是指债务人有权做出拒绝履行表示的理由，这些理由主要包括：债务人享有法定的解除权；合同具有无效的因素，债务人要求宣告合同无效；债务人因合同具有显失公平的原因而享有撤销权；合同关系自始不存在，条件不成熟；如一方误认为合同已成立，实际上因双方尚未达成协议，因而不成立；债务人享有抗辩权，如享有同时履行抗辩权；有权被免除履行义务，如因为不可抗力致使合同不能履行等。明示毁约可因各种原因引起，如被告为了获取更大的利益，而将一物数卖，对先前的买主构成明示毁约；也可能因为预见到履行期限到来时市场行情对自己极为不利，为减少损失而提前毁约；也可能因为被告从事了一项对自己不利的交易而准备撤回交易等。在一般情况下，明示毁约都是故意毁约行为，但法律并不考虑毁约人主观上具有故意还是过失，只要符合上述条件，均构成明示毁约。

（2）**默示毁约的构成要件** 无论默示毁约因何种原因产生，都会使债权人面临一种因债务人可能违约而使自己蒙受损失的危险，这种危险应该及早予以消除，若债权人只能等待履行期限到来后才能提出请求，无异于坐以待毙，蒙受重大的损失。所以，法律设置默示违约制度，允许债权人采取一定的措施防患于未然，尽量减少和预防违约及其纠纷的产生，这对维护交易秩序的安全也是十分必要的。默示毁约的构成要件如下。

1）**一方预见到另一方在履行期限到来时将不履行或不能履行合同**。预见的情况包括两种：一是没有能力履约，如出现资金困难、支付能力欠缺、欠债过多难以清偿等；二是不履行合同，如对方商业信用不佳，已将部分货物转卖出去等。无论出现何种情况，默示毁约方都没有明确地表示他将毁约或拒绝履行合同义务，否则构成明示毁约。尽管没有明确表示毁约，但根据其行为和能力等情况表明他将不会或不能履约，从而将会辜负对方的合理期望，使对方的期待债权不能实现。

2) **一方的预见有确切的证据**。一方预见另一方在履行期间到来时不会或不能履约，毕竟只是一种主观判断，具有强烈的主观因素。为了使此种预见具有客观性，就必须要有"确切证据"，要求预见的一方必须举证证明对方届时确实不能或不会履约，其举出的证据是否确切，应由司法审判人员予以确定。《公约》第71条规定了中止履约的三个客观标准，即对方履行义务的能力有严重缺陷、对方的信用有严重缺陷、债务人在准备履行合同或履行合同中的行为表明届时他将不会或不能履约。从我国审判实践来看，在下列情况下可认为具有确凿证据：出卖人就同一标的物订立两份买卖合同，如果标的物为特定物，或者根本无能力清偿第一个合同的债务，则一旦第一个合同中的买受人得知出卖人与他人就同一标的物订约后，即可认为具有确凿证据；出卖人得知买受人拖欠他人债务，甚至负债累累，不能清偿债务；在合同订立以后，出卖人得知买受人虽有足够的财产清偿债务，但买受人已多次转移财产，逃避债务，或有其他欺诈行为（出卖人在订约时已知道买受人信誉不佳的除外）；在合同订立以后，出卖人得知买受人经营不善或多次交易失败，或遭受意外损失，已经出现严重亏损，影响其清偿能力；合并、分立或者变更住所没有通知债务人；在合同订立后，买受人已不能按期从事合同规定的各项履约准备工作等。

3) **被要求提供履约保证的一方不能在合理的期间内提供充分的保证**。在一方预见到另一方不能或不会履行合同以后，预见方虽已面临着不能履约的危险，但他还不能立即确定对方构成毁约并寻求法律上的救济，即使其理由十分充足、证据十分确凿，也不能据此宣告对方已毁约。预见方可中止履行义务，请求对方提供履约担保，如果对方在合理的时间内不能提供履约充分保证，可视为对方毁约。

2. 实际违约

（1）**不履行** 不履行是指合同当事人不履行合同的全部义务。各国立法大都承认不履行合同的主要义务或重大义务的也等同于不履行。

（2）**迟延履行** 包括：①给付迟延（债务人迟延）：债务人在履行期限到来时，能够履行而没有按期履行债务，且无法律上的正当理由；②受领迟延（债权人迟延）：债权人对于债务人的履行应当受领而不为或不能履行，且无正当理由。

（3）**不适当履行** 指债务人的履行行为有违于债务履行的目的，包括：①瑕疵给付：债务人履行不当，以致减少或丧失了该履行本身的价值或效用，侵害了债权人的履行利益；②加害给付：债务人履行不当，造成了对债权人履行利益以外的其他权益的损害。

（4）**其他不完全履行行为** 这些行为主要包括：部分履行行为，如交付标的物在数量上不足；履行方法不适当，如本应一次履行，却分批履行；履行地点不适当，即本应在合同规定的地点交付而在其他地点交付；其他违反附随义务的行为，如违反重要事项的告知义务给债权人造成损害等。

2.7.3 违约责任

1. 损害赔偿

损害赔偿（damages）是指违约方因违反合同义务而给对方造成损失，依法或根据合同规定应承担损害赔偿责任。各国法律都认为，损害赔偿是对违约的一种救济方法。

（1）**损害赔偿责任的成立** 大陆法认为，损害赔偿责任的成立，必须具备以下三个条件：①必须要有损害的事实；②须有归责于债务人的原因；③损害发生的原因与损害之间必须有因果关系，即损害是由于债务人应予负责的原因所造成的。

英美法不同于大陆法。根据英美法的解释，只要一方当事人违反合同，对方就可以提起损害赔偿之诉，而不以违约方有无过失为条件，也不以是否发生实际损害为前提。如果违约的结果并没有造成损害，债权人虽无权要求实质性的损害赔偿，但他可以请求"名义上的损害赔偿"（nominal damages），即在法律上承认他的合法权利受到了侵犯。

我国《合同法》第 107 条规定，当事人一方不履行合同义务或者履行合同义务不符合约定的，应当承担继续履行、采取补救措施或者赔偿损失等违约责任。

（2）**损害赔偿的范围** 损害赔偿的范围是指在发生违约情事以后，在请求损害赔偿时，应如何确定损害的范围，应根据什么原则来确定损害赔偿的金额。一种是由双方当事人自行约定的约定损害赔偿；另一种是在双方当事人没有约定时，由法律予以确定的法定的损害赔偿。关于约定的损害赔偿，我们将在下文详细讨论，这里主要介绍法定损害赔偿的范围。

英美法认为，计算损害的基本原则，是使由于债务人违约而蒙受损害的一方，在经济上能处于该合同得到履行时同等的地位。法院判例表明，损害赔偿的范围包括以下三个方面：①损失必须是自然发生的（arise naturally），即按照违约事件的一般过程自然地发生的损失。例如，英国货物买卖法规定，如果货物有行市，计算损害赔偿的范围应当推定为合同价格与应交货之日或应接受货物之日的市场价格之间的差价。②损失必须是当事人在订立合同时，作为违约可能产生的后果所合理地预见到的（reasonably foreseeable）。③一方违约时，受损害的一方有义务采取一切合理的措施以减轻由于违约所造成的损失。

【案例阅读】

维克多洗衣中心诉缪门工业公司案（1949 年）

原告从被告那里订了一个锅炉拟扩大洗衣业务。本该 6 月交货，被告拖到 11 月交货。原告认为被告应赔偿两笔损失：其一，按常规洗衣，每周损失 16 英镑；其二，洗衣中心为政府部门专门洗衣的特色项目，每周损失 262 英镑。法院认为，按常规洗衣，每周的损失费是可预见的损失，被告应赔，但特色项目的损失属不可预见的损失，被告确实不知晓，故对这一损失不赔偿。

资料来源：王军，戴萍. 美国合同法案例选评[M]. 北京：对外经济贸易大学出版社，2006.

【案例阅读】

路登桥梁公司诉罗金厄姆县政府
美国联邦第四巡回上诉法院（1929 年）

原告路登桥梁公司与被告罗金厄姆县政府签订了一份造桥合同，由原告为被告建造桥梁，但由于被告的监事委员会发生改变，被告取消了原来的造桥方案。被告随即要求原告不要再施工，但原告仍继续完成了桥梁建造。于是，原告起诉被告，要求被告支付造桥合同的全部价款。法院认为，原告在接到被告取消合同的通知后，就应该立即停止施工。法院判决，原告无权就扩大的损失要求赔偿。

本案确定的规则是，一方违约时，另

一方有权获得的赔偿范围应是已经投入的劳动和原材料成本,以及这一合同履行时其可得的利润。守约一方负有减少损失的义务,如继续施工放任损失扩大,则无权就扩大的损失要求赔偿。

资料来源:约翰·卡拉马里,约瑟夫·佩里罗,等. 美国合同法案例精解[M]. 王飞,译. 上海:上海人民出版社,2017.

按照我国《合同法》规定,违约方赔偿损失的范围如下。

①完全赔偿,通过赔偿使受害人恢复到合同订立前的状况,或者恢复到合同如期履行时的状态。包括直接损失和间接损失。直接损失即财产上的直接减少,指债权人现有的财产或利益,因债务人违反合同而发生减少。包括作为债权人的财产的合同标的物损坏、灭失;债权人为履行合同支出的各种费用(如运输费、保管费、差旅费)等。间接损失即预期可得利益。指债权人所受的消极损害,即债权人按合同的履行,应当获得或可以获得,却因债务人违反合同而丧失了的利益,它包括债务人如履行合同将为债权人带来的利益价值,也包括因债务人违反合同给债权人带来的其他损害(如因合同不履行造成的停工、停产、物资积压的损失,债权人为避免损害支出的合理费用等)。

②损失的计算范围有最高的法定限额,不得超过违约方订立合同时应当预见到的损失。损失能否预见,不能是一方面的主观武断,而是有一定客观标准的,即不应当以具体的违约人的判断为标准,而是以一般人对违约可能产生的后果所应当预见到的为限。因此,合同订立时应及时合理地正式通知对方签订合同的目的,一旦当对方违约时,避免为赔偿范围中的损失可否预见而争论不休。

③一方违约后,另一方应采取措施防止损失扩大;如果不及时采取适当措施致使损失扩大的,无权就扩大的损失要求赔偿。一方当事人违反合同,使对方受到了损失,应当及时告知对方,尽可能减少给对方造成的损失。而受损害一方在得知自己的利益受损后,应当及时地、积极地采取补救措施,在条件许可的范围内尽可能减少损失的扩大。受损方当事人积极采取适当措施防止损失扩大,往往要为此而支出一些费用。对受损方当事人因防止损失扩大而支出的合理费用,根据公平原则和诚实信用原则,自然应由违约方当事人承担。

2. 实际履行

所谓**实际履行**(specific performance),是指债权人要求法院强制违约方按合同规定的标的履行义务。

在英美法系国家,损害赔偿是广泛适用的救济方法。法院认为,如果原告能证明仅仅采用损害赔偿的办法还不足以满足他的要求,则可以考虑判令实际履行。但即使如此,实际履行也只是作为一种例外的救济方法,而且法院对于是否判令实际履行有自由裁量权。根据英美法院的审判实践,在下列情况下法院将不予做出实际履行的判决:①凡金钱损害赔偿已可以作为充分的救济方法者,不得请求实际履行;②凡属提供个人劳务的合同,法院将拒绝做出实际履行的判决;③凡法院不能监督其履行的合同,如建筑合同等,法院也不会做出实际履行的判决;④对当事人一方为未成年人的合同,法院不判决强制执行;⑤如判决实际履行会造成对被告过分苛刻的负担,法院也不会做出这种判决。

一般来说,在涉及土地买卖或公司债券的交易、买卖的标的物是特定物或特别名贵时,英美法院通常会做出实际履行的判决,因为在这种交易中,仅仅判令债务人支付金钱上的损害赔偿,往往不能满足债权人的要求。

大陆法和我国法认为，实际履行是对不履行合同的一种主要的救济方法，凡是债务人不履行合同时，债权人都有权要求债务人实际履行。从保护债权人利益出发，我国《合同法》中将是否请求强制实际履行的选择权交给非违约方，如果非违约方认为强制实际履行更有利于保护其利益，则可以采取这一措施。不过只有在实际履行合同尚属可能时，债权人才能提起实际履行之诉。我国《合同法》第110条规定，当事人一方不履行非金钱债务或者履行非金钱债务不符合约定的，对方可以要求履行，但有下列情形之一的除外：①法律上或者事实上不能履行；②债务的标的不适于强制履行或者履行费用过高；③债权人在合理期限内未要求履行。在实践中，大陆法国家和我国都很少作实际履行的判决。

3. 解除合同

（1）**合同解除**（rescission）**的条件** 合同解除必须具备一定条件。法律设立合同解除制度的重要目的就是要保障合同解除的合法性，禁止当事人在没有任何法定或约定根据的情况下任意解除合同。从各国的立法规定来看，对于合同解除都做出了严格限制。也就是说，只有在一方根本违约、严重违约的情况下，才能导致合同的解除。

约定解除。按照合同自由原则，合同当事人享有解除合同的权利。也就是说，当事人可以通过其约定或行使约定的解除权而导致合同的解除。只要当事人的约定不违背法律或社会公共道德，在法律上是有效的，且可以产生当事人预期的效果。约定解除包括两种情况：①协议解除。即合同成立以后，在未履行或未完全履行之前当事人双方通过协商解除合同，使合同效力消灭的行为。由于此种方式是在合同成立以后，通过双方协商解除合同，而不是在合同订立时约定解除权，因此又称为事后协商解除。在协商解除的情况下，合同解除后是否恢复原状、如何恢复原状也应由当事人协商决定。②约定解除权。是指当事人双方在合同中约定，在合同成立后，没有履行或没有完全履行之前，由当事人一方在某种情况出现后有解除权，并可以通过行使合同解除权，使合同关系消灭。约定解除权常与违约的补救和责任联系在一起，只要合同一方违反合同规定的某项主要义务且符合解除条件，另一方就享有解除权，从而当这种解除发生时，就成为对违约的一种补救方式。协商解除也可能在违约的情况下发生，但它完全是双方协商的结果，在性质上是对双方当事人的权利义务关系重新安排、调整和分配，并不是针对违约而寻求补救措施。约定解除的内容以及行使方式应由当事人自行决定，但是必须符合民事法律行为的生效要件，否则约定解除权的条款无效，该条款无效可以不影响合同本身的效力。

法定解除。所谓法定解除，是指在合同成立以后，没有履行或没有履行完毕以前，当事人一方行使法定的解除权而使合同效力消灭的行为。其特点在于：由法律直接规定解除的条件，实际上是对在违约情况下的解除所做出的限制，当此种条件具备时，当事人可以解除合同。一方面法定的解除权与约定解除权可以并存，约定解除权可以对法定解除权作具体的补充。比如对不可抗力做出解释，规定何种具体事件属于不可抗力等。另一方面，当事人之间的约定也可以改变法定解除权，例如，当事人可以约定，即使一方违约，另一方也不得行使解除权；或者规定不管违约是否严重，只要违反某一项义务，均可导致合同解除。从合同自由原则出发，这些约定均应是有效的。

我国《合同法》第94条规定了解除合同的法定条件：①因不可抗力致使不能实现合同目的；②在履行期限届满之前，当事人一方明确表示或者以自己的行为表明不履行主要债务；③当事人一方迟延履行主要债务，经催告后在合理期限内仍未履行；④当事人一方迟延履行债务或者有其他违约行为致使不能实现合同目的；⑤法律规定的其他情形。

【阅读材料】

恩尼斯诉州际批发商公司（1980年）

上诉人恩尼斯曾经担任被上诉人州际批发商公司的总裁，并拥有该公司1/3已发行的股票。在上诉人辞去该公司的总裁之后，双方签署了一份合同。该合同规定，上诉人将其持有的该公司的股票卖给该公司；作为该公司接受这些股票的附带条件，上诉人在脱离该公司后3年之内，不得在路易斯安那州、得克萨斯州、新墨西哥州和密西西比州同该公司进行商业上的竞争，不得向该公司的竞争者泄露有关该公司的客户名称以及该公司在制冰机和有关产品的批发销售和服务等方面的经营方式的情报，不得拉拢或拜访该公司的客户。

这份合同订立于1975年8月31日。然而在这之后的3年内，上诉人仅在1976年8月到12月之间没有受雇于任何人；在其他时候，他先后被3家制冰机行业的公司聘为高级职员，而这3家公司都是被告公司的竞争者。这一过程中，上诉人拜访过被上诉人的客户，向被上诉人的生产厂家和批发商招揽过生意并从事过其他与被上诉人进行竞争的活动。

诉讼发生后，被上诉人要求解除合同并恢复原状。这意味着，被上诉人把那些股票还给上诉人，上诉人把该股票的对价返还被上诉人。初审法院以上诉人有违约行为为理由，判被上诉人胜诉。上诉人提起上诉。

（判词）当合同的实质部分被违反时，法院可以授权解除合同。重大违约并不一定是对合同规定的完全的违反，只要违约涉及合同的实质就够了。可是在通常情况下，当普通法上的救济可以使受损害的一方得到完全的补偿时，法院将拒绝解除合同。

上诉人主张，让他把所收到的对价统统返还，对他是不公平的，因为被上诉人未能证明该方已经蒙受了某种经济上的损失。上诉人承认，他至少有一次向他人透露过被上诉人过去的会计账目并向被上诉人过去的客户出售过东西。不过上诉人指出了在双方协议生效期间被上诉人每年的总销售额的增长情况。显而易见的是，与被上诉人的总销售额相比，被上诉人本来可以赚取但由于上诉人的违约行为而未能赚取的利润只是名义上的。然而，问题并不在于被上诉人是否蒙受了经济上的损失，而在于上诉人是否未付出对价因而为了实现公正应授权恢复原状。我们的结论是，的确存在这样的情况。

基于同样的理由，我们也不能接受上诉人的如下主张，采用普通法上的救济方法，即支付损害赔偿金，可以使被上诉人得到适当的救济。被上诉人没有能令人信服地证实，如果上诉人没有把东西卖给被上诉人的客户，被上诉人本来可以以相同的价格把这种东西卖给这些客户并得到同样多的酬金。这一事实决定了，被上诉人不能主张得到损害赔偿，而只能要求返还它已经支付的对价。根据公平正义原则，这一选择对它是适合的。被上诉人支付对价是为了换取上诉人的承诺，而上诉人未能兑现这一承诺。这表明，被诉人受到的实质性损害是该对价的丧失。

本案判决阐明了重大违约的概念，即对合同的实质性部分的违反。

在本案中，被上诉人与上诉人订立合同的基本目的是防止上诉人与被上诉人在商业上进行竞争，因而上诉人不与被上诉人竞争的诺言是合同的实质性部分，上诉人对这一诺言的违反即构成了重大违约。

值得注意的是，在本案中，上诉人的违约给被上诉人造成的经济损失只是名义上的损失，但该法院仍然认为上诉人的行为构成了重大违约。

资料来源：王军，戴萍．美国合同法案例选评［M］．北京：对外经济贸易大学出版社，2006．

（2）**解除权的行使** 无论是法律规定的解除还是当事人约定解除权，都含有一定的条件。当条件满足时则由一方或双方享有解除权。在当事人享有法定或者约定的解除权时，当事人单方面行使解除权不必经过对方当事人的同意，只要享有解除权的一方将解除合同的意思表示直接通知对方即可发生解除合同的结果。如果当事人就解除权问题发生争议时，一方当事人可以请求法院或者仲裁机构提出解除合同的请求，而法院或仲裁机构做出裁决时应对解除权存在与否做出确认。解除权的行使应遵循以下程序。

1）**解除权的行使应当符合法律规定的或当事人约定的条件**。也就是说，只有当法律规定或者当事人约定的解除条件满足时，一方当事人才有权依法律规定或合同约定行使解除权。

2）**解除合同必须以通知对方当事人为必要**。原则上应采用书面形式通知对方当事人，通知到达对方当事人时生效。当事人在做出解除合同的通知以后，不得随意撤销。

3）**解除权的行使必须及时，不能久拖不决**。法律规定或者当事人约定解除权行使期限，期限届满当事人不行使的，该权利消灭。法律没有规定或者当事人没有约定解除权行使期限，经对方催告后在合理期限内不行使的，该权利消灭。

4）**如果法律规定了特别程序的，应当遵守特别程序的规定**。无论是单方解除，还是协议解除，法律、行政法规规定应当由国家批准成立的合同，其重大变更或者解除应当由原批准机关批准或备案。主要由于某些合同的订立、变更或解除涉及国家利益或社会公益，凡是法律、行政法律规定合同解除应当办理批准、登记等手续，应依法办理批准、登记这些手续，否则将不能发生效力，相反可能会负法律责任。

（3）**解除合同的直接后果** 原来的合同不复存在，当事人应在经济上恢复到合同订立之前的状态。因此，能否恢复原状，是法院在决定解除合同时是不是适当的救济方法时考虑的一种因素。把重大违约作为解除合同的条件的原因是，在许多情况下，解除合同会使违约方蒙受严重的经济损失；对违约方来说，解除合同往往是最为严厉的救济手段。同时，解除合同使已达成的交易中途流产，这对经济的发展是不利的。因此，如果违约没有严重到一定的程度，受损害的一方无权要求解除合同。

（4）**解除合同时能否同时请求损害赔偿** 关于在解除合同时能否同时请求损害赔偿的问题，各国法律的规定有所不同。英美法认为，当一方当事人违反条件或构成重大违约时，对方可以解除合同并可请求损害赔偿。德国《民法典》的规定与上述各国法律的规定有所不同。根据德国《民法典》的规定，债权人只能在解除权与损害赔偿请求权二者间任择其一，而不能同时享有两种权利，即两者不能就同一债务关系并存。如果债权人要求解除合同，他就不能要求损害赔偿；反之，如果要求损害赔偿，就不能解除自己应承担的合同义务。

按照我国的法律，当一方违反合同导致没有违约的一方解除合同时，不影响其要求赔偿损失的权利。只要没有违约的一方遭到损失，他在宣告解除合同的同时，仍有权要求赔偿损失。

（5）**合同终止与合同解除的区别** 是否应该区分合同解除与合同终止在各国立法上存在不同的看法。德国法和英美法认为终止与解除在性质上毕竟不同，从而将解除与终止作了区分。

两者的效力不同。合同的解除是指合同关系成立以后，根据解除行为而使合同关系溯及地消灭，既向过去发生效力，同时由于合同关系消灭使当事人不再负履行义务，因此也是向将来发生效力。合同的解除要发生恢复原状的效力：①已经做出履行的，除返还财产以外，还应补偿因返还所支付的费用；②如果返还的是能产生孳息的物，除应返还原物之外，还应返还孳息；③一方在占有标的物时为维护标的物而支付的必要费用，也应返还；④返还做出的履行，应充分考虑保护非违约方的利益以及对违约行为的制裁。而合同的终止只是使合同关系消灭，仅向将来发生效力，当事人不发生恢复原状的义务。

适用范围不同。各国常将合同解除视为对违约的一种补救措施，认为合同解除是对违约方的一种制裁，是一种特殊的合同责任，因而合同解除常适用于违约的场合，并以解除权的存在及行使为必要。所以，合同解除可以适用于当事人一方不履行合同的情况。而且为了使当事人之间的关系恢复到订约前的状态，必须借助于损害赔偿的办法。对于合同终止来说，尽管它也可以适用于一方违约的场合，如一方违约，法律判决合同终止，从而使非违约方摆脱合同关系的束缚，但是合同终止主要适用于非违约情况，如合同因履行而终止、因双方协商一致而终止等。尤其应该看到，有些合同只能适用合同终止，不能适用合同解除。例如，根据租赁合同，承租人租用房屋达一定期限，或根据劳务合同，当事人方已付出了一定劳务等，如果发生方当事人违约，也无法恢复原状，只能使合同关系终止。

4. 禁令

禁令（injunction）是英美法采取的一种特殊的救济方法。它是指由法院做出禁令，强制执行合同所规定的某项消极义务，即由法院判令被告不许做某种行为。英美法院仅在下述情况下才会给予这种救济：①采取一般损害赔偿的救济方法不足以补偿债权人所受的损失；②禁令必须符合公平合理的原则。

在涉及提供个人劳务的案件中，当债务人违反合同时，英美法院在某些情况下，可以用禁令的方式来补偿债权人所蒙受的损失。

【案例阅读】

纳索俱乐部诉彼得斯（1972年）

彼得斯原来效力于布鲁因斯俱乐部。1972年6月21日，该俱乐部签发了一张转让书，把彼得斯转让给了原告纳索运动俱乐部。原告与彼得斯签订的合约中规定："该运动员具有超常的绝无仅有的知识、技巧和能力。这种知识、技巧和能力的丧失是无法确切地估价的，也是无法用赔偿金进行公平或适当地补偿的。因此，该运动员同意，该俱乐部有权通过适当的禁止程序禁止他为其他球队打球或在违反本合同的其他条款的情况下从事冰球运动。"该合同有效期为1972～1973年赛季，这一时期，纳索俱乐部可以付给彼得斯的最高工资为37 500美元。然而，其后，彼得斯却与大都市冰球俱乐部签订了效力3个赛季的合同，其可得到的累进工资为55 000美元、60 000美元和65 000美元。

原告提起诉讼，要求禁止彼得斯为大都市冰球俱乐部效力，理由是这样做损害了原告要彼得斯提供排他服务的权利。

本案是美国法院用禁令向违约的受害者提供救济的范例。

资料来源：王军，戴萍. 美国合同法案例选评[M]. 北京：对外经济贸易大学出版社，2006.

5. 违约金

违约金（liquidated damages）是指以保证合同履行为目的，由双方当事人事先约定当债务人违反合同时，应向债权人支付的金钱。

（1）**大陆法上不同性质的违约金**　就违约金的性质来说，大陆法上有两种不同的违约金：①具有惩罚性质的违约金。德国法认为，违约金是对债务人不履行合同的一种制裁，具有惩罚性质。②作为预定损害赔偿总额的违约金。法国法认为，违约金的性质是属于预先约定的损害赔偿金额，亦即双方当事人事先约定，如债务人违约时，只要发生违约的事实，债权人就可以请求约定的违约金，而不必证明损害之发生及损害金额之多寡。由于法国法认为违约金具有预定损害赔偿金额的性质，所以，法国法原则上不允许债权人在请求违约金的同时，要求债务人履行主债务或另行提出不履行债务的损害赔偿。但也有一些例外情况，即如果违约金是纯粹为履行延迟而约定者，当债务人履行迟延时，债权人既可以要求债务人支付约定的违约金，并可要求继续履行合同。这种做法，在对外贸易合同中是经常采用的。例如，许多国际货物买卖合同都规定，当卖方不按时交货时，如延迟交货一周，应支付违约金若干。但违约金的支付并不免除卖方的交货义务。

大陆法各国大都规定，法院有权对违约金予以减少或增加，约定的违约金额过高者，法院得依债务人的申请以判决减至适当数额。如债权人所受损失超过违约金额时，如债权人能证明债务人有过失，可要求增加金额。

（2）**英美法对违约金的规定**　英美法认为，对于违约只能要求赔偿，而不能予以惩罚。因此，英美法院对于双方当事人在合同中约定，当一方违约时应向对方支付一定金额的条款，首先要区别这一金额是作为罚金（penalty）还是作为预先约定的损害赔偿金额（liquidated damages），这种区分在英美法上是十分重要的。如法院认为双方当事人约定支付的金额是罚金，则当一方违约时，对方不能得到这笔金额，而只能索取他所遭受的实际损失的损害赔偿；如法院认为这一约定的金额是预先约定的损害赔偿，则当一方违约时，对方即可取得这约定的金额。至于双方当事人事先约定在违约时应支付的金额究竟是罚金还是预先约定的损害赔偿金额，全凭法院根据具体案情做出它认为适当的解释，而不在于双方当事人在合同中采用什么措辞。即使双方当事人在合同中把约定支付的金额叫作预先约定的损害赔偿，法院也可以根据具体情况认为这不是预先约定的损害赔偿，而是罚金。对于罚金，法院一律不予承认，受损害的一方只能按通常的办法就其实际所遭受的损失请求损害赔偿。如果合同规定的确实是预定赔偿金，但实际损失费更大，仍要按预定违约金算。

【案例阅读】

库克诉金·马诺尔及疗养院

依原告与被告签订的协议，原告将向被告购买存在于某种不动产之上的绝对所有权权益和在该不动产之上建造的疗养院。根据该协议，买方将25 000美元交给了中间人。该协议的第31条规定，在本协议存续期间，卖方不能把该财产在市场上出售；如果买方不能贯彻本协议，要决定给卖方造成的损害的数量和程度将是十分困难的和不现实的，因此，当事人双方同意，如果买方不履行合同，卖方将扣留该25 000美元，作为约定的损害赔偿金。此项损害赔偿金将代替所有其他的金钱上的补救。后来，原告没有履行合同义务，被告扣留了该25 000美元。原告因此而起诉，要求被告返还这笔钱。

初审法院判决,该协议第 31 条并不是一个有效的违约金条款,而是一个非法的惩罚和没收条款;当事人出示的证据并不能证明,确定实际损害是不现实的或困难的。该法院发现,被告因原告违约而受到的实际损失是 9 989.85 美元。最后,该法院判决被告向原告支付 15 010.15 美元。被告在上诉时主张,既然双方当事人已经对合同第 31 条表示同意,就应当受该条款的约束。

(判词)上诉人的观点如果能够成立,那么任何人都可以通过在惩罚性的或没收性质的合同条款中标上"约定的损害赔偿金"而使这种条款变成合法条款了。法律并不是这样规定的。《加利福尼亚州民法典》第 1670 条规定:"除了下一条明确规定之外,如果合同预先决定了在违反某一义务时应支付的损害赔偿的数额,或应进行其他的补偿,该合同做出的此种规定的部分是无效的。"第 1671 条规定:"根据案件的性质,如果确定由违约而造成的实际损失是不现实的或者是极为困难的,一个合同的当事人各方可以就推定的损害数额达成协议。"

某一特定的条款是一个惩罚或没收条款,还是一善意的为确定约定的损害赔偿金而设置的条款,取决于合同签订时的事实,取决于过后确定实际的损害是否的确是不现实的或极为困难的以及取决于当事人在那之后是否在事实上付诸了善意的和合理的努力。一个企图以这样的条款获得好处的当事人必须证明,该条款依当时存在的事实是有效的。

当事人提供给初审法院的大量证据表明,在发生违约的情况下,要确定实际损失并不是不现实的或极其困难的。因此那个令买方支付 25 000 美元的条款是一个惩罚性的或没收性质的条款。

根据上述规定和判决,合同当事人无权通过合同的规定对违约的一方实施惩罚。当合同中有一个违约金条款时,该条款是否具有惩罚的性质并不取决于该条款的措辞,而是取决于损害赔偿金的计算是否的确有困难,因而只能依双方的约定进行计算。

资料来源:王军,戴萍. 美国合同法案例选评[M]. 北京:对外经济贸易大学出版社,2006.

(3)**联合国国际贸易法委员会制订的《关于在不履行合同时支付约定金额的合同条款的统一规则》** 鉴于国际贸易合同往往订有预先约定的损害赔偿条款或罚金条款,规定当一方当事人不履行合同时,应向另一方当事人支付一笔约定的金额,联合国国际贸易法委员会制订了《关于在不履行合同时支付约定金额的合同条款的统一规则(Uniform Rule on Contract Clause for an Agreed Sum due upon Failure of Performance)》(以下简称统一规则)。联合国大会于 1983 年通过决议,建议各国郑重考虑,可采用样板法的方式或订立国际条约的方式,将这些规则付诸实施。

《统一规则》的适用范围。《统一规则》适用于当事人约定在一方不履行合同时,另一方有权取得约定的金额的国际合同(international contracts),不论此项约定的金额是作为罚金(penalty)还是作为赔偿金(compensation)。

《统一规则》的实体规定。《统一规则》的实体规定有以下几项:①如果债务人对不履行合同没有责任,债权人无权取得约定的金额。换言之,只有债务人对不履约应承担责任时,债权人才能取得这项约定的金额。②如果合同规定,一旦延迟履行,债权人有权取得约定的金额,则债权人在有权取得约定的金额的同时,还有权要求履行合同义务。③如果合同规定,当出现延迟履行以外的不履约事时,则债权人有权要求履行合同,或者要求支付约定的金额。但是，如果约定的金额不能合理补偿不履约所造成的损失，则债权人有权在要求履行合同的同时，要求支付约定的金额。④如果债权人有权取得约定的金额，则在该项约定金额所能抵偿的范围内的损失，债权人不得请求损害赔偿。但是，如果损失大大超过约定的金额，则对于约定金额所不能抵偿的部分，债权人仍可请求损害赔偿。⑤除非约定的金额与债权人遭受的损失很不相称，法院或仲裁庭均不得减少或增加合同约定的金额。⑥当事人可以删除或改变上述①、②、③项的效力。

(4) **我国法律关于违约金的规定** 我国《合同法》第114条规定，当事人可以约定一方违约时应当根据违约情况向对方支付一定数额的违约金，也可以约定因违约产生的损失赔偿额的计算方法。约定的违约金低于造成的损失的，当事人可以请求人民法院或者仲裁机构予以增加；约定的违约金过分高于造成的损失的，当事人可以请求人民法院或者仲裁机构予以适当减少。当事人就迟延履行约定违约金的，违约方支付违约金后，还应当履行债务。

6. 定金

定金（deposit）是一种担保合同履行的手段，在一方违反合同的情况下，定金责任也是一种对违约的补救方式。

我国《合同法》第115条和第116条规定，当事人可以依照《中华人民共和国担保法》约定一方向对方给付定金作为债权的担保。债务人履行债务后，定金应当抵作价款或者收回。给付定金的一方不履行约定的债务的，无权要求返还定金；收受定金的一方不履行约定的债务的，应当双倍返还定金。当事人既约定违约金，又约定定金的，一方违约时，对方可以选择适用违约金或者定金条款。

根据我国《合同法》关于定金责任的规定，定金责任主要适用于不履行合同的行为。有学者认为，定金责任也应适用于不完全履行合同行为。但是对于不完全履行行为来说，只有在这些违约行为构成根本违约、使当事人缔约目的不能达到的情况下才能适用定金责任。定金罚则体现了对违约一方当事人的制裁。

根据我国《担保法》和《合同法》的规定，定金的性质是违约定金，定金也是一种预付违约金。因此，违约金和定金在目的、性质和功能等方面是相同的，两者不宜并罚。在当事人仅约定违约金条款或定金条款的，当一方违约时，另一方只能要求对方支付违约金或者承担定金责任。而在当事人既约定违约金条款，又约定有定金条款的，因违约金和定金的性质同一且很难区别不同的适用范围，所以在一方违约时，对方或者选择适用违约金条款，要求违约方支付违约金；或者选择适用定金条款，要求承担定金责任，而不能要求违约方同时支付违约金和承担定金责任。

2.7.4 免责

1. 不可抗力

我国《合同法》第117条规定："因不可抗力（force majeure）不能履行合同的，根据不可抗力的影响，部分或者全部免除责任，但法律另有规定的除外。当事人迟延履行后发生不可抗力的，不能免除责任。本法所称不可抗力，是指不能预见、不能避免并不能克服的客观情况。"

法律对不可抗力事件的构成条件提出了严格的要求，构成一个合同的不可抗力事件必须具备以下条件。

(1) **不能预见性** 在正常情况下，对于一般合同当事人来说，判断其能否预见到某一事件的发生有两个不同的标准：一是客观标准，就是在某种具体情况下，一般理智正常的人能够预见到的,该合同当事人就应当预见到;如果对该种事件的预见需要有一定专门知识,那么只要具有这种专业知识的一般正常水平的人所能预见到的事件则该合同当事人就应该预见到。另一个标准是主观标准,就是在某种具体情况下,根据行为人的主观条件如年龄、发育状况、知识水平、教育和技术能力等来判断合同当事人是否应该预见到。这两种标准,有时要结合运用,有时也可单独运用。

(2) **不能避免性** 判断一个事件是否构成不可抗力事件,除了要符合订立合同时不能预见这个条件外,还必须符合该事件的发生是不可避免的这一条件。换言之,合同生效后,当事人对可能出现的意外情况尽管采取了及时合理的措施,但是客观上并不能阻止这一意外情况的发生,这就是对事件发生的不可避免性。如果一个事件的发生完全可以通过当事人及时合理的作为而避免,则不属于不可避免。

(3) **不能克服性** 不可克服性是指合同的当事人对于意外发生的某一事件所造成的损失不能克服。对于一个不可抗力事件来说,除了要具备不可预见性、不可避免性之外,对该事件造成的结果还必须具备不可克服性。如果某一事件造成的结果可以通过当事人的努力而得到克服,那么这个事件就不是不可抗力事件。同样,如果一个事件造成的结果虽不能克服,但可以通过当事人的努力得到缓解,那么由于当事人的过错没有得到缓解的部分不能属于不可克服的。这在法律上表现为发生不可抗力事件后,由于当事人的过错而使损失扩大的不能免责。

(4) **履行期间性** 构成一个不可抗力事件,除了要具备以上三个法定要件以外,从合同原理上讲还要求具备时间要件。换言之,构成一个具体合同的不可抗力事件还必须具备事件是在合同签订后、终止前即合同的履行期间内(或称效力期间内)发生的。如果一个事件是发生在合同订立之前或履行期之后,或在一方迟延履行而又未经对方当事人同意时,则不能构成这个合同的不可抗力事件。

虽然各国对不可抗力的概念和法律后果的规定大致相仿,但对不可抗力所包括的范围有不同的理解,因此各国都允许当事人在合同中就不可抗力的范围做出明确的规定。一般来说,把自然灾害、战争、严重的动乱和灾害性事故看成不可抗力事件是各国一致的,而对上述事件以外的人为障碍,如政府干预、不颁发许可证、计划变更、罢工、市场情况的剧烈变动,以及政府禁令、禁运、行政行为等归入不可抗力事件则常引起争议。

依照不可抗力事件对履行该项合同的影响,可能引起三种法律后果:①全部免责;②部分免责;③迟延履行。延期履行又可分为全部延期履行和部分延期履行。

对于不可抗力的后果,双方当事人也可以在合同中明确约定。既可约定在什么情况下可以解除合同,也可以约定在何种情况下部分履行合同或在何种情况下只能暂时中止履行合同即延期履行合同,并且可以具体规定援引不可抗力条款时,当事人所应提供的证明以及通知对方的时间和需办理的手续等。在实践中由于不可抗力事件而影响到合同的履行时,当事人除了应该将不能履行、部分不履行或延迟履行的情势通知对方,并在合理的期限内提供有关机关出具的证明,还应及时通过谈判,协商处理合同事宜的具体办法。

【案例分析】

我国某出口企业以 CIF 纽约条件与美国某公司订立了 200 套家具的出口合同。合同规定 2006 年 12 月交货。11 月底,我企业出口商品仓库发生雷击火灾,致使一半左右的出口家具烧毁。我企业以发生不可抗力事故为由，要求免除交货责任，美方不同意，坚持要求我方按时交货。我方经多方努力，于2007年1月初交货，美方要求索赔。

思考题

（1）我方要求免除交货责任的要求是否合理？为什么？

（2）美方的索赔要求是否合理？为什么？

[**参考答案**]

（1）我方要求不合理。因为不可抗力并没有严重到使我方不能履行合同的程度，所以不能要求免除全部交货责任，但可以延期交货。

（2）美方的索赔要求不合理。因为中方遇不可抗力事件后，虽经多方努力仍造成逾期交货，对此，中方可以免责。

资料来源：http://wenku.baidu.com/view/.

2. 情势变更

（1）**含义** 情势变更（variation of situation）是大陆法术语，是指合同有效成立之后，因不可归责于双方当事人的原因致使合同赖以成立的环境或基础发生动摇或丧失，若继续维持合同效力显失公平、诚实信用原则，当事人可以请求变更或解除合同。

（2）**适用条件** ①客观情势发生巨大变化。情势，指订约时作为合同基础及环境的客观情况。如国家经济政策，市场的正常运作等。客观情势的变化时刻存在，市场价格每日浮动，但一般变化不会引起这一原则的适用。必须有重大异常变动，致使合同法律基础丧失时才可以适用。②该情势变更之发生不可归责于当事人，即这种变化当事人不能预见。这里不可预见，采用客观标准，而非主观标准。如在商务贸易中，当事人至少应具备一般商人的预见素质，至于他本人是否真的具备，不予考虑。③情势变化致使继续履行原合同对一方当事人没有意义或造成重大损害，显失公平。④情势变更发生在合同生效后至履行终止以前期间内。⑤须通知对方当事人，或经法院或仲裁机构裁决。不能自行变更或解除合同，应认为情势变更后，一方当事人有解除合同的实体权利，但应通知对方，对方不同意的，应由法院或仲裁机构予以确认。

3. 合同落空

（1）**含义** 合同落空（frustration of contract）是英美法术语，是指在合同成立之后，非由于当事人自身的过失，而是由于事后发生的意外情况而使当事人在订约时所谋求的商业目标受到挫折。

（2）**适用条件** 根据美国法中的规定，合同落空适用于以下情况。

第一，客观上的不可能性（objective impossibility）。指由于某些意外情况，合同当事人无法如约履行合同。这里不可能性必须是客观上的（即这件事办不到），而不能是主观上的（即这件事我办不到）。具体说，包括以下三种情况：一是负有履约责任的一方的死亡或失去资格；二是标的物灭失（但不是负有履约责任一方的过错）。如果合同的履行取决于某一特定的人或物的继续存在，但在订立合同之后，该特定的人或物已经灭失，在这种情况下，履行合同已属不能，当事人可免除履约义务；三是违法。由于新法规的颁布，原合同不再合法。

第二，商业上的不可行性（commercial impracticability）。按照这一原则，如果发生了非常特殊且出乎意料的情况，特别是，如果履约成本发生了非常特殊且出乎意料的变化，从而使得合同的履行在商业上不具可行性，则当事人可以依法申请解除合同的履行义务。例如，原材料的价格上涨是否可以成为依法解除合同履行义务的理由呢？这须视具体情况而定。一般性的成本上升并不构成依法解除履行义务的理由，因为，这种一般性的成本上升风险应属预料之中的正常的商业风险的一部分。进一步说，签订合同，在合同中确定买卖价格，其目的正在于避免这种商业风险。然而，由一些特殊的意外事件（如战争、政府的禁运规定、自然灾害等）所导致的罕见的成本上升，则可以使合同的履行不具商业上的可行性，从而构成依法解除合同的履行义务的理由。

第三，原目的受挫（frustration of purpose）。须满足以下条件：合同的主体或由合同所带来的效益不再存在；双方在当初签订合同时均明了合同的目的；导致原目的受挫的事件必须是事先无法预料的。

第四，原合同中含有有关解除履行义务的条款。

第五，合同中存在错误。或者说，在对合同内容的解释上存在错误和不一致。因为，尽管形式上合同双方好像已经达成了协议，但实际上他们并没有达成协议。

【案例阅读】

西部地产公司诉南犹他航空公司
犹他州上诉法院（1989年）

原告西部地产公司向犹他州的锡达市政府租赁了一块土地。随后，原告将其中的部分土地转租给了被告南犹他航空公司等。但是，这一租赁合同附带了一个约定，被告同意在这块土地上建造一幢维护大楼，在租赁期限届满之后，这一维护大楼将归原告所有。然而，这一地块的开发方案没有获得锡达市政府的批准，后来被告就不再向原告支付租金，并不再履行这一合同。于是，原告将被告诉至法院，除了要求被告支付租金及赔偿剩余期限内的期限租金外，还要求被告赔偿相当于维护大楼价值的损失。法院认为，双方当事人都没有预料到政府不会批准这一方案，而且当事人对此都没有过错，因此，被告租赁这一土地的目的就落空了。法院驳回了原告这方面的诉讼请求。

本案确定的规则是，当合同的履行由于某个意外事件的发生，导致打破了合同成立的基础时，可以认定这一合同的目的落空，进而免除合同当事人的责任。

资料来源：约翰·卡拉马里，约瑟夫·佩里罗，等. 美国合同法案例精解 [M]. 王飞，译. 上海：上海人民出版社，2017.

2.8 双务合同履行中的抗辩权

2.8.1 抗辩权的含义

抗辩权是指对抗请求权或否认对方权利主张的权利。抗辩权是相对于请求权而言的，通俗地讲，抗辩权是对抗对方请求权的权利。也就是说，对方要求你履行合同义务，如果有抗辩权，则可以不履行，对抗对方的请求权；如果没有抗辩权，则不履行即构成违约。

我国《合同法》中第66~68条第一次规定了三种抗辩权。

2.8.2 同时履行抗辩权

1. 同时履行抗辩权含义

同时履行抗辩权也称履行合同的抗辩权，是指双务合同的当事人一方在他方未为对待给付以前有权拒绝自己的履行。同时履行抗辩权是由于双务合同履行机能上的牵连性在公平原则运用下所产生的制度，因此它仅仅适用于双务合同，而不适用于各类单务合同（如无偿保管、无偿委托）以及非真正的（或称不完全的）双务合同（如委托合同）。

同时履行抗辩权的法律根据在于双务合同的牵连性。所谓双务合同的牵连性，是指在双务合同中，一方的权利与另一方的义务之间具有相互依存、互为因果的关系。此种牵连性表现为三方面：一是发生上的牵连性，指双方当事人的权利义务由一个合同所产生，双方的权利义务从一开始就互为条件，一方的权利不发生、不成立或无效，另一方的权利也发生同样的效果；二是履行上的牵连性，是指在双务合同成立后，当事人各基于合同负履行义务，一方负担的义务以他方负担义务为前提，如果一方不履行自己的义务，对方的权利不能实现，其义务的履行也要受到影响；三是存续上的牵连性，双务合同中双方当事人应同时履行自己所负的债务，一方当事人只有在已经履行或者已提出履行的前提下，才能要求对方当事人履行义务；反之，在对方未为对待履行或未提出履行以前，可以将自己的履行暂时中止，而拒绝对方的履行请求。同时履行抗辩权所赖以产生的法律基础是诚实信用原则，是诚信原则的具体引申。

2. 同时履行抗辩权的适用条件

同时履行抗辩权的行使必须符合下列构成要件。

1) **须由同一双务合同互负债务**。同时履行抗辩发生的前提条件，是在同一双务合同中双方互负债务。首先，须由同一双务合同产生债务，即双方当事人之间的债务是根据一个合同产生的。如果双方的债务基于两个甚至多个合同产生，即使双方在事实上具有密切联系，也不产生同时履行抗辩权。其次，须双方当事人互负债务。所谓互负债务，是指双方所负的债务之间具有对价或牵连关系。关于对价关系的性质，从各国立法和司法实践来看，对双务合同的对价性，只强调履行与对待履行之间具有互为条件、互为牵连的关系，而并不要求双方履行的义务在经济上等价。对价问题原则上应根据当事人的意志决定，同时法律要求双方在财产的交换尤其是金钱的交易上力求公平合理，避免显失公平的后果。

2) **须双方互负的债务均已届清偿期**。同时履行抗辩权的适用，旨在使双方所负的债务同时履行，双方享有的债权同时实现。所以，只有在双方的债务同时到期时，才能行使同时履行抗辩权。如果双方债务未同时到期，则不发生同时履行抗辩。例如，依据合同的约定，一方有先为履行的义务，则负有先为履行义务的一方履行其义务以后不得要求对方同时履行。

3) **须对方未履行债务**。原告向被告请求履行债务时，原告自己已负有的与对方债务有牵连关系的债务未履行，被告因此可以主张同时履行抗辩权，拒绝履行债务。如果原告已履行债务，则不发生同时履行抗辩权问题。不过，原告未履行的债务与被告所负的债务之间若无对价关系，则被告不得援用同时履行抗辩权。

4) **须对方的对待给付是可能履行的**。同时履行抗辩的机能在于一方拒绝履行可迫使他方履行合同。这样，可促使双方同时履行其债务。但是，同时履行是以能够履行为前提的。如果一方已经履行，而另一方因过错而不能履行其所负的债务（如标的物已遭到毁损灭失）等，则只能适用债务不履行的规定请求补救，而不发生同时履行抗辩问题。如果因不可抗力发生履行不能，则双方当事人将被免责。在此情况下，如一方提出了履行的请求，对方可提出否认对方请求权存在的主张，而不是主张同时履行抗辩权。

3. 同时履行抗辩权与一方违约

援用同时履行抗辩权，本质上属于合法行使权利的行为，不构成违约。但是，任何权利的行使均必须符合法律的规定和诚实信用原则的要求。我国《合同法》第66条规定："当事人互负债务，没有先后履行顺序的，应当同时履行。一方在对方履行债务不符合约定时，有权拒绝其相应的履行要求。"根据该条规定，一方当事人未履行债务，另一方当事人有权拒绝履行。而当一方当事人履行债务不符合约定的，另一方当事人是否可行使同时履行抗辩权则应依据诚信原则加以判断。

（1）**迟延履行**　在迟延履行的情况下，一方是否有权请求另一方同时履行，另一方是否有权拒绝，在国外的立法和实践中有不同的观点。一种观点认为，最先迟延履行的一方不得请求另一方同时履行；如果要求另一方同时履行，另一方有权援用同时履行抗辩权。另一种观点认为，只有在一方属严重的迟延履行的情况下，另一方才能援用抗辩权。我国一些学者认为，在一方迟延履行情况下，决定迟延履行是否导致另一方有权拒绝履行义务，应考虑如下因素：首先，如果双务合同没有履行期的规定，则任何一方都不能认为对方已构成迟延履行。只有在一方已经履行并给予对方合理期限以后，才有权要求对方履行，否则，对方有权援用同时履行抗辩权。其次，一方在履行期限到来后不履行，另一方也不得随意拒绝以后的履行。一般来说，只有在迟延履行的后果较为严重，且接受履行对另一方已无利益时才能拒绝履行。即使有同时履行抗辩权的存在，若当事人不行使该抗辩权，仍可构成履行迟延。这是因为在一方有权行使同时履行抗辩权的情况下，抗辩权必须行使才能产生作用并影响到原法律关系，如果当事人不行使这一权利，则并未对抗对方的请求权，因而仍应负迟延履行的责任。假如原告起诉被告迟延履行，被告不主张同时履行抗辩权，法院亦不得根据同时履行抗辩权的存在而免除被告的迟延责任。

（2）**瑕疵履行**　一般认为买受人对瑕疵履行所采取的补救方式是修理、降价，如果严重，可以拒绝支付价金。我国有关合同法规也规定一方交付的产品有瑕疵时，另一方有权拒绝支付货款。在买卖合同中，如果出卖人交付货物有瑕疵，买受人应有权拒绝受领，并要求出卖人修补、替换，这样在交付无瑕疵之物与价金的支付之间可成立同时履行抗辩权。如果仅为部分货物有瑕疵，则可以拒付该部分的货款；如果买受人已经受领，且在规定的时间内未提出异议，则对于有一般瑕疵的货物不得拒绝接受并拒绝支付货款，但对重大、隐蔽的瑕疵，应允许买受人拒绝支付货款。

（3）**部分履行**　关于双务合同的一方当事人做出了部分履行，另一方当事人可否拒绝受领的问题，学理上一般认为，若仅是少量的不足，且斟酌当事人利益及交易惯例，一般不得拒绝受领；如果出现严重的不足，则可以拒绝对方的履行，并援用同时履行抗辩权，拒绝履行自己的义务。如果一方已经受领了部分履行，则必须做出相当于对方已履行部分的行为（如支付该部分货款）。但无论如何，一方已受领履行以后，不得以对方没有履行而援用同时履行抗辩权，只能就对方未为履行部分援用同时履行抗辩权。

各种违约形态均可导致同时履行抗辩权的适用，但这并不意味着只要一方行为构成违约，无论违约的性质和后果如何，另一方均可以行使同时履行抗辩权。实践中常常出现的问题是，在一方违约哪怕是轻微违约的情况下，另一方如不愿意履行，就会以此为借口而拒绝对方的履行并拒绝履行自己的义务，以至于造成许多合同不能遵守。因此，从法律上限制同时履行抗辩权在一方违约情况下的行使，是十分必要的。对此，两大法系均有所规定。大陆法主要以诚实信用原则对同时履行抗辩权的行使做出了限制。大陆法系认为，如果一方的违约在性质上和后果上是轻微的，则另一方在此种情况下援用同时履行抗辩权，拒绝对方的履行并拒绝履行自己的义务，将根本违背诚实信用原则。判定违约的性质和后果是否严重，应依照具体情况来决定。如交付的标的物在量上只是轻微不足，交付的标的物有瑕疵，但经过简单的修补可以利用且不影响买受人的利益等，都属于违约轻微，另一方针对轻微的违约不得行使同时履行抗辩权。英美法依据"分离义务"理论，对同时履行抗辩权进行了规定。英美法规定，双方当事人对"完全（不可分割）的义务"须全部履行。如果一方当事人没有履行"完全的义务"，那么另一方拒绝履行是正当的；如果没有履行"分离的义务"，则另一方不能拒绝全部履行，而只能拒绝部分的履行。一方不履行分离的债务，并不能使其丧失请求对方相互履行的权利，除非其未履行是严重的。总之，两大法系对同时履行抗辩权的行使做出了限制，尽管它们所依据的理论和原则是不同的，但所达到的效果都是相同的。如果允许当事人在对方仅具有轻微违约的情况下就拒绝对方履行，并拒绝履行自己的义务，确实不利于合同的遵守，且将会增加纠纷，不利于交易秩序的稳定，同时也会使同时履行抗辩权的适用失去了其应达到的目的。

同时履行抗辩权属于延期的抗辩权，不具有消灭对方请求权的效力。其效力仅表现在当事人一方要求对方履行义务，自己也必须同时履行其义务；反之，在对方提出请求履行时，如对方未履行其义务，则可以暂时拒绝履行自己的义务。同时履行抗辩并非使自己的义务归于消灭。

2.8.3 后履行抗辩权

我国《合同法》第67条规定：当事人互负债务，有先后履行顺序，先履行一方未履行的，后履行一方有权拒绝其履行要求。先履行一方履行债务不符合约定的，后履行一方有权拒绝其相应的履行要求。

2.8.4 不安抗辩权

我国《合同法》第68条规定：应当先履行债务的当事人，有确切证据证明对方有下列情形之一的，可以中止履行：①经营状况严重恶化；②转移财产、抽逃资金，以逃避债务；③丧失商业信誉；④有丧失或者可能丧失履行债务能力的其他情形。当事人没有确切证据中止履行的，应当承担违约责任。因此，当事人行使这一权利时，必须承担以下义务：①举证；②通知。

2.9 缔约过失责任

2.9.1 缔约过失责任的含义

所谓缔约上的过失责任，是指在合同缔结过程中，一方因违背其依据诚实信用原则所应负有的义务，导致另一方当事人的信赖利益的损失，有过错的一方应承担损害赔偿责任。

事实上，缔约上过失责任在审判实践中的适用范围是相当广泛的，在要约人违反有效要约、违反初步协议、违反附随义务、合同无效、合同被撤销、无权代理等情况下常发生缔约上的过失责任。

缔约上的过失责任与违约责任的基本区别在于，此种责任发生在缔约过程中而不是发生在合同成立以后。只有在合同未成立或者虽然已成立但因为不符合法定的生效要件而被确认为无效或被撤销时，缔约人才承担缔约责任。若合同已经成立，则因一方当事人的过失而致他方损害，就不应适用缔约过失责任。尽管缔约过失责任发生在缔结阶段，但当事人之间显然已经有某种订约上的联系，换言之，为缔结合同，一方实施了某种法律意义的行为（如发出要约或要约邀请），而另一方对此行为将产生合理信赖。若双方无任何法律上的联系，无从表明双方之间具有缔约关系，则因一方的过失而致他方损害，不能适用缔约上的过失责任。缔约上过失责任并不属于合同责任，但它却与合同责任具有密切联系，甚至有些规则直接来自合同责任规范。

2.9.2 缔约上过失责任的构成要件

1) **缔约上的过失责任发生在合同订立过程中，即发生在合同成立之前。**如果民商事责任发生在合同成立以后，当事人应承担的责任将是违约责任。但是，如果合同已经成立，但因缺乏法定的生效条件而被宣布为无效或被撤销，也会发生缔约上的过失责任。我国《合同法》规定了合同被宣布为无效或被撤销后，当事人所应当承担的缔约上的过失责任。

2) **缔约一方违背了其依诚实信用原则所应负担的义务。**当事人为订立合同而进行协商之际，已由一般的普通关系进入了一种特殊的信赖关系，依诚实信用原则，尽管此时合同尚未成立，仍然在当事人之间产生了互相协助、保护、通知、告知、诚实等附随义务。这些义务可以概括为当事人应尽的必要注意义务，学理上称为先契约义务。违反这些注意义务，则构成缔约上的过失。

3) **缔约的相对人误信合同成立。**缔约相对人合理地相信合同已经成立，并履行合同或者做履行合同的准备。

4) **缔约当事人受到了财产上的损害。**这种损害，可以是缔约一方当事人的损害，也可以是双方当事人的损害，但这种损害必须是当事人因信赖合同的成立和有效、但由于合同不成立和无效所遭受的直接的财产损害即信赖利益的损害。财产受到损害和合同不成立，无效或被撤销之间存在着因果关系，而且这种损害必须是能够以金钱、实物所计算的损失。信赖利益的损失既包括因他方缔约过失行为而致信赖人的直接财产的减少如各种费用的支出，也包括信赖人的财产应增加而未增加的利益，信赖合同有效而失去某种应该得到的机会。当然，这些利益必须在可以客观地预见的范围内。尤其应当指出，受到法律所保护的信赖利益，必须是基于合理的信赖产生的利益。而信赖利益的损失也必须是合理的支出和花费，从国外立法经验来看，许多国家的立法均确认了信赖利益不得超越履行利益的原则。

本章小结

大陆法学者认为合同是一种协议或"合意"，在英美法中，一般则认为合同是一个允诺或一系列允诺，我国法律继承了大陆法系的概念。

合同的成立至少要经过要约与承诺两个环节。根据各国法律，使一个已经成立的合同生效的基本要件是：协议存在对价或约因；当事人意思表示真实；当事人具有签订合同的行为能力；协议的形式合法；协议的内容合法。合同成立以后，履行完毕以前，双方当事人可以依法对原合同的内容进行修改，这是合同的变更。如果合同的主体发生变更，但合同的客体，即合同的标的并没有发生变化，成为合同的转让。为防止因债务人的财产不当减少给债权人的债权带来危害，允许债权人对债务人或第三人的行为行使撤销权或代位权，以保护其债权，这叫作合同的保全。当合同关系在客观上不复存在，合同债权和合同债务归于消灭，合同即告终止。在合同履行过程中，当事人违反合同债务应承担责任，这是违约责任。违约的救济方法主要包括：损害赔偿，实际履行，解除合同，禁令，违约金与定金等。当发生不可抗力（大陆法系和英美法系对应的概念分别是"情势变更"和"合同落空"）时，当事人可以免责。在双务合同的履行中，当事人如果有合理的理由，可以对抗对方的请求权或否认对方权利主张，这种权利称为抗辩权。在合同缔结过程中，一方因违背其依据诚实信用原则所应负有的义务，导致另一方当事人的信赖利益的损失，有过错的一方应承担损害赔偿责任，这是缔约过失责任，与违约责任的区别是发生的时间与责任依据不同。

关键术语

合同　　　　　要约　　　　　承诺　　　　　对价　　　　　合同转让
合同保全　　　实际履行　　　合同落空　　　情势变更　　　不可抗力
抗辩权　　　　缔约过失责任

思考与练习

一、填空题

1. 各国对合同所下的定义是不尽相同，大陆法强调_____，英美法则认为是_____。
2. 《德国民法典》把违约分为两类：_____和_____。
3. 英国把违约分为_____和_____两种情况。
4. 在大陆法国家，合同法是以成文法形式出现的，都包含在_____或_____中。
5. 按照英美法的解释，所谓对价可以是_____，也可以是其他_____的东西。

二、单项选择题

1. 在英美法系各国中，除（　　），都没有一套系统的、成文的合同法。
   A. 印度　　　　B. 加拿大　　　　C. 美国　　　　D. 英国
2. 对违约金的性质，下列哪个表述是正确的？（　　）
   A. 德国认为是损害赔偿性　　　　B. 英美法认为是损害赔偿性
   C. 中国认为是罚金　　　　　　　D. 法国认为是罚金
3. 英美普通法强调合同的实质在于当事人所做出的（　　）。
   A. 合意　　　　B. 法律行为　　　　C. 协议　　　　D. 许诺
4. 无论是英美法国家还是大陆法国家都把（　　）作为合同成立的要素。
   A. 当事人所作出的许诺　　　　　B. 合同的标的与内容必须合法
   C. 双方当事人的意思表示一致　　D. 合同必须具有约因或对价
5. 下列哪个国家认为普通商业广告只要文字明确肯定，足以构成一项允诺，也可视为要约？（　　）
   A. 英国　　　　B. 法国　　　　C. 德国　　　　D. 日本
6. 乙公司向甲公司发出要约，随后又发出一份要约作废的函件。甲公司的董事长助理收到乙公司"要约作废"的函件后，忘了交给董事长。第三天甲公司董事长发函给乙公司，提出只要将交货日期推迟两个星期，其他条件都可以接受。后甲、乙公司未能缔约，双方缔约没能成功的原因是（   ）

    A. 要约已被撤回　　　　　　　　　　B. 要约已被撤销

    C. 甲公司对要约做了实性质改变　　　D. 甲公司承诺超过了有效期间

7. 债权人胡某下落不明，债务人沙某难以履行债务，遂将标的物提存。沙某将标的物提存以后，该标的物如果意外毁损、灭失，其损失（   ）承担。

    A. 应由胡某承担　　　　　　　　　　B. 应由沙某承担

    C. 应由沙某与胡某共同承担　　　　　D. 应由提存机关承担

8. 甲与烟草专卖店签订一份香烟买卖合同，烟草专卖店提出，为少交消费税建议将部分货款算作运输费用，甲未表示反对。后发生纠纷，甲以所付运输费用远远高于标准为由，请求法院对运输费用予以变更。关于运输费用条款效力应如何认定？（   ）

    A. 是双方真实意思表示，有效　　　　B. 显失公平，可变更

    C. 以合法形式掩盖非法目的，无效　　D. 重大误解，可撤销

9. 甲公司和乙公司签订了一个合同，甲公司履行合同义务后，乙公司却迟迟不履行该合同。甲公司向法院起诉，要求乙公司承担继续履行合同的违约责任。在下列哪种情况下，法院对守约方的请求不予支持？（   ）

    A. 违约方所负债务为非金钱债务　　　B. 债务标的不适于强制履行

    C. 继续履行费用过高　　　　　　　　D. 违约方已支付违约金或赔偿损失

10. 甲是买方，乙是卖方，双方义务没有先后履行顺序。乙在甲付款之前有权拒绝其交货要求，甲在乙交货不符合约定时有权拒绝其付款要求。这在我国《合同法》理论上称作（   ）

    A. 先履行抗辩权　　B. 先诉抗辩权　　C. 同时履行抗辩权　　D. 不安抗辩权

11. 某物流公司承运某食品超市一批家禽，双方约定的发货日物流公司因为用车调配不当，没有合适的货车装运该批家禽，于是改于第二天发货。运输途中，运输车辆因为加油在某地逗留。运输车辆于当天傍晚到达。不久传出运输车辆逗留地当天发现禽流感，有关部门遂将此车辆扣留，车上全部家禽被依法处置。食品超市因为无家禽供应，造成短缺，顾客反映强烈，损失严重。食品超市遂向物流公司提出赔偿请求。该案应如何处理？（   ）

    A. 不可抗力，物流公司不承担责任

    B. 意外事件，物流公司不承担责任

    C. 迟延履行后发生的不可抗力，不能免除责任

    D. 迟延履行后发生的意外事件，不能免除责任

三、多项选择题

1. 按照英国的法例，必须采用签字蜡封形式订立的合同有（   ）。

    A. 有对价的合同

    B. 没有对价的合同

    C. 转让船舶的合同

    D. 转让地产或地产权益的合同，包括租赁土地超过三年的合同

2. 下述属于要约邀请的是（   ）。

    A. 普通广告　　　　　　　　　　　　B. 悬赏广告

C. 商品目录　　　　　　　　　D. 商品报价单
　　E. 订货单
3. 英国法规定合同落空的情形是（　　）。
　　A. 标的物灭失　　　　　　　　B. 违法
　　C. 情况发生根本变化　　　　　D. 以上全错
　　E. 政府实行封锁禁运和进出口许可制度
4. 世界上有关承诺生效的时间的主张有（　　）。
　　A. 到达主义　　　　　　　　　B. 投邮主义
　　C. 了解主义　　　　　　　　　D. 到达主义加了解主义
5. 按英国法，下列哪些错误不能使合同无效？（　　）
　　A. 一方当事人意思表示错误
　　B. 在凭说明买卖中，对说明的含义理解发生错误
　　C. 在合同性质上发生错误
　　D. 在认定当事人上发生错误
　　E. 一方在判断上发生差错
6. 对不可抗力的理解正确的有（　　）。
　　A. 它不是由于任何一方当事人的过失或疏忽所造成的
　　B. 它是双方当事人所不能控制的事件
　　C. 它可以是自然原因或社会原因引起的
　　D. 不可抗力引起的法律后果有解除合同与延迟履行合同两种情况

四、判断题

1. 我国《民法总则》规定的合同法的各项原则适用于一切合同。（　　）
2. 我国《合同法》规定，当事人约定的违约金无论高于或低于违反合同造成的损失，违约一方都必须支付给守约一方。（　　）
3. 非因债务人的过失所引起的给付不能，债务人可免除履行合同的义务。（　　）
4. 对于对话要约必须立即予以承诺，否则要约失去拘束力。（　　）

五、简答题

1. 英美法中的对价有哪几种？哪些对价是有效的？
2. 什么是缔约过失责任？其构成要件是什么？
3. 什么是合同的保全？合同保全的基本方法有哪些？
4. 什么是合同权利的转让？哪些情形下，合同权利不允许转让？
5. 简述何为合同落空及其情形。

六、论述题

1. 试述合同成立的基本过程及必要条件。
2. 试述违约的补救的方法。

案例讨论

　　1. 甲企业（本题下称"甲"）向乙企业（本题下称"乙"）发出传真订货，该传真列明了货物的种类、数量、质量、供货时间、交货方式等，并要求乙在10日内报价。乙接受

甲发出传真列明的条件并按期报价，亦要求甲在10日内回复；甲按期复电同意其价格，并要求签订书面合同。乙在未签订书面合同的情况下按甲提出的条件发货，甲收货后未提出异议，亦未付货款。后因市场发生变化，该货物价格下降。甲遂向乙提出，由于双方未签订书面合同，买卖关系不能成立，故乙应尽快取回货物。乙不同意甲的意见，要求其偿付货款。随后，乙发现甲放弃其对关联企业的到期债权，并向其关联企业无偿转让财产，可能使自己的货款无法得到清偿，遂向法院提起诉讼。

思考题

（1）试述甲传真订货、乙报价、甲回复报价行为的法律性质。

（2）买卖合同是否成立？并说明理由。

（3）对甲放弃到期债权、无偿转让财产的行为，乙可向法院提出何种权利请求，以保护其利益不受侵害？对乙行使该权利的期限，法律有何规定？

资料来源：http://www.shangxueba.com/ask/462597.html。

2. 10月15日，A公司与B公司签订了一份加工承揽合同。该合同约定：由B公司为A公司制作铝合金门窗1万件，原材料由A公司提供，加工承揽报酬总额为150万元，违约金为报酬总额的10%；A公司应在11月5日前向B公司交付60%的原材料，B公司应在次年3月1日前完成6 000件门窗的加工制作并交货；A公司应在次年3月5日前交付其余40%的原材料，B公司应在次年5月20日前完成其余门窗的加工制作并交货。A公司应在收到B公司交付门窗后3日内付清相应款项。为确保A公司履行付款义务，B公司要求其提供担保，适值D公司委托A公司购买办公用房，D公司为此向A公司提供了盖有D公司公章及法定代表人签字的空白委托书和D公司的合同专用章。A公司遂利用上述空白委托书和合同专用章，将D公司列为该项加工承揽合同的连带保证人，与B公司签订了保证合同。11月1日，A公司向B公司交付60%的原材料，B公司按约加工制作门窗。次年2月28日，B公司将制作完成的6 000件门窗交付A公司，A公司按报酬总额的60%予以结算。

次年3月1日，B公司发生重组，加工型材的生产部门分立为C公司。3月5日，A公司既未按加工承揽合同的约定向B公司交付40%的原材料，也未向C公司交付。3月15日，C公司要求A公司继续履行其与B公司签订的加工承揽合同，A公司表示无法继续履行并要求解除合同。C公司遂在数日后向法院提起诉讼，要求判令A公司支付违约金并继续履行加工承揽合同，同时要求D公司承担连带责任。经查明：A公司与B公司签订的加工承揽合同仅有B公司及其法定代表人的签章，而无A公司的签章。

思考题

（1）A公司与B公司签订的加工承揽合同是否成立？为什么？

（2）C公司可否向A公司主张加工承揽合同的权利？为什么？

（3）C公司要求判令A公司支付违约金并继续履行加工承揽合同的主张能否获得支持？并说明理由。

（4）D公司应否承担保证责任？并说明理由。

资料来源：http://wenku.baidu.com/view/2bcf0b2ccfc789eb172dc8d3.html。

3. 随着城镇化进程的加快，房屋拆迁补偿合同纠纷案件增多。2013年7月30日，内蒙古呼伦贝尔市海拉尔区人民法院审结了一起布仁、王娜诉内蒙古恒源地质勘查开发院、寰宇房屋拆迁公司（以下称寰宇公司）房屋拆迁案。经查明，原告布仁和王娜系夫妻关系，位于海拉尔区东升路21号的房产为夫妻共同财产。2013年1月26日，被告恒源开发院因开发建设需要征用原告此房产,委托寰宇公司实施拆迁,并与王娜签订了拆迁协议。双方约定拆迁补偿费为180万元。协议签订后,原告王娜于2013年3月11日领取了房屋拆迁补偿款180万元,并在搬迁验收单上签字确认。另查明,2013年5月4日,原告布仁向该院申请宣告王娜为限制民事行为能力人。该院于2013年5月30日判决宣告王娜为限制民事行为能力人。之后,原告布仁向海拉尔区法院提起诉讼,提出因王娜属于限制民事行为能力人,其所签订的房屋拆迁协议应属无效。

思考题

上述纠纷应如何解决?

资料来源:http://c.360webcache.com/.

4. 2012年6月12日,梁其与韦大力、韦东江钦订了一份《转让林木合同书》,双方约定将坐落于金城江区五圩镇拔旺村拔旺屯上韦大力、韦东江所有的松木林转让给梁其。双方就合同中约定梁其砍伐过程及运输木材时,韦大力、韦东江必须保障沿途道路的运输畅通。然而,梁其将树木砍伐后,被告未协调好与拔旺村民的关系,致使运输木材必经之路无法修通,砍伐好的木材无法运出山林。故梁其将韦大力、韦东江诉至法院,要求与被告解除合同并支付相应的违约金。承办法官通过阅卷了解案件的基本情况之后,多次找到双方当事人加以沟通。双方当事人争议的焦点在于韦大力、韦东江是否履行合同义务保障沿途道路的运输畅通。木材已经被梁其请人采伐了一部分,然而因运输关系,木材一直没能运出。

思考题

上述纠纷应如何解决?

资料来源:http://www.chinalawedu.com/web/21645/.

5. 甲公司与乙袜厂于某年4月6日签订了一份丝袜供应合同。合同规定:乙袜厂向甲公司供应丝袜2万双,总价款人民币4万元,同年4月20日交货,货到付款,合同有效期至同年4月30日止,双方若有违约应支付违约金。5月9日,乙袜厂送来2万双丝袜。甲公司以交货已过合同有效期为由拒收货物。经乙袜厂再三请求,甲公司同意接受2万双丝袜。次日,甲公司销售人员将丝袜售出5 000双,其余入库存放。6月底乙袜厂电话催付货款,甲公司原签约人称,丝袜已卖出5 000双,其余存在库中。同年10月8日,乙袜厂派人来收取货款,甲公司认为此批货系暂时代为保管,除已代售的5 000双丝袜货款如数支付外,其余丝袜应由乙袜厂取回。但乙袜厂要求给付全部货款。

思考题

(1) 甲公司起初拒收货物是否有法律依据?
(2) 乙袜厂要求甲公司给付全部货款是否有理?
(3) 乙袜厂在履约过程中应承担什么违约责任?
(4) 甲公司在履行合同中是否应该承担违约责任?

资料来源:http://wenku.baidu.com/browse/downloadrec?/.

6. 甲公司因转产致使一台价值1 000万元的精密机床闲置。该公司董事长王某与乙公司签订了一份机床转让合同。合同规定,精密机床作价950万元,甲公司于10月31日之前交货,乙公司在交货后10天内付清款项。在交货日前,甲公司发现乙公司的经营状况恶化,通知乙公司中止交货并要求乙公司提供担保,乙公司予以拒绝。又过了1个月,甲公司发现乙公司的经营状况进一步恶化,于是提出解除合同。乙公司遂向法院起诉。法院查明：①甲公司股东会决议规定，对精密机床的处置应经股东会特别决议；②甲公司的机床原由丙公司保管，保管期限至10月31日，保管费50万元。11月5日，甲公司将机床提走并约定10天内付保管费。现丙公司要求对该机床行使留置权。

思考题

（1）甲公司与乙公司之间转让机床的合同是否有效？为什么？

（2）甲公司中止履行的理由能否成立？为什么？

（3）甲公司能否解除合同？为什么？

（4）丙公司能否行使留置权？为什么？

资料来源：http://wenku.baidu.com/browse/downloadrec?/.

7. 信息技术进出口有限责任公司向澳大利亚A-AT公司发电："确认售与你方计算机500台，每台CIF墨尔本600美元，5月20日交货，发生争议在英国伦敦国际仲裁。"澳公司复电如下："确认你方来电和我方购买你方计算机500台，条件按你方电报规定，请提供合适的包装。"后来，信息公司没有按期交货，双方发生争执。

思考题

（1）信息公司来电构成要约了吗？为什么？

（2）澳公司复电构成承诺了吗？为什么？

（3）假设澳大利亚公司在本国法院起诉，法院应该如何处理？

资料来源：http://wenku.baidu.com/browse/downloadrec?/.

延伸阅读

1. 翟新辉. 中国合同法理论与实践 [M]. 北京：北京大学出版社，2018.
2. 约翰·卡拉马里，约瑟夫·佩里罗，海伦·哈德吉扬那基斯·本德，卡罗琳·布朗. 美国合同法案例精解 [M]. 王飞，译. 上海：上海人民出版社，2017.
3. 解琳，张诤. 英国合同法案例评选 [M]. 北京：对外经济贸易大学出版社，2004.
4. 王军. 美国合同法 [M]. 北京：对外经济贸易大学出版社，2011.
5. 王军，戴萍. 美国合同法案例选评 [M]. 北京：对外经济贸易大学出版社，2006.

第 3 章

商事组织法

本章要点

- 商事组织类型及法律特征
- 各种商事组织内部组织结构的设置，经营管理人员承担的义务
- 各国公司法确定的公司资本制度
- 我国公司法关于公司合并和分立的规定
- 各国公司法关于董事责任的规定

3.1 商事组织法概述

3.1.1 商事组织的概念和特征

商事组织也称商事企业，是指能够以自己的名义从事经营活动，以赢利为目的的经济组织。商事组织具有下列特征。

1）商事组织是独立的经济组织。
2）商事组织是以赢利为目的的组织。
3）商事组织是商人的组织表现。

3.1.2 商事组织的种类

在世界各国，主要的商事组织类型有独资企业、合伙企业与公司，这是按照投资者的责任形式和程序进行的种类划分。

我国按照所有制形式的不同，将商事组织分为国有企业、集体所有制企业、私有制企业。随着关于商事组织立法的健全和完善，特别是在《中华人民共和国个人独资企业法》《中华人民共和国合伙企业法》《中华人民共和国公司法》出台之后，中国法律对于企业组织形式的划分也按照投资者对企业承担责任的形式进行。

3.1.3 商事组织法的概念

商事组织法是调整各类商事组织设立和活动的法律规范的总称。我国目前仍然属于民商合一的法律体系，商事法属于民法的特别法，在特别法有规定的时候适用特别法，在没

有特别法或者虽然有特别法，但是特别法对相关问题没有作规定的时候，按照民法的一般原则进行处理。商事组织法包含的单行法律主要有：《中华人民共和国个人独资企业法》《中华人民共和国合伙企业法》《中华人民共和国公司法》。对于个体工商户的规定则依照《中华人民共和国民法总则》执行。

3.2 合伙企业法

3.2.1 合伙企业的概念与种类

1. 合伙企业的概念

我国《合伙企业法》（2006年）第2条规定，合伙企业是指自然人、法人和其他组织依照本法在中国境内设立的普通合伙企业和有限合伙企业。

2. 合伙企业的种类

根据上述规定，我国将合伙企业分为无限合伙和有限合伙两类。

（1）**无限合伙** 无限合伙又分为普通合伙和特殊普通合伙两种。①普通合伙企业由普通合伙人组成，合伙人对合伙企业债务承担无限连带责任。②特殊普通合伙是我国《合伙企业法》的新增内容。该法第55条规定，"以专业知识和专门技能为客户提供有偿服务的专业服务机构，可以设立为特殊的普通合伙企业"。第57条规定，"一个合伙人或者数个合伙人在执业活动中因故意或者重大过失造成合伙企业债务的，应当承担无限责任或者无限连带责任，其他合伙人以其在合伙企业中的财产份额为限承担责任。合伙人在执业活动中非因故意或者重大过失造成的合伙企业债务以及合伙企业的其他债务，由全体合伙人承担无限连带责任。本条主要规定了"特殊的普通合伙"中合伙人承担无限责任的和有限责任的两种债务，无限责任的债务为合伙人非故意或重大过失造成的合伙企业债务，有限责任的债务为合伙人故意或因重大过失造成的合伙企业的债务。这条规定来源于英美法系国家实行的"有限责任合伙"（limited liability partnership，LLP），具体是指，"合伙企业中的合伙人对于其他合伙人或雇员的不法职务行为或过失所造成的侵害、侵权而导致的债务，无辜的合伙人——即该合伙人不是直接的责任行为人或不是该项侵害事由的管理者、权利掌控者或虽然事后知晓但已经尽力弥补损失的，其在合伙企业无力承担所有该项债务时，以其出资为限承担该项债务的有限责任的一种合伙方式。"

（2）**有限合伙** 有限合伙也是我国《合伙企业法》的新增内容。按照该法的规定，合伙企业中的合伙人分为两类：普通合伙人和有限合伙人，普通合伙人依法对合伙企业债务承担无限连带责任，有限合伙人依法对合伙企业债务以其认缴的出资额为限承担有限责任。

3.2.2 合伙企业的财产与法律地位

1. 合伙企业的财产

我国《合伙企业法》第20条规定，合伙人的出资、以合伙企业名义取得的收益和依法取得的其他财产，均为合伙企业的财产。第21条规定，除非法律另有规定，合伙人在合伙企业清算前，不得请求分割合伙企业的财产。上述规定突出了合伙企业财产的相对独立性。

2. 合伙企业的法律地位

欧洲大陆法系一些国家已通过修改立法直接确认合伙企业具有法人资格，如1978年修订的《法国民法典》。英美法系的一些国家和地区则通过颁行合伙的单行法律，确认合伙企业有团体资格，合伙可以商号的名义购置动产和不动产，强化了合伙企业在市场运行中的地位。还有一些国家和地区仍然固守合伙是契约的传统认识，将合伙关系视为窄的一种，如我国台湾地区。根据我国法律的规定，合伙企业具有团体资格，它是一种经济组织。

3.2.3 合伙人的权利与合伙事务的执行

1. 合伙人的权利

（1）**财产上的权利** 合伙人向合伙企业履行出资义务后，即与其他合伙人共同共有合伙企业的全部财产，在合伙企业解散时，合伙人可按比例分配属于自己的财产份额；合伙人有权分配合伙企业每年度的经营收入；当合伙企业经营效益较好，且须扩大投资规模时，合伙人有权优先投资；合伙人经全体合伙人同意可将其财产份额转让给他人。

（2）**企业管理权利** 合伙人作为合伙企业财产的共有投资人，对合伙企业有全面的管理权。当全体合伙人委托一名或数名合伙人执行合伙企业事务时，执行合伙人以外的合伙人有权监督，有权依约定听取执行合伙人就企业营业状况、财务状况的回报，并可提出质询及异议。合伙人还可对合伙企业的一些重大事项单独行使否决权，如处分合伙企业的不动产，改变合伙企业的名称，向他人赠送合伙企业财产以及其他一些合伙协议约定的重大事项等。但根据我国《合伙企业法》第68条的规定，有限合伙人不执行合伙事务，不得对外代表有限合伙企业。

2. 合伙事务的执行

小规模的合伙企业往往由全体合伙人共同执行合伙企业的事务，规模较大的合伙企业因合伙人较多，共同执行合伙事务有较多不便，因而法律许可经合伙人全体同意，可委托少数合伙人负责执行合伙事务。受委托执行合伙事务的合伙人便成为执行合伙人。

执行合伙人行使管理权的范围要由全体合伙人签署的授权委托书记载明确，并在企业成立时或运营中变更后，报送企业登记机关备案，企业的营业执照上要反映执行合伙人的姓名。执行合伙人一般应以善良人的诚信和谨慎处理合伙企业事务，不得损害合伙企业与全体合伙人的利益，否则全体合伙人即可撤销委托。如果执行合伙人的行为给合伙企业造成损害，其他合伙人有权要求赔偿。执行合伙人的人数，可根据企业规模及业务开展的需要等因素，由全体合伙人协商确定。执行合伙人在法律上是其他合伙人的代理人，也是合伙企业的法定代表人。其履行职责执行合伙企业事务所产生的收益归全体合伙人，所产生的亏损及其他民事责任，由全体合伙人承担。

3.2.4 合伙企业与第三人的关系

1. 合伙企业与善意第三人的关系

合伙人或合伙组织聘用的经营管理人员执行合伙事务受约定或法律规定的限制，但是这些限制不得对抗不知情的善意第三人。即如果合伙人或者其聘用的经营管理人员超越约定或者法律规定的限制，此时合伙组织必须先行对外承担责任，在承担对外责任之后，其可以依照约定或者法律的规定，再对该合伙人或者经营管理人员行使追索权。

2. 合伙人与合伙企业债权人的关系

普通合伙人对合伙企业所形成的债务负有无限责任和连带责任。当合伙企业不能清偿到期债务时，债权人可越过合伙企业直接向任一或全体合伙人请求清偿；清偿了全部债务的合伙人有权请求其他合伙人补偿各自应负担的份额。有限合伙人依法对合伙企业债务以其认缴的出资额为限承担有限责任。

3. 合伙企业与合伙人债权人之间的关系

合伙企业的财产是合伙企业赖以进行生产经营活动的物质基础，其在法律上已趋于相对独立。为保障合伙企业经营活动的正常进行，法律限制单个的合伙人在合伙企业解散以前要求析产。合伙人个人对合伙人以外的第三人负有债务或向其举债的，未经全体合伙人之同意，不得将其在合伙企业财产中的份额向该第三人设抵押或质押。未告知其他合伙人而为之的，其行为无效，因此而给合伙企业造成损失的，可要求其赔偿。上述规定适用于普通合伙人，根据我国《合伙企业法》第71条和第74条的规定，有限合伙人可以将其在有限合伙企业中的财产份额出质，但是合伙协议另有约定的除外；当有限合伙人的自有财产不足清偿其与合伙企业无关的债务的，该合伙人可以以其从有限合伙企业中分取的收益用于清偿，债权人也可以依法请求人民法院强制执行该合伙人在有限合伙企业中的财产份额用于清偿。

3.2.5 入伙、退伙与合伙关系的终止

1. 入伙

入伙，是指在合伙企业存续期间，原来不具有合伙人身份的第三人加入合伙企业并取得合伙人资格的行为。

各国合伙法律一般均规定，接纳一个新的合伙人必须经全体合伙人的同意。但英美法系国家的合伙立法规定，对合伙人加入的程序可由合伙人在合伙契约中约定。根据我国《合伙企业法》第43条的规定，新合伙人入伙时，合伙协议可以约定不必全体合伙人一致同意，但应依法订立书面入伙协议。除入伙协议另有约定之外，入伙人与合伙人享有同等权利，承担相等责任。对于新入伙的合伙人是否对合伙企业以前的债务承担责任，各国的规定不尽一致。法国、瑞士、日本等大陆法系国家，大多规定新合伙人对入伙前企业的即存债务承担连带责任，而英美法系国家则普遍主张新合伙人对入伙前债务不承担责任。我国《合伙企业法》规定，新合伙人对入伙前合伙企业的债务承担连带责任。因此，法律上要求在订立入伙协议之前，原合伙人须向新合伙人告知原合伙企业的经营状况和财务状况。

2. 退伙

退伙，是指已经取得合伙人身份的人使其合伙人身份归于消灭的法律行为和事实。

退伙一般分为任意退伙、法定退伙和除名三种。①任意退伙也称为声明退伙，即以合伙人自己的意思表示而决定并于适当时期告知其他合伙人而发生的退伙行为。合伙人因其适当理由而退伙，事实上是其民事权利的实现和行使，其他合伙人不可能有绝对禁止其退伙的权力，但为维护合伙企业的利益，法律或合伙协议对声明退伙设定一定的限制，是有必要的，且在法理上也是有根据的，即权利的行使不能损害他人的合法权益。②法定退伙，是指基于法律的规定以及法定事由而当然退伙的情况。③除名，是指合伙人因严重违反合伙协议的规定或有其他重大违法行为，损害了合伙企业的利益或威胁合伙企业的生存与发展，而被其他合伙人一致决定开除的行为。

退伙人自退伙生效时丧失合伙人身份，脱离原合伙协议约定的权利义务，不再对退伙后合伙的事务承担任何责任。退伙同时导致合伙财产的清理与结算，退伙人以使用权出资的财产需返还给退伙人，盈余部分需进行分配，如有亏损须由退伙人分担，但是退伙时有

未了结的合伙企业事务的,待了结后进行结算。

3. 合伙关系的终止

合伙协议所约定的权利和义务不复存在,称之为合伙企业的终止。合伙企业的终止有以下几种情况:合伙协议约定的合伙经营期限届满,未再延续;合伙协议约定的解散事由出现;全体合伙人决定解散;合伙人已不具备法定人数;合伙协议约定的合伙人目的已实现或无法实现;被依法吊销营业执照。

合伙企业解散后应当进行清算,并通知和公告债权人。清算时,首先应支付清算费用,然后支付所欠职工工资和劳动保险费用,再缴纳所欠税款,偿还债务,最后返还合伙人的出资。之后仍有剩余财产的,由合伙人依照合伙协议约定的比例分配,未约定的平均分配。

3.3 公司法

公司组织是市场经济的微观基础,其经济实力和影响是任何其他组织和个人无法比拟的。从全球范围看,当今世界可以说就是一个公司世界。因此,公司法不言而喻地成为商事组织法乃至整个商法中最核心的法律。

公司法是有关公司的组织与活动的法律规范的总称。各国公司法规范的公司事项,主要包括公司的设立、权能范围、组织、经营、分立、合并、清算、终止及外国公司等问题。

3.3.1 公司概述

1. 公司的概念与法律特征

公司是依法定程序设立的、以赢利为目的的法人组织。公司是法人,具有独立的法人人格,这是公司最重要的和最基本的法律特征。公司还具有以下法律特征。

1)**公司拥有自己独立的财产**。公司的财产来自股东的投资,但一旦股东将投资的财产移交给公司,在法律上这些财产便属于公司所有,由公司依法占有、使用、收益和处分,包括股东在内的他人不得非法干涉。

2)**公司以自己的名义享受权利、承担义务**。当公司与他人订立合同时,公司应以自己的名义签订合同,并作为合同当事人享受合同规定的权利,承担相应的义务。公司以其财产独立承担民事责任,股东、董事或其他管理人员对公司的债务一般不负清偿责任,公司若不能清偿到期债务且资不抵债时,就依法宣布破产。

3)**公司以自己的名义起诉、应诉**。当公司与他人发生纠纷时,公司应以自己的名义在法院提起诉讼,行使其诉讼权利,他人也只能对公司起诉。

4)**公司有日常经营管理权**。公司的经营管理一般由专门的管理人员如董事、经理等负责,股东大多并不直接参与公司的日常经营管理。股份有限公司更是如此。

5)**公司的存续一般不受股东变化的影响**。股东的死亡、退出、破产原则上不影响公司的存续。因此,在英美法中,公司被认为具有"永续性"(perpetual existence)。

6)**公司是一个组织体**。公司有自己的名称;有自己的经营场所;有符合法律规定的组织机构;有与经营规模相适应的生产经营条件和从业人员;有专门的财会人员和健全的财务制度。

公司具有独立法人资格,股东与公司相互分离,这锁定了投资者的风险,有利于社会资本的集中和经营管理的科学化。然而在另一方面,由于公司一般采取有限责任制,一些不法分子常常利用公司进行投机和欺诈活动，逃避法律义务，损害社会及公众利益。为了防止这种现象的发生，英美公司法逐渐形成了所谓"揭开公司面纱"（lifting the veil of corporation）的制度。根据这个制度，如果法院认为成立公司的目的在于利用公司作为手段从事妨碍社会利益、进行欺诈或其他犯罪活动的，法院将不考虑公司所具有的法人资格，而直接追究股东或其他行为人的民事或刑事责任。《中华人民共和国公司法》（2013年）（以下简称我国《公司法》）对此也有明确的规定。

▎【阅读材料】

控股股东利用在公司的控制地位使自己受益，侵害了公司其他股东的合法权益，对其他股东的损失是否负有赔偿责任

某自然人股东A与B、C公司共同出资设立了两家房地产公司，一家为甲公司，另一家为乙公司，A在两家公司的出资均超过公司注册资本金的一半以上，为两家公司的控股股东。A以甲公司名义向政府主管部门提交申请，拟取得某市待开发土地使用权，负责某市经济开发区的建设项目，某市相关行政主管机关研究同意并予以批准。由于资金不足，甲公司股东会决议决定引进战略投资者，由A让出10%的股份给新加入公司的战略投资人，新股东需支付4000万元取得股权，该笔资金用于甲公司缴纳土地使用权出让金和前期的拆迁补偿费用中的不足资金等。经介绍D公司愿意以战略投资者的身份加入甲公司，并同意分期向甲公司投资4000万元。合同签订后D公司向甲公司缴纳第一期款项1000万元并取得股东地位。此后，D拒不按约定向甲公司再投入剩余的3000万元。甲公司原股东对D公司不满。A遂以甲公司名义向政府主管部门提出申请，请求将获得批准的土地项目移交给乙公司开发经营。政府主管部门同意乙公司开发土地，与乙公司签订了土地使用权出让合同。乙公司缴纳土地使用权出让金后依法取得了该宗地块的土地使用权，并开始开发建设相关项目。D公司投入甲公司的1000万元资金实际用于支付该宗地块的拆迁补偿款。甲公司除拟取得涉案的土地使用权和相关房地产开发项目外，没有其他资产和经营活动。

D公司以A、甲公司和乙公司为被告提起诉讼，请求解除股权转让合同，由A、甲公司和乙公司共同返还其股权转让款1000万元及占用资金期间的利息。D公司的主要理由为，大股东A利用其在公司的控制地位将甲公司可以获得的项目权益及资产转移到其控制的乙公司，且乙公司实际使用了其投入到甲公司的款项，甲公司与乙公司为关联公司，故A、甲公司和乙公司应共同承担返还股权转让款的责任。

该案中，A在甲公司和乙公司均有投资，并且在两家公司中占有控制地位，甲公司和乙公司构成关联公司关系。D公司签订受让甲公司股权合同的目的是甲公司即将取得土地使用权和开发项目地块，甲公司开发经营该项目后其股权升值，股东获取利润。但甲公司未取得项目地块且其此外亦并无其他经营资产，在其他股东均放弃经营的情况下，甲公司的股权价值与D公司受让股权的预期目的存在显著差距，故D公司关于解除股权转让合同的请求，可以获得支持。甲公司和乙公司虽然取得了法律上的独立地位，但A作为两家公司的控股股东，操纵了土地使用权及项目和资金的转移，在股权转让合同中，其直接安排的股权转让款的支持对象，是对自己权利的处分，在股权转让合同解除后，A

公司应负有返还股权转让款的义务。A 利用在两家公司的控制地位使自己受益，侵害了甲公司其他股东的合法权益，对该损失应负有赔偿责任。《公司法》第 20 条第 1 款和第 2 款规定："公司股东应当遵守法律、行政法规和公司章程，依法行使股东权利，不得滥用股东权利损害公司或者其他股东的利益；不得滥用公司法人独立地位和股东有限责任损害公司债权人的利益。公司股东滥用股东权利给公司或者其他股东造成损失的，应当依法承担赔偿责任。"

甲公司因股权转让的安排直接收取了 D 公司支付的款项，在股权转让合同解除后，负有返还款项的义务。甲公司和乙公司均为 A 控股公司，在乙公司不能提供 1 000 万元款项非用于该宗地块拆迁补偿使用的证据情形下，应推定乙公司与甲公司联手合作，使用了 D 公司因该宗地块投入的资金，乙公司利用关联公司关系未支付任何对价获得不当利益，应当负有返还义务。

资料来源：王东敏. 公司法审判实务与疑难问题案例解析［M］. 北京：人民法院出版社，2018.

2. 公司的主要类型

公司可以按照不同的分类标准作不同的划分，如以信用标准进行划分，可以分为人合公司、合资公司及人合兼合资公司；以规模标准进行划分，可以分为大型公司、中型公司、小型公司；以是否公开招股标准进行划分，可以分为公开型公司、封闭型公司；以公司支配关系标准进行划分，可以分为母公司、子公司；以登记标准进行划分，可以分为本国公司、外国公司；按照股东对公司债务所负责任的不同和集资方式的不同，可以将公司分为无限责任公司、有限责任公司、两合公司和股份有限公司，这是公司分类中最基本、最常见，也是最具法律意义的分类。

（1）**无限公司** 无限公司是由两个以上的股东组成的，每个股东对公司债务负连带无限清偿责任的公司。无限公司是一种以人合为基础组成的公司。这种公司类似合伙，当公司财产不足以清偿债务时，股东必须以个人全部财产负责清偿。英美法系国家和大陆法系的一些国家不承认无限公司的法人资格，但是法国、日本等一些国家承认无限公司是独立的法人。

（2）**有限责任公司** 有限责任公司，是指由一定人数的股东组成的、股东只以其出资额为限对公司承担责任、公司只以其全部资产对公司债务承担责任的公司。其主要特点是，所有的股东都是只以其对公司的出资额为限来对公司承担责任；公司只是以其全部资产来承担公司的债务；股东对超出公司全部资产的债务不承担责任。有限责任公司是仅在特定当事人之间筹集资本，有限责任公司具有"封闭"的性质，经营管理的组织机构也比较简单，比较适合中小企业的发展。在现代西方各国，有限责任公司是一种主要的公司类型，并日益为越来越多的国际投资者所采用。

（3）**两合公司** 两合公司是由一个以上无限责任股东与一个以上有限责任股东所组成的公司。两合公司兼有无限责任公司和有限责任公司的双重特点，兼有人合与资合的双重性质。无限责任的股东对公司债务负连带无限责任，并对内执行业务，对外代表公司。有限责任股东对公司债务所负的责任以其出资额为限。从法律地位来说，各国法律一般都承认两合公司为法人。

（4）**股份有限公司** 股份有限公司是指由一定人数以上的股东组成、公司全部资本分为等额股份、股东以其所认购股份为限对公司承担责任、公司以其全部资产对公司债务承担责任的公司。其主要特点是，公司的全部资本分成等额股份；股东只以其所认购的股份为限对公司承担责任；公司只以其全部资产来承担公司的债务。股份有限公司是最重要的公司类型，它对于加速资本的集中和社会化、促进市场经济的发展有着十分重要的作用。

在世界各国或者地区的公司立法中，因为情况的不同，往往只是在法律上规定其中的几种，如日本《商法》第53条规定，"公司为无限公司、两合公司与股份有限公司三种"。但也有的国家或者地区的法律是允许设立以上四种公司的，如韩国《商法典》第170条和我国台湾地区《公司法》第2条规定，公司分为无限公司、有限公司、两合公司、股份有限公司四种。我国《公司法》所称的公司是指依照本法在中国境内设立的有限责任公司和股份有限公司。这既是《公司法》对公司种类的规定，也是对公司法调整对象的规定。

3.3.2 公司的设立

公司设立是为了使公司成立而依法定程序所进行的一系列行为的总称。公司设立完成，意味着公司可以以独立的人格从事法律规定的各种活动。

1. 公司设立的方式

公司设立的方式可分为两种：发起设立和募集设立。

（1）**发起设立**　所谓发起设立，是指公司的资本由发起人全部认购，不向发起人之外的任何人募集而设立公司。无限公司、两合公司和有限责任公司的资本具有封闭性，不容许向社会公众募股，因而只能采取这种设立方式。股份有限公司在不公开募股的情况下，也可采取发起设立的方式创立。

（2）**募集设立**　所谓募集设立，是指发起人不能认足公司的资本总额，其余部分向外公开募足而设立公司。在各类公司中，只有股份有限公司在设立阶段可对外募集股份。

各国公司法对采取募集方式设立公司，发起人认购的股份应占发行资本总数的比例，大都有限制性规定。例如，我国《公司法》第84条规定：以募集设立方式设立股份有限公司的，发起人认购的股份不得少于公司股份总数的35%；但是，法律、行政法规另有规定的，从其规定。

2. 公司设立的程序

各国公司法对设立公司各有不同的规定，但一般说来，公司设立的主要程序包括：聚齐法定人数发起人；发起人负责拟订公司的章程和内部细则；组织认购股份；由发起人召开公司创立大会选举和任命公司第一届管理机构；向政府有关主管部门申请注册登记。经主管机关审查认为符合法律规定条件准予登记后，公司即告成立。

（1）**聚齐法定人数的发起人**　所谓发起人（promoter），是指提出设立公司申请，对公司设立承担责任的人。设立任何公司都必须有发起人。在通常情况下，发起人可以是自然人，也可以是法人。

关于发起人的人数，多数国家有最低数量要求。美国多数州法却对发起人数不作限制性规定，1人或数人皆可，美国的州立法者解释称：若规定了最低限额的发起人数，则任何人都可拉些附庸来凑数，这是毫无意义的事情。我国《公司法》第24条规定，有限责任公司由50个以下股东出资设立。按此规定，1人可以发起设立有限责任公司。而"设立股份有限公司，应当有二人以上二百人以下为发起人"（我国《公司法》第78条）。

关于发起人的国籍，发达的资本主义国家一般是不作限制性要求的，仅个别国家有限制。我国《公司法》第78条规定，设立股份有限公司的发起人在中国境内有住所的必须超过半数。

关于发起人的义务，各国的规定基本上可概括为忠诚、无欺诈和办事公正。发起人应对公司设立过程中的行为承担连带责任；对公司设立的全部费用和可能产生的债务承担连带责任；在公司公开募集股份不能如愿募足时，承担连带认购责任；在因发起人过失致使公司受到损失时，承担连带赔偿责任；如果公司最终未能设立，发起人对认股人和债权人的损失承担返还、赔偿的责任。

（2）**订立章程** 公司的章程（certificate of incorporation 或 articles of association），是规定公司的宗旨、资本、组织结构、名称等对内对外事务的法律文件，是有关公司组织和行为的基本规则，是规范公司活动的根本大法，因此是公司设立的一个必备条件和重要步骤。

根据法律规定，有限责任公司的公司章程应当载明的事项包括：公司名称和住所；公司经营范围；公司注册资本；股东的姓名或者名称；股东的出资方式、出资额和出资时间；公司的机构及其产生办法、职权、议事规则；公司的法定代表人。股份有限公司的公司章程，应当载明的事项包括：公司名称和住所；公司经营范围；公司设立方式；公司股份总数、每股金额和注册资本；发起人的姓名或者名称、认购的股份数、出资方式和出资时间；董事会的组成、职权、任期和议事规则；公司法定代表人；监事会的组成、职权、任期和议事规则；公司利润分配办法；公司的解散事由与清算办法；公司的通知和公告办法以及股东大会认为需要规定的其他事项。上述事项，是法律规定公司章程应当载明的事项，可以说是公司章程的法定载明事项，除此之外，公司还可以根据自身情况，对其他事项做出规定。

（3）**缴纳出资** 公司股份的认购与缴纳可分为三种类型：①法定资本制。公司设立时，公司章程必须载明公司的资本总额，并且必须在公司注册登记前，由发起人和其他股东认足缴清，才能正式登记注册成立公司。法定资本制为法国、德国首创，并为许多大陆法系国家所采用。②授权资本制。公司成立时，在公司章程中载明公司被授权的股份总数，公司设立人只需认购其中的一部分，公司即告成立。至于股份总数的全部认购以及实际缴纳，则授权董事会于公司成立之后，根据公司业务需要来募集或催缴。这是英美法系公司法上一种通行的资本制度。③折衷资本制。公司设立时，须在章程中载明公司的总股份数和每股的票面价值，但只需要募足法律所要求的最低资本数额，公司就可以成立。其余的股份授权公司董事会根据经营需要另行募集，或者根据法律规定由股东在指定的期限内募足。从20世纪世界各国公司资本制度的变化趋势看，实行折衷资本制的国家愈来愈多。这实际上是在保障公司具有最低资本额的前提下，降低了公司的设立成本。

（4）**确立组织机构** 公司机关是公司的法定机构，在公司设立阶段应予确定。各国公司法对不同种类的公司有不同的要求。例如，有限责任公司必须设立股东会，董事由股东会选举产生，公司可以设立董事会，也可以不设立董事会，而股份有限公司必须组成董事会，并由董事会选择董事长。

（5）**申请登记** 各国公司法皆规定，只有经注册登记后公司才告成立。创办人在申请注册登记时除缴纳法定的手续费和捐税外，还得提交若干法定的文件，其中最主要的就是符合法律规定的章程。创办人履行了各种法定的手续，经主管官员审查完备合法后即予注册，并发给登记证书。至此公司便告成立。

3.3.3 公司的基本权利

1. 公司的基本权利

公司设立后,为了生存并实现其宗旨须拥有一些最基本的权利。各国法律所承认的公司基本权利大体一致,归纳起来,主要有以下几个方面。

①以公司的名义起诉,应诉;②拥有并使用可随意改变的印章;③以任何合法的方式处理不论位于何处的动产或不动产、有形或无形财产、债权或债务;④资助雇员;⑤选举或任命公司的行政人员和代理人,明确其职权,确定其报酬;⑥订约权;⑦为经营和管理公司事务,制定或修改与法律不相抵触的章程和内部细则;⑧有权贷款,使用其资金进行投资,为投资而作动产或不动产抵押;⑨在本国内外开展业务活动,建立办事处及从事其他法律许可的活动;⑩为公共福利、慈善、科学和教育目的而捐款;⑪制定和实施对公司董事、雇员或任何个人的奖励或抚恤计划;⑫拥有并行使其他有利于实现其宗旨的合法权利。公司在行使上述权利的时候不得侵犯国家、第三人和股东的正当利益,公司亦不得被某些人用来逃避法定义务或进行欺诈,否则,有关人员须负个人责任。

2. 公司权利能力的限制

公司在法律规定范围内享有权利能力,但作为一种特殊的企业法人,公司权利能力又有某些特殊性,其权利能力应受到法律的限制。公司法对公司权利能力的限制主要表现在以下几个方面。

(1) **对公司转投资行为的限制** 公司转投资是指公司以现金、实物、无形资产作为出资而成为另一法律实体的所有者。之所以采用"转投资"这一称谓,是因为公司本身是股东投资的产物,公司再将股东投资形成的资产作其他投资,实质上是将公司的投资转作其他投资。由于公司作为法人,应当有自主运用资金和承担责任的权利,当然可以用公司的财产进行投资活动,但这种对其他公司的投资不能影响公司的稳定和发展,并要合理地承担责任。依照风险程度,转投资行为的风险分成两类:一是公司投资后承担有限责任;二是公司投资后承担无限责任。为了避免公司转投资行为给股东和债权人带来损失,国外公司法往往明确禁止公司充当其他组织中的无限责任股东或合伙人。我国《公司法》第15条规定,公司可以向其他企业投资;但是,除法律另有规定外,不得成为对所投资企业的债务承担连带责任的出资人。《公司法》第16条还规定,公司向其他企业投资,按照公司章程的规定由董事会或者股东会决议的,必须经过董事会或者股东会决议;公司章程对投资总额及单项投资的数额有限额规定的,不得超过规定的限额。

(2) **对公司提供担保行为的限制** 公司为他人提供担保,就要承担相应的责任,就会对公司和股东的利益产生影响,因此,国外公司法均严格限制公司向他人提供担保,以避免公司财产因提供担保而招致被查封拍卖,进而损害股东利益。我国公司法对公司为他人提供担保做出严格的限制:一是公司向其他企业投资或者为他人提供担保问题,首先应当在公司章程中做出明确规定;二是应当按照公司章程的规定由董事会或者股东会、股东大会做出决议,没有按照公司章程规定由董事会或者股东会、股东大会做出决议的,公司不得向其他企业投资或者为他人提供担保;三是公司向其他企业投资或者提供担保不得突破规定的限额。公司对外投资或者为他人提供担保,还必须遵守公司章程规定的限额。公司章程对投资或者担保总额及单项投资或者担保的数额有限额规定的,董事会或者股东会、股东大会在做出投资或者担保决议时,不得超过规定的限额。

> 【知识窗】
>
> **我国《公司法》对公司担保特定对象的规定**
>
> 为了防止少数股东损害公司和其他股东的利益，我国《公司法》规定，公司为公司股东或者实际控制人提供担保的，必须经股东会或者股东大会决议。所谓实际控制人，是指虽然不是公司的股东，但通过投资关系、协议或者其他安排，能够实际支配公司行为的人。根据这一规定：公司可以根据具体情况以公司资产为本公司股东或者实际控制人提供担保；公司为股东或实际控制人提供担保必须经股东会或者股东大会决议。法律没有禁止公司为本公司股东或者实际控制人提供担保，但是公司为本公司股东或者实际控制人提供担保的，必须由股东会或者股东大会做出决议。没有股东会或者股东大会做出的关于为股东或实际控制人提供担保的决议，以公司资产为本公司股东或者实际控制人提供的担保无效；公司为股东或实际控制人提供担保，必须经股东会或者股东大会决议，在决议表决时，该股东或者受该实际控制人支配的股东，不得参加表决。同时，在排除上述股东的表决权后，决议的表决由出席会议的其他股东所持表决权的过半数通过，方为有效。需要注意的是，公司为他人提供担保，也需要董事会或者股东会、股东大会决议，但要有公司章程的规定；而公司为股东或实际控制人提供担保，是法律特别规定必须经股东会或者股东大会决议，公司章程不得对此做出相反的规定。

（3）**对公司提供贷款行为的限制** 普通公司既然不是金融机构，依法当然不得向他人提供贷款。否则既有悖于国家的金融管制政策，也将妨碍公司按照既定计划使用资金，影响公司业务的开展。各国公司法均特别强调不得将公司的资金借贷给股东和其他人。其立法意图在于保证公司资金在其宗旨范围内合理使用，并保护公司债权人的合法权益。

3.3.4 公司的资本

广义的"公司资本"，是指公司用以从事经营、开展业务的资金和财产，包括股本、公司债、利润留成、受馈赠的资金等。狭义的"公司资本"则仅指公司的股本。公司法上的公司资本一般是指狭义资本。公司的资本是公司开展业务的物质基础，是公司对第三人的最低财产担保。因此公司的资本对债权人以及公司自身的发展均具有重要意义。

1. 公司资本的原则

公司资本原则是由公司法所确立的在公司设立、营运以及管理的整个过程中，为确保公司资本的真实、安全而必须遵循的法律准则。传统公司法确立了三项最重要的资本原则，即资本确定原则、资本维持原则和资本不变原则。

（1）**资本确定原则** 所谓资本确定原则，是指公司设立时应在章程中载明公司的资本总和，并由发起人认足或募足，否则公司不能成立。按资本确定原则办理，能保证公司的资本真实可靠，防止公司设立中的欺诈、投机行为。

（2）**资本维持原则** 资本维持原则又称资本充实原则，是指公司在其存续过程中，应当经常保持与其资本额相当的财产。主要表现有：公司成立后，发起人或股东不得退股，不得抽回股本；股票发行价格不得低于股票面值；公司应按规定提取和使用法定公积金；亏损或无利润不得分配股利；公司原则上不能收购自己的股份，也不得接受本公司的股票作为抵押权的标的等。为防止因公司资本减少而危害债权人的利益，同时也为了防止股东对盈利分配的过高要求，确保公司本身业务的正常开展，各国公司法都确认了资本维持原则。

（3）**资本不变原则** 资本不变原则是指公司资本总额一旦确定，非经法定程序不得任意变动。实际上资本不变原则是资本维持原则的必然要求。

2. 公司资本的构成

（1）**现金** 公司要从事经营活动，必须要有现金，因此，任何公司都离不开现金出资。为了保证公司资本中有足够的现金，有些国家公司法规定了现金占公司资本的比例。我国现行《公司法》对此不做规定。

（2）**实物** 实物属于有形资产，主要包括厂房、机器设备、原材料和其他建筑物等。在多数情况下，实物是公司运营所必不可少的。各国公司法都允许以实物出资。

股东以实物出资，必须对该实物拥有所有权和处置权，并应提供有效证明。股东不得以租赁物或他人的财产作为自己的出资，也不得将已设立担保的实物作为出资。以实物出资，必须对该实物进行估价。由于对实物价值的评估直接涉及其他投资人的利益，因此，不仅应请权威性的评估机构采用科学的计算方法进行评估，还要将评估结果让其他股东知晓，得到发起人和其他股东的认可。

（3）**无形财产** 无形财产包括专利权、商标权、专有技术、土地使用权和商誉等。无形财产可以折价作为股东的出资。但如何对无形财产作价是比较复杂的，这同样需要权威性的评估机构用科学的计算方法进行评估。

（4）**信用与劳务** 所谓信用出资，是指股东将其个人的信用，由公司进行营利性的使用，并以此抵作出资。所谓劳务出资，是指股东以精神上、身体上的劳务抵充出资。一些大陆法系国家允许无限责任股东以信用和劳务作为出资，但有限责任公司和股份有限公司的股东都不得以信用和劳务出资。一些英美法系国家虽然允许以劳务作为向公司的出资，但同时限定这些劳务必须是"实际上为公司完成了的"，未来的劳务不能作为向公司的出资。

我国《公司法》第27条规定："股东可以用货币出资，也可以用实物、知识产权、土地使用权等。"按此规定，股东用什么东西出资，只须满足三个条件：可用货币评估；可以转让；法律不禁止的。

3.3.5 公司的股份

1. 股份的含义

"股份"在英国称为"share"，在美国称为"stock"。股份是股份有限公司资本构成的最小单位。它是股份有限公司资本构成的专称，在法律上表现为股票。股份有限公司的资本分为均等的股份，股份是对资本的等额划分，也是股东权的基础。每一股份代表一份股东权，股东权利义务的大小，取决于股份数额的多少。

2. 股份的种类

（1）**普通股和优先股** 根据股东的权限，股份可分为普通股和优先股。普通股是股份公司设立的基础性股份，为任何股份公司发行股份时必须发行的股份。此种股东在股份公司事务上具有平等权利和相同的法律地位，如出席股东大会的权利、行使公司事务表决权、获得利润和剩余财产的分配权等。各国公司法关于股份的一般规定，主要都是针对普通股而言。优先股是优先于普通股获得特定权利的股份。至于在何方面优先于普通股，要视股份公司所发行优先股的具体内容而定，主要包括优先获得股息和优先获得剩余财产分配权。

（2）**记名股和无记名股** 根据股票票面是否记载股东的姓名，股份可分为记名股和无记名股。凡在股票上载有股东的姓名，并记载于公司的股东名册上的股份称为记名股。记名股除原主外，其他持有人都不得行使其股权。凡在股票上不记载股东姓名的股票则称为无记名股，此种股票的持有人可享有股东资格，行使股东的权利。

根据有些国家公司法的规定，记名股在公司设立登记后，虽然股款尚未缴清，亦可以发行。但无记名股，则必须在缴足股款之后才能发行。由于无记名股有一定的流弊，因此，有些国家不允许发行无记名股票。例如，美国大多数州的公司法规定，股份有限公司只许发行记名股票，不许发行无记名股票。但大数国家都允许发行无记名股。我国《公司法》第 129 条规定：公司发行的股票，可以为记名股票，也可以为无记名股票。公司向发起人、法人发行的股票，应当为记名股票。

（3）**额面股和无额面股** 按照股票票面是否记载金额为标准，分为额面股和无额面股。

所谓额面股，是指股票票面上记载股份金额的股票或股份。如在股票上载明每股金额为十美元或一百美元等。无额面股则是指股票票面上不记载股份金额的股份或股票，称为份额股，它是以公司财产价值的一定比例为其划分的标准，股票上不载明金额，其价值随公司财产的增减而增减。这种股票在美国比较常见，但欧洲大陆有些国家（法国）的法律规定，股份有限公司只许发行有票面金额的股票，不得发行无票面金额的股票。

额面股最为常见，也比较容易理解，无额面股则既少见，又不易理解。发行无额面股的股份公司多为减少股份的流通性而发行此种股份，由于该种股票上没有记载其金额，查知其所代表金额虽非不能但却不便，在强调交易快捷的现代社会中，无额面股确实起到限制流通的作用，故它通常只适用于非上市公司。

3. 股本的变更

股本的变更包括股本的增加和减少两个方面。

（1）**股本的增加** 如果公司需要筹集资金，扩大经营规模，就可以用增资的办法解决筹集资金问题。各国法律均无例外地允许公司增加资本。增加资本对于公司股东、公司本身和公司债权人来说，都是有利的。但是，如果增加资本缺乏相应规则，就有可能损害到某些股东的利益。在公司决定增资而有的股东反对增资时，该不同意追加投资的股东在公司中的出资比例会有所降低。增资程序操作不当，也会导致不利后果。所以，各国法律均对增资问题作有明确规定。

股东大会通过增资决议。这一程序的主要目的在于保证充分体现股东意见和意志。公司增资首先由董事会提出增资方案，股东（大）会就是否增资、如何增资做出决议。股东（大）会按特别决议程序通过决议。

修改公司章程。公司资本是公司的基本要素，也是公司章程的必要记载事项，增加资本必然会直接影响公司章程所记载事项是否准确，故增资必须修改公司章程。

原股东追加投资。各国公司法均承认公司股东只有增加出资的权利而无增资义务，但同意增资的股东必须在规定的时间内将应当缴纳的款项交付公司；对于反对增资的股东来说，增资决议对其并无约束力。与股东（大）会会议的其他决议相比，这是增资决议独有的特点。

办理公司变更登记。公司在增加注册资本后，应当到公司登记机关办理变更登记手续。

否则，公司增加注册资本的行为均无效。

(2) **股本的减少** 公司减资原因主要有以下几种：第一，普通减资，这是指公司在相当时期内没有适宜的投资项目，为减少资金的积压和浪费，将多余的资金撤出；第二，特殊减资，如公司因合并而减少资本；第三，在公司盈利数额较少的情况下，通过减少多余资本，保持相对稳定的股利分配水平。

多数国家允许公司减资，但公司减少注册资本对公司、股东及公司债权人利益会产生不利影响，属于公司的重大变更，因此在允许公司减资的同时，明确限制公司减资的条件和程序。这些限制主要是：第一，限制公司减资数额，即减资后，公司注册资本不得低于法定的最低资本限额；第二，限制公司减资程序，公司减资必须履行比增资更为复杂的审查及决议程序；第三，限制减资目的，即公司不得为了逃避债务而减资；第四，减资必须履行保护债权人程序，并在登记后向社会公众公告。在减资中，都涉及如何妥善保护公司债权人利益的问题。公司减少资本，意味着可以用来担保债权人利益的公司财产的减少，显然这会在一定意义和程度上损害债权人的利益，或者危及债权人的利益。在此问题上，各国公司法多有保护债权人利益的规定。

4. 股份的转让

各国皆允许持股者转让其股份，但不得违背限制性规定。

(1) **有限责任公司的出资转让** 有限责任公司股东转让出资的方式有两种：一是股东将出资转让给其他现有股东，此所谓公司内部的出资转让；二是股东将出资转让给现有股东以外的其他投资者，此所谓公司外部的出资转让。上述两种方式在条件及程序上存在一定差异。

股东之间可以自由转让股权。有限责任公司的股东向该公司的其他股东转让其全部股权，其后果是股东人数减少，并且股东间的出资比例发生变化。因此，公司的股东之间无论是转让全部股权，还是转让部分股权，都不会有新股东的产生，其他股东已有的伙伴关系不会受到影响，也就没有必要对这种转让进行限制。

一般来说，公司内部出资转让意味着转让方和受让方经协商一致后，通过签署转让协议并办理登记，即可完成出资转让。这种出资转让方式分为两个步骤：首先，出让方和受让方签署出资转让协议。该转让协议应当采用书面合同形式，并载明出让的数量、价格以及双方商定的其他交易条件。该合同经双方签署后生效，任何一方不履行出资转让协议的，应当向对方承担违约责任。其次，办理与出资转让相关的公司变更登记。出资转让只与公司的变更登记有关，故相关的公司变更登记应当由出让方、受让方和公司三方共同完成。为了避免办理登记中出现障碍，股东之间可就办理公司变更登记手续的责任事先确定。

股东应当依据法定的程序向股东以外的人转让股权。股东向股东以外的人转让股权，会发生新股东进入公司的情况，而新股东与其他股东之间并不一定存在相互信任的关系。为了维持有限责任公司的人合因素，我国公司法规定除转让股东以外的其他股东中，有超过一半的股东同意，股东才能向股东以外的人转让股权。

其他股东对于股权转让的意见，意图转让股权的股东应当用书面征求意见的方式来获得。即意图转让股权的股东应当向其他股东发出书面通知，告诉其他股东有关其股权转让的有关事项，如转让多少股权、价格是多少、受让方是谁等，并询问其他股东是否同意该股权转让。其他股东应当自接到书面通知之日起 30 日内向发出通知的股东表示是否同意该股权转让。如果某一股东自接到书面通知之日起 30 日内没有答复，那么，在法律上就认为该股东同意该股权转让，应当计入同意转让的股东数之内。在对有限责任公司股东自愿转让股权进行规定的同时，考虑到股权转让行为是一种商事行为，法律应当尊重当事人的意思，我国《公司法》还规定，公司章程对股权转让另有规定的，从其规定。

【案例分析】

某有限责任公司的股东甲、乙都想转让其股份，甲直接将其股份转让给了同为该有限责任公司股东的丙，乙欲将其股份转让给该有限责任公司股东以外的丁，该有限责任公司的另一股东戊得知后也很想以同样的价格购买乙的股份，但乙以其已同丁达成协议为由拒绝了戊的要求。

思考题

（1）甲、乙分别向丙、丁转让其股份的效力如何？

（2）戊能否得到乙的股份？

资料来源：http://wenku.baidu.com/view/1a8adfa7b0717fd5360cdc7e.html。

[参考答案]

（1）甲向丙转让股份有效，乙向丁转让股份无效。

（2）戊能以同样的价格得到乙的股份。

（2）**股份有限公司的股份转让** 股份以自由转让为原则，即股东在一般情况下可以完全按自己的意愿转让自己所持有的股份。但这并非绝对的自由，为了维护公司、股东和债权人的利益，防止利用转让活动谋求不当利益，对有些股份的转让有必要的限制。

记名股票的转让。记名股票的转让由股东以背书方式或者法律、行政法规规定的其他方式转让。背书转让是指公司的股份持有人在所持股票上签字而转让给他人的行为，法律、行政法规规定的其他方式则是指《公司法》和有关法律及行政法规规定的方式。公司股份转让后必须由公司将受让人的姓名或名称及住所记载于股东名册，否则，该记名股份的转让对公司不发生效力。在公司召开股东大会前30日内或者公司决定分配股利的基准日前5日内，记名股票不得进行转让，其目的在于便于股东大会的召开和股利的分配。

无记名股票的转让。与记名股票的转让方式相比，无记名股票的转让较为简单。大多数国家的法律规定，无记名股票的转让，其方式依一般无记名有价证券转让的规则，只要股份持有人将股票交付给受让人后，该行为即发生法律效力，受让人即成为合法的股份持有人。

对特定持有人转让股份的限制。发起人。发起人持有的本公司的股份，自公司成立之日起一年内不得转让。法律作这一规定的目的是，增强发起人在公司创办阶段的责任感和防止某些人利用创办公司的名义实施违法投机行为。

上市交易前的股东。公司公开发行股份前已发行的股份自公司股票在证券交易所上市交易之日起1年内不得转让。法律做这一规定的目的是，确保上市公司上市初期的稳健运作和防止某些人从事一些违法投机行为。

公司管理人员转让股份的限制。法律规定的限制：一是公司董事、监事、高级管理人员应当向公司申报所持有的本公司的股份及其变动情况。二是这些人员在任职期间每年转让的股份不得超过其所持有本公司股份总数的25%；公司股票在证券交易所上市交易的，自上市交易之日起1年内不得转让。三是这些人员离职后半年内，不得转让其所持有的本公司股份。法律做出上述限制性规定，目的是防止这些人因了解公司情况从事投机行为，损害其他投资者的合法权益。需要说明的是，如果这些人属于法定限制的"发起人"则同时执行有关发起人的限制性规定。公司章程规定的限制：公司章程可以对法定的公司管理人员转让股份做出更严格的规定。这项规定属于授权规定。公司章程可以规定，也可以不做规定。章程有规定的，执行章程的规定；章程没有规定的，执行法律的规定。

5. 公司股份的购回和设置

（1）购回公司股份　购回公司股份是指股份有限公司按照一定的价格，以公司拥有的资金从股东手中买回本公司的股份。当股份公司买回自己发行在外股份时，就成为自己股份的持有人，形成自有股份。

多数国家公司法对买回股份或持有自有股份持否定态度。第一，买回股份将导致公司和股东身份的混淆。股东持有公司发行在外股份时，可以向公司主张权利，但若公司持有自己发行在外的股份时，无疑会出现本公司向本公司主张权利的状况，从而权利主体与义务主体相混淆。第二，客观减少了公司的资本。股东缴纳的股款构成公司资本，而股份公司又使用公司资本购买本公司股份，这实际是将公司获得的资本退回给股东，并因此实际减少了公司资本。显然这种"减资行为"并没有履行严格的程序，将会给公司债权人造成误解，并实质性地动摇合资公司存在的财产基础。第三，容易加强证券市场上的投机成分。股票市场的价格是在若干市场因素共同影响下形成的，其关键是股份公司自身的经营业绩。但当公司可以随意持有本公司股份时，公司往往会为保持或煽动本公司股票的市场表现采用不当手段，这必然会误导投资者，也会导致股票市场的非正常波动，从而加大了股票市场原有的投机性。

📖【知识窗】

我国《公司法》对股票回购制度的规定

　　我国《公司法》规定，公司不得收购本公司股份。但有下列情形之一的除外：①减少公司注册资本；②与持有本公司股份的其他公司合并；③将股份奖励给本公司职工；④股东因对股东大会做出的公司合并、分立决议持异议，要求公司收购其股份的。

（2）股份的设置　股票作为有价证券，所代表的股东权利是一种具有财产内容的权利，股票可以流通并可以抵押，这是各国法律上的通例。股份或股票既然是有价证券，显然就可以作为质权标的。但是，当股份公司接受他人提供的、本公司对外发行的股份作为质权标的时，就将导致非常特殊的法律问题。因为权利质于债权无法获得实现时，可依强行法加以处理，如质权人可以通过拍卖或其他程序进行处理，也可以通过收回股份折抵未收回的债权。以后者方式收回债权，将形成股份公司的自有股份，遇到与上述购回股份完全相同的问题。

3.3.6　公司的组织机构

　　公司组织机构是指公司依法设置的管理机构。尽管在不同类型的公司，组织机构可能不同，但典型的公司组织机构是由权力机构即股东（大）会、经营机构即董事会和监察机构即监事会三部分组成。至于这三部分机构间的权力与相互关系，各国公司法立法例不同，大致可以分为四种类型：①以德国为代表的双层制，即由监事会和董事会共同经营公司。

由股东会选任监事组成监事会，监事会选任董事组成董事会。董事会负责公司的具体经营活动，监事会负责行使公司业务的持续监督权以及一定事项的同意权。股东会原则上不享有经营权，并且只能就公司章程规定的事项做出决议。②以英美法系国家为代表的单层制，即由股东会选任董事组成董事会，董事会负责公司的经营决策，并由董事会聘任经理等高级职员负责具体的经营管理，董事会对其具体经营管理进行监督。③以法国为代表的选择制，即公司法规定公司既可以采取单层制，又可以采取双层制，任由当事人选择。④以日本为代表的三角制，即在股东会之下设董事会和监察人，分别行使业务执行权和监察权，但是董事会与监察人是平等的机关，均由股东会选任和罢免，相互之间没有隶属关系。

1. 股东（大）会

（1）**股东（大）会的种类**　股东会或股东大会会议有两种，一是定期会议，二是临时会议。

所谓股东会的定期会议，是指按照公司章程规定在一定时期内必须召开的会议。这就要求公司章程对定期股东会会议做出具体规定，比如是一年召开一次定期会议，或者一年召开两次定期会议等，并明确定期会议召开的时间。

所谓股东会的临时会议，是指公司章程中没有明确规定什么时间召开的一种不定期的会议。临时会议相对于定期会议，指在正常召开的定期会议之外，由于法定事项的出现而临时召开的会议。临时会议是一种因法定人员的提议而召开的会议，有权提议召开临时会议的主要有：股东、董事以及监事机构。

（2）**股东（大）会会议的召集通知、主持与会议记录**　①董事会召集、董事长主持。设立董事会的，股东（大）会会议由董事会召集，董事长主持；董事长不能履行职务或者不履行职务的，由副董事长主持；副董事长不能履行职务或者不履行职务的，由半数以上董事共同推举的一名董事主持。所谓"不能履行职务"，是指因生病、出差在外等客观上的原因导致其无法履行职务的情形。所谓"不履行职务"，是指不存在无法履行职务的生病、出差在外等客观上的原因，但以其他理由或者根本就没有理由而不履行职务的情形。由于股东人数较少或者规模较小的有限责任公司可以设一名执行董事，不设立董事会。因此，对于这类公司，股东会会议由执行董事召集和主持。②监事会或者不设监事会的公司的监事召集和主持。股东（大）会会议由董事会召集，董事会会议由董事长召集和主持。在公司大股东担任董事长的情况下，仍然存在大股东一股独大，不召集、主持董事会，进而不召集股东（大）会会议的可能。因此，董事会或者执行董事不能履行或者不履行召集股东（大）会会议职责的，由监事会或者不设监事会的公司的监事召集和主持。③股东召集和主持。监事会或者监事不召集和主持的，代表1/10以上表决权的股东（股份公司为连续90日以上单独或者合计持有公司10%以上股份的股东）可以自行召集和主持股东（大）会会议。召开股东（大）会会议，应当于会议召开15日前（股份公司为20日前）通知全体股东；但是，公司章程另有规定或者全体股东另有约定的除外。股东会应当对所议事项的决定做成会议记录，出席会议的股东应当在会议记录上签名。

（3）**股东（大）会的职权**　股东（大）会享有以下职权：决定公司的经营方针和投资计划；选举和更换非由职工代表担任的董事、监事，决定有关董事、监事的报酬事项；审议批准董事会的报告；审议批准监事会或者监事的报告；审议批准公司的年度财务预算方案、决算方案；审议批准公司的利润分配方案和弥补亏损方案；对公司增加或者减少注册资本做出决议；对发行公司债券做出决议；对公司合并、分立、解散、清算或者变更公司形式做出决议；修改公司章程；公司章程规定的其他职权。这些职权，可以归纳概括为几个方面的内容：投资经营决定权；人事决定权；重大事项审批权；重大事项决议权；公司章程修改权；其他职权。

股东（大）会行使职权，应当按照法律规定和公司章程规定的议事方式和表决程序进行。一般情况下，股东会应当通过召开股东会会议做出决定的形式，行使自己的职权。但是，如果全体股东以书面形式一致表示同意将属于股东会职权范围内的事项，以不召开股东会会议的形式做出决定的，则应当由全体股东在相关决定文件上以签名、盖章的形式做出决定。

（4）股东（大）会的议事方式和表决程序 所谓"议事方式"，是指公司股东（大）会以什么方式就公司的重大问题进行讨论并做出决议。所谓"表决程序"，是指公司股东（大）会决定事项如何进行表决和表决时需要多少股东赞成，才能通过某一特定的决议。

股东（大）会的议事方式和表决程序，是股东通过股东（大）会会议行使股东权利、股东（大）会作为公司权力机构行使权力的具体途径。由于有限责任公司具有人合性质，不同的公司往往有不同的做法。为了保障各方面的合法权益，公司法作了一些明确的规定，提出法定要求，公司、股东以及股东会必须严格遵守。如股东会会议由股东按照出资比例行使表决权等，这些是原则性的规定。股东会议事和表决，除了公司法的原则规定外，还需要更为详细、具体的操作规则，以便具体实施和操作。

为了维护少数股东的利益，英美法系国家及我国的公司法允许股东大会在选举董事会成员时，实行累积投票制（cumulative voting），即允许股东按应选董事的人数，把全部票数集中投于他所属意的董事名下。

📖【热点关注】

累积投票制

所谓累积投票制，是指公司股东大会在选举董事或监事时，股东所持的每一有效表决权股份拥有与该次股东大会应选举董事或监事总人数相等的投票权，股东可以集中或分散使用投票权。股东累积投票权的实质在于通过选举技术的引进而使小股东"把钢用在刀刃上"，从而促成小股东将其代言人选入董事会和监事会，扩大小股东的话语权，增强小股东表决权的含金量，弱化控制股东的一言九鼎的话语霸权，彻底扭转小股东在财产利益上受压榨、控制利益上受摆布的弱肉强食局面。我国《公司法》规定，董事会的选举产生可以在章程里规定使用累积投票制。

（5）股东权利

1）享有资产收益、参与重大决策和选择管理者等权利。股东作为出资者享有的权利主要有：按投入公司的资本额享有的资产收益权；参与公司生产经营及利润分配等重大问题的决策权；选举公司董事、监事等选择管理者的权利等。这些权利都是由股东是公司出资者这个身份决定的。

2）股东知情权。股东是公司的投资人、出资者，是公司财产的最终所有人，是公司的主人，对公司如何开展生产经营活动，如何对重大事务做出决策，如何运用公司财产进行生产经营，公司盈余如何分配等，拥有决定权。因此，股东有权了解公司的一切情况，特别是公司经营决策和公司财产使用的情况，即股东对公司事务享有知情权。公司的内部机构必须尊重股东的知情权，保障股东知情权得到切实的维护和实现。股东知情权并不是一项空泛的权利，而是一项实实在在的权利，具体表现为股东对反映公司经营决策和财产使用情况的相关资料，有权进行查阅和复制。

【热点关注】

股东退股权利

现实生活中，有些有限责任公司的大股东利用其对公司的控制权，长期不向股东分配利润，也不允许中小股东查阅公司财务状况，权益受到损害的中小股东又不能退股。我国《公司法》增加了对股东退出机制的规定，比如在公司符合分红条件而长期不向股东分红时，或者当股东对公司的重大决策持不同意见时，可以要求公司收购他的股权。现行《公司法》规定，在3种情况下，股东可以要求公司以合理价格收购其股权，即退股：①公司连续5年盈利，符合法律规定的分配利润条件，但不向股东分配利润的，对股东大会该项决议投反对票的股东可以要求退股。②对于公司合并、分立和转让公司主要财产投反对票的股东，可以要求公司以合理价格收购其股权。③公司营业期间届满，大股东改变章程让公司存续，小股东可以退股。所谓合理的价格，指的是报表中的股权的价格。

3）**股东的诉权**。股东诉讼可以分为两种基本类型：对股东大会、董事会决议提起的诉讼和股东代表诉讼。股东代表诉讼制度源于英美衡平法，经过100多年的发展，已被世界各国的公司法普遍采用。根据这一制度，当有权代表公司的机关或个人怠于通过诉讼追究给公司利益造成损害的董事、监事、其他高级管理人员及他人的责任时，为维护公司利益，符合法定条件的股东可以代表公司起诉。实际上，股东是作为其公司的斗士而起诉的。股东代表诉讼制度是加强股东对经营管理者的监督，促使其勤谨忠诚，防止权利滥用侵害公司或股东合法权益，防止管理层官官相护的有效法律机制。

股东会或者股东大会、董事会的会议召集程序、表决方式违反法律、行政法规或者公司章程，或者决议内容违反公司章程的，股东可以自决议做出之日起60日内，请求人民法院撤销。股东提起诉讼的，人民法院可以应公司的请求，要求股东提供相应担保。公司根据股东会或者股东大会、董事会决议已办理变更登记的，人民法院宣告该决议无效或者撤销该决议后，公司应当向公司登记机关申请撤销变更登记。这是关于股东会（股东大会）、董事会决议无效和撤销的规定。

公司股东应当遵守法律、行政法规和公司章程，依法行使股东权利，不得滥用股东权利损害公司或者其他股东的利益，不得滥用公司法人独立地位和股东有限责任损害公司债权人的利益。

【热点关注】

股东代表诉讼制度

"股东代表诉讼"是当公司权益受到侵害，且公司未能追究侵害公司利益人的法律责任时，由股东代表公司对侵害人提起诉讼。与股东直接提出的民事诉讼不同，股东代表诉讼胜诉后的利益归属不是提起诉讼的股东本人,而是由公司获得损害赔偿。

股东代表诉讼的范围较广,任何侵害公司利益,而公司无正当理由拒绝或怠于对其行使诉权的侵害人,均可能成为股东代表诉讼的被告,包括公司大股东、董事、管理层,以及公司外的第三人。根据股东代表诉讼提起的事由,较为典型的股东代表诉讼有下列几种:①股东对董事、高管违法经营给公司造成损失所提起的损害赔偿之诉;②小股东对于大股东侵害公司利益所提起的返还或损害赔偿之诉;③股东对外部人侵害公司行为所提起的损害赔偿之诉。

股东代表诉讼制度起源于英国的衡平法。1843年,英国发生了著名的"福斯诉哈博特尔"案件。案件的基本情况是:公司董事将自己的土地高价卖给公司,公司两名股东以公司所有股东代表的身份提起诉讼,主张董事以欺诈手段侵占股东财产。在该案中,原告股东提起的股东代表诉讼未获支持,被法官驳回。法官的理由为,侵占公司财产是公司的诉权,股东不能提起诉讼。此判例确立了一个只有公司才能成为适当原告的规则,即"福斯诉哈博特尔"规则。这一规则认为,即使董事等确有损害公司利益的行为,但由于公司是独立的法人,对董事是否起诉,应由股东大会来决定,而且是以公司的名义行使诉权。

福斯诉哈博特尔案件虽然这样判了,但是并不公平。从公司治理结构看,由于股东会决议采取资本多数决议的形式,股东会往往代表的是大股东的利益,大股东通过股东会和董事会控制公司,如果公司利益因大股东或董事的不当行为受到损害,大股东在权衡其自身利益和公司利益时,很难决定由公司提起诉讼,返还其受益或由其对公司做出赔偿,因此由股东会决定起诉董事或者大股东的可能性很小。但公司是全体股东的,公司的损失最终将实际转嫁到中小股东的头上,大股东或董事的不当行为直接损害的是公司利益,间接损害的是中小股东的利益。因此,英国的衡平法对依据普通法确立的"福斯诉哈博特尔"规则逐渐做出一些例外的规定,在有限的几种情形下,允许单个股东就侵犯公司权利的行为提起诉讼。现代各国公司法确立的股东代表诉讼制度皆源于此。

资料来源:王东敏. 公司法审判实务与疑难问题案例解析 [M]. 北京: 人民法院出版社, 2018.

2. 董事会

董事会是公司的业务管理与执行机构。20世纪以来,随着市场经济的发展,公司规模的日益扩大,在公司组织机构的权力设置上,就典型的公司即股份有限公司来说,经历了一个从股东中心主义向董事会中心主义的转换。这是一种世界性的趋势,其背后有着深刻的社会经济因素:一方面随着公司股权结构的高度分散化,中小股东缺乏足够的信息和动力去关心公司的经营;另一方面公司的经营活动日益专业化和复杂化,更加需要专业人员进行决策和组织经营活动。在这种形势下,若仍由股东大会决定经营决策,再交由董事会执行,显然会以平等牺牲效率,不利于公司对市场机遇做出敏捷反应。于是,在公司组织结构的权力分配上,经营决策的权力逐渐转移到董事会。

(1) 董事会的职权 董事会是公司的执行机关,它负责公司经营活动的指挥和管理,其中包括代表公司对各种业务事项做出意思表示或者决策及组织实施和贯彻执行这些决策。因此,在一定程度上讲,董事会是股东(大)会的执行机关,是公司的业务决策机关。董事会行使的职权,概括起来,可以分为宏观决策权(如经营计划、投资方案)、经营管理权（如制订年度财务预算方案、决算方案）、机构与人事管理权（如内部管理机构设置、聘任经理），以及基本管理制度制定权。这些职权体现了董事会在公司内部组织机构中的地位，体现了董事会作为公司业务执行和业务决策机关应当享有的权利和承担的职责。

【知识窗】

上市公司董事表决权排除制度

为了防止上市公司董事滥用职权谋取私利，我国《公司法》确立了表决权排除制度。法律规定，上市公司董事与董事会会议决议事项所涉及的企业有关联关系的，不得对该项决议行使表决权，也不得代理其他董事行使表决权。该董事会会议由过半数的无关联关系董事出席即可举行，董事会会议所作决议须经无关联关系董事过半数通过。出席董事会的无关联关系董事人数不足3人的，应将该事项提交上市公司股东大会审议。

（2）**董事会的组成** 董事会是由董事组成的，董事是拥有实际权力与权威、能代表公司进行管理的人，其名称可以是总裁、经理或理事等。关于董事的资格，大多数国家的公司法规定，公司的董事可以是自然人，也可以是公司或其他法人，但公司或法人担任董事时，须指定有行为能力的自然人作为其代理人。

我国《公司法》规定了公司董事、经理、监事资格的禁止性条件，即下列人员不得担任公司的董事、监事、经理：无民事行为能力者和限制民事行为能力者；因犯有贪污、贿赂、侵占财产、挪用财产罪或者破坏社会经济秩序罪，被判处刑罚，执行期满未逾5年者，或者因犯罪被剥夺政治权利，执行期满未逾5年者；担任因经营管理不善破产清算的公司、企业的董事或者厂长、经理，并对该公司、企业的破产负有个人责任的，自该公司、企业破产清算完结未逾3年者；担任因违法经营被吊销营业执照的公司、企业的法定代表人，并负有个人责任的，自该公司、企业被吊销营业执照之日起未逾3年者；个人所负数额较大的债务到期未清偿者；国家公务员。

【案例分析】

某股份有限公司股东大会在审议董事会人选时，有下列4人的任职资格受到股东的质疑：张某，5年前因对一起重大工程事故负有责任，被判处有期徒刑1年；李某，2年前被任命为一家长期经营不善、负债累累的国有企业的厂长，上任仅3个月，该企业被宣告破产；陈某，曾为一家有限责任公司经理，1年前因决策失误使该厂无力清偿大额债务而破产；刘某，66岁，曾任某市政府副秘书长，现退休在家。

思考题

上述4人中，谁可成为董事会成员？

资料来源：于宏伟，等. 国家司法考试考点案例教程［M］. 北京：中国人民公安大学出版社，2007.

[**参考答案**] 张某、李某和刘某有可能成为公司董事，而陈某由于自己对公司的经营管理不善，对企业破产有不可推卸的个人责任，且时间仅为1年之前，不符合《公司法》中对企业董事资格的要求，所以不可成为董事会成员。

我国《公司法》第 44 条规定，有限责任公司设董事会，其成员为 3 人至 13 人。两个以上的国有企业或者其他两个以上的国有投资主体投资设立的有限责任公司，其董事会成员应当有公司职工代表，其他有限责任公司董事会成员中可以有公司职工代表，董事会的职工代表由公司职工民主选举产生。《公司法》第 108 条规定股份有限公司设董事会，其成员为 5 人至 19 人。

【热点关注】

独立董事制度

国际上普遍要求上市公司大幅度增加外部董事，特别是独立董事，以便形成对总经理层的监督，同时认为有足够多的、有能力的独立董事在公司的战略、绩效、资源和关键性的任命和运营标准等重大问题做出独立的判断，对提高董事会的质量很重要。一些国际知名大公司，其董事会中的外部董事普遍在 3/4 以上。外部董事中有企业家、银行界人士、学者以及政府退休官员等。这些大公司董事会的决策管理范围比较广泛，按照管理传统，董事会下还设若干重要的常设委员会，以保证决策管理的连续正常运转。引入独立董事制度是完善我国上市公司公司治理结构的重要措施。我国《公司法》明确规定上市公司应建立独立董事制度，上市公司董事会成员应当有 1/3 以上的独立董事，独立董事除行使《公司法》规定的股份有限公司董事的职权外，还要对公司关联交易、聘用或者解聘会计师事务所等重大事项进行审核并发表独立意见，上述事项经 1/2 以上独立董事同意后方可提交董事会讨论；另外，就上市公司董事、经理及其他高级管理人员的提名、任免、薪酬、考核事项及其认为可能损害中小股东权益的事项发表独立意见。

(3) **董事的任期及董事职务的解除** 董事的任期一般为 3 年，连选可以连任。我国《公司法》规定，董事任期由公司章程规定，但每届任期不得超过 3 年。

董事解任的原因有三：任职期满；免职；辞职。任职期满而未被连选的，董事当然得卸任。但在任职期满前，各国一般规定，公司的股东大会或监事会可以基于任何原因按一定的程序随时撤销公司某个人的董事之职其至整个董事会。当然，在董事任期届满前，如果没有正当理由将董事解任，公司应负损害赔偿责任。基于任何合法的原因，董事可以辞职，这也是各国通例。但各国一般要求董事应在辞职前的一定时日内向公司发出通知。

(4) **董事会的召集和主持** 董事会会议同样有普通会议和特殊会议之分。普通会议是董事会根据公司内部细则规定而定期召开的会议，俗称"例会"；特殊会议是董事们认为必要时而随时召开的会议。

股份有限公司董事会每年度至少召开两次会议，每次会议应当于会议召开 10 日前通知全体董事和监事。代表 1/10 以上表决权的股东、1/3 以上董事或者监事会，可以提议召开董事会临时会议。董事长应当自接到提议后 10 日内，召集和主持董事会会议。董事会会议应由过半数的董事出席方可举行。董事会做出决议，必须经全体董事的过半数通过。

董事会会议由董事长召集和主持；董事长不能履行职务或者不履行职务的，由副董事长召集和主持；副董事长不能履行职务或者不履行职务的，由半数以上董事共同推举 1 名董事召集和主持。

（5）**董事会议事、表决和会议记录**　董事会会议的议事方式和表决程序，是保证董事会会议顺利进行的一个重要前提。议事方式是指董事会会议讨论问题采用的形式，表决程序是指董事会会议对所议事项做出决定的步骤、方式。议事方式和表决程序，包括如何通知董事参加会议、会议的召集和主持、讨论问题的方式、有效出席人数、议事议程的提出和确定、审议规则、表决方式等。

董事会做出决议，需要由董事投票表决。董事会决议的表决，实行一人一票制。董事会作为公司的业务决策机关，为了执行股东会的决议，实施公司经营活动，需要依照其职权，经常做出决议。董事会会议应当对所议事项的决定做成会议记录。董事会会议记录的内容应当包括董事会会议所议事项及讨论后所得出的结论，具体包括会议召开的时间、地点、出席人员、议题、董事讨论意见、投票表决情况等。

（6）**董事的责任**　公司董事是公司管理权的主要承担者，其与公司有关的行为直接关系到公司、股东及第三人的利益。因此，各国法律在赋予董事会广泛的权力同时，亦规定了董事们对公司的严格责任。根据各国的立法与实践，董事的责任可分为以下两个方面。

第一，作为公司的代理人，首先，董事应在法律和公司章程及公司内部细则授权的范围内行使职权，否则，董事的行为即被视作越权行为，须对公司承担个人责任；其次，董事不能为其个人利益而使公司的利益受到损害，包括董事不得为自身利益而与公司业务相竞争，不得接受贿赂而抛却公司的营业机会等。

第二，作为公司的受托人，董事负有为公司的最高利益而尽忠诚、勤勉和谨慎之责，否则，该董事即被视作有渎职行为。根据美国各州的公司法，公司董事对股东负有"信托义务"（fiduciary obligation）。信托义务又分为"勤谨义务"和"忠诚义务"。"勤谨义务"（duty of care）要求董事在履行职责时恪尽职守，合理地注意、审慎地判断，"表现出处于类似位置的通常审慎者在类似情况下所表现出的勤勉、谨慎和技能"。"忠诚义务"（duty of loyalty）要求董事在履行职责时要以公司和股东最佳利益为重，禁止背信弃义和自我交易。对尽到忠诚义务的判断，主要从以下几个方面进行：董事应当亲自行使"酌情权"，即自己亲自对发生或将要发生的事情进行了解、斟酌、思考、判断和决策，而不能将董事的权力下放给高级管理人员或其他管理人员。此外，由于他是占据董事位置的"事实董事"，仍然应独立承担责任；董事应以公司的最佳利益为自律要求，不得为个人或自己享有私利的团体利益攫取本应属于公司的商业机会而使公司的利益受到损害或不公平对待；董事应当保证公司财产的安全和有效利用，严禁利用董事职位或职权挪用、侵占或盗用公司财产等。忠诚义务一直是导致诉讼的源泉，英美法院已形成了许多标准。

董事违反上述诸项职责时，各国一般都规定了相应的经济责任和刑事责任。

3. 监事会

近年来，随着股份有限公司董事会权力的不断扩大，各国法都采取各种不同形式加强对公司业务执行机构的检查与监督，防止它们滥用职权，危及股东和第三人的利益。有的国家规定股份有限公司必须设立监察人会（监事会），有的国家则要求设立监察人或审计人，情况不完全相同。

（1）**德国法**　德国《股份有限公司法》规定，股份有限公司必须设立监察人会（aufsichtsrat），由股东代表、银行代表以及职工代表共同组成，因此可以说他们的监察人会相当于公司利害关系人代表大会。

监察人会对公司的经营管理实施全面的监督，对董事会的工作有监督权。为履行上述职责，德国公司法要求监事会须定期听取董事会关于公司经营方针、赢利能力、营业过程、资金周转、公司事务的状况和对公司或子公司十分重要的交易情况的报告；及时向董事会了解公司具有重要影响的情况，并亲自或通过专家对公司的账目和记录进行检查等。但监察人会的权力仅限于监督与检查，而不能代替董事会执行公司的业务，因为根据德国股份有限公司法的规定，公司的业务执行权专属于董事会，公司不能以章程的规定把这项权力转于监察人会。

（2）**英美法** 在英美公司法以及公司实践中，没有实行监察会或监察人的制度。按照英国公司法的规定，对股份有限公司的会计监督职能主要由审计人（auditor）担任。公司应在每届股东大会上指定审计员1人或数人，原则上任职1年。审计员的地位属于合同性质，只向公司负责。其任务纯属会计审核，主要是审查公司的账目是否符合事实，是否反映公司的真实情况。此外，商务部如怀疑公司有诈欺行为或经营不善等情形时，有权主动进行审查。股东大会也可以申请法院下令对公司进行上述审查。

美国公司也没有实行监察会或监察人制度。美国的一些大公司往往由1名高级职员负责审查公司的会计账目，但其地位不同于德国、日本等国的监察人。在美国主要是由股票与交易所委员会从外部对公司进行监督。该委员会要求公司每年向它提交符合规定格式的财务报告，此项报告必须首先由独立的会计师进行审核，并附具该会计师表示愿对其内容的真实性承担责任的报告。

（3）**日本法** 日本公司法上设有股东会、董事会和监事这样的公司机关。但是日本公司没有监事会，每个监事独立行使对公司会计的"会计检查"职权，不构成合议体制，并且监事的人选通常是来自环形持股的法人股东。监察人的权限有一定的限制，有关公司业务的"内部监察"权，已由监察人移转于董事会，董事会得依此项权力对其下属的业务执行作"事前监察"，而监察人的权限仅限于在事后做会计检查。因此，日本公司的监察人并不享有完全的监察权。其地位与作用远逊于德国公司的监察会。

（4）**中国法** 根据我国《公司法》的规定，监事会是一负责监督工作的合议机构，因此监事会成员不得少于3人，这是最低限额，超过此数是允许的，少于此数则影响监事会的集体作用，从法律上，是不符合监事会组成的法定条件的。监事会作为一个负责监督工作的集体，从其成员中推选1名召集人，以便于共同议定事项，同时也表明，在监事与监事之间具有平等的地位。但股东人数较少和规模较小的有限责任公司，可以不设监事会，只设1~2名监事，发挥监事会的监督功能。

监事会的议事方式和表决程序由公司章程规定。监事会是由股东代表和职工代表共同组成的，监事会要监督董事、经理的经营活动，但又不能直接干预董事、经理的正常活动。因此，它的议事方式和表决程序都要反映这个特点，由公司章程依据我国《公司法》的原则具体确定。监事会应当向股东（大）会报告工作，其报告的时间和次数都应由公司章程或股东（大）会规定，报告的内容根据其职权决定。监事会是公司的监督机构，股东（大）会是公司的权力机构，这种由监事会向股东（大）会报告工作的体制是必要的，是股东权力的一种体现。这个报告要经过股东（大）会的批准，要体现股东对公司享有监督的权力。

【案例分析】

爱兰有限责任公司董事会决议拟增加   注册资本，公司监事会全部7名成员坚决反对，但董事会坚持决议。于是，监事会中的3名成员联名通知全体股东召开临时股东会议。除2名股东因故未参加股东会以外，其他股东全部参加。与会股东最终以2/3人数通过了公司增加注册资本的董事会决议。监事会认为会议的表决未到法定人数，因而决议无效。董事会认为，监事越权召开股东会，会后又对会议通过的决议横加指责，纯属无理之举。

思考题

（1）公司董事会是否有权做出增加注册资本的决议？

（2）临时股东大会的召集程序是否合法？

（3）临时股东大会通过的决议是否有效？

[**参考答案**]

（1）该公司董事会无权做出增加注册资本的决议。我国《公司法》规定，对增加注册资本等重大事项的决议应当由股东会做出。

（2）临时股东会的召集程序合法。《公司法》规定，1/3以上的监事可以提议召开临时股东会，本次临时股东会由3名监事召集，该公司共有监事7人，达到1/3以上。

（3）股东会通过增加注册资本的决议无效。《公司法》规定，股东会通过增加注册资本的决议应当由代表2/3以上表决权的股东通过。而此次临时股东会的表决只是参加本次股东会的2/3人数通过。

资料来源：http://wenku.baidu.com/view/da68f768011ca300a6c3905e.html。

3.3.7 公司的合并和分立

1. 公司的合并

（1）**公司合并的形式**　公司合并是指2个或2个以上的公司按照公司法的规定合为一个公司的法律行为。公司合并可以是有限责任公司之间的合并、股份有限公司之间的合并，也可以是有限责任公司和股份有限公司之间的合并。有限责任公司之间的合并与股份有限公司之间的合并，合并后存续的公司仍然是有限责任公司或股份有限公司。而有限责任公司与股份有限公司合并后存续的公司一般是股份有限公司。各国公司立法规定的公司合并有2种形式：一种是吸收合并；一种是新设合并。

吸收合并是指一个公司接纳1个或1个以上的其他公司加入本公司，加入方解散，取消法人资格，接纳方存续。在美国又叫兼并。新设合并是指2个以上公司设立一个新的公司，为新设合并，合并方解散，新公司依法取得法人资格。这在美国又叫联合。

（2）**公司合并的特征**　①公司合并是公司之间的合同行为。合并行为当事人是参加合并的各方公司，而不是公司股东。因此，国外公司法理论称公司合并为团体法行为，而不是个人法行为。公司合并完成后，虽然参加合并的各方公司股东当然取得合并后公司股东资格，但这仅属于公司合并的结果。②公司合并是公司之间的法定合并。在公司合并中，合并双方只需按照公司法规定的条件和程序签署合并合同，并办理法定的登记手续，即可完成公司合并。作为一种法律规定的特殊形式，参加合并的各方公司无须进行公司清算，即可完成公司合并。③公司合并导致参加合并的一方或各方公司的法人人格消灭。如果合并为新设合并，则参加合并的公司人格消灭；如果合并为吸收合并，则至少一方公司人格保持，另一方人格消灭。

（3）**公司合并的程序**　①签订合并协议。公司合并应当由公司股东会或者股东大会做出合并决议，之后订立合并决议。②编制资产负债表及财产清单。公司决定合并之时，应当编制公司的资产负债表和财产清单。此项活动经股东会或者股东大授权后，应当由董事会负责实施。③通知债权人。公司股东会或股东大会等做出合并决议之日起10日内通知债权人，并于30日内在报纸上进行公告。债权人自接到通知书之日起30日内，未接到通知书的自公告之日起45日内，可以要求公司清偿债务或者提供担保，超过以上期限未向公司提出要求的，视为承认公司的合并。④合并登记。公司合并后，登记事项发生变更的，应当依法向公司登记机关办理变更登记；公司解散的，应当依法办理公司注销登记；设立新公司的，应当依法办理公司设立登记。

【知识窗】

我国《公司法》对少数股东权益的保护

为了保护在公司进行合并行为时对合并持反对意见的少数股东的权益，我国《公司法》第74条规定，有限责任公司在合并决议形成时投反对票的股东有权向公司提出以合理价格收购其股权的请求，如在决议通过后60日内不能达成协议的，该股东可在合并决议通过后的90日内向法院提起诉讼。《公司法》第142条第4项规定了股份有限公司股东的股份回购请求权。

（4）公司合并的法律后果　①公司人格消灭。参加合并的一方或各方的公司人格归于消灭。②公司债权债务的概括承受。公司合并时，合并各方的债权、债务，应当由合并后存续的公司或者新设的公司承继。③公司的注销、变更或新设。公司合并后须履行相关登记程序，至于何种情况下发生注销、变更或新设登记，须考虑合并性质及实质后果而定。④股东转换公司股份或出资。参与合并各方公司股东以其持有的股份或出资，按合并合同的规定，换取合并后存续或新设公司的股份或出资，从而成为合并后存续或新设公司的股东。

2. 公司的分立

（1）公司分立的形式　公司分立是指一个公司按照公司法的规定分化为2个或2个以上公司的法律行为。公司分立一般有两种形式：一种是存续分立；一种是新设分立。

存续分立，是指公司以其部分财产和业务另外设立新公司，原公司保留其公司人格，分立出一家或多家具有独立人格的新公司。新设分立，是指公司将其全部财产和业务分别归入两个或两个以上新设公司，原公司解散。

（2）公司分立的程序　①公司董事会拟定公司分立方案。公司分立与公司合并类似。但在公司分立方案中，除应当对分立原因、目的、分立后各公司的地位、分立后公司章程及其他相关问题做出安排外，特别应妥善处理财产及债务分割问题。如果没有债务分担协议，或者一方无力或拒不执行分担协议，分立后的公司应对债权人承担连带清偿责任。②公司股东（大）会关于分立方案的决议。公司分立属于重大事项，应当由股东（大）会以特别决议方式决定。股东（大）会决议通过方案时，特别要通过公司债务的分担协议，即由未来两家或多家公司分担原公司债务的协议。为了保证分立方案的顺利执行，应当同时授权董事会具体实施分立方案。该授权包括向国家主管机关提出分立申请、编制其他相关文件等事项。③董事会编制公司财务及财产文件。公司分立时应当进行财产分割。为妥善处理财产分割，应当编制资产负债表及财产清单。经股东（大）会授权后，应当由董事会负责实施。④履行债权人保护程序。债权人保护程序主要涉及分立公告及债务清偿程序：

第一，在分立决议做出后的 10 日内，将分立决议通知债权人，并于 30 日内在报纸上公告；第二，债权人自接到通知书之日起 30 日内，未接到通知书的自第一次公告之日起 45 日内，有权要求公司清偿债务或者提供相应的担保。

【知识窗】

我国《公司法》对债权人保护制度更彻底和更完善

鉴于我国常常发生公司借改制的名义，将优质资产剥离注册新公司，把债务留给旧公司的"金蝉脱壳"逃废债务事件，我国《公司法》直接规定"公司分立前的债务由分立后的公司承担连带责任"，从而杜绝公司分立被恶意利用的通道。债权人在接到公司分立的通知或者由公告得知后，可以通过个别谈判的方式与公司以及即将成立的新公司达成债务清偿协议，按照协议的约定办理。《公司法》虽然没有规定债权人与分立公司就债务清偿或提供担保进行谈判的具体时间，但是由于调整了公司分立情况下的债权人保护机制，《公司法》针对公司分立设计的债权人保护制度更彻底和更完善。如果债权人在与分立公司的接触中发现债务人公司借分立之名转移优质资产实施逃债行为的，当然可以请求法院颁发禁令禁止公司分立或者扣压资产。

【案例分析】

某有限责任公司经董事会全体一致做出决议，决定将该公司分立为 2 个完全独立的新公司，经编制资产负债表及财产清单后，订立了分立协议，进行财产分割，然后直接宣布新设的 2 个公司开始以独立的法律人格进行经营活动。

思考题

上述公司分立的过程在程序上有何违法之处？

[参考答案]

（1）有限责任公司分立的决议不应由董事会做出，而应由股东会经 2/3 以上表决权的股东通过特别决议做出。

（2）未履行债权人保护程序。

（3）原公司应办理注销登记，新成立的公司应办理设立登记。

资料来源：http://wenku.baidu.com/view/1a8adfa7b0717fd5360cdc7e.html.

3.3.8 公司的解散和清算

由于公司具有独立的人格，且股东对公司的债务不承担连带给付责任，因此公司在退出市场、消灭自身时的活动应当受到法律的严格规制，并受到债权人等利益相关者的监控，以便保障各方当事人的法定利益按公正的规则秩序获得满足。这些规则秩序被法律嵌入几项重要的制度平台上，它们就是公司的解散制度、清算制度和破产制度。

1. 公司的解散

公司解散，是指公司法人资格的消灭过程。公司解散尚具有法人资格，但处于解散状态的公司已经不能与处于正常状态的公司相提并论，不得从事公司宗旨内的活动，只能依法从事特定的活动。公司若完成解散到终止的过程，必须履行公司清算程序。

（1）**公司解散的事由**　①公司自愿解散。自愿解散是基于股东（大）会的决议或者公司章程的规定而引起公司法人解体的一种程序。因公司章程规定的公司期限届满而解散；

因公司章程规定的其他解散事由出现而解散。主要有：设立公司的目的已经达到，公司继续存在已无必要；设立公司的目的无法实现；出现设立公司时规定的不可抗力事件；公司出现严重亏损，无法继续经营；公司长期未能达到公司章程规定的经营目的；公司股东（大）会特别决议而解散。当公司章程中未对公司解散的事由做出明确规定，或者虽对公司解散事由作了部分规定，但未出现公司章程规定的公司解散事由时，公司仍可通过公司股东（大）会做出特别决议的方式，由股东（大）会决定解散公司。法律并不强调公司解散的具体事由，只是要求股东会做出的解散公司决议的内容和程序必须合法；因公司合并、分立而解散。②公司强制解散。强制解散是指出现了法定的事由，由行政机关或者法院的决定而解散公司的一种程序。主要包括：公司因破产而解散、公司因违法被公司登记机关依法责令关闭而解散、司法解散。

（2）**公司解散的效力** ①公司必须停止正常的生产经营活动。公司解散后，虽然公司的法人地位仍将持续到公司注销登记，但除有利于清算的必要业务外，公司必须停止一切业务活动。②公司必须立即进入清算程序。公司自愿解散的，应该在宣告公司解散之日起15日内成立清算组；公司被依法责令关闭的，或依法宣布破产的，由有关主管机关或者法院组织股东、有关机关及有关人员成立清算组，进行清算。③公司由经营公司转变为清算公司。公司解散后，由公司清算组代表公司行使以清算为目的的法定职权，了结尚存的各种法律关系。

2. 公司清算

公司清算，是指公司宣告解散后，为终结公司各种法律关系，清理公司资产、债权和债务，并且依法进行分配的法律行为。公司因合并、分立而解散，无须成立清算组清算。公司破产而解散，适用破产法规定的破产清算程序。除上述两种情形外，公司解散必须依照《公司法》规定进行清算。

（1）**公司清算组成员的权利、义务和责任** 公司清算组成员在执行清算事务的范围内，享有与公司董事相同的权利。清算组成员享有取得报酬的权利。清算费用和清算组成员的报酬，应由公司现存的财产中优先给付。

清算组成员在执行清算职务时，应当忠于职守，依法履行清算义务，维护公司的合法权益；不得利用职权收受贿赂或者其他非法收入，不得侵占公司财产。在清算期间，清算组代表公司从事一切对外事务。清算组有权代表公司就公司涉及的民事权利义务问题向人民法院起诉和应诉，清算组在职权范围内代表公司参与民事诉讼的活动受法律保护。如果清算组成员故意或者因重大过失给公司或者债权人造成损失的，应当承担连带赔偿责任。对于清算组的决定事项通过书面声明或要求记录在案等方式表示异议的清算组成员，可以完全免除其赔偿责任。

（2）**公司清算程序** ①清理公司财产，分别编制资产负债表和财产清单。公司解散时，清算组织要全面清理公司的全部财产，包括固定资产、流动资产、有形资产、无形资产、债权债务等现有的自有资产，并列出财产清单，同时编制公司的资产负债表，明晰公司的负债情况。②制定清算方案。清算方案是由清算组制定的，如何清偿债务、如何分配公司剩余财产的一整套计划。制定清算方案，清偿公司债务，分配剩余财产，是清算组的主要职责，因而，清算组在清理公司财产、编制资产负债表和财产清单后，应尽快制定清算方案。清算组制定出清算方案后，应报股东会、股东大会或者人民法院确认，否则该清算方案是不具有法律效力的。如果股东会、股东大会或者人民法院认为清算方案有瑕疵而不予确认的,清算组需修改清算方案,直到股东会、股东大会或者人民法院确认为止。③通知、公告债权人。公司在解散清算时,对公司所负的债务有清偿的义务,因此,清算组应当通知各债权人尽快申报债权,以便顺利清偿债务。为了顺利完成债权登记和债务清偿,避免和减少偿债纠纷,对清算组催告债权人申报债权的期限和方式做了限定,规定两种催告方式:通告书和公告。对于住所明确的债权人,可以用通知书通知其申报债权,而对于住所不明确的债权人,由于难以用通知书通知其申报债权,因此规定,清算组应自成立之日起60日内在报纸上公告,催促债权人申报债权。债权人应在规定的期间内向清算组申报债权。债权人逾期不申报债权的,可以视为放弃债权。债权申报期满后,在清算结束前,如果债权人申报债权,并提出其延期申报的理由,则清算组可根据其理由是否充分决定是否接受其债权申报。在债权申报期间内,清算组不能对个别的债权人进行清偿,否则会严重侵害其他后来申报的债权人的权利。④处理与清算有关的公司未了结的业务。公司未了结的业务主要是指公司解散前已经订立,目前尚在履行中的合同事项等。对公司尚在履行的合同是继续履行或者终止履行,清算组有权根据清算工作的需要做出决定。但是清算组无权进行与清算无关的新的业务活动。⑤清理债权、债务。公司解散清算前和为清算的目的产生的各项债权、债务关系均由清算组予以清理。清算组接管公司后应立即着手清理公司依法享有的债权和承担的债务,包括按照合同的约定产生的债权、债务和依照法律的规定产生的债权、债务。如公司对某一当事人既享有债权又负有债务的,其债权和债务可以相互冲抵。⑥清偿债务和处分剩余财产。清算组处分公司的财产应遵循一定的原则进行。

顺序清偿的原则。公司财产的支付应按照支付清算费用、职工工资、社会保险费用和法定补偿金,缴纳所欠税款、清偿公司债务,分配剩余财产的顺序进行清偿。

先债权后股权的原则。即清算组必须在清偿公司全部债务后再向股东分配公司的剩余财产。

风险收益统一的原则。即清算组在处分公司剩余财产时必须按照股东的出资比例或者持股比例进行分配,不得违反风险与收益统一的原则处分公司的剩余财产。

(3) **公司的注销** ①制作清算报告。清算组向股东分配公司剩余财产后,公司清算即告结束。清算组应当制作完整的清算报告,并附上清算期间收支报表及其各种财务账册,向股东(大)会或者有关主管机关报送。股东(大)会和有关主管机关经审查未发现问题的,应当予以确认。如果在审查时发现清算过程中存在违法行为,有权要求清算组做出解释。如果因清算组成员故意或者重大过失造成他人损失的,清算组成员应当承担赔偿责任。②申请注销公司登记。清算组制作的清算报告经股东(大)会或者有关主管机关确认后,清算组应向公司登记机关申请注销公司登记。这是公司清算组最后一项工作。公司清算组应当自公司清算结束之日起30日内向原公司登记机关申请注销登记。

经公司登记机关核准注销登记,公司终止。此时,公司法人资格消灭。如果清算组在法定期限内未向原公司登记机关申请注销登记的,由公司登记机关吊销公司营业执照,并予以公告。此时,公司法人资格同样归于消灭。

本章小结

商事组织,也称商事企业,是指能够以自己的名义从事经营活动,以赢利为目的的经济组织。商事组织法是调整各类商事组织设立和活动的法律规范的总称。

按照投资者的责任形式和程序进行划分,商事组织主要有独资企业、合伙企业与公司三种类型。其中合伙企业是指自然人、法人和其他组织依照《中华人民共和国合伙企业法》(2006年)在中国境内设立的普通合伙企业和有限合伙企业。我国法律将合伙企业分为两种:无限合伙和有限合伙。无限合伙又分为普通合伙和特殊普通合伙两种。而在有限合伙企业中,合伙人分为两类:普通合伙人和有限合伙人。普通合伙人依法对合伙企业债务承担无限连带责任,有限合伙人依法对合伙企业债务以其认缴的出资额为限承担有限责任。

《公司法》是有关公司的组织与活动的法律规范的总称。各国公司法规范的公司事项,主要包括公司的设立、权能范围、组织、经营、分立、合并、清算、终止及外国公司等问题。

关键术语

有限合伙　　　无限合伙　　　有限责任公司　　　股份有限公司

思考与练习

一、判断题

1. 公司的历史是由合伙向无限公司、两合公司发展,然后再到股份有限公司及有限公司。(　　)
2. 公司是财团法人。(　　)
3. 英美法系国家为判例法国家,因而没有成文的公司法。(　　)
4. 在两合公司中,有限责任股东对公司的债务仅以出资额为限承担责任,但无权管理公司。(　　)
5. 狭义的公司资本仅指公司的自有资本。
6. 优先股是股份公司最重要的一种股份,是构成公司资本的基础。(　　)
7. 合伙人对合伙企业的债务负连带无限责任。(　　)
8. 对于公司资本的最高数额,各国法律一般都加以限制。(　　)
9. 合伙企业是"资本的组合"。(　　)
10. 公司是"资本的组合"。(　　)
11. 股份有限公司的股款一般只能以现金和支票缴付,不能用实物抵作股款。(　　)
12. 英国公司法认为,董事兼有公司的受托人与代理人的双重身份。(　　)

二、选择题

1. 一般来说,公司的组织机构主要包括股东大会、董事会及监事会等,其中属于公司最高权力机构的是(　　)。
   A. 董事会　　　B. 经理　　　C. 监事会　　　D. 股东会
2. 由于股东所持的股份类别不一样,同一类别股东召开的这种会议,在法国称为(　　)。
   A. 专门股东会议　　B. 临时股东会议　　C. 法定股东会议　　D. 类别股东会议
3. 股东对股东大会的提案,可以行使表决权,表决权的行使是基于股东(　　)。
   A. 人数　　　　　　　　　　　　B. 持有的股票份额
   C. 公司的职位　　　　　　　　　D. 固定资产

4. 能够成为董事的是（　　）。
   A. 法人 B. 限制行为能力的自然人
   C. 无行为能力的自然人 D. 具有行为能力的自然人
5. 在公司经营过程中，出现了公司无须继续存在的必要事由，此时，经股东会决议可以终止公司，这属于（　　）。
   A. 强制解散 B. 自愿解散 C. 非解散 D. 破产解散
6. 公司法上的有限责任原则主要是为了限制（　　）。
   A. 公司的经营风险 B. 董事和经理的经营责任
   C. 公司债权人的风险 D. 股东的投资风险
7. 某区政府工业主管部门做出决定，把所属 A 公司的两个业务部门分立出去再设立 B 公司和 C 公司，并在决定中明确 A 公司以前所负的债务由新设的 B 公司承担。A 公司原欠银行贷款 50 万元现已到期，银行要求偿还。该债务应当如何处理？（　　）
   A. 由 B 公司单独承担债务 B. 由 A、B、C 三个公司分别承担债务
   C. 由 A 公司承担债务 D. 由 A、B、C 三个公司连带承担债务
8. 以下关于一人有限责任公司的说法符合我国《公司法》规定的是（　　）。
   A. 一人有限责任公司的股东只能是自然人
   B. 一人有限责任公司无须置备公司章程
   C. 一人有限责任公司的股东不能证明公司财产独立于股东自己财产，应当对公司债务承担连带责任
   D. 一个自然人可以投资设立多个一人有限责任公司，但最多不超过两个

三、简答题

1. 在合伙企业中，不同合伙人的权利有何区别？
2. 什么是公司资本的三项基本原则？其立法目的何在？
3. 公司的设立应经过哪些法定程序？
4. 如何理解无限合伙与两合公司的关系？
5. 从股份的认购和缴纳看，公司的资本制度有几种形式？
6. 董事会的权力为什么有可能大于股东大会的职权？
7. 假定某市三星乳制品有限责任公司经营的效益非常好，业务继续扩大，在采取的公司形式方面，你会选择何种方式扩大业务？
8. 我国公司法对一人公司规定的风险防范制度有哪些内容？

案例讨论

1. 甲、乙、丙三人签订《投资协议》，约定共同投资设立一家有限责任公司，主要经营对外加工业务。因甲有对外关系，在公司未获得法人资格前，甲联系了对外委托加工业务并安排生产。由于甲、乙、丙不懂企业经营管理业务，遂聘任李某为拟设立公司的总经理，负责组织安排企业生产经营的具体事项。因受国际经济形势的影响，对外加工业务缩减，甲、乙、丙认为拟设立的公司盈利困难，决定放弃设立公司。在清理拟设立公司业务中发现对外拖欠很多债务，有些欠条是李某以自己名义签字的，甲、乙、丙拒绝承担该笔债务，双方为此发生争议。

李某以甲、乙、丙三人为被告向人民法院提起诉讼认为,李某是受甲、乙、丙三人委托经营管理企业的,所欠债务系为拟成立公司购买原材料拖欠的,因公司未成立,没有公章,所以自己以拟成立公司总经理的身份签了名,拟成立公司是甲、乙、丙的,该债务应当由甲、乙、丙共同承担。

甲、乙、丙抗辩称,拟设立公司的生产经营是由李某组织的,由于其管理能力的欠缺,未尽勤勉义务,导致经营亏损,形成很多债务,李某对此应分担责任,对其他债务不再追究李某的责任,对以李某个人名义形成的债务,李某应自行承担。

请问,本案应如何解决?为什么?

资料来源:王东敏. 公司法审判实务与疑难问题案例解析[M]. 北京:人民法院出版社,2018.

2. 2013年8月,甲与乙签订《项目开发合作协议书》,约定甲收购某公司股权,后股权收购事宜因故失败。2014年3月14日,甲与乙签订《还款计划协议书》一份,主要内容为:乙承诺,甲乙双方共同向某银行的4315.78万元借款,由乙偿还;甲合作投资款1亿元,因资金紧张暂时难以退还,乙愿意用其全资子公司丙提供担保并自愿承担连带责任。该《还款计划》上加盖有乙印章及财务专用章。

2014年4月20日,丙向甲出具内容一致的《担保书》两份。内容为:鉴于乙所欠某银行的债务不能按2014年3月14日《还款计划协议书》执行;另外与甲的2013年8月的《项目开发合作协议书》也因乙合作资金出现问题不能如期履行,已对甲构成违约,合作款项暂时无法退还,应向甲支付的违约金也无法支付。我公司作为乙的全资子公司,对乙所欠某银行及甲的全部债务(包括但不限于借款本金及利息、违约金,应退还甲的合作款1亿元及违约金2亿元)提供连带保证责任担保,并承担全部连带责任。该两份《担保书》中一份加盖有一枚丙印章,另一份加盖有两枚丙印章,均加盖有乙印章并有法定代表人的签名。

甲向人民法院提起诉讼请求,乙履行《还款计划协议书》,向其支付3亿元及利息;丙履行《担保书》的承诺,对该笔债务承担连带担保责任。

丙的抗辩理由是:本案涉及的担保,并未召开股东会并形成担保决议,法定代表人无权代表公司签订担保合同,丙为其股东乙提供的担保应被认定为无效。

请问,本案应如何解决?为什么?

资料来源:王东敏. 公司法审判实务与疑难问题案例解析[M]. 北京:人民法院出版社,2018.

3. A公司是由甲、乙、丙、丁、戊于2012年共同设立的有限责任公司,注册资金700万元,其中甲持有公司39%股份,乙持有公司34%股份,甲为A公司董事长和法定代表人。公司章程规定:股东会会议分为定期会议和临时会议。召开股东会会议应当于召开前15日通知全体股东。定期会议应当于6个月召开一次。临时会议由代表十分之一以上表决权的股东、三分之一以上董事或者监事提议召开。

2015年1月16日,A公司乙股东提议于2015年2月3日召开公司临时股东会,会议议题为重新选举公司董事会和监事会成员等有关内容。乙股东将提议及临时会议议题文件送交给A公司董事长甲,甲签收了乙提交的文件,并答复乙称近期将安排召开股东会。截至2015年3月底,A公司未发出召开临时股东会会议的通知,乙遂联合A公司其他三名董事附议,通知A公司全体股东于2015年4月15日在A公司召开临时股东会,通知附件包括临时股东会议议题。2015年4月15日,A公司如期召开了临时股东会会议。A公司全体股东到会参加会议,甲在会议中途退离会场。临时股东会决议改选了A公司董事会成员和监事会成员。随后召开了A公司的董事会并形成决议。董事会重新选举张某为A公司董事长及法定代表人,免除甲在A公司担任的董事长职务。

甲以A公司股东会决议程序违法及违反公司章程规定,董事会部分成员不具备董事资格为由向人民法院提起诉讼,请求撤销A公司股东会决议和董事会决议。

请问,本案应如何解决?为什么?

资料来源:王东敏.公司法审判实务与疑难问题案例解析[M].北京:人民法院出版社,2018.

4. 甲、乙和丙三人签订《出资人协议》,拟成立有限责任公司,主要经营数码科技业务等,注册资金100万元,由甲和乙各出资40万元,丙出资20万元,公司名称为华艺公司。协议签订后,丙将20万元出资交给甲,甲为其出具收条。此后,丙因个人原因滞留国外5年后回国,其到公司主张参与公司管理及分红等被拒。丙到工商行政管理机关查询公司登记,该公司登记股东为甲、乙和公司经理及会计。其中,甲和乙各出资50万元,公司经理出资10万元,会计出资10万元,该公司章程载明股东及出资内容于上述登记相同。丙并未被登记为公司股东,公司章程上没有丙为股东的记载,也没有丙的签名。

丙以三人之间签订的《出资人协议》和其已经向公司缴纳出资为由,以华艺公司及其股东甲、乙、经理和会计为被告向人民法院提起诉讼,请求确认其为华艺公司股东。

华艺公司及甲、乙等抗辩称,此华艺公司并非原来甲、乙和丙签订《出资人协议》拟设立的公司。甲和乙之所以愿意与丙合作成立公司,是因为丙具有一定的资源,有一定的业务渠道。但丙签了《出资人协议》后出国就没有了音信,由其安排的业务落空,公司设立被迫终止。后来,甲和乙又找到了其他合作人,故与新合作伙伴商议设立现在的公司。现在的华艺公司注册资本金为120万元,与原来拟设立的公司无关。请求驳回丙主张确认股东资格的诉讼请求。

请问,本案应如何解决?为什么?

资料来源:王东敏.公司法审判实务与疑难问题案例解析[M].北京:人民法院出版社,2018.

5. A公司设立于2008年7月24日,注册资本为20万元。A公司股东有三人:甲出资10.2万元,持股比例为51%;乙出资6.8万元,持股比例为34%;丙出资3万元,持股比例为15%。

2013年1月24日,乙与丁签订《股权转让协议书》约定,乙将其名下34%的股份以20万元的价格转让给丁。2013年3月30日,A公司召开股东代表会议并形成股东会决议,该决议载明:在A公司全体股东及其代表的参加下召开了本次股东会,会议一致同意股东乙将其持有的股份转让给丁所有;此外,在股东会决议中乙"持有股份"与"转让给丁"的两短语中间,添加了"陆万捌仟元整"的字样。股东会决议有甲和丙的签名,并加盖A公司的公章。当日还形成章程修正案一份,载明上述变更内容。

2014年3月10日,甲出具一份情况说明载明:甲对A公司股权转让一事并不知晓,股东会决议与公司章程修订文件并不是本人亲笔签署。在诉讼中,法院询问A公司股东甲和丙,是否主张购买乙对丁转让的股权,甲和丙明确不予购买。

丁认为,A公司股东会决议中明确股权转让款为"陆万捌仟元整",乙在与丁签订《股权转让协议》时,并未取得A公司其他股东的同意。作为合同向对方的丁存在受欺诈情形,其认为股权转让协议应当予以撤销。

乙向人民法院提起诉讼,主张丁支付股权转让款20万元。

请问，本案应如何解决？为什么？

资料来源：王东敏. 公司法审判实务与疑难问题案例解析 [M]. 北京：人民法院出版社，2018.

延伸阅读

1. 王东敏. 公司法审判实务与疑难问题案例解析 [M]. 北京：人民法院出版社，2018.
2. 唐青林，李舒. 公司法 25 个案由裁判综述及办案指南 [M]. 北京：中国法制出版社，2018.
3. 张迪圣，张素. 公司法案例讲堂 [M]. 北京：中国法制出版社，2009.
4. 李建伟. 公司法案例——裁判经典与法理解释 [M]. 北京：中国政法大学出版社，2008.

第4章
国际货物买卖法

本章要点

- 国际货物买卖法的概念和本质
- 关于国际货物买卖的国际公约与国际贸易惯例
- 国际货物买卖合同中买卖双方的权利与义务
- 违反国际货物买卖合同的救济方法
- 国际货物买卖中货物所有权与风险的转移

4.1 概述

4.1.1 国际货物买卖法的概念及本质

1. 国际货物买卖法的概念

国际货物买卖法，是指调整跨越一国国境的货物买卖关系的原则、规则及规章制度的总体。其中"国际"一词，是指货物要跨越一国国境。因此，国际货物买卖关系即是货物要跨越一国国境的买卖关系。只有当事人的营业地位于不同国家，其相互间的货物买卖才须跨越一国国境，因而，国际货物买卖关系亦可表述为营业地位于不同国家的当事人之间的货物买卖关系。

2. 国际货物买卖法的本质

国际货物买卖法并非是由世界各国法院所承认并给予强制执行力保证的统一规则，而是包括各国国内买卖法、有关国际公约的规定以及国际贸易惯例等各方面的内容。而这些内容都是针对国际货物买卖合同而订立的。因此，国际货物买卖法的本质及核心问题是国际货物买卖合同的有效性问题。国际货物买卖法所研究的主要对象就是有效的国际货物买卖合同应符合哪些条件，根据合同双方当事人具有何种权利义务，以及违反合同时违约方应承担何种法律责任等问题。

4.1.2 关于国际货物买卖的国际公约

目前，国际上有三项关于国际货物买卖的国际公约。它们是：1964年《国际货物买卖统一法公约》（The Convention Relating to a Uniform Law on the International Sale of Goods）、

《国际货物买卖合同成立统一法公约》（The Convention Relating to a Uniform Law on the Formation of Contracts for the International Sale of Goods）以及1980年《联合国国际货物买卖合同公约》（The United Nations Convention on Contracts for the International Sale of Goods）。现分别介绍如下。

1. 《国际货物买卖统一法公约》和《国际货物买卖合同成立统一法公约》

在20世纪初，世界各国在国际货物买卖方面存在许多分歧，在国际经济交往中不可避免地引起许多法律冲突，影响国际贸易的发展。为此，早在1930年，罗马国际私法统一所（The International Institute for the Unification of Private Law）就决定拟订一项有关国际货物买卖的统一法，以便协调和统一各国关于国际货物买卖的实体法。历时30多年，终于在1964年的海牙会议上正式通过了《国际货物买卖统一法公约》和《国际货物买卖合同成立统一法公约》。但是，由于这两项公约受大陆法影响较多，内容烦琐，概念也较晦涩难解。因此，在国际上并未被广泛接受和采用。至今为止，仅七八个国家参加了这两项公约。因此，未能达到预期的统一国际货物买卖法的目的。

2. 《联合国国际货物买卖合同公约》

联合国国际贸易法委员会（The United Nations Commission on International Trade Law）从1969年开始，在1964年两项公约的基础上，经过大约10年的酝酿准备，于1978年完成起草了一项新的公约，名为《联合国国际货物买卖合同公约》（以下简称《公约》）。它于1980年3月在维也纳召开的外交会议上获得通过，并于1988年1月1日起生效。截至2010年8月，共76个国家核准、参加或继承了该公约。

我国政府派代表团出席了1980年的维也纳外交会议，参与了《公约》草案的讨论。并于1986年12月11日向联合国秘书处交存了关于该《公约》的核准书，从而成为《公约》的最早缔约国之一。但是，我国在核准《公约》时，曾根据《公约》第95条和96条的规定，对《公约》提出了两项保留。

（1）**关于《公约》适用范围的保留**　根据《公约》第1条第（1）款（a）项的规定，《公约》适用于营业地位于不同的缔约国的当事人之间订立的买卖合同。对于这一点，我国没有异议。而该款中（b）项又规定，只要双方当事人的营业地是位于不同的国家，即使他们的营业地所在国不是公约的缔约国，但如果按照国际私法的规则导致适用某一缔约国的法律，则该《公约》亦将适用于这些当事人之间订立的国际货物买卖合同。我国对这一点提出了保留。因为当时我国同许多其他的发展中国家一样，由于经济体制的原因，在经济贸易方面制定了两套法律，一套适用于国内商业，另一套适用于国际经济贸易。如果不保留第1款（b）项，则本国的涉外经贸立法就不会得到适用。但由于1999年10月1日起正式实施《中华人民共和国合同法》（以下简称《合同法》），原《中华人民共和国经济合同法》《中华人民共和国涉外经济合同法》和《中华人民共和国技术合同法》同时废止，这一保留已无意义。

（2）**关于采用书面形式的保留**　根据《公约》第11条的规定，国际货物买卖合同不一定要以书面形式订立或以书面证明，在形式方面不受任何其他条件的限制。对此，我国也提出了保留，因为这一规定以及其他类似内容的规定，同我国当时的《中华人民共和国涉外经济合同法》中关于涉外经济合同必须采用书面形式订立的规定不一致。但是根据1999年10月1日施行的《合同法》第10条的规定，当事人订立合同可采用书面形式，也可采用口头形式和其他形式。所以这一保留也已不再具有意义。

《公约》对国际货物销售合同的订立、买卖双方的权利和义务制定了统一的法律规则和实际程序，其目的是减少国际贸易中的法律障碍，促进国际贸易的发展。《公约》不仅总结了近半个世纪以来的国际贸易实践，具有可行性，而且还体现了大陆法、英美法和社会主义法律体系之间的平衡，考虑到了发达国家与发展中国家的不同利益和要求，因此具有广泛的代表性。所以，《公约》被通过以后，受到了各国政府的重视和好评，核准加入的国家不断增多，成为迄今为止关于国际货物买卖的一个最重要的公约。

由于我国是《公约》的缔约国，特别是1999年10月1日开始实施的《合同法》中的有关货物买卖的内容基本与《公约》接轨，学习和掌握《公约》是十分必要的。本章也将以《公约》作为主要内容加以阐释。

4.1.3 关于国际货物买卖的国际贸易惯例

国际贸易惯例是国际贸易法的渊源之一，由各国的商业习惯做法及由诸如国际商会、联合国欧洲经济委员会、国际法律协会以其他国际组织所制定的各种标准等组成。国际贸易惯例并不具有普遍约束力，双方当事人可以采用，也可以不予采用。只有当双方当事人在他们订立的国际货物买卖合同中采用了某种国际贸易惯例时，该项惯例才对双方当事人产生等同于法律的约束力。目前，在国际货物买卖中最主要的国际惯例有以下几种。

1.《国际贸易术语解释通则》

《国际贸易术语解释通则》（International Rules For The Interpretation of Trade Terms）是由国际商会（ICC）于1935年制订的，后分别于1953年、1967年、1976年、1980年、1990年、1999年和2010年进行了修改和补充，2010年修订本已于2011年1月1日生效并开始全球实施。与2000年版本相比，2010年修订本主要变化是贸易术语的数量由原来的13种变为11种：删除了原来四个D组贸易术语，即DDU（Delivered Duty Unpaid）、DAF（Delivered At Frontier）、DES（Delivered Ex Ship）、DEQ（Delivered Ex Quay），只保留了INCOTERMS2000D组中的DDP（Delivered Duty Paid）；新增加两种D组贸易术语，即DAT（Delivered At Terminal）与DAP（Delivered At Place）；原来的E组、F组、C组的贸易术语不变。2010年修订本对11种贸易术语做了更加清晰和简洁的解释，具体规定了买卖双方在交货方面的权利与义务。该贸易惯例已在国际上得到广泛的承认和采用。

2.《华沙—牛津规则》

《华沙—牛津规则》（Warsaw-Oxford Rules）规则是国际商会于1932年制定，全文共21条，均是针对"成本加运费、保险费合同（CIF）"制订的，对CIF合同中买卖双方所承担的责任、费用与风险作了详细规定。该惯例在国际上也有较大影响。

4.1.4 国内法

调整国际货物买卖关系的国内法在英美法系国家由单行法和有关判例构成，如英国的《货物买卖法》和美国的《统一商法典》等，即为单行的货物买卖法。英美法系国家中有关货物买卖的大量判例中所确立的原则，亦被这些国家用来作为确定国际货物买卖关系中当事人间权利与义务的根据。大陆法系国家的货物买卖法一般包含在民、商法典中，如法国《民法典》第3编第6章、法国《商法典》第1编、德国《民法典》第2编第7章、德国《商法典》第3编等。我国1999年10月1日正式实施的《合同法》是处理货物买卖关系的主要法律依据。该法对货物买卖合同的订立、履行及违约责任等都作了规定。

4.2 国际货物买卖合同中卖方的义务

根据《公约》第 30 条规定，卖方的基本义务包括：交付货物、移交所有与货物有关的单据以及转移货物所有权。对于其中的转移货物所有权，《公约》虽然强调其也是卖方在国际货物销售中必须履行的一项主要义务，但由于《公约》第 4 条曾规定："《公约》除非另有明文规定。"《公约》与"所售货物所有权可能产生的影响"无关。因此，该项义务履行的规则在《公约》管辖范围之外，即货物所有权转移的时间、形式以及在法律上的效力等要受合同所适用的国内法管辖。

4.2.1 交货的地点与时间

1. 交货的地点

根据《公约》第 31 条规定，如果合同中未规定卖方交货的地点，卖方应按下述 3 种不同情况履行其交货义务。

1）如果销售合同涉及货物运输，卖方应把货物移交给第一承运人，以运交买方。所谓涉及货物运输的合同，是指卖方被要求，或被授权将货物运交买方的合同。

2）当销售合同不涉及货物运输时，如果买卖的货物为特定货物，或从特定存货中提取，或留待生产的未经特定化的货物，而且双方当事人在订立合同时已知道这些货物是在某一特定地点，或将在某一特定地点制造或生产，则卖方应在该地点把货物交给买方处置。

销售合同不涉及货物运输，指的是卖方无义务运送货物，由买方自行派车或委托他人直接提取货物，多属于陆路相连国家之间的贸易，并且买卖双方相距不远。

3）在其他情况下，卖方应在他于订立合同时的营业地把货物交给买方处置。"把货物交给买方处置"指的是卖方应完成使买方占有货物的一切准备工作，包括对货物的包装、划拨等项工作，使货物处于交付状态，并向买方发出通知，使买方能够占有货物。

《公约》第 32 条还规定，如果卖方有义务安排货物运输，他还必须承担以下义务。

1）如果货物未经特定化，卖方必须向买方发出具体说明此项货物的发货通知。所谓把货物特定化，就是指定以该项货物作为履行某一合同的标的。一般来说，卖方将货物特定化的方法有：①在货物上标明买方的姓名和地址；②在提单上载明以买方为收货人或载明货物运到目的地时应通知某一买方。

卖方把货物特定化是一项具有重大法律意义的行为。按照许多国家法律，卖方将货物特定化，乃是货物的风险和所有权由卖方转移于买方的必要条件。在货物特定化之前，其风险和所有权原则上不转移于买方。

2）卖方必须订立必要的运输合同，用适当的运输工具，按通常的运输条件，将货物运到指定地点。

3）如果卖方没有义务对货物运输办理保险，他必须在买方提出要求时，向买方提供一切现有的必要资料，使买方能够办理这种保险。在实践中，按照某些国际贸易惯例，如在 CFR 或 FOB 交货条件下，即使买方没有提出要求，卖方也应当提供这类资料，否则如果因为卖方不提供这类资料而导致买方不能及时投保，卖方就可能要对货物在运输中的风险负责。

2. 交货的时间

《公约》第 33 条对如何确定卖方交货的时间作了以下规定。

1）如果合同中规定了交货日期，或从合同中可以确定交货日期，则卖方应在该日期交货。

2）如果合同中规定了一段时间，或从合同中可以确定一段时间，则除情况表明应由买方选定一个日期外，卖方有权决定在这段时间内的任何一天交货。

3）在其他情况下，卖方应在订立合同后的一段合理时间内交货。

我国《合同法》对交货时间与地点的规定与上述《公约》的规定一致。

【案例分析】

广西某大型化肥厂与越南某农资公司签订了一份化肥买卖合同，合同规定，购买尿素 2 万吨，每吨人民币 200 元，总金额为人民币 400 万元。但合同双方仅对交货期含混规定：交货日期另行商订。合同签订后，越南公司曾电告广西某厂在 11 月份听通知发货。但一直等到 12 月上旬，广西某化肥厂仍没有收到发货通知，于是便去函要求发货。而越南公司则声称：由于当地气候变化，不再需要尿素了。广西某化肥厂便在没发货通知的情况下将 2 万吨化肥运到越南公司。越南公司以未发通知为由拒绝付款并要求退货。因协商无果，广西该化肥厂诉诸法院。

思考题

上述纠纷应该如何解决？

资料来源：http://www.docin.com/p-131943321.html.

［参考答案］

双方订立的合同有效；对于交货期不明确引起的纠纷买卖双方均应承担责任；越南公司付给广西某化肥厂违约金，广西化肥厂则自行处理已发运的 2 万吨尿素。

4.2.2 卖方对货物的担保义务

1. 卖方对货物的品质担保义务

品质担保义务，按《公约》第 35 条的规定，是指卖方所交付的货物必须与合同规定的数量、质量和规格相符，并须按照合同所规定的方式装箱或包装。除双方当事人另有协议外，卖方所交货物应符合下列要求，否则即认为其与合同不符。

1）货物适用于同一规格货物通常使用的目的。

2）货物应适用于订立合同时买方曾明示或默示地通知卖方的任何特定用途，除非情况表明买方并不依赖卖方的技能和判断力，或者这种依赖对卖方来说是不合理的。

有时买方订购货物是为了某种或某些特殊的用途，然而又不清楚该种货物的确切规格，因此买方便通过说明该货物应具有的特殊使用目的的方法来与卖方达成合同。则卖方交付的货物就必须适用于这种特殊用途。但是，如果买方以商标、型号或以精确的技术规格选购货物时，就可以认为买方是依赖对自己的自信来选购货物，而不是依赖卖方的技能和判断力来为他提供货物，这时，卖方就不承担提供适合特定用途的货物的义务。另外，买方对卖方的信赖不能超出卖方的技能和判断力，即不能超出一个合情合理的人应该对卖方的信赖程度。例如，卖方在订约时已向买方表示对所订货物缺乏专业知识，买方再对卖方寄以信赖即属不合理。

3）货物的质量应与卖方向买方提供的样品或样式相同。

4）货物应按同类货物通用的方式装箱或包装，如无此种通用方式，则应按足以保全和保护货物的方式装箱或包装。

"通用的方式"，应与国际上同类货物交易中普遍采用的惯例以及双方之间建立的习惯做法相一致，要满足买方对货物的合理期待。

《公约》第35条还规定了卖方可以免责的情况，即，如果买方在订立合同时知道或不可能不知道货物不符合同，卖方就无须对此负责。"不可能不知道"是指无须调查用肉眼即可发现的事实。而货物在这段时期内发生了不符合同的情形从而卖方违反了他的保证，则应对这一情形负责。

根据《公约》第38~40条的规定，买方有检验货物的权利，而且必须在发现或理应发现不符情形后一段合理时间内通知卖方，否则就将丧失以卖方违约为由提起诉讼的权利。这一合理时间最长不超过买方实际收到货物后的两年，除非这一时限与合同规定的索赔期限不符。但是，如果货物不符合同规定指的是卖方已知道或不可能不知道而又没有告知买方的一些事实，即卖方存在欺诈行为时，买方仍可就此情形向卖方主张权利。

【案例分析】

2007年7月20日，新加坡某贸易公司与我国某省畜产品进出口公司签订购买混级安哥拉兔毛的合同。贸易公司为买方，进出口公司为卖方。进出口公司与某贸易货栈联系，购买其兔毛以履行合同。进出口公司提出，质量标准要达到特、甲、乙三个等级的兔毛各占30%，丙级和次级的各占5%。不得掺假使杂。贸易货栈表示保证质量合乎要求。进出口公司要求签合同，贸易货栈不同意，言明他们是现货交易，如果当时不成交，第二天就将货卖给别人。进出口公司轻信贸易货栈的保证与许诺，与之达成口头协议，每斤91元。但在装货时，进出口公司的经办人发现一包缝口破裂的兔毛包中混有许多石块、石粉、砖头等杂物。检查了几包，都存在这种情况。经办人当即质问贸易货栈，贸易货栈在搪塞之下，提出可采取其他办法。在开发票时，贸易货栈开出的发票中写为每斤兔毛103.50元，而将每斤多交的13.5元作为回扣给了进出口公司的经办人员，达25万元。进出口公司购入兔毛后，即电传通知新加坡某贸易公司，兔毛已备齐，数量、质量合乎要求。于是新加坡方公司开出了以进出口公司为受益人的不可撤销的信用证，进出口公司接证后发货。新加坡方公司收货后，发现了严重的质量问题，于是拒收货物，并立即对进出口公司的行为提出抗议，要求赔偿自己的一切损失。

注：新加坡和我国均为《公约》缔约国。

思考题

（1）进出口公司的欺诈是否导致与新加坡某贸易公司的合同无效？为什么？

（2）进出口公司的行为违反了《公约》的哪些规定？

（3）新加坡贸易公司可以采取何种补救措施？

（4）假定我方进出口公司已将符合合同质量要求的兔毛备好并通知新加坡方贸易公司，但是，由于运输途中遭遇特大暴雨，导致部分货物淋湿受潮、发霉变质。贸易公司可以因此拒付货款吗？为什么？

资料来源：陈迎. 国际商法：实务与案例[M]. 北京：北京大学出版社，2012.

[参考答案]

（1）进出口公司的欺诈不能导致合同无效。进出口公司的欺诈行为是发生在合同履行阶段，其提供的货物不符合合同规定，属于违约行为。

（2）进出口公司的行为违反了《公约》中关于卖方对货物的品质担保义务的规定。

（3）新加坡贸易公司可以根据自己的实际需求等情况采取如下救济方法：①要求进出口公司按合同要求实际履行合同；②解除合同，并要求损害赔偿；③解除合同后，补进符合合同要求的货物，并由卖方赔偿差价与其他损失。

（4）买方应按合同支付货款，因为运输途中的风险应由买方负责。

2. 卖方的权利担保义务

卖方对货物的权利担保义务是指卖方必须保证：其对所售货物拥有完全所有权或合法出售权；货物不存在任何买方所不知道的对买方不利的担保物权；货物不存在对第三人知识产权的侵犯。

根据《公约》第41~42条规定，卖方的权利担保义务包括以下内容。

1）卖方所交付的货物必须是第三方不能提出任何权利或请求的货物，除非买方同意在这种权利或请求的条件下，收取货物。

2）卖方所交付的货物不得侵犯任何第三方的工业产权或其他知识产权。但以下述两项内容为限：①时间上的限制。指"卖方在订立合同时已知道或不可能不知道的权利或要求为限"。②国境限制。卖方并不是对第三方依据任何一国的法律所提出的工业产权或知识产权的权利或请求都要向买方承担责任，而只是在下列情况下才须向买方负责：一是，如果买卖双方在订立合同时已知买方打算把该项货物转售到某一个国家，则卖方对于第三方依据该国法律所提出的有关工业产权或知识产权的权利请求，应对买方负责。二是，卖方对第三方根据买方营业地所在国法律所提出的有关侵犯工业产权或知识产权的请求，应对买方承担责任。

另外，根据《公约》第43条和第44条规定，除非卖方知道第三方的权利或要求，以及此一权利或要求的性质，或者买方有合理理由，否则买方如果不在已经知道或理应知道第三方权利或要求的合理时间内，将此一权利或要求的性质通知卖方，就将丧失援引上述两项规定的权利。

3. 卖方权利担保义务的免除

1）买方在订立合同时已知道或不可能不知道此项权利或要求；

2）此项权利或要求的发生，是由于卖方要遵照买方所提供的技术图样、图案、程度或其他规格。

【案例分析】

中国A公司生产了假冒日本野马公司注册商标的CD机。后来A公司与日本B公司签订了出口到日本的该CD机的合同。产品在日本销售时，被野马注册商标权利人发现，起诉B公司构成侵权。

思考题

（1）在这种情况下，A对B是否承担责任？

（2）假设B在缔约时已经知道A假冒注册商标的行为，A对B是否承担责任？

（3）假设A与美国C公司签订上述买卖合同，货物在美国销售，野马公司起诉C，A对C是否承担责任？

（4）假设 A 知道 C 打算把货物销往日本，野马公司起诉 C，A 对 C 是否承担责任？

资料来源：陈迎. 国际商法：实务与案例. 北京：北京大学出版社，2012.

[参考答案]
(1) A 应当对 B 承担责任。
(2) A 可以不对 B 承担责任。
(3) A 可以不对 C 承担责任。
(4) A 对 C 应当承担责任。

4.2.3 移交所有与货物有关的单据

根据《公约》第 34 条规定，卖方必须按照合同规定的时间、地点和方式移交与货物有关的单据。这些单据一般包括可转让或指名的提单、商业或领事发票、装箱单、保险单、产地证、品质证、重量单等。

4.3 国际货物买卖合同中买方的义务

根据《公约》第 53 条的规定：买方的义务包括两项：支付货物价款和收取货物。

4.3.1 支付货物价款

1. 办理付款手续

《公约》第 54 条规定："买方支付价款的义务包括根据合同或任何有关法律和规章规定的步骤和手续，以便支付价款。"根据这一规定，作为其支付价款义务的一部分，买方必须采取合同和任何有关的法律、法规对于付款问题所规定的步骤，履行所规定的手续。这些步骤可能包括申请信用证或银行付款保函，到政府部门或银行进行合同注册、设法获得必要的外汇，或向政府主管部门申请汇出外汇等。除非合同特别规定将这些义务的某一项归于卖方履行，否则，这些步骤都必须由买方采取。

2. 货物价格的计算

1）如果合同已有效地订立，但没有明示或暗示地规定价格或规定如何确定价格，在没有任何相反表示的情况下，双方当事人应视为已默示地引用订立合同时此种货物在有关贸易的类似情况下销售的通常价格。

2）如果价格是按重量规定的，如有疑问，应按净重确定。

3. 付款地点

如果合同未对买方付款地点作出规定，那么他应在下列地点向卖方支付货款：

1）卖方营业地。如果卖方营业地在订立合同后发生变动，卖方必须承担由此而增加的支付方面的有关费用。

2）如果买方付款以卖方向其移交货物或单据为条件，那么买方必须在卖方向其交货或移交单据的地点付款。

4. 付款时间

如果合同没有规定付款时间，买方付款义务如下：

1）必须于卖方按照合同和《公约》规定将货物或控制货物处置权的单据交给买方处置时支付价款。卖方可以支付价款作为移交货物或单据的条件。

由此可见，买方没有义务在卖方将货物置于买方控制之前付款；卖方也没有义务在买方付款之前交付货物。简言之，交付货物与支付价款是对流条件。具体地说，买方必须在卖方将货物或控制货物处置权的单据交给买方处置时支付价款，如果买方此时不付款，卖方可以拒绝移交货物或单据。反之，如果没有其他规定，若卖方不将货物或控制货物处置权的单据交给买方，买方也没有义务支付价款。

2) 如果合同涉及货物运输，卖方可以在支付价款后方可把货物或控制货物处置权的单据移交给买方作为发运货物的条件。

3) 买方在未有机会检验货物之前，无义务付款，除非这种机会与双方当事人议定的交货或支付程序相抵触。《公约》并未具体规定哪些交货或支付程序与买方在付款前检验货物的权利相抵触。最常见的例子是不论货到与否，只要交出控制货物处置权的单据就付款的协议。例如，CIF价格条件中就含有这样的协议，即"买方必须在卖方提供符合合同规定的单证时，受领单证，并按合同规定支付价金"。这时，买方即失去了在支付货款前检验货物的权利。《公约》第59条规定，买方付款无须卖方提出任何要求或办理任何手续，即买方的付款义务是绝对的，无须卖方催告。

4.3.2 收取货物

根据《公约》第60条的规定，买方收取货物的义务包括以下两方面。

1. 采取一切理应采取的行动，以期卖方能交付货物

这些行动可能包括买方为卖方指定准确的发货地点、派人到场接收货物，以及根据贸易术语的要求安排货物的运输、申领按本国规定进口所需证件，如进口许可证等。例如，在FOB合同中，买方有义务签订必要的运输合同、自费租赁船只或预订必需的舱位，将船只的名称、装货泊位及装船日期通知卖方，并按日期派船到指定的装货港装货，以便使卖方能按期交付货物。

2. 接收货物

买方有义务在卖方交货时接收货物。如买方不及时接收货物，有时可能会对卖方的利益产生直接影响。因为当卖方有义务将货物运送给买方时，卖方一般都要求买方及时卸货并提走货物。如果买方不及时提货，卖方可能要对承运人支付滞期费及其他费用，对此买方应承担责任。

4.4 违反国际货物买卖合同的救济方法

4.4.1 卖方违反合同时买方的救济方法

卖方违约主要有不交货、延迟交货或所交货物与合同不符三种情形。《公约》第45~52条对卖方违约情形规定了买方可以采取的救济措施。

1. 要求卖方实际履行合同

1) 要求卖方实际履行合同包括两种情况：一种是当事人可直接要求对方按合同规定履行其义务；另一种是如果对方仍不履行，便可诉诸法院并要求法院判对方按合同规定履约义务。但是，根据《公约》第28条的规定，当一方当事人要求另一方当事人实际履行某项义务时，法院没有义务做出判决要求具体履行此项义务，"除非法院依照其本身的法律对不属于本《公约》范围的类似销售合同愿意这样做"。也就是说，《公约》是让各个法律体系在国家的法院按其自身的法律来处理这个问题。在大陆法国家，法院一般会满足受害方的实际履行的要求；而在英美法国家，只有在极特殊的情况下，法院才会判实际履行。

2）要求卖方交付替代货物。根据《公约》第46条第（2）款规定，如果卖方所交付的货物与合同规定不符，而且这种不符合同的情形已构成根本违反合同，买方有权要求卖方另外再交一批符合合同要求的货物，以替代原来那批不符合同的货物。如果卖方所交货物与合同不符情况并不严重，尚未构成根本违约时，买方就不能要求卖方交付替代货物，而只能要求卖方赔偿损失或对货物与合同不符之处进行修补。这主要是为了权衡双方的经济利益，不致使卖方承担过重的经济负担。

3）要求卖方对货物不符合同之处进行修补。这项规定适用于卖方所交货物与合同不符的情况并不严重，尚未构成根本违约，而且根据当时的具体情况，要求卖方进行修补是合理的情形。

2. 给卖方一个履行宽限期

这是针对卖方延迟交货而规定的一种救济方法，其基本思想是买方不能仅因卖方不按时交货就撤销合同，而应给卖方一段额外的合理时间让其交货。而且，除非买方收到卖方通知，表明卖方将不在这段时间内履行义务，买方不能再采取任何补救方法。

3. 卖方可以对其违约情形做出补救

《公约》第48条原则上允许卖方在交货之后可以对其任何不履行义务之处加以补救，但必须符合以下要求：

1）买方未按《公约》第49条规定撤销合同。
2）卖方应当承担做出补救的费用。
3）卖方在做出补救时不得给买方造成不合理的不便或迟延。

《公约》第48条还规定，卖方在准备行使上述权利时，应事先将此意图通知买方；买方在收到这一通知后，应在合理时间内作出答复，否则，卖方可按其通知的内容履行其义务，而买方则不得采取与卖方履行义务相抵触的补救方法。卖方发出的通知到达生效。

4. 解除合同

根据《公约》第49条第（1）款规定，买方可以在以下两种情况下解除合同：

1）根本违约。
2）如果发生不交货的情况，卖方不在买方按照《公约》第47条规定的额外时间内交付货物，或卖方声明他将不在所规定的时间内交付货物。

根据《公约》49条第（2）款的规定，如果卖方已交付货物，则买方必须在合理的时间内行使上述权利，否则将丧失这一权利。这也是为了权衡双方的利益，以免给卖方带来更大损失。

5. 减低货价

如果货物不符合同，不论价款是否已付，买方都可以减低价格。减价后应付款的计算方法是，以原合同价金（T）乘以卖方在交货时的不符货物的实际价值（D）与在交货时相符货物价值（C）的比例，即 $T \times (D/C)$。

6. 部分货物不符时买方的救济措施

根据《公约》第51条规定，当卖方只交付一部分货物，或者卖方所交付的货物中只有一部分符合合同规定时，买方只能对漏交的货物或不符合同规定部分的货物采取以上救济方法，而不能解除整个合同。但如果卖方完全不交付货物或不按照合同规定交付货物等于根本违约时，买方可以宣告整个合同无效。

7. 可以拒绝卖方提前、超量交货

根据《公约》第52条规定，如果卖方提前交货，买方可以收取货物，也可以拒收货物。如果卖方交付的货物数量大于合同规定的数量，买方可以收取也可以拒收多交部分的货物。如果买方收取多交部分货物的全部或一部分，他必须按合同价格付款。

4.4.2 买方违反合同时卖方的救济方法

买方违反合同主要有不付款、延迟付款、不收取货物以及延迟收取货物等几种情形。《公约》第61~65条规定了买方违约时卖方可以采取的救济措施。

1. 要求买方实际履行合同

《公约》第62条规定，卖方可以要求买方支付价款、收取货物或履行其他义务。除非卖方已采取与此一要求相抵触的某种补救办法，例如，宣告撤销合同。

2. 规定额外的履行期限

如果买方没有在合同规定的时间内履行其合同义务，卖方可以规定一段额外的合理时间让买方履行义务。而且，除非卖方收到买方通知，声称他将不在所规定的时间内履行义务，卖方不得在这段时间内对买方违约采取任何补救措施。但卖方并不因此丧失他对迟延履行义务可能享有的要求损害赔偿的权利。

3. 宣告合同无效

根据《公约》第64条第（1）款规定，卖方在下列情况下，可以解除合同：①买方根本违约；②买方不在卖方为其规定的额外合理时间内履行义务，或声明他将不在所规定的时间内这样做。根据64条第（2）款规定，如果买方已支付价款，卖方必须在合理时间内行使上述权利，否则将丧失这一权利。

4. 卖方可自行订明货物规格

根据《公约》第65条规定，如果买方应根据合同规定订明货物的形状、大小或其他特征，而他在议定的日期或在收到卖方的要求后一段合理时间内没有订明这些规格，则卖方在不损害其可能享有的任何其他权利的情况下，可以依照他所知的买方要求，自己订明规格。但是，他必须把订明规格的细节通知买方，而且必须规定一段合理时间，让买方可以在该段时间内订出不同规格。如果买方在收到这种通知后没有在该段时间内这样做，卖方所订的规格就具有约束力。

4.4.3 卖方和买方义务的一般规定

《公约》第71~77条处理的是有关违约救济的一些特殊问题，这些问题所涉及的权利及义务是买卖双方在一定情势下均可能遇到并应履行或行使的。

1. 中止履行义务

根据《公约》第71条规定，如果订立合同后，一方当事人因其履行义务的能力或信用有严重缺陷，或在准备履行合同或履行合同中的行为表明他显然将不履行其大部分重要义务，另一方当事人可以中止履行义务；如果卖方在上述理由明显化以前已将货物发运，他可以阻止将货物交给买方，即使买方持有其有权获得货物的单据。中止履行义务的一方当事人不论是在发运前，还是发运后，都必须通知另一方当事人，如经另一方当事人对履行义务提供充分保证，则必须继续履行义务。

以上规定是针对预期违约情形可以采取的救济措施。中止履行只是一种暂时性的救济方法，当事人双方的合同关系此时并未终止，究竟如何发展还有赖于双方的进一步行为或不行为。如果对方当事人对履行义务提供充分保证，则中止履行义务的一方当事人必须继续履行义务。一般认为，单纯言词不能作为"充分保证"，对方提供的证据必须是具体事实或做某种行为。证据要能满足以下两项条件之一：一是足以作为向另一方当事人提出的他将履行自己义务的担保；二是担保另一方若继续履行义务则一定能为该项履行得到完全的补偿。

【案例分析】

一份订购精密仪器配件的合同规定：卖方应保证供应配件的质量，买方应在配件制造过程中，按进度预付货款。合同签订后不久，据可靠消息透露，卖方质量不稳定。于是买方立即通知卖方：据悉你公司供货质量不稳定，故我方将中止向你方履行一切义务。卖方收到通知后，立即向买方提供书面保证：如不能履行义务，将由银行偿还买方按合同规定所做的一切支付。但买方收到此通知后仍中止履行合同。

思考题

买方有无继续中止履行合同的理由？为什么？

资料来源：http://www.docin.com/p-410353768.html。

[参考答案]

买方有继续中止履行合同的理由。因为卖方在接到买方中止履行合同的通知以后虽然提出了书面的履行合同保证，但这个保证是不充分的。

2. 在履行期满前宣告合同无效

根据《公约》第72条规定，如果在履行合同日期之前，明显看出一方当事人将根本违反合同，另一方当事人可以宣告合同无效。但是，如果时间许可，他必须向另一方当事人发出合理的通知，使其可以对履行义务提供充分保证，除非另一方当事人已声明他将不履行其义务。

可见这项规定仍是针对预期违约而采取的一种救济方法。但因一方显示出的行为或事实的明显程度及预计将违约的严重程度与第71条规定的不同，另一方相应的权利亦不同。对于何种事实可视为达到使一方可"明显看出"的程度，一般认为，一是一方当事人的言行达到构成预期违约的发生；二是客观事实使将来的履行成为不可能。

3. 分批交货合同的宣告无效

《公约》第73条规定：①对于分批交货合同，如果一方当事人不履行对任何一批货物的义务，便对该批货物构成根本违约，则另一方当事人可以宣告合同对该批货物无效。②如果一方当事人不履行对任一批货物的义务，使另一方当事人有充分理由断定对今后各批货物将会发生根本违反合同，该另一方当事人可以在一段合理时间宣告合同今后无效。③如果卖方所交各批货物互相依存，不能单独用于双方当事人在订立合同时所设想的目的，买方可以在宣告合同对任何一批货物的交付为无效时，同时宣告合同对已交付的或今后交付的各批货物均为无效。

4. 损害赔偿

根据《公约》第74条规定，计算损害赔偿额的一般规则是，一方当事人违反合同应付的损害赔偿额，应与另一方当事人因他违反合同而遭受的包括利润在内的损失额相等。这种损害赔偿不得超过违约一方在订立合同时，依照他当时已知或理应知道的事实和情况，对违约预料到或理应预料到的可能损失。

第 75 条和第 76 条规定了合同宣告无效时损害赔偿的计算。如果宣告合同无效后一段合理时间内，买方已以合理方式购买替代货物，或卖方已以合理方式将货物转卖，则要求在赔偿一方可以取得合同价格和替代货物交易价格之间的差额以及任何其他损害赔偿。如果买卖双方未按上述方式购买或转卖货物，则可以取得合同价格与宣告合同无效时的时价之间的差额。但是如果要求损害赔偿的一方在接收货物之后宣告合同无效，则应适用接收货物时的时价。这里的时价是指原应交货地点的现行价格，如果该地点没有时价，则指另一合理替代地点的价格，但应适当考虑运费差额。

《公约》第 77 条还规定了守约一方减轻损失的义务，即他必须按情况采取合理措施，减轻由于该另一方违反合同而引起的损失，包括利润损失，否则，违约一方可以要求从损害赔偿中扣除原可以减轻的损失数额。

4.5　货物所有权与风险的转移

4.5.1　货物所有权的转移

1. 英美法系有关货物所有权转移的规定

按英国货物买卖法的规定，货物的所有权、何时转移由双方当事人在合同中加以规定。如果合同中对此未作规定，则适用以下原则。

1）凡属无保留条件的特定物的买卖合同，如该特定物已处于可交付状态，则货物所有权在合同订立时转移于买方。

2）在特定物的买卖合同中，如果卖方还要对货物做出某种行为，才能使货物处于可交付状态，则货物所有权于卖方履行了此项行为，并在买方收到有关通知时才转移于买方。

3）如果特定物已处于可交付状态，但卖方仍须实施某种行为以确定其价金者，则在卖方完成该行为并且买方收到有关通知时，货物所有权转移于买方。

4）如果货物是按"试验买卖"条件交付买方，当买方明确表示接受该项货物或在收到货物后，在合同规定的退货期届满之前或合理时间内没有发出退货通知，则货物所有权转移于买方。

5）对于非特定物的买卖，须将货物特定化之后，所有权可转移于买方。

6）如果卖方保留了对货物的处分权，则在卖方所要求的条件得到满足以前，货物所有权不转移于买方。

根据美国《统一商法典》的规定，在将货物特定化之前，货物所有权不转移到买方。这是关于所有权转移的一项基本原则。该法典还规定，当事人可以在合同中约定货物所有权何时转移。如果合同未就此作出规定，则货物所有权在卖方将货物交付给买方时转移到买方。

2. 大陆法系有关货物所有权转移的规定

在大陆法系各国，存在两种不同规定。一种是双方当事人可在合同中约定货物所有权转移的时间。如果合同无此种约定，则货物所有权于合同成立之时起转移到买方。实行这一原则的国家包括法国、比利时、意大利、葡萄牙等国。另一种是区分动产和不动产，如为动产，货物所有权于货物交付时转移于买方；在卖方有义务交付物权凭证的场合，卖方可以通过交付物权凭证而将货物所有权转移于买方。如属不动产，其所有权于向主管机关登记时转移。实行这一原则的国家包括德国、荷兰、西班牙等国家。

3. 《公约》及国际贸易惯例的有关规定

（1）**《公约》的有关规定**　《公约》第 4 条明确规定，该《公约》不涉及买卖合同对所售货物所有权可能产生的影响。因此，《公约》仅原则性地规定了卖方有义务把货物所有权转移于买方，并保证他所交付的货物必须是第三方不能提出任何权利或请求权的货物，至于所有权转移的时间、地点和条件，以及买卖合同对第三方货物所有权所产生的影响等问题，都没有做出任何规定。

（2）**国际贸易惯例的有关规定**　在国际贸易惯例中，只有《华沙—牛津规则》对此作了规定，其第 6 条规定，在 CIF 合同中，货物所有权于卖方将货运单据交给买方时转移。在实践中，一般认为这项原则也可以适用于卖方有义务提供提单的其他合同，包括 CFR 合同及 FOB 合同。至于卖方没有提供提单义务的合同，一般可推定，货物所有权于卖方将货物交给买方处置时转移给买方。

4.5.2 货物风险的转移

所谓风险，是一个法律术语，指的是货物所发生的意外损失，如盗窃、火灾、毁灭、损害及不属于正常损耗的腐烂变质，等等。这些损失在各种情况下都可能发生，因此，在国际贸易中明确规定风险的转移十分重要，这直接涉及买卖双方的基本义务，关系到由谁来承担损失的问题。风险转移的关键是时间问题，即从什么时候起货物风险由卖方转移到买方。《公约》第 66～70 条对风险转移的各种情况作了以下规定。

1. 风险转移的后果

根据《公约》第 66 条规定，货物在风险转移到买方承担后遗失或损坏，买方支付价款的义务并不因此解除，除非这种遗失或损坏是由于卖方的行为或不行为造成。

【案例分析】

1. 某公司以 FOB 条件向境外出售一级大米 300 吨，装船时经公证人检验，货物符合合同规定的品质要求，卖方在货物装船后及时发出装船通知，但由于运输途中海浪过大，大米被海水浸泡，当货物到达目的港后，只能按三级大米的价格出售，故买方要求卖方赔偿大米质量下降造成的差价损失。

思考题

卖方是否对该项损失负责，为什么？

2. 我国某公司与韩国某公司签订了一份 CIF 合同，进口电子零部件。合同订立后，韩国公司按时发货。我公司收到货物后，经检验发现，货物外包装破裂，货物严重受损。韩国公司出具离岸证明，证明货物损失发生在运输途中。对于该批货物的运输风险双方均未投保。

思考题

上述风险损失由谁承担？

资料来源：http://zyzg.100xuexi.com/view/examdata/20121031/.

[参考答案]

1. 该差价损失应该由买方承担。

2. 货物外包装破裂的损失发生在运输途中，本应该由买方承担。但是，卖方没有按规定投保货物在海运中的风险，使得买方不能就上述损失向保险公司索赔。因此，货物外包装破裂的损失应由卖方承担。

2. 涉及货物运输时风险转移的时间

根据《公约》第 67 条规定，如果销售合同涉及货物的运输，但卖方没有义务在某一特定地点交付货物，自货物按销售合同交付给第一承运人以转交给买方时起，风险就转移到买方承担。如果卖方有义务在某一特定地点把货物交付给承运人，风险于该地点转移给买方承担。卖方保留控制货物处置权的单据，并不影响风险的转移。而且，《公约》第 67 条还规定，在货物未经特定化之前，风险不转移。

3. 路货的风险转移时间

当卖方先把货物装上开往某个目的地的船舶，然后再寻找适当的买主订立买卖合同时，这种交易就是在运输途中进行的货物买卖，在外贸业务中称之为"海上路货"。根据《公约》第 68 条的规定，对于在运输途中销售的货物，从订立合同时起，风险就转移到买方承担。但是，如果情况表明有此需要，从货物交付给签发载有运输合同单据的承运人时起，风险就由买方承担。尽管如此，如果卖方在订立合同时已知道或理应知道货物已经遗失或损坏，而又不将这一事实告知买方，则这种遗失或损坏应由卖方负责。

【案例分析】

中国"香港"某公司与上海某公司于 2006 年 10 月 2 日签订进口服装合同。11 月 2 日货物出运。11 月 4 日中国"香港"某公司与瑞士公司签订合同，将该批货物转卖，此时货物仍在运输途中。

思考题

货物风险何时由中国"香港"某公司转移到瑞士公司？

资料来源：http://www.doc88.com/p-90829211258.html.

[**参考答案**] 货物风险于 11 月 4 日转移给瑞士公司承担。

4. 其他情况下风险转移的时间

《公约》第 69 条第（1）款规定，在不属于第 67 条和第 68 条的情况下，从买方接收货物时起，或如果买方不在适当时间内这样做，则从货物交给他处置但他不收取货物从而违反合同时起，风险转移到买方承担。这一规定适用于合同要求买方到卖方营业地接收货物的情况。总的精神是，只要货物在卖方的实际占有之下，并且买方不接收货物未超过最后一天期限，货物发生的损失就应当由卖方承担风险。

【案例分析】

有一份出售茶叶的合同，按卖方仓库交货条件买卖，数量为 10 000 公斤，总价值为 25 000 美元。合同规定买方应于 10 月份提取货物，卖方于 10 月 1 日已将提货单交付给买方，买方也付清了货款。但是，买方直到 10 月 31 日尚未提走货物，于是卖方将货物搬移至另一不适当的地方存放。由于茶叶与牛皮存在同一地方，当买方于 12 月 15 日提货时，发现有 30% 的茶叶已与牛皮串味而失去商销价值。双方因此发生争议。

思考题

在上述情况下，各方应负何种责任？为什么？

资料来源：http://www.docin.com/p-410353768.html.

[**参考答案**]

卖方应对 30% 的茶叶负责，而买方应对因延迟提货而用去的额外费用负责。

《公约》第69条第（2）款规定，如果买方有义务在卖方营业地以外的某一地点接收货物，当交货时间已到而买方知道货物已在该地点交给他处置时，风险方始转移。这一规定适用于货物存放在非卖方及买方所属的公用仓库之中的情形。《公约》对此的精神是，风险在买方应该并且能够从第三方那里收回其对货物的控制权时转移到买方。

5. 卖方根本违反合同对风险转移的影响

根据《公约》第70条规定，如果卖方已根本违反合同，上述关于风险转移的各项规定，并不损害买方因此种违反合同而可以采取的各种补救办法。

本章小结

国际货物买卖法，是指调整跨越一国国境的货物买卖关系的原则、规则及规章制度的总体。国际货物买卖法的本质及核心问题是国际货物买卖合同的有效性问题。目前，国际上有三项关于国际货物买卖的国际公约，它们是：1964年《国际货物买卖统一法公约》和《国际货物买卖合同成立统一法公约》，以及1980年《联合国国际货物买卖合同公约》。其中《联合国国际货物买卖合同公约》是关于国际货物买卖的一个最重要的公约。其中对国际货物买卖中买卖双方的义务、违反国际货物买卖合同的救济方法、货物所有权与风险的转移等内容作了规定。我国《合同法》在上述内容方面已基本与公约接轨。关于国际货物买卖的国际贸易惯例主要有：《国际贸易术语解释通则》（2010年）和《华沙—牛津规则》。

关键术语

国际货物买卖　　　　国际货物买卖合同　　　　国际贸易术语
权利担保　　　　　　品质担保　　　　　　　　货物特定化

思考与练习

一、填空题

1. ＿＿＿＿是迄今为止关于国际货物买卖的一个最重要的国际公约。
2. 目前在国际货物买卖中最重要的贸易惯例是＿＿＿＿。
3. 我国有关货物买卖的法律，主要见诸＿＿＿＿和＿＿＿＿。
4. 买卖双方的＿＿＿＿是买卖法的核心。一般来说，《公约》中对此的规定，都是属于＿＿＿＿的规定。

二、单项选择题

1.《国际货物买卖合同公约》于（　　）获得通过，于（　　）起生效。
   A. 1964年、1979年　　　　　　B. 1980年、1988年
   C. 1969年、1978年　　　　　　D. 1964年、1978年

2. 如果合同没有明示或默示地规定货物的价格或规定确定价格的方法时，依《公约》规定（　　）。
   A. 按交货时的合理价格来确定货物的价金
   B. 按提货时的合理价格来确定货物的价金
   C. 按照进口国法律规定确定价金

D. 应按订立合同时的通常价格来确定货物的价金

3. 国际货物买卖合同与一般货物买卖合同的区别是（　　　　）。
   A. 双方当事人的权利义务不一样　　　B. 双方当事人的地位不同
   C. 它具有涉外因素　　　　　　　　　D. 签订合同的程序不同

4. 涉外经济合同成立的实质条件是（　　　　）。
   A. 符合国家的法律和法规　　　　　　B. 必须以书面形式订立
   C. 符合国际贸易惯例　　　　　　　　D. 双方就合同条款达成协议

5. 乙公司对甲公司发价的接受通知于 8 月 5 日从乙地发出，8 月 9 日到达甲公司所在地，8 月 10 日下午到达甲公司传达室，8 月 11 日上午甲公司经理阅及此通知。依《国际货物销售合同公约》，乙公司接受的生效时间是（　　　　）
   A. 8 月 5 日　　　B. 8 月 9 日　　　C. 8 月 10 日　　　D. 8 月 11 日

6. 一项买卖合同，要求买方在 7 月份到卖方仓库提取 100 箱晶体管。7 月 1 日，卖方将这 100 箱晶体管打上了买方名称和地址标记，放在仓库里用来存放待提或待运货物的地点。买方 8 月 10 日来提货，而货物于 8 月 1 日发生火灾灭失，该风险应由谁来承担？
   A. 卖方，因为货物在其控制之下　　　B. 卖方，因为货物所有权没有转移
   C. 买方，因为他未能按时提货　　　　D. 买方，因为所有权已经转移

7. 如果合同没有明示或默示地规定货物的价格或规定确定价格的方法时，依《国际货物销售合同公约》规定（　　　　）。
   A. 按交货时的合理价格来确定货物的价金
   B. 按提货时的合理价格来确定货物的价金
   C. 按照进口国法律规定确定价金
   D. 应按订立合同时的通常价格来确定货物的价金

8. A 公司从 B 公司进口一批建筑材料，双方约定分三次交货。A 公司接收第二批货物时，发现该批货物与合同不符。A 公司立即致电 B 公司，要求解除合同。以下说法错误的是（　　　　）
   A. 因第二批货物不符合约定，导致该批货物无法使用的，A 公司仅能解除该批建材合同
   B. 因第二批货物不符合约定，导致该批货物以及第三批货物无法使用的，A 可以解除第二批和第三批建材合同
   C. 因第二批货物不符合约定，导致全部三批建材无法使用的，A 可以解除全部合同
   D. 因第二批货物不符合约定，A 可以解除全部合同

三、多项选择题

1. 目前国际上关于国际货物买卖的国际公约主要有（　　　　）。
   A. 《1964 年国际货物买卖统一法公约》
   B. 《国际货物买卖合同成立统一公约》
   C. 《汉堡规则》
   D. 《1980 年联合国国际货物买卖合同公约》

2. 对于"目的港船上交货"术语的正确理解为（　　　　）。
   A. 该术语是象征性交货
   B. 向买方交付提单或其他装运单据来代替货物的交付即可
   C. 该术语是实际交货
   D. 该术语只适用于海运或内河运输

3. 下列哪些国家采用以交货时间决定风险转移时间原则？（　　）
   A. 英国　　　B. 法国　　　C. 美国　　　D. 德国　　　E. 奥地利
4. 从交货方式上看，属于"实质性交货"的贸易术语有（　　）。
   A. EXW　　　B. FOB　　　C. DAT　　　D. DAP　　　E. FAS
5. 《1980年联合国国际货物买卖合同公约》的适用范围是（　　）。
   A. 营业地处于不同的缔约国的当事人之间订立的买卖合同
   B. 营业地处于同一缔约国的当事人之间订立的买卖合同
   C. 当事人中有一方的营业地处于缔约国内，他们订立的买卖合同
   D. 营业地处于不同的非缔约国的当事人之间订立的买卖合同，但因国际私法的规则导致其适用某一缔约国法律

四、判断题

1. 卖方根本违反合同并不影响货物风险按《公约》规定移转给买方。（　　）
2. 国际贸易术语的作用是用以确定买卖双方在交货中各自所应承担的责任、费用和风险。（　　）
3. 《国际货物销售合同公约》规定了卖方或买方宣告撤销合同后，就不能要求损害赔偿，仲裁条款亦告失效。（　　）
4. 货物风险移转给买方前发生灭失或损坏，买方支付货款的义务并不因此解除。（　　）
5. 《公约》规定，在任何情况下，如果买方不在实际收到货物之日起两年内将货物不符合同的情况通知卖方，他就丧失了声称货物不符合同的权利。（　　）

五、简答题

1. 简述《公约》对品质担保义务的内容。
2. 简述《公约》对分批交货合同发生违约的救济方法。

六、论述题

1. 试述《公约》对卖方权利担保义务规定。
2. 试述《公约》对风险转移的时间规定。

延伸阅读

1. 沈四宝，王军. 国际商法［M］. 北京：对外经济贸易大学出版社，2006.
2. 张玉卿. 国际货物买卖统一法［M］. 北京：中国商务出版社，2009.

第5章 代理法

本章要点

- 代理的概念及种类
- 代理法律关系的内容

5.1 概述

5.1.1 代理的概念

代理,是通过他人缔结法律行为的法律制度。在这种制度中,代理人根据被代理人、法院等有关机关的授权行为或法律赋予的代理权,为被代理人的利益独立与第三人为法律行为,被代理人取得该法律行为的法律效果。

在代理制度中,为他人利益实施法律行为的人,叫作代理人;被按其利益实施法律行为的人,叫作被代理人,也称本人;与代理人实施法律行为的人,叫作第三人。

在国际上,对代理的理解分为狭义和广义两种。狭义的代理仅指直接代理,即以被代理人的名义所进行的代理行为,大陆法系各国采用对代理的这种理解。广义的代理不仅包括直接代理,而且包括间接代理。所谓间接代理,就是受托人以自己的名义代他人为法律行为,例如,行纪行为。英美法采用对代理的广义理解。

在我国,《民法总则》第162条采用直接代理概念,规定代理人在代理权限内以被代理人的名义实施法律行为。而《合同法》第21章第402条关于委托合同的规定中,借鉴了英美法的规定,接受国际货物销售代理公约的影响,采纳了间接代理制度,规定了代理人(受托人)可以自己的名义在被代理人(委托人)授权的范围内与第三人订立合同。

5.1.2 代理的种类

1. 委托代理

(1) **委托代理的概念** 委托代理,是基于被代理人的委托授权而发生的代理,又称为意定代理,是最常见、最广泛适用的一种代理形式。

(2) **委托代理的种类** 委托代理分为直接代理和间接代理。前者为代理人使用被代理人名义的代理,又称为显名代理;后者为代理人使用自己的名义的代理,又称为隐名代理。

间接代理实际上就是行纪。根据《合同法》第403条的规定，在间接代理中，被代理人享有介入权，第三人享有选择权。

所谓介入权，是在代理人因第三人的原因对被代理人不履行义务的情况下，代理人有义务对被代理人披露第三人，被代理人因此处在代理人的地位，直接对第三人行使权利的能力。

介入权的行使要件为：①须在隐名代理的场合，换言之，代理人以自己的名义与第三人缔结法律行为，第三人并不知晓代理关系之存在；②代理人非因自己的过失，而是出于第三人的原因对被代理人不履行义务。此时代理人自然要披露出第三人以求免责；③须被代理人对第三人表明自己的被代理人身份，把隐名代理转化为显名代理，以证明自己对第三人享有权利。介入权之设，是为了减少代理纠纷解决中的中间环节，把真正的利害关系人显露出来，让他们直接解决权利义务问题。它客观上还有解脱无过错的代理人的作用。

所谓选择权，是在代理人因被代理人的原因对第三人不履行义务的情况下，代理人有义务对第三人披露被代理人，第三人可以选择代理人或被代理人主张权利的能力。选择权行使的要件为：①须在隐名代理的场合；②代理人因被代理人的原因不对第三人履行义务，此时代理人自然要披露出被代理人以求免责。符合这些要求，第三人产生选择权。选择权是法律赋予第三人的一种利益，使其根据求偿可能性的大小或行使权利的便利与否选择追索对象。但选择权之行使，以一次为限。换言之，第三人一旦在代理人和被代理人中选定了自己主张权利的对象，即不得更改，以保护其选择对象的利益。

【案例分析】

甲公司是一家民族服装生产公司，乙公司是一家专业外贸公司，丙公司是一家英国公司。乙接受甲的委托出售一批民族服装给丙公司，丙公司不知道甲乙之间的委托关系。合同订立之后，甲公司突然提出无货可供。下列哪个说法是正确的？（　　）

A. 乙应当向丙披露委托人甲公司
B. 丙可以向甲主张违约，也可以向乙主张权利
C. 丙可以向甲和乙主张连带责任
D. 丙不能向甲主张责任

资料来源：于宏伟，李遐桢，王小龙. 国家司法考试考点案例教程 [M]. 北京：中国人民公安大学出版社，2007.

[参考答案] AB

【案例分析】

甲公司是一家民族服装生产公司，乙公司是一家专业外贸公司，丙公司是一家英国公司。乙接受甲的委托出售一批民族服装给丙公司，丙公司不知道甲乙之间的委托关系。合同订立之后，丙公司突然提出不履行合同。下列哪个说法是正确的？（　　）

A. 乙应当向甲披露第三人为丙公司
B. 甲可以向丙主张违约请求权
C. 丙可以援用对乙的抗辩权对抗甲
D. 丙不可以援用对乙的抗辩权对抗甲

资料来源：于宏伟，李遐桢，王小龙. 国家司法考试考点案例教程 [M]. 北京：中国人民公安大学出版社，2007.

[参考答案] ABC

（3）**委托合同与委托授权行为** 委托合同与委托授权行为皆为委托代理权的发生原因，但两者又有区别。委托合同又称委任合同，是受托人与委托人之间订立的受托人以委托人的名义和费用在委托权限内为委托人办理委托事务的协议。委托合同是委托代理的基础关系。委托授权行为是被代理人以委托的意思表示将代理权授予代理人的行为，是委托代理产生的直接根据。

一般情况下，委托合同是产生委托代理授权的原因和基础，但委托合同的成立和生效，并不当然地产生代理权，在委托人做出委托授权的单方行为后，代理权才发生。因此，委托代理人之取得代理权，通常要以委托合同和委托授权行为两个法律行为为前提，例如，一个律师受聘为某法人的法律顾问，这是一个委托合同。法律顾问的职能之一，是为委托人处理诉讼事务，但该律师代理该法人参与诉讼时，他还须取得其特别授权。因此，作为法律顾问的律师代理委托人处理诉讼事务，须以委托合同和委托授权行为为前提。所以，委托合同是进行委托授权行为的基础。但委托合同是双方法律行为，须经双方协商一致才可成立；而委托授权行为是单方法律行为，以委托人单方的意思表示即可成立。委托合同是代理中的内部关系，旨在确定当事人双方的权利义务；而委托授权行为是一种对外行为，旨在取得第三人的信任。而且委托授权行为具有独立性，委托合同无效或被撤销后，只要未取消委托授权行为，代理人的代理权并不消灭。这是为了保障交易的安全，因为第三人无从知道代理的内部关系发生的变化。因此，被代理人在撤销委托合同时，必须同时撤销委托授权行为。基于上述原因，委托合同和委托授权行为具有不同的功能，不可混淆。

（4）**委托代理授权的形式** 一般以不要式行为授权。根据《民法总则》第165条规定，委托代理授权采用书面形式的，授权委托书应当载明代理人的姓名或者名称、代理事项、权限和期间，并由被代理人签名或者盖章。

代理证书是委托授权行为的书面形式，是由被代理人制作的证明代理人之代理权及其权限范围的证书，只存在于委托代理中。在法定代理和指定代理中，不存在代理证书。

代理证书包括代理人的姓名或名称、代理事项、代理的权限范围、代理权的有效期限、被代理人的签名盖章等内容。代理证书制作应尽可能详尽具体，不易发生歧义。在实际生活中，介绍信也被作为代理证书使用，司法实践承认其法律效力。

代理证书是向第三人证明代理人拥有代理权的文件，它以委托合同为基础做出。但委托合同为代理的内部关系，作为第三人，无必要知道有委托合同的存在，只凭代理证书，即可认定其持有者具有代理权，根据这种信赖产生的法律关系受法律保护。由于委托授权行为具有独立性，委托合同已经消灭而代理证书未收回的，持有者与第三人发生的法律关系，其效果仍由被代理人承受，这是为了保护善意第三人的利益以及交易安全。因此，被代理人对代理证书管理不善或已取消委托关系但未及时收回代理证书的，将自负其法律后果。

代理证书授权不明，容易使代理人做出违反被代理人本意的行为，从而对第三人造成损害。发生这种情况，被代理人和代理人要连带对第三人承担赔偿责任。被代理人承担责任的根据，在于他于授权时处于漫不经心的状态。代理人承担责任的根据，在于他有机会发现代理人授权的不明确并提出改正，但他没有这样做。因此，对第三人的损害，是由被代理人和代理人共同造成的，故由他们承担连带赔偿责任。

2. 法定代理

（1）**法定代理的概念** 指基于法律的直接规定发生的代理。在法定代理中，代理权之授予基于法律的直接规定。法律之所以做出这种规定，一是为了保护处于特定情况下的民事主体的利益；二是为了维护交易安全。

（2）**法定代理的适用对象**　主要适用于被代理人为无行为能力人或限制行为能力人的情况。如监护人是被监护人的法定代理人。另外有所谓的家庭代理，指夫妻于家庭生活中的日常法律行为，相互有代理权。在法律有特别规定的情况下，社会团体也可成为其成员的法定代理人。例如，工会在特定情况下是其会员的法定代理人，可代理会员签订集体劳动合同、参加与劳动争议有关的诉讼等。

（3）**法定代理与法人的法定代表人**　法人的法定代表人以法人的名义进行活动，很容易被误认为属于法定代理，实际上，法人的法定代表人并非法人的法定代理人。因为法定代表人在其职权范围内并非独立于法人的民事主体，而是法人的机关。不构成代理制度中要求有代理人和被代理人同时存在的要件。

3. 指定代理

（1）**指定代理的概念**　指基于法院或有关机关的指定行为发生的代理。"有关机关"，指依法对被代理人的合法权益负有保护义务的组织，如未成年人所在地的居民委员会、村民委员会等。与法定代理不同，法定代理人的代理事务比较宽泛；而指定代理人的代理事务比较专门、特定。

（2）**指定代理的适用**　法院为失踪人的财产指定代管人，为民事诉讼中的原告、被告指定诉讼代理人，皆属指定代理。

4. 客观必须的代理

客观必须的代理，是在一人受另一人委托照管、储存或托运其财产，遇特殊情况为保存这种财产利益而必须采取某种行动时产生的。在这种情况下，即使代理人和第三人都知道不存在授权，但由于客观情况所必需，法律也允许受托人处置该项财产。如承运人在遇紧急情况时，有权超出其通常权限而出售很有灭失或丧失价值可能的货物。但英美法院对这种客观必须的代理权做了相当严格的限制。根据英美的有关判例，使这种代理权必须具备以下三个条件：①行使这种代理权是实际上或商业上所必须的；②代理人在行使这种权力前无法与委托人取得联系，得到委托人的指示；③代理人所采取的措施必须是善意的，并且必须考虑到所有有关当事人的利益。

【案例阅读】

斯佩内葛诉威斯特铁路公司案（1921年）

铁路公司替原告运一批西红柿到 A 地，由于铁路工人罢工，西红柿被堵在半路上，眼看西红柿将腐烂，铁路公司遂就地卖掉了。法院认为，虽然铁路公司是出于善意，保护原告的利益，但当时是可以通知原告的，在可以联系而未联系的情况下私自处理他人的财物，不能算是具有客观必须的代理权。被告败诉。

资料来源：张圣翠. 国际商法 [M]. 7 版. 上海：上海财经大学出版社，2016.

5.1.3　无权代理

1. 无权代理的概念

无权代理，是代理人不具有代理权所实施的代理行为。这种代理行为，具备一般代理行为的表面特征，但不具有代理行为的实质特征，因而不是真正的代理。无权代理包括三种情况：根本未经授权的代理；超越代理权的代理；代理权已终止后的代理。

2. 无权代理的法律效果

我国《合同法》第48条规定：行为人没有代理权、超越代理权或者代理权终止后以被代理人名义订立的合同，未经被代理人追认，对被代理人不发生效力，由行为人承担责任。相对人可以催告被代理人在一个月内予以追认。被代理人未作表示的，视为拒绝追认。合同被追认之前，善意相对人有撤销的权利。撤销应当以通知方式做出。可见，因无代理权而与相对人订立的合同属效力待定合同，这个合同对被代理人是否生效，取决于被代理人是否予以追认。通过被代理人的追认，可使无权代理行为中所欠缺的代理权得到补足，转化为有权代理，发生法律效力。

3. 表见代理

（1）**表见代理的概念** 表见代理，是被代理人的行为足以使善意第三人相信无权代理人具有代理权，基于此项信赖与无权代理人进行交易，由此造成的法律效果由法律强制被代理人承担的代理。表见代理为无权代理的一种，属于广义的无权代理。

（2）**表见代理的构成要件** ①客观上存在使善意第三人相信无权代理人拥有代理权的理由。如无权代理人持有被代理人的授权委托书，不论这一证书的来源如何，皆足以使第三人相信其拥有代理权。②第三人为善意且无过失。即第三人无从知道无权代理人不拥有代理权，而且这种不知情并非由第三人的疏于注意所致。③无权代理人与第三人所为的法律行为，合于法律行为的一般有效要件和代理行为的表面特征。如果两者之间的法律行为不具备有效要件或不符合代理行为的表面特征，也不发生由被代理人承担其法律效果的问题。

（3）**表见代理的发生原因** ①被代理人以书面或口头形式直接地对第三人表示以他人为自己的代理人，而事实上他并未对该他人进行授权，第三人信赖被代理人的表示而与该他人交易。②被代理人将有证明代理权之存在意义的文件交给他人，第三人信赖此项文件而与该他人交易，而事实上，被代理人对该他人并无授予代理权的意图。③代理证书授权不明，代理人超越代理权限为代理行为，第三人善意无过失地因代理证书的授权不明相信其为有权代理。④代理关系终止后，被代理人未采取必要措施公示代理关系终止的事实，并收回代理人持有的代理证书，以致造成第三人不知代理关系终止而仍与代理人交易。⑤被代理人知道他人以自己的名义进行活动而不置可否。

（4）**表见代理的效力** 符合构成要件的表见代理，具有与有权代理同样的效力，代理行为的法律效果直接归属于被代理人。被代理人承担表见代理的法律后果，如果因此受到损失，有权向无权代理人请求赔偿。如果损失因双方的过错发生，按双方过错的性质和程度分担损失。第三人可自由选择主张表见代理或主张无权代理，可抛弃享受表见代理效力的地位，承认无权代理人的行为为狭义的无权代理，依民法关于无权代理的规定追究无权代理人的责任。

【案例分析】

张某是甲公司的采购员，甲公司曾让张某与乙公司订立了购买大中电器的合同。后来，张某辞去了采购员的职位，但是还保留了甲公司订货的空白合同。之后，张某利用空白合同又与乙公司订立了购买大中电器的合同，并自己出售。但是

由于销路不好，张某迟迟没有付款，于是乙公司向甲公司索要货款。本题中张某用空白合同与乙公司签订合同的行为属于（　　）

A. 无权代理
B. 有权代理
C. 部分有权代理，部分无权代理
D. 表见代理

资料来源：于宏伟，李遐桢，王小龙. 国家司法考试考点案例教程 [M]. 北京：中国人民公安大学出版社，2007.

[参考答案] AD

5.1.4 代理关系的终止

1. 代理关系终止的原因

（1）**委托代理关系终止的原因**　①代理期限届满或代理事务完成。期限届满或事务完成的时间，以代理证书的记载为准。记载不明的，被代理人有权随时以单方面的意思表示加以确定。②被代理人取消委托或代理人辞去委托，代理关系以人身信任为存在基础，一旦这一基础丧失，在被代理人方面，可以取消委托；在代理人方面，可以辞去委托。代理人辞去委托时，应履行善后义务，于新的代理人继任前，继续处理代理事务。③被代理人或代理人死亡。代理关系是一种民事法律关系，它是以主体为基本要素的社会关系。被代理人或代理人死亡，致使代理关系的一方失去了主体，代理权因此终止。④代理人失去行为能力。代理人的活动条件为其行为能力，被代理人所要借助的，也是这种能力。代理人一旦失去行为能力，代理关系当然消灭。⑤被代理人或代理人为法人时，因法人消灭使代理关系消灭。

（2）**法定代理和指定代理关系的消灭原因**　①被代理人已取得或恢复行为能力，使代理成为不必要。②被代理人死亡或代理人死亡、丧失行为能力。③指定机关撤销对指定代理人的指定。

2. 代理关系终止的效果

（1）**当事人之间的效果**　代理关系终止之后，代理人就没有代理权，如该代理人仍继续从事代理活动即属于无权代理，本人与代理人之间的关系应按前面介绍过的有关无权代理的法律规定办理。

应当注意的是，有些大陆法国家为了保护商业代理人的利益，在商法中特别规定，在终止代理合同时，代理人对于他在代理期间为本人建立的商业信誉（good will）有权要求本人予以赔偿。因为在代理合同终止后，这种商业信誉将为本人所享有，本人将从中得到好处，而代理人则将因此而失去一定的利益，如德国《商法典》第89条规定，在下列情况下，本人应给代理人以补偿：①在代理关系终止后，本人在与代理人曾经介绍给他的客户的交易中，获得重大的利益；②代理人由于代理合同的终止将失去佣金，这种佣金如果不是由于终止代理合同，则根据代理人介绍的客户所已签订的合同或将来签订的合同，该代理人本来理应当得到的；③依照各种有关的情况，对代理人付给补偿乃是公平合理的。

代理人对于上述商誉赔偿请求，必须在代理合同终止后三个月内提出。这些规定是属于强制性的规定，当事人不得事先在合同中放弃此项请求权。但在国际商事代理合同中，双方当事人可以通过选择适用外国法律的办法来规避这种法律的适用。按照德国的法律，如果一个外国的本人同一个德国的代理人订立代理合同，如合同中规定适用本人国家的法律，则可不适用德国《商法典》的上述规定。目前，除德国以外，法国、瑞士、意大利等国的法律均有类似的规定，英美等国家的法律则没有这种规定。

(2) **对于第三人的效果** 当本人撤回代理权或终止代理合同时，对第三人是否有效，主要取决于第三人是否知情。根据各国的法律，当终止代理关系时，必须通知第三人才能对第三人发生效力。如果本人在终止代理合同时，没有通知第三人，后者由于不知道这种情况而与代理人订立了合同，则该合同对本人仍有拘束力，本人对此仍须负责。但本人有权要求代理人赔偿其损失，如日本《民法典》规定，对代理的限制或撤销，不得用以对抗第三人。瑞士《债务法典》第34条规定，撤销代理权之全部或一部分时，须通知第三人后，才能用以对抗第三人，在这个问题上，英美法与大陆法的处理办法基本上是一致的。

5.2 代理的法律关系

在代理中，往往涉及两个合同、三种关系。两个合同是被代理人与代理人之间签订的委托合同，以及代理人受被代理人的委托与第三人签订的合同。三种关系是：被代理人与代理人之间，代理人与第三人之间，第三人与被代理人之间的关系。被代理人与代理人之间的关系，称为代理的内部关系；代理人与第三人以及被代理人与第三人的关系，称为代理的外部关系。

5.2.1 被代理人与代理人之间的关系

在通常情况下，被代理人与代理人通过订立代理合同或代理协议来建立他们之间的代理关系，并据以确定他们之间的权利义务。

1. 代理人的义务

1) **为被代理人的利益实施代理行为**。代理制度是为被代理人的利益而设。被代理人设立代理的目的，是利用代理人的知识和技能为自己服务。代理人的活动，是为了实现被代理人的利益。因此，代理人的代理行为，应该以被代理人的利益出发，而不是从他自己的利益出发，以对自己事务的注意处理好被代理人的事务，增进被代理人的利益。

2) **代理人对本人应诚信、忠实**。①代理人必须向本人公开他所掌握的有关客户的一切必要的情况，以供本人考虑决定是否同该客户订立合同。②代理人不得"自己代理"，即以本人的名义同代理人自己订立合同，除非事先征得本人的同意。代理人非经本人的特别许可，也不能"双方代理"，以从两边收取佣金。这种行为是对代理权的滥用，是违反代理人义务的行为。因此，当发生上述情形时，本人有权随时撤销代理合同或撤回代理权，并有权请求损害赔偿。③代理人不得受贿或密谋私利，或与第三人串通损害本人的利益。代理人不得谋取超出其本人付给的佣金或酬金以外的任何私利。如果代理人接受了贿赂，本人有权向代理人索还，并有权不经事先通知而解除代理关系，或撤销该代理人同第三人订立的合同，或拒绝支付代理人在受贿交易上的佣金，本人还可以对受贿的代理人和行贿的第三人起诉，要求他们赔偿由于行贿受贿订立合同而使他遭受的损失。即使代理人在接受贿赂或图谋私利时，并未因此而影响他所做出的判断，也没有使本人遭受损失，但本人仍可以行使上述权利。

> **【案例分析】**
>
> 张某委托朋友甲代买商品房一套。两星期后,甲以200万元的价格买来一套三室两厅的商品房。张某发现房子很旧,居住面积小且存在质量问题。经过多方询问,得知该房是某物业公司打算处理的,最多值90万元。甲与某物业公司负责人乙很熟,两人从中做了手脚。张某欲将房屋退掉,但甲以手续已办完且物业公司不同意为由拒绝。张某遂诉至人民法院。本案中张某的损失应当由谁赔偿?
>
> 资料来源:于宏伟,李退桢,王小龙.国家司法考试考点案例教程[M].北京:中国人民公安大学出版社,2007.
>
> [参考答案] 甲与乙承担连带责任。

3) **代理人不得泄露他在代理业务中所获得的保密情报和资料**。代理人在代理协议有效期间或在代理协议终止之后,不得把代理过程中所得到的保密情报或资料向第三者泄露,也不得自己利用这些资料同本人进行不正当的业务竞争。但另一方面,在代理合同终止后,除经双方同意的合理的贸易上的限制外,本人也不得不适当地限制代理人使用他在代理期间所获得的技术、经验和资料。因为根据某些国家关于限制性商业做法的法律,这种限制是无效的。

4) **代理人须向本人申报账目**。代理人有义务对一切代理交易保持正确的账目,并应根据代理合同的规定或在本人提出要求时向本人申报账目。代理人为本人收取的一切款项须全部交给本人。但是,如果本人欠付代理人的佣金或其他费用,代理人对于本人交给他占有的货物享有留置权,或以他掌握的属于本人所有的金钱,抵消本人欠他的款项。

5) **代理人必须亲自代理**。代理关系是一种信任关系,因此,在一般情况下,代理人不得把本人授予的代理权委托给他人,让别人替他履行代理义务。但如客观情况有此需要,或贸易习惯上允许这样做,或经征得本人的同意者,可不在此限。例如,甲委托乙代其出售一批水果,当乙将水果运到销售地点时,突发疾病入院。乙与甲联系未果,担心水果腐烂,于是便委托其朋友丙代为销售。事后,甲应该接受丙的货款。这种情况称为复代理或再代理。根据《中华人民共和国民法总则》第169条的规定,代理人需要转委托第三人代理的,应当取得被代理人的同意或追认。转委托代理经被代理人同意或者追认的,被代理人可以就代理事务直接指示转委托的第三人,代理人仅就第三人的选任以及对第三人的指示承担责任。转委托代理未经被代理人同意或者追认的,代理人应当对转委托的第三人的行为承担责任,但是在紧急情况下代理人为了维护被代理人的利益需要转委托第三人代理的除外。上例中乙突发疾病入院属于《中华人民共和国民法总则》第169条规定的紧急情况,复代理成立。

2. 本人的义务

1) **支付佣金**。本人必须按照代理合同的规定付给代理人佣金或其他约定的报酬,这是本人的一项最主要的义务。在商订代理合同时,对佣金问题必须特别注意以下两点:①本人不经代理人的介绍,直接从代理人代理的地区内收到订货单,直接同第三人订立买卖合同时,是否仍须对代理人照付佣金;②代理人所介绍的买主日后连续订货时,是否仍须支付佣金。

根据英美法院的判例,如果本人与第三者达成的交易是代理人努力的结果,代理人就有权得到佣金。因此,如果经过代理人与买方谈判,而最后买方向本人直接订货,或代理人向本人推荐了买方，买方所出的价钱虽较标价为低，但本人还是接受了这个较低的价格，代理人都可以要求佣金。但如果本人没有经过代理人的介绍而直接同代理地区的买方达成交易，代理人一般就无权索取佣金。但这些法律规则往往可以通过双方当事人的协议或行业习惯而改变，特别是在指定地区的独家代理协议中，时常规定，代理人对所有来自代理地区的订货单，都可以获取佣金。关于代理人所介绍的买方再次向本人订货，根据英美法院的判例，如果代理合同没有规定期限，只要本人在合同终止后接到买方的再次订货，仍须向代理人支付佣金；如果代理合同规定了一定的期限，则在期限届满合同终止后，代理人对买方向本人再次订货就不能要求本人给予佣金。但即使是在代理人对再次订货有权要求佣金的情况下，代理人也只能要求对再次订货的佣金给予金钱补偿，而不能要求取得未来每次订货的佣金。

  大陆法对这些问题的处理方法同英美法有所不同。有些大陆法国家在法律上对商业代理人取得佣金的权利和佣金的计算方法都有详细规定。如有些大陆法国家的法律规定，凡是在指定地区享有独家代理权的独家代理人，对于本人同指定地区的第三者所达成的一切交易，不论该代理人是否参与其事，该代理人都有权要求佣金。德国《商法典》第87条还有一项强制性的规定，即商业代理人一经设定，他就有权取得佣金，即使本人不履行订单，或者履行的方式同约定有所不同，代理人都有权取得佣金。但是如果由于不可归咎于本人的原因出现了履约不可能的情况，则不能适用上述规定。遇有这种情况时，代理人不能要求佣金，此外，有些大陆法国家为了保护商业代理人的利益，在法律中还规定，在本人终止商业代理合同时，商业代理人对其代理期间为本人建立的信誉，有权请求给予赔偿。

  2）**偿还代理人因履行代理义务而产生的费用**。一般地说，除合同规定外，代理人履行代理任务时所开支的费用是不能向本人要求偿还的，因为这是属于代理人的正常业务支出。但是，如果他因执行本人指示的任务而支出了费用或遭到损失时，则有权要求本人予以偿还。

  3）**让代理人检查核对其账目**。这主要是大陆法国家的规定。有些大陆法国家在法律中明确规定，代理人有权查对本人的账目，以便核对本人付给他的佣金是否准确无误，这是一项强制性的法律，双方当事人不得在代理合同中做出相反的规定。

5.2.2 被代理人及代理人同第三人的关系

1. 合同责任

  按照代理法的一般原则，代理人替被代理人同第三人订立的合同，被代理人在其明示或默示的授权范围向第三人直接负合同责任。此外，在无明示或默示授权时，被代理人也须在法定代理人的代理权范围内或第三人合理表见的授权范围内，单独或与代理人连带向第三人负合同责任。除上述两种情况外，被代理人对无权或越权的代理人订立的其他合同概不负责。在常规下，代理人对代理签订的合同不向第三人负个人责任。但是，如果出现下列情况，代理人须单独或与被代理人连带地向第三人负责：①代理人明示或暗示地同意对该合同负责，或该代理行业中存在着代理人也要负责的商业惯例。②代理人签名后，只注明自己是经纪人或经理人，未清楚说明自己是代理人。③被代理人是虚构的，或代理人无代理权。④代理人在签字蜡封合同上签了名，尽管注明是代理人，也要对此合同负责。⑤合伙合同中，每个合伙人都是其他合伙人的代理人，因此合伙人彼此之间要负连带责任。

2. 侵权责任

  侵权是指无法律根据侵犯他人法律权利的行为。现代各国法一般都实行错责自负的不株连原则，即由侵权者单独对被侵权者负责。这一原则体现在代理关系中即可表述为：代理人对其侵权行为向被侵权者负个人责任；被代理人对代理人的侵权行为不向被侵权者负责。但是各国法同时规定，在下列情况下被代理人对代理人的侵权行为也要负责：①被代理人指使或教唆代理人侵权。②被代理人对代理人未尽适当的监督之责致使其侵权。③被代理人与代理人属于"主仆"（master-servant）关系，则被代理人即"主人"须对代理人即"仆人"在代理期间代理范围内的侵权负责。这就是代理法中的让"主人"负责原则（let the master answer）。适用本原则时必须明确以下几个问题。

(1) **"主人"与"仆人"的界定**　在代理法中，"主人"是指控制代理人代理行为的人，他不仅可以指示代理人去做什么，而且可以规定完成该任务的方式和方法。"仆人"是受"主人"控制而不能自主决定完成代理任务的方式和方法的代理人。在英美法系国家的审判实践中，常根据下列一些标准来确定某代理人是否为"仆人"：①在代理业务之外，代理人有无不属于被代理人的独立的业务或职业，如果结论是肯定的，则该代理人往往不视作"仆人"。②代理人是否使用自己的工具、设备或工作场所来完成代理工作。如果回答是肯定的，则该代理人一般不视作"仆人"，而被视作独立代理人（independent-contractor）。如经纪人都是使用自己的办公场所、自己的设施提供代理服务的，故经纪人不是被代理人的"仆人"。③代理人的报酬是否按周、月或年计算的。如果结论是肯定的，则该代理人往往被视为"仆人"；反之，代理人的报酬是所完成的工作量计算的，则该代理人有可能被视为独立代理人。④代理人完成的工作是否为被代理人的日常工作。如果回答是肯定的，则该代理人一般被视作"仆人"。⑤代理人在代理期间内是否拥有不确定的自主时间。结果结论是肯定的，则该代理人很有可能被视为独立代理人。

(2) **代理期间和代理范围**　"主人"只对"仆人"在代理期间代理范围内的侵权负责。对一般职员而言，代理期间通常为上班之后、下班之前的一段工作时间，特殊的职员如公司总经理在某些情况下一天24小时都可能被视为代理期间。

📖【案例阅读】

斐奥考诉卡芜案（1922年）

被告的司机用卡车运送一批货物到A地，司机在中途绕道去看望他的母亲，不幸车子撞伤了一个孩子，小孩的监护人告了司机的雇主。法院认为，"主人"对"仆人"的侵权行为负责的一个条件是侵权须发生在履行代理的工作中，司机绕道看望他母亲，即脱离了原告工作路线，在此期间发生的侵权行为，"主人"是不负责的。

资料来源：张圣翠. 国际商法 [M]. 7版. 上海：上海财经大学出版社，2016.

不过，在代理期间内的侵权虽然超出了代理范围，但是，只要这种偏离是"主人"能合理预见的，"主人"对此侵权也应负责。

📖【案例阅读】

世纪保险公司诉北爱兰运输公司案（1942年）

被告的一个雇员，油罐车司机，运汽油到加油站，在卸油过程中，他点了一支香烟，引起了爆炸。法院认为，司机的侵权发生在履行代理的工作中，其点烟行为虽不属代理工作，但它是被告应能预见的，故被告应予以负责。

资料来源：张圣翠. 国际商法（第七版）[M]. 上海：上海财经大学出版社，2016.

（3）借来的"仆人"侵权问题 借来的"仆人"在代理新"主人"的工作期间所发生的代理范围内的侵权该由谁承担，各国法院在实践中采取的态度不外乎以下三种：让新"主人"负责，理由是该"仆人"是为新"主人"工作发生侵权；让旧"主人"负责，理由是旧"主人"同意借出该"仆人"并获得有形或无形的利益，即该"仆人"间接地为旧"主人"工作；让新旧"主人"共同负责，理由是新旧"主人"都从该"仆人"的工作中获益。

【案例阅读】

雇主何时为雇员的侵权行为负责

被告聘请了一个飞行员，用飞机从空中为被告的农作物喷洒一种叫作异狄氏剂的杀虫剂。这种杀虫剂是一种剧毒物质，比 DDT 毒性还要高出许多倍。该飞行员在喷洒杀虫剂的时候，不慎污染了原告的池塘，毒死了水里的鱼，并导致原告土地的价值发生减损。原告将被告告上了法庭。被告辩称，飞行员是独立的承包商，不是被告的雇员，因此，被告不应为独立承包商的行为承担替代责任。

初审法院做出了有利于被告的判决，判决理由也是基于飞行员是具有完全责任能力的独立承包商而不是被告的职员。原告不服判决而一直上诉到亚拉巴马州最高法院，该院萧斯大法官代表其他承办法官出具了法律裁决书。

萧斯法官认为，本案所涉及的一般规则是：如果一个独立承包商的过失行为导致了原告的损害，那么，该承包商应承担赔偿责任，发包商不承担替代的责任。但是，这个规则也存在例外情况。比如，如果发包人对损害行为人的行为方式负有责任，那么，即使导致损害的行为人是一个独立承包商，发包人也要承担责任。也就是说，如果一个人雇用一个独立的承包商从事一项本质上具有危险的作业，那么，这个人并不能使自己免除承包人的侵权责

任。萧斯大法官宣布，这是亚拉巴马州和其他许多州都认可了的规则。美国侵权行为法重述对这个规则的表达是：某人雇用一个独立承包商从事一项对他人有着特别危险的工作的时候，如果该雇用者知道或者应该知道这项工作内在的或通常具有的危险性，或者当他签订合同的时候考虑到或者应该考虑到这种危险性，在这样的情况下，当承包人没有采取合理的预防措施从而造成了他人的实际损害的时候，该雇佣者应承担损害赔偿责任。

萧斯法官声称，近来，农作物喷洒农药所引起的法律诉讼经常出现，许多法院都将这类活动视为具有内在危险性的活动，或本质上具有危险性的活动，因此，过去的代理理论出现了一些变化，最直接的结果便是使被代理人也要为独立承包商的侵权行为承担责任。萧斯大法官认为，亚拉巴马州的立法机关将杀虫剂和农药视为危险品，并且已经通过了成文法来管理其销售、分配和使用。依照立法机关的成文法计划，这些产品必须在农业和产业部门注册。每个产品都须张贴标签来表明其毒性程度，并警告该产品在使用时的内在危险性。购买者还要得到某种许可。飞行员在喷洒农药的时候，还必须持有执照和事先通过农业委员会的资格考试。

所以，萧斯法官认定：在空中喷洒农药的行为，本质上属于一种危险性的活动，因此，当土地所有人雇佣独立承包商在其土地上喷洒农药的时候，土地所有人就不应豁免于承包商的侵权责任。萧斯法官认为，这样认定的结果，那些从事特别危害活动的人就承担了一种严格的侵权责任，而不管他是否已经尽到了最高程度的注意义务。就土地所有人的责任而言，承担责任的尺度仍然是"合理性"，这种责任虽然不是一种严格责任，但也要为他设立这样的一种注意义务：当其土地上存在具有危险性的活动的时候，他就有责任采取预防的措施，保证第三人不受到伤害或者损害。

最后，亚拉巴马州最高法院的裁决是：撤销下级法院判决，将案件发回重审。

这类案件的一般规则是，雇主要为他的雇员的侵权行为承担替代责任，但是，当侵权行为人是一个独立的法人或者说是一个独立承包商的时候，独立承包商自己要承担侵权责任，雇佣人不承担替代责任或者代理责任。这个规则也存在着例外。在特殊的情况下，雇佣人也要为独立承包商的侵权行为承担赔偿的责任，在法律上，这种例外规则称之为"非代理的责任"。也就是说，当雇佣人让独立承包商为他从事危险作业的时候，他并没有将他自己的注意义务转让出去，他还有保证独立承包商尽到合理注意的义务；如果承包商造成了损害，雇佣人不享有豁免权。当然，这个例外也有范围上的限制，这个限度是独立承包商所从事的活动是一种"本质上危险的作业"，或者说该作业具有一种"内在的危险性"。在本案中，这种危险作业就体现在空中喷洒剧毒农药，此外，其他危险性作业还涉及机动车的安全保障、公共建筑物中的土地安全和高压电的安全。

资料来源：http://etc.sdut.edu.cn/eol/homepage/common/opencourse/onlinepreview.jsp? countadd = 1&lid =5432&resid =5591.

本章小结

代理，是通过他人缔结法律行为的法律制度。在这种制度中，代理人根据被代理人、法院等有关机关的授权行为或法律赋予的代理权，为被代理人的利益独立与第三人为法律行为，被代理人取得该法律行为的法律效果。根据代理权的产生方式，代理可分为委托代理、法定代理、指定代理和客观必须的代理。如果代理人不具有代理权而实施了代理行为，称为无权代理，这种代理行为属于效力待定的情况，根据被代理人是否予以追认来确定行为后果是由被代理人还是由代理人承担。如果被代理人的行为足以使善意第三人相信无权代理人具有代理权，基于此项信赖与无权代理人进行交易，由此造成的法律效果由法律强制被代理人承担，这称为表见代理。

在代理中，往往涉及两个合同、三种关系。两个合同是被代理人与代理人之间签订的委托合同，以及代理人受被代理人的委托与第三人签订的合同。三种关系是：被代理人与代理人之间，代理人与第三人之间，第三人与被代理人之间的关系。被代理人与代理人之间的关系，称为代理的内部关系；代理人与第三人以及被代理人与第三人的关系，称为代理的外部关系。

关键术语

代理　　　　　法定代理　　　　　意定代理
表见代理　　　客观必须的代理

思考与练习

一、填空题

1. 在代理关系中，_____和_____之间的关系称为内部关系，本人与代理人对第三人的关系称为_____。
2. 大陆法认为，从原则上来说，无权代理人对_____是否须承担责任，主要取决于第三人是否_____。
3. 在代理活动中，本人最主要的义务是_____。
4. 大陆法把代理权产生的原因分为两种，即_____代理和_____代理。
5. 代理关系终止的效果有_____之间的效果和对于_____的效果。

二、单项选择题

1. 在代理制度中，行为人的行为对本人具有拘束力的情况为（　　）。
   A. 行为人是在本人的授权范围内行事
   B. 行为人可以不在本人的授权范围内行事
   C. 行为人是以本人的名义实施的一切行为
2. 没有严格地把委任与授权行为区别开的国家法律是（　　）。
   A. 德国法　　　B. 日本法　　　C. 瑞士法　　　D. 法国法
3. 在大陆法中，委任表明了（　　）。
   A. 本人与代理人的外部关系　　　B. 本人与代理人的内部关系
   C. 本人与第三人的外部关系　　　D. 代理人与第三人的外部关系
4. 某甲经常让某乙替他向某丙订购货物，并如数向丙支付货款，在这种情况下，乙便认为是具有（　　）。
   A. 明示代理权　　　B. 默示代理权
   C. 客观必需的代理权　　　D. 追认代理
5. 未被披露的本人行使了介入权之后，（　　）。
   A. 他自己须对第三人承担义务　　　B. 他自己可以不对第三人承担义务
   C. 仍可以让代理人对第三人承担义务　　　D. 不可以让代理人对第三人承担义务
6. 张某是甲公司的采购员，甲公司曾让张某与乙公司订立了购买大中电器的合同。后来，张某辞去了采购员的职位，但是还保留了甲公司订货的空白合同。之后，张某利用空白合同又与乙公司订立了购买大中电器的合同，并自己出售。但是由于销路不好，张某迟迟没有付款，于是乙公司向甲公司索要货款。张某用空白合同与乙公司签订合同的行为属于（　　）
   A. 直接代理　　　B. 有权代理
   C. 部分有权代理，部分无权代理　　　D. 表见代理
7. 昌兴公司委托张某代订一批服装，由于疏忽，未在书面授权书上写明服装的品牌、数量，以致张某订购的服装总价超出了昌兴公司的支付能力。昌兴公司以张某超越代理权为由拒付货款。关于此债权，下列哪个说法正确？（　　）
   A. 昌兴公司清偿，张某不负责　　　B. 张某清偿，昌兴公司不负责
   C. 昌兴公司清偿部分，张某清偿部分　　　D. 昌兴公司清偿，张某负连带清偿责任

三、多项选择题

1. 在代理关系中涉及的当事人有（   ）。
   A. 本人即被代理人
   B. 第三人
   C. 代理人
   D. 任何一个法律关系的主体
2. 代理人的义务有（   ）。
   A. 代理人对本人应诚信、忠实
   B. 代理人须向本人申报账目
   C. 代理人可以泄露他在代理业务中所获得的保密情报和资料
   D. 代理人可以把他的代理权委托他人
3. 在代理关系中，本人的义务有（   ）。
   A. 支付佣金
   B. 偿还代理人因履行代理义务而产生的费用
   C. 本人有义务让代理人检查核对其账册
4. 在大陆法中，根据第三人究竟是同本人还是同代理人订合同的标准，把代理分为（   ）。
   A. 法定代理   B. 直接代理   C. 意定代理   D. 间接代理
5. 在代理关系中，包括（   ）。
   A. 本人与代理人的内部关系
   B. 本人与代理人对第三人的外部关系
   C. 本人与代理人的外部关系
   D. 只有当经纪人把他从该合同中所得到的权利转让给本人之后，本人才能对第三人主张权利

四、判断题

1. 我国现行法律尚无明文规定的代理是间接代理。（   ）
2. 追认是不具有溯及力的。（   ）
3. 本人与代理人之间的内部关系是代理关系中基本的法律关系。（   ）
4. 代理关系是一种信任关系。（   ）

五、简答题

1. 简述无权代理及其产生的原因。
2. 简述代理人的义务。
3. 简述本人的义务。

六、论述题

当代理人未披露被代理人的存在，而以自己的名义订立合同时，其法律后果在大陆法系和英美法系中有何差异？

案例讨论

1. 李某和王某是邻居，李某要去边疆地区支教一年，临行前将自己的电脑委托王某保管。一个月后，李某电告王某说自己新买了一台电脑，委托其保管的电脑可以以适当价格出售，但是显示器不要卖。张某知道此事后，对王某说自己想买，但希望王某对李某说电脑有毛病，以便以低价购买，王某便按张某的意思告诉了李某，李某同意低价出售，张某

便以较低的价格购买了该电脑。过了一段时间王某嫌显示器碍事，便以李某的名义以合理价格卖给了赵某，赵某已经付钱，但是没有交货。李某此时支教期满，回来后了解了真实情况，产生了纠纷。

思考题

（1）李某能否要求张某返还电脑？

（2）王某向赵某出售显示器的行为性质如何认定？

（3）若王某以自己的名义将显示器卖给不知情的赵某，但是没有交货，则此时王某的行为性质如何认定？赵某能否主张对显示器的所有权？

资料来源：http://www.chinalawedu.com

2. 甲长期担任 A 公司的业务主管，在 A 公司有很大的代理权限。在甲的努力下，A 公司生意兴隆，新老客户遍及世界。由于甲公司的董事长嫉妒甲的才能，无理解雇了甲。甲怀恨在心，于是在遭解雇一个月后，继续假冒 A 公司的名义从老客户 B 公司处骗得货物，逃之夭夭。B 公司要求 A 公司付款，A 公司则以甲假冒公司名义为由拒绝付款。B 公司坚持认为在其与甲做生意期间，他并不知甲已被 A 公司解雇，并且也未收到关于 A 公司已解雇甲的任何通知，故 B 公司是不知情的善意第三人，A 公司仍应对甲的无权代理行为负责。双方相持不下，对簿公堂。

思考题

（1）按照代理法有关原则，A 公司是否要为甲的无权代理行为负责？

（2）甲是否也要承担责任？

资料来源：2012 年国际商务师考试代理法案例解析. http://www.exam8.com.

延伸阅读

1. 张圣翠. 国际商法［M］.7 版. 上海：上海财经大学出版社，2016.

2. 王彩明，杨立新，王轶，程啸. 民法学［M］.5 版. 北京：法律出版社，2017.

CHAPTER 6

第 6 章

产品责任法

本章要点

- 产品责任的概念与性质
- 产品责任法的概念与性质
- 美国产品责任法中原告的诉讼依据与被告的抗辩理由
- 我国的产品质量责任与产品质量法的有关规定

6.1 产品责任法概述

6.1.1 产品责任的概念与性质

1. 产品责任的概念

在国际上，**产品责任**（product liability）是指产品生产者、销售者因生产、销售有缺陷产品致使他人遭受人身伤害、财产损失所应承担的赔偿责任。

2. 产品责任的性质

产品责任是一种侵权责任。这种责任当事人双方可以是有合同关系的，也可以没有合同关系，也就是说，任何人，不管是不是购物者，只要他受到某种产品的伤害，就可以向法院提起产品责任诉讼。

6.1.2 产品责任法的概念与性质

1. 产品责任法概念

产品责任法（product liability law），是指确定生产者、销售者承担以上民事责任的法律规范的总称。

2. 产品责任法的性质

产品责任法属经济法，具有强制性。这与买卖法不同。买卖法属私法范畴，调整买卖双方之间基于买卖合同产生的权利、义务关系。它的规定大多是任意性的，双方可在合同中解除或更改；而产品责任法属社会经济立法，调整生产者、销售者与消费者之间基于侵权行为所引起的人身伤亡和财产损害的责任，它的各项规定或原则大都是强制性的，双方当事人不得事先加以排除变更。

6.1.3 有关立法适用范围

1. 立法概况

目前,世界上关于产品责任的立法模式,大体有三种:一是扩大解释、适用原合同法、侵权法中的有关规则,如法国、荷兰等;二是在相关的立法中,对产品责任做出若干规定,如英国、加拿大等国颁布的《消费者保护法》;三是制定专门的产品责任法,如德国、意大利、丹麦、挪威、日本等国。

美国的做法另有特点,其产品责任法包括判例法和制定法。美国商务部1979年公布了专家建议文本《统一产品责任示范法》。此外,联邦政府还通过了《联邦食品、药品、化妆品法》、《消费品安全法》等单行法。

在我国,《中华人民共和国民法总则》《中华人民共和国产品质量法》(以下简称《质量法》)和《中华人民共和国消费者权益保护法》等构筑起产品责任法律制度的框架。另外,还制定了一系列相关的法律、法规,如《工业产品质量责任条例》《中华人民共和国药品管理法》《中华人民共和国食品安全法》及《中华人民共和国标准化法》等。最高人民法院的有关司法解释也是产品责任法律制度的内容之一。

伴随着世界经济一体化的进程,产品责任立法愈益显示出国际化趋势。目前产品责任方面的区域性和国际性公约有:欧共体于1977年和1985年制定的《关于人身伤害和死亡的产品责任欧洲公约》和《欧共体产品责任指令》;1972年海牙国际私法会制定的《关于产品责任的法律适用公约》,这是解决侵权性产品责任案件的一个国际性公约。

2. 关于产品

产品是构筑产品责任法体系和确立产品责任承担的基点。但是,各国法律对产品的规定有所不同。

美国《统一产品责任示范法》指出:"产品是具有真正价值的、为进入市场而生产的,能够作为组装整件或者作为部件、零售交付的物品,但人体组织、器官、血液组成成分除外。"该定义用概括的方式,界定了产品的内涵。出于保护产品使用者的基本公共政策的考虑,法官们的态度倾向于采用更广泛、更灵活的产品定义。例如,在兰赛姆诉威斯康星电力公司案中,法院确认电属于产品。1978年哈雷斯诉西北天然气公司案,将天然品纳入产品范围。同年,科罗拉多州法院在一案中裁定,血液应视为产品。关于计算机软件是否属于产品,有学者认为,普通软件批量销售,广泛应用于工业生产、服务领域和日常生活,与消费者利益息息相关,生产者处于控制危险较有利的地位,故有必要将普通软件列为产品。可见,美国产品责任法确定的产品范围相当广泛。

在《关于产品责任的法律适用公约》中,产品是指"天然产品和工业产品,无论是未加工的还是加工的,也无论是动产还是不动产"。《欧共体产品责任指令》规定,"产品是指初级农产品和狩猎物以外的所有动产,即使已被组合在另一动产或不动产之内。初级农产品是指种植业、畜牧业、渔业产品,不包括经过加工的这类产品。产品也包括电。"与美国相比,其所界定的产品范围略微狭窄。

我国《产品质量法》规定:"产品是指经过加工、制作,用于销售的产品。建设工程不适用本法规定。"采用的是概括式的规定,适应性较强。按照其规定,产品必须具备两个条件:首先,必须经过加工、制作。这就排除了未经过加工的天然产品(如原煤、原矿、天然气、石油等)及初级农产品(如未经加工、制作的农、林、牧、渔业产品和猎物)。

其次，用于销售。这是区分产品责任法意义上的产品与其他物品的又一重要特征。这样，非为销售而加工、制作的物品被排除在外。

可见，各国关于产品规定有以下共同特点：①产品一般指动产；②多数国家立法未将初级农产品列入产品责任法范围，原因在于农产品易受自然环境因素影响，其产生的潜在缺陷难以确定缺陷来源，而且农产品没有明确的质量标准；③产品一般指有形物品。

3. 关于瑕疵与缺陷

产品质量责任的发生，以产品存在质量问题为前提。产品质量问题分为一般质量问题和严重质量问题。反映在法律上产生了两个基本概念：瑕疵和缺陷。

广义地说，产品不符合其应当具有的质量要求，即构成瑕疵。狭义地说，瑕疵仅指一般性的质量问题，如产品的外观、使用性能等。缺陷是指产品有较大的质量问题。我国《产品质量法》第46条规定："本法所称缺陷，是指在产品存在危及人身、他人财产安全的不合理危险；产品有保障人体健康和人身、财产安全的国家标准、行业标准的，是指不符合该标准。"但我国立法并未对瑕疵做出明确的界定。《产品质量法》在第26条第2款中使用了"瑕疵"一词，该条表述为"产品存在使用性能的瑕疵"。《消费者权益保护法》中所称"瑕疵"的外延更广。该法第23条第1款规定："经营者应当保证在正常使用商品或者接受服务的情况下其提供的商品或者服务应当具有的质量、性能、用途和有效期限；但消费者在购买商品或者接受该服务前已经知道其存在瑕疵，且存在该瑕疵不违反法律强制性规定的除外。"

一般说来，国外的产品责任法只涉及缺陷，不涉及瑕疵问题。美国《统一产品责任示范法》将缺陷分为：制造缺陷、设计缺陷、警示缺陷和说明缺陷。对缺陷的判别采用"消费者期待"标准和"风险和利益平衡"标准。实践中，经常将两标准结合起来运用。有人认为，在美国判断缺陷的具体判断标准实际上有三种：一是成本和效益标准；二是消费者期待标准；三是兼顾成本与效益和消费者期待标准的混合标准。

《欧共体产品责任指令》规定：如果产品不能提供人们有权期待的安全，即属于缺陷产品。其将缺陷的定义建立在产品的安全性之上，表明了产品严格责任的立法基础。

4. 关于产品责任主体

产品责任主体是指产品责任的承担者。从各国立法和国际立法的规定来看，有两种：一是单一主体说。以《欧共体产品责任指令》为代表，认定产品生产者为产品责任承担者。并对生产者做扩大解释，以涵盖销售者、进口商等责任人。二是复合主体说。以美国为代表，认定产品制造者或销售者为产品责任人，并分别界定其范围。美国的产品责任法关于产品责任主体规定的范围要广泛得多。

根据我国《产品质量法》的规定，我国产品责任主体包括生产者和销售者，但没有对其范围做出规定。在确定产品缺陷责任时，采用不同的归责原则，对生产者采用严格责任，对销售者则实行过错责任。一般情况下，销售者有过错的才承担责任；另外，销售者在不指明产品的生产者提供者时，也要其承担责任。后一种情况可认为是过错推定，过错推定仍属于过错责任，是过错责任原则的一种运用方式。此外，《产品质量法》还规定了生产者和销售者相互之间的追偿权：属于生产者责任而销售者赔偿的，销售者有权向生产者追偿；属于销售者的责任而生产者赔偿的，生产者有权向销售者追偿。

6.2 美国的产品责任法

美国的产品责任法是在英国产品责任判例的基础上形成和发展起来的，其渊源分为习惯法和成文法两部分。美国的产品责任法主要是州法，而不是联邦统一的立法。各州都有自己的产品责任法，而且各有差异。为了统一各州的产品责任法，美国商务部在1979年提出了《统一产品责任法草案》，但至今尚未被各州采用。与产品责任有关的成文法还包括1952年美国《统一商法典》（1990年修订）和1906年《统一买卖法》。

6.2.1 产品责任的诉讼依据

美国的产品责任法以三种法学理论为依据：①疏忽（theory of negligence），②违反担保（breach of warranty），③严格责任（strict liability）。凡原告由于使用有缺陷的产品遭受损害向法院起诉要求赔偿损失时，必须援引上述三种理由之一，作为要求该产品的生产者或销售者承担责任的依据。

1. 疏忽

所谓疏忽是指产品的生产者或销售者有疏忽之处，致使产品有缺陷，而且由于这种缺陷使消费者的人身或财产遭到损害，对此，该产品的生产者和销售者应承担责任。但原告必须向法院证明：①被告没能尽到谨慎的义务，即被告有疏忽之处；②原告由于使用有缺陷的产品而受到了伤害；③原告的伤害与被告的过失之间有因果关系。

疏忽责任是一种侵权责任，所以在以疏忽为依据提起诉讼时，原告与被告之间不需要有直接的合同关系。因而作为原告的一方不仅限于买方，而且扩及其他有关的人，如买方家属、亲友甚至过路者和旁观者，只要他们是由于该产品的缺陷而受到损害，都可对该产品的生产者和销售者提起疏忽之诉。

原告在以疏忽为理由对被告起诉时，可以从以下几个不同方面证明被告有疏忽。

（1）**生产者有疏忽行为** ①生产者在生产和设计产品过程中有疏忽，致使产品有瑕疵。瑕疵包括制造瑕疵和设计瑕疵。制造瑕疵是某产品在制造过程中就不同于其他同类产品，它比按正确方法制造出来的产品要危险，即废品和次品。设计瑕疵是指尽管制造的过程没有出错，但因为设计上的问题，整个生产线上的产品都有瑕疵。②生产者在检测及警告产品中有疏忽。生产者必须对产品进行合理的检验与测试，以便发现明显的或隐蔽的缺陷，确保投入市场的产品的安全。生产者在一定条件下，还有义务向广大社会公众就某一产品的潜在危险性提出警告的义务，这些条件包括：一是生产者知道或有理由知道所提供的产品存在着或可能存在着发生危险的情况。二是生产者没有理由相信产品的使用者会意识到这种危险的情况。警告必须明确、清楚，不仅向产品的购买者，而且必须向所有可能接触产品的人发出。③生产者在使用零部件时有疏忽。许多产品由几个不同公司生产的零部件组装而成的。法律要求使用其他公司生产的产品作为零部件以生产自己公司产品的公司，对所使用的零部件进行适当的检验以发现潜在的危险。否则，该生产可能会对因此而造成的人身伤害承担赔偿责任。

🔖【案例阅读】

制造商的过失责任

在1916年纽约州的麦克弗森诉布依克汽车公司案中,制造商生产的一部汽车的车轮制作有缺陷,结果发生爆破,伤了原告。法院认为,"如果一件东西粗心大意地制造出来,其性质可以合理地肯定会危害生命和肢体,那么这样的东西就是危险之物","如果除危险性之外,制造商还明知这样的东西除购买者外,还会有其他人使用它而不会进行新的检验,那么不论有无契约,这种危险物的制造商负有小心制造它的义务。"这种义务的存在不以直接买卖关系的存在为转移。基于此,制造商应该对原告进行赔偿。

此外,如果一件产品不可避免地具有危险性,或者对此产品的使用或误用(除非使用人采取某些预防措施)可能的危险可以预见,那么制造商就有义务告诫使用人此种危险,并建议采取适当的预防措施。这种告诫必须相当清楚地将危险性质和程度传达到一个理智而谨慎的人的脑中。而且这一告诫义务是连续的,不一定随着产品的出售而告终。这些原则起初最经常地适用于药品,后来适用于其他产品。在诺埃尔诉联合飞机公司案(1964年)中,一架飞机因为螺旋桨与减速器分离而栽入海中,并由于螺旋桨叶打击了机身而起火。被告飞机螺旋桨制造商其实早已经发现,在飞机发动机关掉之后,不能使螺旋桨叶周期变距,偶尔超转以致引起螺旋桨与减速器脱离。而且,在发生该事故前五个月,一种防止螺旋桨超速的装置已经制成。初审法院裁决螺旋桨制造商犯有过失行为,表现在既未在事故发生前将新的安全装置提供给飞机所有人,又违反告诫义务,未将此次事故前已在其他飞机上发生过的多次危险超转通知飞机所有人。这一裁决为美国第三巡回区上诉法院所确认。

资料来源:http://ias.cass.cn/show/show_mgyj.asp?id=822.

(2)零部件制造者及原材料提供者有疏忽 根据美国《侵权行为重述》的有关规定,如果零部件的制造者因疏忽大意使采用该零部件的产品在使用时出现一种不合理的危险,那么该零部件的生产者要承担责任。同样,制造某项产品所用的原材料若有缺陷,其提供者也要为此承担责任。

(3)零售商的过失 一般来说,零售商不对产品的设计或生产中的缺陷负责,除非他知道或有理由知道其所出售的产品有危险而未就此进行产品检验或提出警告,但是,如果零售商通过广告、标签或包装将他人生产的产品说成是自己的产品,则他就要被按照产品的制造者的标准加以要求。

由上述可见,可能负疏忽责任的被告包括产品制造商和中间商。而在制造商和中间商之间,前者一般比后者更容易承担过失侵权责任。因为中间商仅仅是在销售制造商制造出来的瑕疵产品,他有时并不负有检验产品是否有瑕疵的责任,即使有而且他也检查了,但他不一定能检查出瑕疵来。总的来说,中间商如果没有注意和发现产品的瑕疵,他将不对购物者负产品责任,而由制造商来负责,但是,如果他已经发现了产品的瑕疵,却不提醒和警告购物者小心危险的话,他就要负侵权责任。

然而一般来说,中间商没有责任对产品进行检查。美国仅有少数州的法院要求中间商承担检查责任,特别是汽车中间商,因为他们比一般的购车者有专业知识,容易发现一般人不易看到的问题，而且因汽车不同于其他产品，具有很大危险性，如果不仔细检查或发现问题不指出来的话，很容易造成购车人的生命危险，所以中间商在售车前对汽车进行检查是非常重要的。

但是，在现代化大生产条件下，要证明某种产品有缺陷往往是很困难的，有时甚至是不可能的。这是原告在以疏忽为理由控告生产者和销售者时所遇到的一个难题。

2. 违反担保

按照担保理论，如果产品不符合买卖合同标准，购物者就可以告卖主破坏担保，只要他能证明卖主明确或暗示地对其产品质量作了担保，而事实证明这种担保没有兑现。

担保理论与普通法上的合同法和美国《统一商法典》都有交叉重叠关系。担保理论与这两种法律的区别，也是它的优势在于，它不用证明受害人与卖主之间存在合同关系。也就是说，任何一个人因产品受到伤害，他都可以告卖主破坏担保合同，不管他与卖主之间是否有买卖合同。比如，甲买回一台洗衣机，朋友乙来洗衣服时，洗衣机突然漏电，乙被电伤。在这种情况下，乙虽然不是买主，但他可以到法院告洗衣机店，指其破坏了产品质量担保合同（如担保合同上写明该产品符合一般使用目的等），从而导致了乙的伤害，因而应该承担侵权责任。也就是说，侵权法使用担保理论，目的是保护任何可能接触到产品的人（包括购物者、使用者和旁观者）的人身安全，而不仅是买主的财产权利。

担保有以下几种形式。

（1）**明示担保（express warranty）** "这辆汽车将保证在一年之内不出问题。"如果卖车人在出售汽车的时候以口头或书面做出这样的许诺，就是明示担保。

（2）**默示担保（implied warranty）** 就是那些由法律直接规定的担保条件，买卖双方可以用合同规定来取消某些默示担保，但对于人身伤害的担保，则绝对不可取消。

（3）**产品符合最低质量标准的默示担保（implied warranty of merchantability）** 简单说，就是符合该产品一般使用目的的担保。

（4）**产品符合特定使用目的的默示担保（implied warranty of fitness for a particular purpose）** 如果卖方明明知道或应该知道买方挑选的产品是有特殊用途的，而且，买方也依赖卖方来帮助挑选，那么，卖方就默示他帮助挑选的产品将符合买方的特定使用目的。在这种情况下，如果买回的产品不能达到特定的使用目的，买方因此而受到伤害的话，可以提起侵权诉讼。

担保理论虽然比过失理论容易证明产品责任，但仍然有一些局限，包括：①买方必须一发现瑕疵立即通知卖方。如果发现后不通知，或发现后拖很长时间才通知，卖方就可以不负责。②买方必须是依赖（relied）卖方的建议而做出购买决定。如果是根据自己的判断而决定购买，卖方就不负责任。③根据美国《统一商法典》，卖方可以不承认（disclaim）某些法律规定的担保条件。比如，卖主可以在买卖合同中明文宣布"本合同不存在质量担保"。但是，这种文字必须大写或用黑体，而且必须包括"质量担保"几个字，让买主清楚地知道他买的东西是不带担保的。

以上规定给消费者带来许多麻烦，并不能很好地保护消费者的利益。因为有些产品瑕疵并不是很快就能发现的，如果过了一段时间再去找商店退换，他们就可能以没有立即通知为由拒绝；是否"依赖"卖主的建议做出购买决定也很难确定，因为有些店主极力推荐某种产品，促使顾客非买不可，但最后却说，这是买方自己决定的。

3. 严格责任

严格责任又称侵权法上的**无过失责任**（strict liability in tort）。按照严格责任的原则，只要产品存在缺陷，对使用者或消费者具有不合理的危险，并因此而使他们的人身或财产遭受损失，该产品的生产者和销售者都应承担赔偿责任。

美国法学会在 1965 年出版的《侵权行为重述》（以下简称《重述》）中确认了这一来自判例法的原则。《重述》第 402A 条和 402B 条对此作了规定。其主要内容是：①凡出售任何有缺陷的产品对使用者或消费者或其财产带来不合理危险的人，对于由此而造成使用者或消费者的人身伤害或财产损失应承担责任，只要销售者是从事经营出售此种产品的人，而且当产品到达使用者或消费者手中时，对该产品在出售时的条件并没有重大的改变。②尽管出售者在准备和出售其产品时已经尽一切可能予以注意，而且使用者或消费者并没有从出售者手中购买该产品，即同出售者之间并无任何合同关系，上述原则仍应适用，出售者仍须承担责任。

对原告来说，以严格责任为依据对被告起诉最为有利的，因为严格责任原则消除了以违反担保或以疏忽为理由提出损害赔偿时所遇到的种种困难：第一，严格责任是一种侵权行为之诉，它不同于以合同为依据的违反担保之诉，不要求双方当事人之间要有直接的合同关系；第二，在以严格责任为理由起诉时，原告无须承担证明被告有疏忽的举证责任，因为它要求卖方承担无过失责任。在这种情况下，原告的举证责任仅限于：①证明产品确实存在缺陷或不合理的危险；②正是由于产品的缺陷给使用者或消费者造成了损害；③产品所存在的缺陷是在生产者或销售者把该产品投入市场时就有的。只要原告能证明以上三点，被告就要承担赔偿损失的责任。但是，如果使用者或消费者在拿到产品之后，擅自改变了产品的性能，因而造成了人身伤害或财产上的损失，他就不能要求生产者或销售者赔偿责任。

以严格责任为理由起诉和以疏忽为理由起诉的主要区别在于，疏忽是以卖方有无疏忽，即卖方是否尽到"适当注意"的义务作为确定其应对原告承担损害赔偿责任的依据，而严格责任则不必考虑卖方是否已做到"适当注意"的问题，即使卖方在制造或销售产品时已经做到了一切可能做到的注意，但如果产品有缺陷并且使原告遭到损失，卖方仍须对此负责。这里所说的卖方不仅包括同买方直接订立合同的卖方，还包括生产者、批发商、经销商、零售商以及为制造该项产品提供零部件的供应商。所谓买方也不仅包括直接买主，还包括买主的家属、亲友、客人乃至过路行人。所以，严格责任原则对消费者的保护是最为充分的。

【案例阅读】

制造商的严格责任

在林曼诉尤巴电力产品公司案（1962 年）中，原告的妻子从被告零售商购买了一种多用途组合工具交给了她的丈夫。一天，原告使用这种工具做车床旋一块大木头，制作高脚酒杯，不料木头飞出机器，打在了他的前额上，造成重伤。他对该电动工具的制造厂和零售商提起诉讼，要求赔偿损失，声称被告在出售该产品时犯有过失行为并违反担保，因为该产品没有安装足够的螺丝，如果设计得当，本来是可以避免这类事故的。

法院判原告胜诉。法院认为，"在本

案的具体情况下，要制造商承担严格责任并不需要原告证明存在明示担保。如果制造商把一种产品投放市场的时候明知人们使用该产品时不会去检查有无缺陷，而结果证明产品具有伤害人类的缺陷，那么制造商就负有严格的侵权责任。"制造商的责任"不是由契约担保法律决定的，而是由严格侵权责任法律决定的"。"为了确定制造商的责任，只要原告证明他是在按预定的使用方法使用该工具时受的伤就足够了"。这样，为了受伤害消费者的利益，加利福尼亚法院就把担保诉讼的种种障碍，包括违反担保的通知的要求，一扫而光了。

资料来源：http://ias.cass.cn/show/show_mgyj.asp?id=822.

6.2.2 被告可以提出的抗辩理由

在产品责任诉讼中，被告可以提出某些抗辩，要求减轻或免除其责任。被告可以提出的抗辩理由主要有以下几种。

1. 担保的排除或限制

美国《统一商法典》允许卖方排除其对货物的明示担保和默示担保（如商销性的担保和适合特定用途的担保等）。在产品责任诉讼中，如果原告以被告"违反担保"为理由起诉，被告如果已经在合同中排除各种明示或默示担保，他就可以提出担保已被排除作为抗辩。但是，按照美国1974年的规定，为了保护消费者的利益，在消费交易中，卖方如有书面担保，就不得排除各种默示担保。此外，这项抗辩仅能对抗以"违反担保"为理由起诉的原告，而不能用来对抗以"疏忽"为理由起诉的原告，因为后者是属于侵权之诉，不受合同中关于排除明示或默示担保义务的制约。

2. 原告过失

这个抗辩事由主要用于过失责任理论中，原告自己的过失可以抵消被告的过失所引起的产品责任。但是这个理由在严格责任理论中，则要视具体情况而定。

3. 自担风险

所谓自担风险是指：①原告已经知道产品有缺陷或带有危险性；②尽管如此原告也甘愿将自己置于这种危险或风险的境地；③由于原告甘愿冒风险而使自己受到损害。按照美国法，无论原告是以被告违反担保为由起诉或以疏忽为由起诉或以严格责任为由起诉，被告可以提出"自担风险"作为抗辩。根据美国《侵权行为重述》第402A条的注解，如果使用者或消费者已经发现产品有缺陷，并且知道有危险，但他仍然不合理地使用该产品，并因而使自己受到损害，他就不能要求被告赔偿损失。

4. 非正常使用产品或误用、滥用产品

在产品责任诉讼中，如果原告由于非正常地使用产品或误用、滥用产品，使自己受到损害，被告可以以此为理由提出抗辩，要求免除责任。但是，当被告提出原告非正常使用产品或滥用产品的抗辩时，法院往往对此加以某种限制，即要求被告证明原告对产品的误用或滥用已超出了被告可能合理预见的范围之内，被告就必须采取措施予以防范，否则就不能免除责任。如果使用者的行为按常理是不可能预见的，那么就属于非正常使用的范畴了。正如美国《侵权法注释汇编》（第2版）所述，"如果伤害是出自非正常的处置，如为了开瓶盖而将酒瓶往暖气片上敲撞，或出自非正常的制备，如在食品里添加了过多的食盐，或出自非正常的消费，如小孩进食过量的糖果而生病，那么出售者是不负责的。"使用人未能发现产品缺陷或者谨防可能存在的缺陷或犯有共同过失，通常并不妨碍获得赔偿。

5. 擅自改动产品

如果原告对产品或其中部分零部件擅自加以变动或改装，从而改变了该产品的状态或条件，因而使自己遭受损害，被告就可以原告擅自改变产品的状态或条件为理由提出抗辩，要求免除责任。

6. 有不可避免的不安全因素的产品

如果某种产品即使正常使用，也难以完全保证安全，而且权衡利弊，该产品对社会公众是有益的，是利大于弊的，则制造或销售这种产品的被告可以要求免除责任。其中，以药物最为典型。因为有些药物不可避免地含有某种对人体有害的副作用，但它又确能治疗某些疾病。在这种情况下，制造和销售这种产品的卖方只要能证明，该产品是适当加工和销售的，而且他已提醒使用者注意该产品的危险性（如药物的副作用），他就可以要求免责。即使在严格责任之诉中，被告也可以提出这一抗辩。

除了上述的抗辩理由，达到"目前工艺水平"也是制造商可使用的一项抗辩理由。例如，威尔逊诉派珀飞机公司案（1978 年）。被告是飞机制造商，于 1968 年制造了一架"派珀·切洛基"式飞机，该机于 1971 年 1 月失事，两名乘客和驾驶员遇难。唯一的幸存者是机上的一名飞行教官，但他对所发生的事已全无记忆。原告指控说，这次伤亡事故是由于飞机汽化器上结冰导致发动机失灵所致，而飞机后舱里乘客的死亡是由于该舱室的设计错误造成的，但是原告未能证明在那时可以有可替代的更安全的设计。俄勒冈州最高法院称，证实设计缺陷的要素是证明实际上存在某种可替代的更安全的设计。该法院驳回了原告关于复审此案的请求。此案说明，着重点在于制造商可能做到什么程度，而"目前工艺水平"就是现实可能性。

6.2.3 损害赔偿的范围

损害赔偿的一般原则是补偿缺陷产品造成的可预见的人身伤害损失或财产损害损失。但在特殊案情中还可能包含惩罚性赔偿。

1. 人身伤害损失

该部分包括：医疗费和康复费；因伤而耽误的收入；谋生能力降低或丧失所产生的损失；肉体伤残痛苦的补偿；伤残带来自卑感等精神痛苦的补偿。其中，精神痛苦的补偿数额在很多案件中被判得很高。受害人死亡的，受害人的继承人可追偿上述款项。受害人的亲友可预见的精神等损失亦可追偿。

2. 财产损失

财产损失不限于被损坏财产的直接损失，合理可预见的间接损失也为多数法院的判决所支付。如机器存在缺陷爆炸，烧毁的厂房需 20 日才能修复，则该 20 日内厂家停产的损失亦应由缺陷产品的生产者负责。但是，如果修复厂房的工人怠工而使厂房修复的时间为 50 日，则另外的 30 日停产损失不属于赔偿范围。

3. 惩罚性赔偿

在产品责任事故性异常严重的案件中，受害人除可以要求一般的人身或财产损害赔偿外，还可以提出额外的惩罚赔偿。不过，根据 1979 年美国《统一产品责任示范法》规定，要获得惩罚性赔偿，原告必须证明自己所受的损害是由于生产者或销售者的明知而根本不顾产品的使用者、消费者或其他可能受伤害的人的安全，或者粗心大意所致。至于惩罚性赔偿的具体数额则由陪审团决定，美国法律无限制性规定。

6.2.4 诉讼管辖

在美国，产品责任法属于各州的立法权限范围，因此产品责任的诉讼案件一般由各州的法院审理。一般来说，一个州的法院只对本州居民有管辖权。但在过去的几十年间，由于美国跨州贸易的发展，各州之间的政治、经济联系日益密切，美国的法院逐步采取了本州法院对另一州的居民也享有管辖权的态度。这就是所谓"长臂管辖"原则。最初"长臂管辖"原则只适用于违反一个州的公路行车时速规定而招致交通事故情况。从20世纪30年代起，根据这项原则，一个州的法院对在本州内任何从事商业活动的人及其行为享有管辖权。1945年，美国联邦最高法在一项判决中认为，只要被告与某一州有最低限度的联系，该州的法院就对其有司法管辖权，不论他是否为本州的居民。最高法院认为，这并不违反"法律的正当程序"。

消费者在受到有缺陷产品的伤害后，一般愿意在本州的法院提起诉讼。有关的法院依据"长臂管辖"原则对其产品造成本州居民人身伤害或财产损失的制造者或销售者主张管辖权，只要该产品的生产者或销售者直接地或者通过中间商在该州境内从事商业活动，或者虽无此种商业活动但能够合理地预见到其产品最终会被本州居民使用。

6.2.5 法律适用

产品责任属侵权责任，因此，在美国早期的产品责任诉讼中，法院采用和其他侵权诉讼一样的法律适用原则：以侵权地法为主，兼顾法院地法。随着保护消费者利益水平的提高，美国现在的多数州法倾向由原告在数个与案件有联系的连接因素中选择对自己最为有利的法律。与案件有联系的连接因素包括：加害地、受害地、产品购买地、原告或被告的住所地或营业地、法院地等。

【知识窗】

中国母公司和美国子公司之间的关系及其法律关系

出于合理避税或是业务的考虑，很多中国公司已经在美国创立了子公司。这些实体可以因中国母公司生产的产品所引致的损害而被起诉。

这些关系可导致的问题有：一是美国子公司的存在是否是起诉母公司的充分条件？二是子公司的这种连带诉讼是否需要母公司提供关于在美国的公司人员等方面的证明？三是对子公司的判决对于母公司有效吗？四是母公司的财产可以因对子公司的判决而执行吗？

对于这些问题，没有简单的答案。虽然美国子公司的存在从总体上讲并不能导致对母公司的诉讼，但如果母公司制造了有缺陷的产品，这在美国就可以成为诉讼理由，而无论是否存在子公司。但是，有时子公司的一名职员也是母公司的职员，那么有关这一职员的业务就可视为母公司的业务。为了在这种情况下进行辩护，母公司必须在美国拥有法律顾问，以向法庭证明对于本案涉及的缺陷产品，母公司并没有责任。

如果一项判决不是同时对母公司及其子公司做出的，美国法院通常就不会允许以母公司的财产来执行对子公司的判决。一旦母公司向子公司提供了包括商品在内的财物，原告就可以用这些财物来执行对美国子公司的判决，即使母公司并没有就这些财物向子公司收款。但是，当公司形式没有保持或者不合理经营时，美国法律允许"戳穿"公司的"面纱"。

在美国，由于产品问题变得越来越复杂，不确定损害的风险加大，产品责任法已经有所变化并且将在21世纪有更为重大的改变。

资料来源：http://www.chinanics.com/info/info_detail.asp?id=12560.

6.3 欧洲各国的产品责任法

欧洲各国产品责任法的发展比美国稍晚。在20世纪80年代以前，欧洲各国都没有专门关于产品责任的立法，它们主要是通过引申解释民法典的有关规定来处理涉及产品责任的案件。为了协调欧洲经济共同体各成员国有关产品责任的法律，欧洲经济共同体理事会于1985年7月25日通过了一项《关于对有缺陷的产品的责任的指令》（以下简称《指令》），要求各成员国在1988年8月1日以前采取相应的国内立法予以实施，但允许各成员国有某些取舍的余地。《指令》共有22条，其主要内容包括以下几条。

1. 采取无过失责任原则

《指令》对产品责任放弃了欧洲大陆法传统的过失责任原则，而采用无过失责任原则，这是一个很大的变化。做出这种改变的主要出发点是为了使消费者获得更充分的保护。因为当代技术产品纷繁复杂，需要在生产者和消费者之间妥善地分摊风险，而在两者当中，生产者处于更有利的地位，他们能够而且应当通过严格的设计、加工和检验程序尽量减少或避免他们所生产的产品的危险性，而且，他们还可以通过产品责任保险，将保险费加在货价上而使自己获得保障。因此，在立法指导思想上就应当加重生产者的责任，使消费者受到更有力的保护。

基于上述考虑，《指令》明确规定，在产品责任诉讼中，受害的消费者只须证明他受到损害和产品有缺陷的事实，以及两者之间存在着因果关系，即可以使该产品的生产者承担责任，而无须证明生产者有过失。这就是无过失责任的原则。

2. 关于生产者的定义

根据《指令》第1条的规定，生产者应对有缺陷的产品所引起的损害承担责任。因此，确定谁是"生产者"是一个十分重要的问题。《指令》对生产者所下的定义是较广泛的，它包括：制成品的制造者；任何原材料和生产者；零部件的制造者；任何将其名称、商标或其他识别标志置于产品之上的人；任何进口某种产品在共同体内销售、出租、租赁或在共同体内以任何形式经销该产品的人；如果不能确认谁是生产者，则提供该产品的供应者即被视为生产者，除非受损害的消费者在合理时间内获得查出谁是生产者的通知。

3. 关于产品的定义

《指令》的另一项重要内容是确定产品的定义。按照《指令》的规定，所谓"产品"是指可以移动的物品，但不包括初级农产品和戏博用品。不过，各成员国可以通过国内立法，将上述两种产品包括在"产品"的定义范围之内。至于经过工业加工的农产品则包括在"产品"的范围内。

4. 关于缺陷的定义

《指令》对缺陷的定义采用客观标准。按照这种标准，如果产品不能提供一般消费者有权期望得到安全，该产品就被认为是有缺陷的产品。在确定产品是否有缺陷时，要考虑到各种情况,其中包括:产品的状况、对产品的合理预期的使用和把产品投入流通的时间。不能因为后来有更好的产品投入市场,就认为先前的产品有缺陷。例如,在20世纪60年代,汽车座位上都没有安全带,当时不认为这种汽车是有缺陷的产品,但是,如果20世纪80年代生产的汽车没有装设安全带,就将被认为是有缺陷的产品。对产品的操作、使用说明书,也是涉及产品的安全性的因素之一。

5. 关于损害赔偿

按照《指令》的规定,可以请求损害赔偿的范围,主要包括人身伤害和死亡。对有缺陷的产品自身的损失,一般不予考虑。特别值得指出的是,《指令》对"痛苦"的补偿有所保留,它认为这是属于非物质性的损害赔偿,应按有关国家的国内法来处理。

6. 对产品责任的抗辩

依照《指令》的规定,在产品责任诉讼中,被告可以提出以下三种抗辩。

(1) **无罪责** 如果生产者能证明他没有罪责,他就可以不承担责任,这主要包括以下几种情况:①该生产者并没有把该产品投入市场;②引起损害的缺陷在生产者把产品投入市场的时候并不存在,或者证明这种缺陷是在后来才出现的,例如,是由于对产品的不适当使用而引起的;③生产者制造该产品并非用于经济目的的销售或经销,亦非在其营业中制造或经销;④该缺陷是由于遵守公共当局发布的有关产品的强制性规章而引起的;⑤按照生产者将产品投入市场时的科技知识水平,该缺陷不可能被发现。这种抗辩又称为"发展的风险"(development risks)或"现有水平"抗辩。由于各成员国法律对这一抗辩持不同的态度,因此,《指令》允许各成员国在各自的法律中对是否采用这种抗辩自行做出取舍。

(2) **时效** 《指令》对时效做了如下规定:①受损害者的权利自生产者引起损害的产品投入市场之日起10年届满即告消灭,除非受害者已在此期间对生产者起诉;②《指令》要求各成员国必须在其立法中规定提起损害赔偿诉讼的时效,该诉讼时效为3年,从原告知道或理应知道受到损害、产品有缺陷及谁是生产者之日开始计算。《指令》对时效的中止和中断没有作出规定,因此有关时效中止和中断的问题,应按适用的国内法来处理。

(3) **赔偿的最高额** 生产者的责任原则上应当是没有限制的。但《指令》允许成员国在立法中规定,生产者对由于同一产品、同一缺陷所引起的人身伤害或死亡的总赔偿责任不得少于7 000万欧洲货币单位。

此外,《指令》还规定,生产者不得以合同或其他办法来限制或排除其对产品的责任。这表明产品责任是属于强制性的法律规定,不能由当事人以合同任意予以排除或限制。

6.4 关于产品责任的法律适用公约

为了统一各国关于产品责任的法律冲突规则,海牙国际私法会议于1973年10月2日通过了一项《关于产品责任的法律适用公约》(海牙公约)。该公约已于1978年10月1日生效。公约共有22条,除对产品责任的法律适用规则作出规定之外,还对"产品""损害"和"责任主体"作了明确的规定。

1.《公约》 对产品、 损害及责任主体的规定

《公约》规定,"产品"应包括天然产品和工业产品,无论是未加工的还是经过加工

的，也无论是动产还是不动产。《公约》规定，"损害"是指对人身的伤害或对财产的损害以及经济损失。但是，除非与其他损害有关，产品本身的损害以及由此而引起的经济损失不应包括在内。《公约》规定，对产品责任的主体应当包括：成品或部件的制造商；天然产品的生产者；产品的供应者；在产品准备或销售等整个商业环节中的有关人员，包括修理人和仓库管理员。上述人员的代理人或雇员的责任亦适用该公约。

2.《公约》对产品责任的法律适用规则的规定

《公约》第4~6条，根据当事人和有关国家之间的联系点或接触点，分别具体情况确定了3项法律适用规则。

（1）**适用侵害地国家的法律**　《公约》第4条规定，如果侵害地国家同时又是直接受害人的惯常居所地，或者被请求承担责任人的主营业地，或者直接受害人取得产品的地点，应适用侵害地国家的国内法。

（2）**适用直接受害人的惯常居所地国家的法律**　《公约》第5条规定，尽管有上述第4条的规定，但是，如果直接受害人的惯常居所地国家同时又是被请求承担责任的人的主营业地，或者直接受害人取得产品的地方，则仍应适用直接受害人的惯常居所地国家的国内法。

（3）**适用被请求承担责任人的主营业地的国家法律**　《公约》第6条规定，如果上述第4条和第5条指定适用的法律都不适用，则除非原告基于侵害地国家的国内法提出其请求，应适用被请求承担责任人的主营业地国家的国内法。

6.5　中国的产品责任法

6.5.1　立法概况

中国的产品责任立法见之于《中华人民共和国民法总则》（2017年）、《中华人民共和国产品质量法》（2009年）、《中华人民共和国消费者权益保护法》（2013年）等，以及一系列相关的法律和法规，例如，《工业产品质量责任条例》（1986年）、《中华人民共和国药品管理法》（2015年）、《中华人民共和国食品安全法》（2015年）及《中华人民共和国标准法》（2017年）等。最高人民法院的有关司法解释也是产品责任法律制度的内容之一。

在上述法律、法规中，采用的是"产品质量""产品质量责任"及"产品质量法"的概念。①产品质量，是指国家有关法律法规、质量标准以及合同规定的对产品使用、安全和其他特性的要求。②产品质量责任，指产品的生产者、销售者违反了上述要求，给用户、消费者造成损害而应依法承担的法律后果，包括民事、行政和刑事责任，其中，民事责任包括产品瑕疵担保责任和产品侵权赔偿责任，前者属合同责任，后者属侵权责任。由此可以看出，我国法律规定的"产品质量责任"与国际上通常所说的"产品责任"是有区别的，"产品质量责任"既包括合同责任，又包括侵权责任，而"产品责任"仅包括侵权责任。③产品质量法，在广义上是指国家为了加强对产品质量的监督管理，提高产品质量水平，更好地满足人民群众的消费需求而制定的一系列法律规范；在狭义上仅指《产品质量法》。从狭义上看，《产品质量法》和《消费者权益保护法》的立法宗旨是相通的，两者在内容方面存在重合和交叉，但是各有侧重：《产品质量法》重在规范产品质量监督和产品质量责任的分配，《消费者权益保护法》则侧重于规范消费者的权利以及国家对消费者合法权益的保护。

为达到产品质量法所追求的提高产品质量、保护消费者权益的立法目的，我国的《产品质量法》主要分为两个部分：①产品质量监督管理法：规范产品的生产、销售过程，监督企业加强质量管理，提高产品质量，防患于未然；②产品质量责任法：产品由于质量缺陷造成他人损害，法律应保证受害人及时、充分地得到赔偿和责任人受到惩罚，注重事后的救济。

6.5.2 《产品质量法》的适用范围

1. 产品的范围

虽然"产品"的自然属性比较宽泛，但是《产品质量法》中的"产品"有其特定的法律内涵。根据我国《产品质量法》第2条规定，"本法所称产品是指经过加工、制作，用于销售的产品。建设工程不适用本法规定；但是，建设工程使用的建筑材料、建筑构配件和设备，属于前款规定的产品范围的，适用本法规定。"可见，《产品质量法》调整的产品范围包括以销售为目的，通过工业加工、手工制作等生产方式所获得的具有特定使用性能的物品。未经加工的天然形成的产品，如原矿、原煤、石油、天然气，以及初级农产品，如农、林、牧、渔等产品，不包括在内。不是为了销售的物品，即使经过了加工、制作，也不受《产品质量法》调整。另外，对于军工产品，因国务院、中央军事委员会另有规定，也不包括在《产品质量法》所调整的产品范围内。

2. 《产品质量法》的调整对象

《产品质量法》的调整对象是产品质量规制关系，主要包括两个方面：①产品质量监管关系：政府各级产品质量监管部门与生产者、销售者之间在产品质量监督、管理活动中产生的规制关系；②产品质量责任关系：在生产、交换过程中，产品生产经营者之间以及他们和消费者之间的涉及产品质量的规制关系，以及由此产生的法律责任方面的关系。

6.5.3 产品质量管理相关规定

1. 产品的标准化管理

根据我国《产品质量法》第13条和第14条的规定，为了保证企业的产品质量，国家推行企业质量体系认证制度，产品质量应符合一定标准。国家鼓励企业的产品质量达到并且超过行业标准、国家标准和国际标准。"可能危及人体健康和人身、财产安全的工业产品，必须符合保障人体健康和人身、财产安全的国家标准、行业标准；未制定国家标准、行业标准的，必须符合保障人体健康和人身、财产安全的要求。禁止生产、销售不符合保障人体健康和人身、财产安全的标准和要求的工业产品。"例如，2012年9月1日，国家标准《机动车运行安全技术条件》（GB 7258—2012）正式发布并开始实施。国家标准《机动车运行安全技术条件》（GB 7258）是我国机动车国家安全技术标准的重要组成部分，是我国机动车运行安全管理最基础的技术标准，是新车注册登记检验和在用车安全技术检验、事故车检验鉴定的主要技术依据，也是新车定型强制性检验、新车出厂检验和进口机动车检验的重要技术依据之一。2016年4月21日，中国农垦乳业联盟向社会发布了《中国农垦生鲜乳生产和质量标准》。该标准是在《生乳》（GB 19301—2010）的基础上，根据目前农垦奶牛养殖的实际情况，参照国际通行标准制定的，主要指标标准都有了大幅提高，如菌落总数为每毫升 10 万 CFU 以下，与欧盟和美国标准一致；体细胞数每毫升 40 万个以下，优于美国每毫升 75 万个以下的国家标准；乳蛋白率由 2.8% 提高到 3.0%；乳脂率由 3.1% 提高到 3.4%。该标准是与欧美标准接轨的企业标准，根本目的就是通过该标准的制定，进一步提高农垦奶牛养殖水平。

【知识窗】

"食品三聚氰胺临时限量值" 并非产品标准

2008 年 10 月 7 日，中华人民共和国卫生部、中华人民共和国工业和信息化部、中华人民共和国农业部、国家工商行政管理总局、国家质量监督检验检疫总局联合印发《关于乳制品及含乳食品中三聚氰胺临时管理限量值规定的公告》（以下简称《公告》）。

根据《公告》，婴幼儿配方奶粉中三聚氰胺临时管理限量值为 1 毫克/公斤；液态奶（包括原料奶）、奶粉、其他配方奶粉中的三聚氰胺限量值为 2.5 毫克/公斤；含乳 15% 以上的其他食品中三聚氰胺限量值为 2.5 毫克/公斤。高于上述限量值的产品一律不得销售。

相关部委联合设置三聚氰胺限量值，意在便于各地、各部门在乳制品行业整顿中掌握三聚氰胺含量的检测、判定准则。专家表示，这是进行监督、管理的一个临时管理限量值，而非产品标准，"制定限量值是应急状态下的一项行政控制措施"。

2. 产品质量的监督检查

根据我国《产品质量法》第 15 条规定，国家对产品质量实施监督检查制度。监督检查的重点包括：①"可能危及人体健康和人身、财产安全的产品"，如药物、食品等；②"影响国计民生的重要工业产品"，如钢铁、石油制品等；③"消费者、有关组织反映有质量问题的产品"。

国家对产品质量实施监督检查的方式是：各级产品质量监督部门对企业的产品质量进行日常的监督检查，以抽查为主要方式；国家监督抽查的产品，地方不得另行重复抽查；上级监督抽查的产品，下级不得另行重复抽查。

我国《产品质量法》第 17 条规定，被抽查的产品质量不合格的，由实施监督抽查的产品质量监督部门责令其生产者、销售者限期改正。逾期不改正的，由省级以上人民政府产品质量监督部门予以公告；公告后经复查仍不合格的，责令停业、限期整顿；整顿期满后经复查产品质量仍不合格的，吊销营业执照。

【知识窗】

"免检制度" 已取消

2001 年 11 月 21 日，国家质量监督检验检疫总局颁布并实施了《产品免于质量监督检查管理办法》（以下简称《管理办法》）。根据《管理办法》规定，国家或省、自治区、直辖市质量技术监督部门连续 3 次以上抽查合格的产品，就可确定为免检产品。一旦获得免检称号，其产品在 3 年内免予各地区、各部门各种形式的检查。

免检制度的确立在鼓励企业提高产品质量、扶优扶强、提高产品质量监督检查的有效性、避免重复检查等方面确实起到了积极的作用,但是也为一些缺乏诚信的企业逃避监督检查提供了"挡箭牌"。早有学者批评我国免检制度的三大弊端:第一,门槛太低;第二,监督不力;第三,惩戒措施不力。

2008年"三鹿奶粉"事件发生后,国家质量监督检验检疫总局反思我国的免检制度,决定从2008年9月17日起,停止所有食品类生产企业获得的国家免检产品资格,相关企业要立即停止其国家免检资格的相关宣传活动,其生产的产品和印制的包装上已使用的国家免检标志不再有效。2008年9月18日,国家质量监督检验检疫总局废止了《产品免于质量监督检查管理办法》。

6.5.4 产品质量责任相关规定

1. 生产者、销售者的产品质量义务

我国《产品质量法》第26~32条规定了生产者的产品质量责任和义务,第33~39条规定了销售者的产品质量责任和义务。对于生产者而言,需要对产品质量承担明示担保和默示担保的义务;产品标识必须符合法定要求;特殊产品的包装必须符合法定要求,例如,对于易碎、易燃、易爆、有毒、有腐蚀性、有放射性等危险物品,需要"依照国家有关规定作出警示标志或中文警示说明,标明储运注意事项";不得违反法律的禁止性规定,例如,"不得生产国家明令淘汰的产品""不得伪造产地,不得伪造或者冒用他人的厂名、厂址""不得伪造或者冒用认证标志等质量标志""不得掺杂、掺假,不得以假充真、以次充好,不得以不合格产品冒充合格产品"等。

对于销售者而言,需要承担以下义务:进货检查验收;保持产品质量;保证产品标识符合法定要求;不得违反法律的禁止性规定,例如,"不得销售国家明令淘汰并停止销售的产品和失效、变质的产品""不得伪造产地,不得伪造或者冒用他人的厂名、厂址""不得伪造或者冒用认证标志等质量标志""不得掺杂、掺假,不得以假充真、以次充好,不得以不合格产品冒充合格产品"等。

2. 产品质量责任

根据我国《产品质量法》,产品生产者和销售者因产品质量存在瑕疵或缺陷而可能承担的产品质量责任主要包括民事责任、行政责任和刑事责任。

(1) **民事责任** 根据《产品质量法》第40条规定,当产品①"不具备应当具备的使用性能而事先未作说明",②"不符合在产品或者包装上注明的产品标准",③"不符合以产品说明、实物样品等方式表明的质量状况"时,产品的生产者或销售者应承担产品质量责任。这属于产品瑕疵担保责任,即在产品买卖关系中,产品的生产者或销售者向对方保证和承诺,如果产品存在瑕疵,生产者或销售者应当承担由此引起的法律后果。承担责任的形式主要是修理、更换、重做、退货和赔偿损失等。

根据《产品质量法》第40条规定,当产品存在缺陷给受害人造成人身伤害或者产品以外的财产损失时,生产者或销售者对受害人应承担赔偿责任。这属于因产品存在缺陷而导致的侵权责任。要使生产者或销售者承担这种责任,需要证明以下几点:①产品有缺陷;②有人身伤亡或者财产损害的事实;③产品缺陷与损害事实之间有因果关系。

根据《产品质量法》第43条规定,"因产品存在缺陷造成人身、他人财产损害的,受害人可以向产品的生产者要求赔偿,也可以向产品的销售者要求赔偿"。

【案例分析】

宋某在商场购买一台彩色电视机，并附有产品合格证。宋某使用两个多月后，电视机出现图像不清的现象，后来音像全无。宋某去找商场要求更换，商场言称电视机不是他们生产的，让宋某找电视机厂进行交涉。

思考题

销售者应当承担怎样的责任？

资料来源：http://www.lawtime.cn/info/xiaofeizhe/cpzljf/2011101847457.html.

[参考答案]

宋某购买的电视机出现严重质量问题，销售者与生产者或供货者在订立买卖合同时又未明确地约定事后处理纠纷的方式，则销售者依法负有产品瑕疵担保责任，应根据消费者宋某的要求予以修理、更换或者退货。

我国《产品质量法》在追究产品责任问题上对生产者和销售者实行不同的归责原则，对销售者实行过错责任原则，而对生产者实行严格责任原则，意即无论生产者有无过错，其均应为产品缺陷所致损害负责。生产者要想免责，他必须证明存在下列情况之一：①未将产品投入流通；②产品投入流通时，引起损害的缺陷尚不存在；③投入流通时的科学技术水平尚不能发现缺陷的存在。

【案例分析】

射日体育器材公司是一家专门生产体育器材、健身用具的公司。2003年8月，该公司生产了一批臂力棒。成品出厂前经检验员的严格检测，将有缺陷的产品存放在废品仓库。2003年9月，管理员刘某从废品仓库中私自拿了一件臂力棒，送给了朋友陈某，作为陈某的生日礼物，但未告知陈某该臂力棒的来源及存在缺陷。2003年11月，陈某在晨练时，臂力棒断裂，陈某颌骨被撞裂，4颗门牙缺损。后入院治疗，花去医疗费、补牙费用5 000元，加上误工损失等，共计人民币6 320元。陈某向射日公司要求赔偿，遭到拒付。陈某无奈，于2004年1月以射日公司和刘某为共同被告诉至法院，要求获得赔偿。

思考题

射日公司是否应对陈某的损失承担赔偿责任？

资料来源：王新红. 经济法：案例与材料分析[M]. 北京：高等教育出版社，2008.

[参考答案]

射日公司并未将有缺陷的产品投入流通，因此不应承担损害赔偿责任。应由刘某承担全部赔偿责任。

《产品质量法》第45条还规定了因产品存在缺陷造成损害要求赔偿的诉讼时效，"因产品存在缺陷造成损害要求赔偿的诉讼时效期限为2年，自当事人知道或者应当知道其权益受到损害时起计算。因产品存在缺陷造成损害要求赔偿的请求权，在造成损害的缺陷产品交付最初用户、消费者满10年丧失；但是，尚未超过明示的安全使用期的除外。"

（2）**行政责任** 生产者、销售者因违反产品质量监督管理法律、法规，而应承担的法律后果。由拥有行政处罚权的有关国家机关给予责令停止违法行为、没收违法所得、罚款、吊销营业执照等行政制裁。

（3）**刑事责任** 承担刑事责任的主体不仅限于产品的生产者和销售者，还包括运输者、保管者、仓储者、检验机构、认证机构以及国家机关工作人员。

【知识窗】

国家标准是"免责盾牌"吗

国家标准被用做"免责盾牌"已经屡见不鲜了。例如，某款洗发水被曝含致癌物，制造企业回应符合国家标准；一些快餐食品中被曝含问题添加物，企业则表示符合国家标准。然而，"符合国家标准"就不用承担责任了吗？按照上述企业的逻辑，产品只要符合国家标准，就不存在缺陷。

对产品缺陷的判定，国家标准只是最低标准，如果产品存在标准难以预见的不合理危险，并对消费者造成损害，即使它"符合国家标准"，生产者也不能免责。换言之，"符合国家标准"，只是免除了生产者的行政责任，但并不免除生产者的侵权责任。

【阅读材料】

产品召回制度

召回是指生产经营者在政府有关部门的监督和指导下，依照法律规定的条件及程序，对已进入流通领域的缺陷产品，发布公告，采取修理、收回、更换等具体方式消除缺陷产品可能导致的损害的补救措施。

美国是世界上最早确定召回制度的国家。1966年制定了《国家交通与机动车安全法》，规定汽车制造商有义务公开汽车召回消息，将相关情况通报交通管理部门和用户，并对汽车进行免费修理。此后，逐步在产品安全和公众健康的立法中引入了召回制度，如《消费者产品安全法》《儿童安全保护法》《食品、药品及化妆品法》《交通召回增加责任与文件》等。

日本于1969年开始实施汽车召回，是亚洲第一个实施召回的国家。日本召回法规多，相关法律严密。召回制度已明确列入《公路运输车辆法》，并且通过《道路运输车辆安全标准》以及《机动车型式制定规则》等法规，严格规定了召回的程序、范围和处理方式，并交专门部门执行。

我国实施召回制度较晚。2002年10月28日通过的《上海市消费者保护条例》是我国最早规定产品召回制度的法律规范。但是该条例仅为地方性法规，权力位阶低，而且操作细节不完善，因此未产生较大影响。2004年3月16日，由国家质检总局、国家发改委、商务部和海关总署共同制定的《缺陷汽车产品召回管理规定》颁布，并于2004年10月1日起正式开始实施，由此产品召回制度开始走近我国消费者。2007年8月27日，国家质检总局出台了《食品召回管理规定》和《儿童玩具召回管理规定》。2007年12月6日，国家食品药品监督管理局颁布了《药品召回管理办法》。2009年2月28日第11届全国人民代表大会常务委员会第7次会议通过《中华人民共和国食品安全法》（以下简称《食品安全法》），并于2009年6月1日起施行。该法第53条和85条分别规定了食品生产者和销售者的产品召回义务以及违法责任。2009年12月26日颁布的《中华人民共和国侵权责任法》第46条规定了缺陷产品召回的侵权责任：产品投入流通后发现存在缺陷的，生产者、销售者应当及时采取警示、召回等补救措施。未及时采取补救措施或者补救措施不力造成损害的，应当承担侵权责任。该规定将《食品安全法》首次确立的召回民事责任规则从特别法提升到了侵权责任制度基本法层级上，在我国产品责任体系中确立了召回侵权责任这一相对独立的侵权责任类型。

2012年10月10日，国务院常务会议审议通过了《缺陷汽车产品召回管理条例》，相对于2004年开始实施的《缺陷汽车产品召回管理规定》，生产者和销售者的违法成本大大提高，汽车企业无疑将在召回成本与违法成本之间做出最有利的权衡。随后，汽车召回案例逐年增加。例如，广汽丰田汽车有限公司、天津一汽丰田汽车有限公司、丰田汽车（中国）投资有限公司自2012年11月1日开始，在中国召回部分缺陷汽车，共计1 395 796辆。此次召回活动是丰田汽车公司在中国开展的规模最大的一次召回活动。2013年4月2日，大众召回38万辆DSG问题汽车。2014年10月15日，一汽-大众提出召回申请，将自2015年2月2日起，在中国召回2011年5月至2014年5月生产的新速腾汽车和2012年4月24日至2013年7月17日生产的甲壳虫汽车，涉及车辆分别为563 605辆和17 485辆。2014年4月2日宝马汽车公告召回232 098辆汽车，包括宝马在华销售的进口的2009年6月10日至2012年7月30日生产的部分1系、3系、5系、6系、7系、X1、X3、X5、X6、Z4汽车，以及2009年11月7日至2013年6月6日国产生产的部分3系、5系汽车。范围涵盖了当时所有在华销售的车型，也是宝马进入中国市场以来的首次全系召回。东风特种汽车有限公司于2015年12月9日，向国家质检总局备案召回计划，决定自即日起，召回2013年12月13日至2015年6月24日生产的部分EQ6608LT3超龙客车，共计492辆。

2016年1月1日，我国《缺陷汽车产品召回管理条例实施办法》（简称《办法》）开始施行。与之前的汽车召回政策不同，《办法》首次明确提出将零部件纳入汽车召回管理体系：汽车产品生产者应当保存涉及安全的汽车产品零部件生产者及零部件设计、制造、检验信息；与汽车产品缺陷有关的零部件生产者应当配合缺陷调查，提供调查需要的有关资料；零部件生产者违反《办法》规定不配合缺陷调查的，责令限期改正；逾期未改正的，处以1万元以上3万元以下罚款。2016年上半年，国家质检总局共发布67个汽车召回公告，涉及50多个品牌100多款车型，召回总量达570余万辆，比2015年同期增逾1.2倍。2018年2月至12月，丰田发布6次召回公告，共召回问题车522 200辆。

2016年1月1日，我国《缺陷消费品召回管理办法》正式实施。2016年7月12日宜家（中国）投资有限公司向国家质检总局备案了召回计划，召回166万余件马尔姆系列抽屉柜。2016年10月11日，三星公司向国家质检总局备案了召回计划，更改此前召回1858台手机的方案，召回在中国销售的全部三星Note7手机，共计19.1万台。

资料来源：作者根据相关资料整理.

本章小结

产品责任是指产品生产者、销售者因生产、销售有缺陷产品致使他人遭受人身伤害、财产损失所应承担的赔偿责任。产品责任是一种侵权责任。产品责任法，是指确定生产者、销售者承担以上民事责任的法律规范的总称。产品责任法属经济法，具有强制性。我国产品责任的主要规定见之于2009年修正的《产品质量法》，该法采用"产品质量责任"概念。产品质量，指国家有关法律法规，质量标准以及合同规定的对产品适用，安全和其他特性的要求。产品质量责任，指产品的生产者、销售者违反了上述要求，给用户、消费者造成损害而应依法承担的法律后果，包括民事、行政和刑事责任，其中，民事责任包括产品瑕疵担保责任和产品侵权赔偿责任，前者属合同责任，后者属侵权责任。

美国的产品责任法在西方国家中发展得比较早，对生产者责任的要求也比较严厉，对世界各国的产品责任法有很大影响。按照美国的产品责任法，原告的诉讼依据主要包括：疏忽、过失以及严格责任。被告可以提出的抗辩主要有：担保的排除或限制，原告过失，自担风险，非正常使用或滥用、误用产品，擅自改动产品以及有不可避免的不安全因素的产品等。

对欧洲各国产品责任调整起协调作用的是《关于对有缺陷的产品的责任的指令》，关于产品责任的国际公约主要是《关于产品责任的法律适用公约》。

关键术语

产品责任　　　　　　产品责任法　　　　　　严格责任
疏忽　　　　　　　　违反担保

思考与练习

一、填空题

1. 在资本主义国家中，产品责任法发展较早而且又较发达的国家是_____。
2. 产品责任法的主旨是加强_____的责任，保护_____的利益。
3. 实际上，在现代化大生产的条件下，要证明_____有疏忽往往是很困难的，甚至是_____。这是原告在以_____为理由控告生产者和消费者时所遇到的一个难题。
4. 美国产品责任法是以以下三种法学理论为依据的：_____，_____，_____。
5. 欧共体理事会于 1985 年 7 月, 25 日通过一项_____。
6. 海牙国际私法会议于 1973 年 10 月 2 日通过一项《_____》，1978 年已生效。

二、单项选择题

1. 在以疏忽为理由提起诉讼时，(　　)。
   A. 原告可以从各个方面证明被告有疏忽
   B. 原告不能从各个方面证明被告有疏忽
   C. 原告与被告之间需要有直接的合同关系
2. 依美国《产品责任法》，违反担保之诉是 (　　)。
   A. 原告与被告之间不需要有直接的合同关系
   B. 依美国普通法原则，买方以外的任何人都有权对卖方起诉
   C. 依美国普通法原则，买方可以对卖方以外的其他人起诉
   D. 根据买卖合同提起的诉讼
3. 产品责任法中对原告最为有利的诉讼依据是 (　　)。
   A. 疏忽　　　　　B. 违反担保　　　　C. 严格责任　　　　D. 未有疏忽
4. 对于严格责任的理解错误的是 (　　)。
   A. 以严格责任为依据对原告起诉是最为有利的
   B. 它要求原告承担证明被告有疏忽的举证责任
   C. 它不要求双方当事人之间要有直接的合同关系

D. 它是新近发展起来的一种产品责任理论

三、多项选择题

1. 《产品责任的法律适用公约》规定，产品责任的主体包括（　　）。
   A. 成品生产者　　　　　　　　　B. 部件生产者
   C. 产品供应者　　　　　　　　　D. 天然产品生产者
   E. 产品销售环节的有关人员

2. 当原告以疏忽为理由向法院起诉，要求被告赔偿其损失（　　）。
   A. 原告必须证明被告没有做到合理的注意，即被告有疏忽之处
   B. 原告必须证明由于被告的疏忽直接造成了自己的损失
   C. 如果由于原告自己疏忽造成了损失，原告也能要求被告赔偿损失
   D. 原告与被告之间不需要有直接的合同关系

3. 按照美国普通法的原则，违反担保之诉（　　）。
   A. 原告与被告之间必须有直接合同关系
   B. 买方以外的任何人都无权对卖方起诉
   C. 买方不能对卖方以外的其他人起诉
   D. 原告无须证明被告有疏忽

4. 严格责任原则中的"卖方"包括（　　）。
   A. 直接订立合同的卖方
   B. 为制造该项产品提供零部件的供应商和批发商
   C. 生产者

5. 严格责任原则中"买方"包括（　　）。
   A. 直接买方　　B. 买方的亲友　　C. 买方的客人　　D. 过路行人

6. 下列哪些产品的包装不符合《产品质量法》的要求？（　　）
   A. 某商场销售的"三星"彩电只有韩文和英文的说明书
   B. 某厂生产的火腿肠没有标明厂址
   C. 某厂生产的香烟没有标明"吸烟有害健康"字样
   D. 某厂生产的瓶装葡萄酒没有标明酒精度

四、判断题

1. 产品责任法的主旨是加强生产者的责任，保护零售商与消费者的利益。（　　）
2. 美国的产品责任法主要是州法。（　　）
3. 违反担保之诉是根据买卖合同提起的诉讼。（　　）
4. 根据美国的判例，广告也有可能构成卖方的明示担保。（　　）
5. 产品的缺陷包括设计和生产上的缺陷，还包括说明和包装上的缺陷。（　　）
6. 严格责任在产品责任诉讼中是一种侵权行为之诉。（　　）

五、简答题

1. 简述在美国的产品责任法中，严格责任的优点及其举证责任。
2. 在美国的产品责任法中，被告可以提出哪几种抗辩？

六、论述题

1. 试述在美国的产品责任诉讼中，原告可以请求赔偿的范围。
2. 试述在《指令》中，对产品责任的抗辩。

案例讨论

1. 原告贾某在家中吃饭，不慎将橱柜门旁边的一瓶珍珠啤酒碰到，引起爆炸，玻璃瓶碎片将贾某的右眼球击伤。经鉴定为伤残6级。于是，贾某提起诉讼，要求被告珍珠啤酒厂赔偿经济损失6 000元。

思考题

酒瓶爆破致人眼睛受伤由谁承担证明责任？

资料来源：http://wenku.baidu.com/view/a6c8f5cb5022aaea998f0f8a.html.

2. 2013年9月7日凌晨2时许，焦某某入住李某某经营的"欣诚宾馆"305房间，2时50分左右，焦某某在该房间使用某电子有限公司生产的电水器（2003年7月出厂）洗澡过程中，被电击突然倒地昏迷，在送往医院抢救途中死亡。经鉴定，焦某某属因电击死亡。某市产品质量监督检验所对该次热水器触电事故测试认为，导致本次触电事故的原因为："①热水器在使用过程中容器的电极进入口有铜盐溶液渗入；②热水器使用的电源插座接地线未有效连接"。后焦某某的亲属向法院提起诉讼，要求热水器的生产厂家某电子有限公司及宾馆经营者李某某连带赔偿因焦某某死亡所产生的各项损失。

思考题

本案应如何处理？

资料来源：https://www.lawxp.com/case/c17359509.html.

3. 2011年年初，某经营管理中心的部分员工到某县大峡谷风景区团体旅游。到达的当日中午下起了小雨。此团体的部分人员乘坐景区内某滑道公司经营的滑道车下山。因雨水冲刷滑道及滑道车，导致部分滑道车刹车失灵相撞，致使于先生骨折。于先生为此支付医疗费四万余元。不久，于先生以侵权为由将滑道公司告上法庭，并追加提供滑道设备的某设备公司为共同被告，要求两被告对自己遭受的经济损失承担连带责任。

经法院审理查明，滑道公司与设备公司是两个独立法人，滑道公司的滑道设备由设备公司制造并负责安装。法院应当事人申请，委托有资质的鉴定中心对滑道公司的滑道车进行了技术鉴定，确认滑道车是不符合国家标准的有质量缺陷的产品。

对于本案中损害赔偿责任的承担主体，合议庭产生了两种不同意见。

第一种意见认为，对于先生的损失，滑道公司与设备公司应承担连带责任，法院应判决支持于先生的诉讼请求。本案涉及产品质量责任与侵权责任的竞合，因滑道车质量不合格导致于先生的损害发生，已具备产品质量责任的构成要件。滑道公司和于先生之间有两种法律关系，旅游服务合同关系和因滑道车质量不合格而产生的侵权行为关系，而设备公司作为滑道设备的制造者，与滑道公司应共同承担产品质量责任。

第二种意见认为，设备公司在本案中对于先生的损害不应承担责任，法院应判决由滑道公司承担于先生的损失，而驳回于先生对设备公司的起诉。因为滑道公司和于先生形成了旅游服务合同关系，滑道公司在提供娱乐服务过程中没有尽到保护游客安全的义务，使于先生遭受损害，于先生可以基于合同关系要求滑道公司承担违约责任，也可基于侵权之债要求滑道公司承担人身损害赔偿责任。但对于设备公司的责任问题，则应由滑道公司向于先生承担责任之后，依照我国产品质量法的有关规定要求其承担产品质量责任，而不是由于先生来起诉。

思考题

于先生的损失应该由谁来负责赔偿？

资料来源：http://china.findlaw.cn/info/xiaofeiquanyi/anli/294144.html

延伸阅读

1. 李亚虹. 美国侵权法［M］. 北京：法律出版社，2003.
2. 美国博钦律师事务所. 美国产品责任法（第三版）［M］. 北京：法律出版社，2013.
3. 戴维 G 欧文. 产品责任法［M］. 董春华，译. 北京：中国政法大学出版社，2012.

第 7 章

票 据 法

本章要点

- 票据关系与非票据关系
- 票据行为
- 票据权利
- 票据抗辩
- 票据丧失与补救
- 涉外票据的法律适用
- 汇票、本票与支票的主要区别

7.1 票据法概述

7.1.1 票据的概念和特征

票据有广义和狭义之分。广义的票据泛指一切体现商事权利或具有财产价值的书面凭证,包括汇票、本票、支票、股票、债券、国库券、提单、仓单、车船票等。狭义的票据,则专指汇票、本票和支票。在法律上或法学上所说的票据,仅指狭义的票据。我国《票据法》规定:"本法所称票据,是指汇票、本票和支票。"可见,我国《票据法》所指的票据是狭义的票据。

作为有价证券,票据具有有价证券的全部特征。票据是一种财产权利,其权利的产生、转移与行使都以证券的存在为前提。此外,票据还具有自己独有的特征。

1) **票据是设权证券**。票据权利产生于证券做成,证券做成以前不存在票据权利。

2) **票据是债权证券**。票据权利表示的是以给付一定的金额为标的的债权,因此,票据是金钱债权证券。

3) **票据是文义证券**。票据所创设的权利义务严格地以票据上所记载的文字为准,不得以当事人的意思或者其他有关事项来确定票据的权利义务。

4) **票据是无因证券**。票据权利人享有票据权利以持有票据为必要,而不必考虑票据权利发生的原因。

5) **票据是完全有价证券**。票据权利的享有和行使与票据的占有密不可分,即票据与行使权利不可分离。

6) **票据是流通证券**。与民法上的一般财产权利转让相比，票据的流通方式更简便。票据上的权利，经背书或单纯的交付即可发生权利转移的效力。

7) **票据是要式证券**。票据必须依《票据法》的规定做成，才能产生票据效力。

7.1.2 票据的种类

1. 票据法上的种类

各国票据法均对票据采取法定主义，不允许有法律规定之外的票据存在。当然，各国立法规定有所不同。美国《统一商法典》将票据分为汇票、支票、存款单和本票四种。德国、法国和日本的票据法将票据仅分为汇票和本票，不包括支票，支票另由其他法律规范。我国《票据法》将票据分为汇票、本票和支票三种。

2. 票据法理论上的种类

在票据法的学理上，根据不同的标准，将票据划分为不同的种类：

1) **根据出票人是否同时是付款人，可将票据分为自付证券和委付证券**。自付证券是指出票人约定自己在一定时间内支付票据金额的票据，如本票。委付证券是指出票人自己不是付款人，而是委托他人支付票据金额的票据，如汇票和支票。

2) **根据票据不同的功能，可将票据分为支付证券和信用证券**。支付证券是指见票即付，并且只能由银行或其他金融机构充当付款人的票据，如支票。信用证券是指票据金额在出票日后的指定到期日才能支付的票据，如汇票和本票。

3) **根据票据记载收款人的方式为标准，票据可分为记名票据和无记名票据**。票据出票时明确记载收款人名称的，为记名票据。票据出票时，没有记载收款人名称，或仅记载"请付来人""持票人"等的为无记名票据。

7.1.3 票据法

1. 票据法的概念

票据法分为狭义和广义两种概念。

1) 狭义的票据法，是指专门规范票据关系的法律法规，如以"票据法"为名称的法律。此外，还有票据贴现、票据结算等法规，一般也视为狭义的票据法的组成部分。

2) 广义的票据法，是指一切有关票据的法律规范的总称，既包括狭义的票据法，也包括民法、刑法、民事诉讼法等法律法规中有关票据或可以适用于票据法律关系的规定，如民法中关于行为能力、代理等规定，刑法中关于票据犯罪的规定，民事诉讼法中关于公式催告程序的规定等。

2. 票据法的特征

与其他民商法律制度相比，票据法具有独有的特征。

1) **票据法属于私法，但具有一定的公法性**。一般来说，民商法为私法，票据法属于民商法，主要调整平等的民事主体之间的票据关系，因而属于私法。但作为流通证券、信用证券，票据不仅涉及当事人之间的关系，还与社会经济活动密切相关。为了防止金融欺诈，维护市场交易秩序，票据法规定了票据伪造、变造的刑事责任，以及票据违法行为的行政责任，这些规定体现了公法性。

2) **票据法的技术性**。票据是人们为了方便交易结算而创设的一种商事交易工具，它有一系列独特的票据规则，将票据的商业流转程序上升为法律规则，以此规范票据的出票、背书、承兑、保证等行为，以及票据抗辩、追索权行使等，从而保障票据的流通和交易安全。

3）**票据法的国际性**。随着国际经济一体化的深入发展，票据在国际贸易中的流转日益增多，各国要求统一票据规则的呼声也越加强烈。由于票据法明显的技术性，使之更加易于趋向国际统一性。各国票据法的国际化能够方便和促进国与国之间的贸易往来，从而推动整个世界经济贸易的蓬勃发展。

3. 票据法系与我国票据立法

当今世界各国在票据立法方面，存在着两大法系：日内瓦统一票据法系和英美票据法系。

日内瓦统一票据法系代表性的国家有：法国、德国、瑞士和日本，其本国的票据立法都是依据或参照日内瓦《统一汇票本票法》和《统一支票法》制定的。在英美票据法系中，英国采取汇票、本票和支票统一立法的形式，名为《汇票法》，并且在票据形式要件等方面采取比较自由的方式。美国票据立法规定在美国《统一商法典》中，总结了新的票据习惯，对票据法原理进行了一定的发展，对一些国家产生很大影响。

我国票据立法始于国民党南京政府时期，主要参照了日内瓦统一票据法系，同时，也吸纳了英美票据立法的长处。新中国建立后，实行长期的计划经济体制，自然不需要票据法。直到1988年6月，上海市人民政府发布了《上海市票据暂行规定》，这是新中国成立以来第一个比较全面的地方性票据法规。1995年5月10日，全国人大常委会审议通过了《票据法》。2004年8月，为了与《行政许可法》相一致，全国人大常委会对《票据法》进行了细小的修改。此外，2004年2月，最高人民法院通过了《关于审理票据纠纷案件若干问题的规定》，对票据纠纷案件的受理和管辖、票据保全、举证责任、票据权利及抗辩、票据效力、票据背书、票据保证、法律责任等问题做出了解释。

7.1.4 票据关系与票据基础关系

1. 票据关系的概念和特征

作为金钱债权证券，票据关系是基于票据行为而在当事人之间形成的债权债务关系。与其他民事法律关系相比，票据关系具有以下特征。

1）**票据关系是一种独立的债权债务关系**。票据关系是依据票据形成的，票据一经做成，即可产生票据关系，这种关系不依赖于其他关系而独立存在，票据关系的产生、变更和消灭都是依照票据法的规定。因此，票据关系是有别于票据基础关系而独立存在的债权债务关系。

2）**票据关系是基于票据行为而产生的债权债务关系**。票据法规定，只有票据行为才能产生票据关系，其他民事行为即使合法有效，如果不是票据行为，也不能产生票据关系。

3）**票据关系与票据基础关系相分离**。票据关系与票据基础关系是两种不同的法律关系。通常，票据基础关系的有效、无效及效力内容，对票据关系一般不发生影响，只在特定条件下，票据基础关系与票据关系相牵连。票据关系的有效、无效及效力内容，仅在于票据行为的形式和内容。

2. 票据关系的当事人

依据不同的票据行为，票据关系中当事人的称谓。

1) **出票关系的当事人**。因出票行为而产生的票据关系,为出票关系或票据发行关系。出票关系中的当事人为出票人和收款人;签发票据的人为出票人,被出票人记载于票据上并收受票据的人为收款人。汇票、本票和支票都必须有出票行为。

2) **背书关系的当事人**。因背书行为而产生的票据行为,为背书行为。背书关系中的当事人为背书人和被背书人;背书人是持有票据并转让票据或将票据权利授予他人行使的人;被背书人是由背书人将其名称记载于票据背后,并受让票据的人。汇票、本票和支票都可以有背书行为。

3) **承兑关系的当事人**。因汇票的承兑行为而产生的票据关系为承兑关系。承兑关系的当事人为持票人和承兑人;持票人是现实持有票据而请求承兑的人;承兑人是被出票人记载为付款人并进行承兑行为的人。票据的承兑关系仅发生于汇票。

4) **保证关系的当事人**。因票据的保证行为而产生的票据关系为保证关系。保证关系的当事人为保证人、被保证人和保证关系的债权人。保证人是对票据上特定的债务人进行担保的人;保证人为其担保的特定债务人为被保证人;因保证行为而对保证人享有票据权利的人为保证关系的债权人。我国《票据法》规定,汇票和本票可以有保证关系,支票没有保证关系。

3. 票据基础关系

票据关系是因票据行为而形成的,出票人为什么出票?背书人为什么转让票据?其中的原因不是基于票据行为,而是产生于作为票据行为基础的法律关系,即票据基础关系,也可称为票据实质关系。票据基础关系大多数是民法上的债权债务关系,如合同关系。因此,票据基础关系是与票据关系有关,但却不是票据关系的一种法律关系。

票据基础关系主要有三种:票据原因关系、票据资金关系和票据预约关系。

票据原因关系是指因票据当事人之间发行、转让票据的原因而发生的法律关系,称为票据原因关系。如甲签发100万元的汇票一张给乙,原因在于甲乙之间有一买卖合同,乙向甲交付了100万元的标的物。这里,甲乙之间的买卖合同就是甲出票行为的原因,即票据基础关系中的原因关系。票据资金关系是指汇票、支票的付款人与出票人之间有关票据付款的资金基础关系。票据预约关系是指在发行票据或背书之前,票据关系当事人之间对票据的种类、金额、到期日等事项达成的合意。

7.1.5 票据行为

1. 票据行为的概念

票据行为的概念有狭义和广义之分。

狭义的票据行为,是仅指能够发生票据债务的法律行为,主要包括出票、背书、承兑、保证、参加等行为。广义的票据行为,是指一切能够发生、变更、消灭票据关系的行为。除了包括狭义的票据行为之外,还包括票据的付款、变造、更改、涂销、提示、见票行为等。

我国《票据法》中没有设立参加制度,只有出票、背书、承兑和保证四种行为属于票据行为。其中,出票为主票据行为,或者称之为基本票据行为,其他三种行为为从票据行为,或者称之为附属票据行为。不是特别指明时,票据行为一般仅指狭义的票据行为。

2. 票据行为的种类

我国《票据法》规定的票据行为包括四种。

（1）**出票** 出票人签发票据并将其交付给付款人的票据行为，称为出票行为，也称为票据的发行行为或票据的发票行为。票据为设权证券，票据上的权利与义务是通过出票行为创设的，其他票据行为都是在出票行为的基础上，并在出票行为以后才能进行的。因此，出票行为是主票据行为或基本票据行为。基于出票行为，出票人为票据债务人，收款人或持票人取得票据权利，成为票据权利人。

（2）**背书** 持票人在票据背面或粘单上记载有关事项并签章的票据行为，为背书行为。一经背书，背书人即产生对被背书人的票据担保责任，被背书人成为持票人并取得票据权利。票据的流通特征主要是通过背书行为实现的。

（3）**承兑** 汇票的付款人承诺在票据到期日支付汇票金额的票据行为，为承兑行为。付款人进行承兑后，即成为汇票的承兑人。需要注意的是，在汇票法律关系中，汇票的付款人并不具有当然的付款义务，是否对票据付款或承兑，票据的付款人依意思自治原则自行决定，但只要进行了承兑行为，承兑人就成为汇票债务的主债务人。承兑行为仅发生在汇票关系中。

（4）**保证** 保证人对特定的票据债务人的票据债务承担保证责任的票据行为，为保证行为。因票据保证行为的做出，保证人成为票据债务人之一。

3. 票据行为的特征

作为一种特殊的民事行为，为了保障票据的安全性和流通性，《票据法》赋予票据行为特殊的性质。

（1）**票据行为的要式性** 依据是否要式为标准，民事法律行为可以区分为要式行为和非要式行为。票据行为为要式行为，《票据法》为各种票据行为规定了严格的行为方式，只有按照法律要求做出票据行为，才能产生法律效力。票据行为的要式性主要表现在三个方面：①签章。各种票据行为的行为人必须依照签章规则在票据上签章，未在票据上签章的或在票据上签章不符合规则的，其票据行为无效。②书面。各种票据行为的意思表示必须记载于票据之上，票据关系的权利义务以票据记载事项为准，记载于其他地方或口头表示的，不能产生票据效力。③款式。票据的记载事项、书写格式和书写之处等合称为票据款式。欠缺法定应记载事项、增加法定应记载事项之外的其他内容；是否依书写格式记载内容以及记载之处是否符合规则，这些票据行为是否有效及效力如何，是《票据法》规则的重要内容。

（2）**票据行为的无因性** 通常，票据只要具备了法定的形式要件即可发生法律效力，而不论票据基础关系是否有效。当然，每一种票据行为的做出都有票据基础关系，票据行为大都以买卖、借贷或者其他交易为基础，但在法律上却将票据行为与票据基础关系相分离，票据基础关系对票据关系一般不发生影响，这就是票据行为的无因性。票据行为的无因性主要体现在三个方面：①票据行为的效力仅以其自身的要件来确定是否生效，不因票据基础关系而影响票据行为的效力。②票据权利人行使票据权利，仅以持有票据为必要，而不问取得票据的原因。③票据债务人不得以基础关系对抗非直接当事人的持票人。票据行为的无因性是票据行为的主要特点，并构成了票据原理的核心内容之一。

（3）**票据行为的文义性** 票据行为的意思表示内容以票据上记载的文字意义而确定，通常不允许以票据以外的证明形式来说明票据关系，这就是票据行为的文义性。我国《票据法》规定，票据债务人应当按照票据所记载的事项承担票据责任，即为票据行为文义性的体现。

（4）**票据行为的独立性**　在一张有效票据上进行的各个票据行为均独立产生效力，除受基本票据行为的影响外，不受其他票据行为的影响，这就是票据行为的独立性，也称为票据行为的独立原则。票据行为独立性的原因有二：一是发生票据行为的票据基础关系是各自独立的，各个票据行为在实质上是独立进行的；二是票据的流通特性决定了票据行为的独立性。如果因某一票据行为存在瑕疵而影响全部票据行为的效力，必然会阻断票据流通，而各个票据行为保持独立，则能切断票据行为风险的扩大，保障票据的流通和安全。

7.1.6　票据权利

1. 票据权利概述

（1）**票据权利的概念**　我国《票据法》规定："票据权利，是指持票人向票据债务人请求支付票据金额的权利，包括付款请求权和追索权。"可见，票据权利的内涵包括四个方面：①持有票据。票据是完全有价证券，只有持有票据，才能享有票据权利。②向票据债务人行使。票据权利的行使对象是基于票据行为而承担票据责任的人，即在票据上签章的人。③票据权利为请求支付票据上记载的金额。④票据权利内容为付款请求权和追索权。

（2）**票据权利的二重性**　一般金钱债权多为一重性权利，票据权利则为二重性权利，按照权利行使的顺序，包括付款请求权和追索权。①付款请求权。票据的付款请求权为票据权利的第一请求权，指持票人对票据主债务人或其他付款义务人请求支付票据金额的权利。②追索权。票据权利的追索权为票据权利的第二请求权，是指持票人行使付款请求权不获实现时，向票据债务人行使的支付票据金额及其他法定费用的请求权。当票据权利人的付款请求权行使受阻时，才能行使追索权。

（3）**票据法上权利**　除了票据权利，《票据法》还规定了票据法上权利，是指根据《票据法》的特别规定，与票据行为或票据关系有关，但并非是票据权利的权利。与票据行为有关的权利，如更改权、涂销权等，与票据利益有关的权利，如利益返还请求权、票据丧失救济权、票据抗辩权、票据返还请求权等。票据权利与票据法上权利是两类权利，两者的法律依据、权利内容、权利主体等方面都不相同，应当注意区分。

2. 票据权利的取得

（1）**票据权利的取得及分类**　依法定或合法方式取得有效票据，并享有票据权利，称为票据权利的取得。票据权利的取得分为原始取得和继受取得。原始取得是指持票人依据法律规定取得的票据权利。票据权利的原始取得一般包括：出票取得和善意取得。出票取得是指出票人做成票据，并将票据交付给持票人时，持票人即取得票据权利。善意取得是指按照法律规定，持票人从无处分权人手中善意受让票据，并取得票据权利。票据权利的继受取得是指持票人依据前手票据权利而受让票据，从而取得票据权利。既可以按照《票据法》上的继受取得，如背书转让方式、清偿追索方式等取得，也可以按照非《票据法》上的继受取得，如一般债权转让、继承、企业合并或分立方式等取得。

（2）**善意取得**　我国《物权法》明确规定善意取得制度，是指受让人以财产所有权转移为目的，善意，对价受让且占有该财产，即使出让人无转移所有权的权利，受让人仍取得该物的所有权。为保障票据的流通和交易安全，《票据法》规定了票据的善意取得为票据的原始取得方式之一。票据的善意取得的构成要件包括：①须从无处分权人处取得票据。这里的无处分权人限于善意取得人的直接前手。②须以《票据法》规定的方式取得票据。主要以背书方式取得票据。③须取得有效票据。④须给付对价。⑤须为善意，无恶意或重大过失。虽然是从无处分权人处取得票据，但依据法律规定，票据的善意取得人仍可取得票据并享有票据权利。原票据权利人因他人善意取得票据而丧失票据权利，只能依不当得利或侵权向无处分权人追偿所损失的利益。

> **【知识窗】**
>
> **善意取得**
>
> 善意取得，我国物权法明确规定善意取得制度，是指受让人以财产所有权转移为目的，善意，对价受让且占有该财产，即使出让人无转移所有权的权利，受让人仍取得该物的所有权。善意取得制度使原财产所有人失去对物的所有权，赋予受让人对物的所有权，以保护市场的交易秩序。

3. 票据权利的行使和保全

票据权利的行使，是指票据权利人行使权利而进行的行为，主要包括：向付款人提示票据请求承兑，向付款人或承兑人提示票据行使支付请求权，向票据债务人行使追索权等。票据权利的保全，是指票据权利人为防止票据权利丧失而进行的行为，主要包括：为防止追索权丧失而依期进行付款提示和承兑提示的行为，为防止追索权丧失而依期做成有效拒绝证明的行为等。

4. 票据权利的消灭

票据权利消灭，是指票据权利因法定事由或一定原因而不再存在。根据不同的标准，可以把票据权利消灭分为不同的类型。

1) **绝对消灭和相对消灭**，因正确付款而消灭票据权利的，为绝对消灭。因一定情形仅使部分债务人不再承担票据责任的，为相对消灭，如持票人向第一背书人追索并实现清偿，第一背书人的后手的债务同时消灭，但出票人仍可为追索对象，此为相对消灭。

2) **依票据法原因的票据权利消灭和依民法原因的票据权利消灭**。因票据时效而消灭票据权利，属于票据法原因的票据权利消灭。因债务抵消而消灭票据权利，属于民法原因的票据权利消灭。

7.1.7 票据法上的其他问题

1. 票据抗辩

（1）**票据抗辩的概念**　我国《票据法》规定，票据抗辩是指"票据债务人根据本法规定对票据债权人拒绝履行义务的行为。"拒绝履行票据义务的合法事由，称为抗辩原因或抗辩事由。票据债务人提出抗辩事由，并拒绝履行票据债务的权利，称为票据抗辩权。从民法角度来看，抗辩权是法律赋予债务人的一项权利，注重保护债务人的权益。《票据法》对票据抗辩有其特殊规定，主旨是要限制票据债务人的抗辩权，确保票据债权人实现其票据权利，保证票据的流通性。

（2）**票据抗辩的种类**　依据抗辩对象的不同，《票据法》将票据抗辩分为两大类：对物抗辩和对人抗辩。①对物抗辩，是指基于票据本身的事由发生的抗辩，不因持票人的不同而受到影响。根据行使抗辩权的债务人的不同，对物抗辩又可以分为两种：一切票据债务人可以主张的对物抗辩和特定债务人可以主张的对物抗辩。一切票据债务人可以主张的对物抗辩，主要包括：票据上欠缺《票据法》规定的绝对必要记载事项；票据的付款日期尚未届至；票据债务人已依法付款或依法提存而使票据权利归于消灭；票据因法院做出除权判决而被宣告无效。特定债务人可以主张的对物抗辩，主要包括：欠缺票据行为能力；无权代理的票据行为；票据伪造或变造；欠缺票据权利保全手续；票据权利因时效届满而消灭。②对人抗辩，也称为主观抗辩，是指基于票据债务人和特定的票据债权人之间的关系而发生的抗辩。对人抗辩分为两种：一切票据债务人可以对特定票据债权人行使的抗辩和特定债务人可以对特定票据债权人行使的抗辩。一切票据债务人可以对特定票据债权人行使的抗辩，主要包括：票据债权人恶意取得票据而不享有票据权利的抗辩等。特定票据债务人可以对特定票据债权人行使的抗辩，这是基于直接当事人之间的原因关系或者特别约定而产生的抗辩，主要包括：原因关系无效或不成立；欠缺对价的抗辩；欠缺交付行为的抗辩等。

(3) **票据抗辩的限制** 票据抗辩的限制，是指票据抗辩中的对人抗辩，一般限制在直接当事人之间，对直接当事人以外的人不适用，其作用在于将个别风险限制在直接当事人之间，不让风险扩大到整个票据关系中，从而保证票据的流通。因此，票据一经流转，直接当事人之间的抗辩即不能延续适用。主要包括：①票据债务人不得以自己与出票人之间的抗辩事由对抗持票人。如甲乙之间存在买卖合同，甲签发一张汇票给乙，付款人为丙，丙对汇票进行了承兑，当票据债权人乙向丙请求付款时，丙不得以其与甲之间存在抗辩事由（如甲的存款不敷支付票据金额，或者甲丙之间已解除信用合同）而拒绝向乙付款。②票据债务人不得以自己与持票人的前手之间的抗辩事由对抗持票人。如甲在乙的威胁下签发一张本票给乙，如果乙向甲请求支付票据金额，则甲当然可以行使抗辩权。但是，如果乙通过背书将该本票转让给丙，丙向甲请求付款时，甲不得以与乙之间存在不合法的抗辩事由来对抗丙。票据抗辩限制与票据权利、利益返还请求权等共同构成了《票据法》对票据权利人的保护。

【案例分析】

小王爱赌博，一次在赌博中输了3万元。债主小李不断催促小王还债，否则就"不客气"。小王因知道小李不好惹，就签发给小李一张3万元的支票以还赌债。小李事先欠小张3万元，故将此支票背书转让给小张以还欠款。小张向银行交支票结算时被告知该票是空头支票，遂向小王索要票款。小王知道小张为一文弱书生，故称"赌博之债为非法之债，不受法律保护，这张支票不算数！"

思考题
（1）小王的主张是否正确？为什么？
（2）"赌博之债"的抗辩能否对抗小张？为什么？

资料来源：票据法自学考试试题

[**参考答案**]
（1）不正确。票据基础关系与票据关系相分离。
（2）不能对抗。抗辩切断。

(4) **票据抗辩限制的例外** 票据抗辩限制的例外，是指票据债务人可以自己与出票人或与持票人的前手之间的抗辩事由，对抗持票人。主要包括：①持票人与票据债务人之间存在直接的债权债务关系，而持票人未履行该约定的义务。如甲乙之间签订买卖合同，甲签发一张本票给乙，同时约定，乙提供的货物必须符合质量标准。如果乙未按约定履行义务，而依然向甲请求支付货款，则甲可以乙未履行约定为由进行抗辩。②持票人以欺诈、偷盗或者胁迫等非法手段取得票据，或者明知有前列情形，出于恶意取得票据。③持票人明知票据债务人与出票人之间或者与出票人的前手之间存在抗辩事由而取得票据。

2. 票据的伪造和变造

（1）**票据的伪造**　票据伪造，是指假冒他人名义而进行的票据行为。这里的"他人"包括实际存在的人，或者虚拟的人。假冒他人实施的出票行为、背书行为、承兑行为和保证行为。我国《票据法》规定：票据上有伪造的签章的，不影响票据上其他签章的效力。被伪造的人自己在票据上没有签章，因此不负任何票据责任。伪造人以他人的名义伪造签章，不是以自己的名义签章，不负票据责任，但应负其他法律责任。伪造的签章不影响票据上其他真实签章的效力，这是票据独立性的体现。如甲假冒乙的名义签发汇票给丙，丙不知情，将汇票背书转让给丁，丁持票请求付款时遭到拒绝。在本案中，甲是票据的伪造人，乙是被伪造人，他们都不是票据的真实签章人，均不对丁负票据责任，丙的签章是真实的，应当按照票据的文义，向丁承担票据责任。伪造票据的人应当承担民事责任和刑事责任。

（2）**票据的变造**　票据的变造，是指没有更改权而变更票据上除签章以外的有关记载事项的行为。如果是有更改权的人对票据记载事项进行变更，则这种行为叫作票据的更改。我国《票据法》规定："票据金额、日期、收款人名称不得更改，更改的票据无效。"对票据上的其他记载事项，原记载人可以更改，更改时应当由原记载人签章证明。无变更权的人变更票据上的签章的行为，属于票据的伪造。可见，票据的变造仅限于除签章以外的有关记载事项。对于票据变造的法律后果，我国《票据法》规定，"票据上其他记载事项被变造的，在变造之前签章的人，对原记载事项负责；在变造之后签章的人，对变造之后的记载事项负责；不能辨别是在票据变造之前或者之后签章的，视同在变造之前签章。"变造票据的人应当分别承担民事责任、行政责任和刑事责任。

3. 票据的丧失与补救

票据的丧失，是指持票人并非出于自己的本意而丧失对票据的占有。一般来说，票据的丧失分为绝对丧失和相对丧失。票据的绝对丧失是指票据的物质形态的毁灭；票据的相对丧失是指票据的物质形态仍然存在，只是脱离了真正票据权利人的占有而已，如被偷、被抢或者丢失等。

作为完全有价证券，票据权利人行使票据权利必须持有票据。票据丧失了，但票据作为权利财产仍然存在。因此，就有被他人冒领票据金额或者被他人善意取得而使失票人丧失票据权利的风险。我国《票据法》规定了挂失止付、公示催告和诉讼三种补救方法。

（1）**挂失止付**　挂失止付是指失票人将票据丧失的情况通知付款人，并要求其停止支付的行为。挂失止付是一种临时性的补救措施，不能使票据权利得到恢复，仅能防止票据金额被冒领。

（2）**公示催告**　公示催告是指失票人在丧失票据后，向法院申请宣告票据无效的行为。法院以公示的方法，催告票据利害关系人在一定时间内向法院申报权利，如在规定时间内不申报权利，则发生失权的法律后果。失票人可以向票据支付地的基层人民法院申请公示催告，公示催告期间，由人民法院依照《民事诉讼法》的规定予以确定，国内票据自公告发布之日起60日，涉外票据根据具体情况可适当延长，但最长不得超过90日。公示催告期间，转让票据的行为无效。如果公示催告期间届满后，没有人申报权利，或者申报的权利不符合规定，人民法院应当根据申请人的申请，做出除权判决，宣告票据无效。任何持票人不得再依票据主张票据权利。失票人可依法院的除权判决行使票据权利，即失票人有权向付款人请求支付票据金额。付款人向失票人支付票据金额后，票据责任即告免除。

（3）**诉讼** 失去票据后，失票人可以直接向人民法院提起民事诉讼，要求法院判令票据债务人向其支付票据金额。最高人民法院《关于审理票据纠纷案件若干问题的规定》在诉讼程序上可以遵循。

7.1.8 涉外票据的法律适用

1. 涉外票据的概念

根据我国《票据法》的规定，涉外票据，是指出票、背书、承兑、保证、付款等行为中，既有发生在中华人民共和国境内又有发生在中华人民共和国境外的票据。所有的票据行为都发生在我国境内的，属于国内票据；所有的票据行为都发生在我国境外的，应属于外国票据或境外票据；这两者都不属于涉外票据。

2. 涉外票据的法律适用规则

（1）我国《票据法》规定，当我国《票据法》与国际条约、国际惯例冲突时的法律适用原则包括以下几种。

1）本国法与国际条约之间相冲突主要有三种情况：①虽有国际条约，但我国未缔结或参加的，仍适用我国《票据法》；②已经与我国缔结或参加的国际条约，并且我国未声明保留条款的，优先适用有关国际条约的规定；③已经与我国缔结或参加的国际条约，我国声明有保留条款的部分，应适用我国《票据法》，对未声明保留的条款，仍优先适用有关国际条约的规定。

2）我国《票据法》与国际惯例之间的适用问题。我国《票据法》和我国缔结或参加的国际条约均没有规定的，可以适用国际惯例。适用国际惯例时应当注意坚持公共政策保留的原则。

（2）我国《票据法》与境外法的法律适用问题包括以下几种。

1）票据债务人的民事行为能力，适用其本国法律。票据债务人的民事行为能力，依照其本国法律为无民事行为能力或者为限制民事行为能力而依照行为地法律为完全民事行为能力的，适用行为地法律。

2）汇票、本票出票时的记载事项，适用出票地法律；支票出票时的记载事项，适用出票地法律，经当事人协议也可以适用付款地法律；背书、保证、付款、承兑等，适用行为地法律。

3）票据追索权的行使期限，适用出票地法律。票据的提示期限、有关拒绝证明的方式、出具拒绝证明的期限，适用付款地法律。票据丧失时，失票人请求保全票据权利的程序，适用付款地法律。

【案例】

中国的甲公司在上海签发了一张汇票，委托中国银行设在美国的某一分行乙向收款人美国的丙公司无条件支付货款100万美元。丙公司因为债务关系将该汇票在英国背书转让给了法国的丁公司，丁公司持票向某分行乙提示付款时遭到拒绝。丁公司依法要求乙出具了拒绝付款证明，开始行使追索权。

1. 若丁在提示付款时，因票据记载事项的原因遭到拒绝，则在判断该票据记载事项是否合法时，应依据哪个国家的法律？

A. 中国法　　　　　　B. 美国法
C. 中国法或美国法　　D. 法国法

2. 若丁在提示承兑时，因票据背书的原因遭到拒绝，则判断该背书行为的效力应适用哪个国家的法律？

A. 中国法　　　　　　B. 美国法
C. 法国法　　　　　　D. 英国法

3. 丁在取得拒绝证明后，确定其行使追索权的期限，应适用哪个国家的法律？

A. 中国法　　　　　　B. 美国法
C. 法国法　　　　　　D. 英国法

4. 假设丁在行使追索权的过程中，不慎将票据丢失，丁请求票据保全的程序适用哪个国家的法律？

A. 中国法　　　　　　B. 美国法
C. 法国法　　　　　　D. 英国法

资料来源：于宏伟，李遐桢，王小龙. 国家司法考试考点案例教程［M］. 北京：中国人民公安大学出版社，2007.

参考答案：A，D，A，B

7.2 汇票

7.2.1 汇票的概述

1. 汇票的概念和特征

我国《票据法》规定："汇票是出票人签发的，委托付款人在见票时或者在指定日期无条件支付确定金额给收款人或者持票人的票据。"由此可见，汇票具有以下特征。

1) **汇票是票据的一种**。在《票据法》所规定的三种票据中，汇票的条文几乎占到《票据法》的一半，如果本票和支票没有特别规定的，则适用汇票的规定。因此，它是最基本、最重要的一种票据。

2) **汇票是委托他人支付的票据**。汇票是出票人委托付款人支付票据金额，属于委付证券。

3) **汇票有多种到期日，即汇票的付款日期**。各国票据法规定多种确定汇票的到期日，包括见票即付、定日付款、见票后定期付款、出票后定期付款的方式。

2. 汇票的当事人

在汇票票据行为所形成的汇票法律关系中，有三方基本当事人，即出票人、收款人和付款人。出票人是指依法定形式签发汇票委托他人付款的人。收款人是指汇票上记载的收取票款的人。付款人是指出票人签发票据时在票据上记载为付款人的人。汇票当事人是在汇票法律关系中享有票据权利和承担票据责任者。

【案例】

甲签发汇票一张，汇票上记载收款人为乙，票载付款人为戊，保证人为丙，票据金额为 50 万元，汇票到期日为 2013 年 7 月 17 日。乙持票后将汇票转让与丁，丁请求戊承兑汇票遭到拒绝。本案中的票据债务人是甲、乙、丙、戊中的谁？

资料来源：于宏伟，李遐桢，王小龙. 国家司法考试考点案例教程［M］. 北京：中国人民公安大学出版社，2007.

参考答案：甲、乙、丙。他们都在票据上签了章，都是票据债务人。

7.2.2 汇票的出票

1. 出票的概念

出票是指出票人签发票据并将其交付给收款人的票据行为。出票包括两个行为：作成票据和交付票据，缺少其中一个行为，出票行为皆不成立。

作为主票据行为，我国《票据法》对出票行为有一定的要求："票据的签发、取得和转让应当遵循诚实信用原则，具有真实的交易关系和债权债务关系""汇票的出票人必须与付款人具有真实的委托付款关系，并且具有支付汇票金额的可靠的资金来源。不得签发无对价的汇票用以骗取银行或者其他票据当事人的资金。"这些规定当然是为了维护市场交易与金融票据秩序的稳定。

2. 出票的记载事项

汇票是要式证券，汇票的出票行为必须依据《票据法》的规定在票据上记载一定的事项，根据不同的记载事项对汇票效力的不同影响，可以将出票的记载事项分为以下几类：

（1）**绝对必要记载事项** 绝对必要记载事项，是指出票人在出票时必须记载的事项，当该事项欠缺时，则出票行为归于无效，实际上就是导致票据本身无效。包括：表明"汇票"的字样；无条件支付的委托；确定的金额；付款人的名称；收款人的名称；出票日期；出票人签章。

（2）**相对必要记载事项** 相对必要记载事项，是指出票人在出票时应当记载的事项，当该事项欠缺时，并不会导致出票行为归于无效，而是视为出票人已进行了符合法律规定的记载。包括：付款日期；付款地；出票地。如果汇票上未记载付款日期的，为见票即付；汇票上未记载付款地的，付款人的营业场所、住所或者经常居住地为付款地；汇票上未记载出票地的，出票人的营业场所、住所或者经常居住地为出票地。

（3）**任意记载事项** 任意记载事项，是指出票人可以自由选择是否记载的事项，但一经记载，即发生票据法上的效力。我国《票据法》规定，"出票人在汇票上记载'不得转让'字样的，汇票不得转让。"出票人如果不做记载，汇票效力不会受到影响；如果做了记载，即发生票据法上的效力，汇票就不得转让了。

（4）**不得记载的事项** 有些事项，出票人在出票时是不得记载的，否则此项记载无效，或者不仅此项记载无效，而且整个汇票也因此无效。如出票人在汇票上记载了"免除担保承兑和免除担保付款"，则该项记载无效。出票人在汇票上记载了不确定的金额，则整个票据无效。

3. 出票的效力

作为主票据行为的出票行为一经产生，票据上的权利义务关系就确定了，即票据权利与票据义务关系，对汇票当事人产生票据法上的效力。具体表现在以下几个方面：

（1）**对出票人的效力** 我国《票据法》规定："出票人签发汇票后，即承担保证该汇票承兑和付款的责任。"出票人在汇票得不到承兑或者付款时，应当向持票人清偿《票据法》规定的金额和费用。可见，出票人必须承担其签发的汇票得到承兑和付款的担保责任。

出票人的承兑和付款担保责任与出票人是否具有担保的意思无关，这是一种法定义务，出票人也不得通过在票据上记载有关事项来免除担保责任，这是《票据法》对汇票出票人的强制性规定。

（2）**对收款人的效力** 汇票出票行为的完成，即产生票据上记载的收款人的票据权利，收款人成为票据权利人，享有请求票据金额的权利。具体表现为以下几个方面：①收款人可以向付款人行使提示承兑或者提示付款的权利；②收款人在未获承兑或未获付款时，可以行使追索权；③收款人可以将票据权利转让，受让票据的人成为持票人，享有与收款人同样的权利。

（3）**对付款人的效力**　出票人完成出票行为，票据上记载的付款人并不负有当然的付款义务，虽然出票人与付款人之间存在着资金关系。付款人可以对汇票进行承兑，也可以不进行承兑。如果付款人对汇票进行承兑，他才成为票据的第一债务人，对收款人或持票人负有绝对的付款义务。付款人对汇票不进行承兑的，他就不负任何付款义务，持票人只能要求出票人履行担保义务。

7.2.3　汇票的背书

1. 背书的概念

我国《票据法》规定，背书是指在票据背面或者粘单上记载有关事项并签章的票据行为。背书是持票人转让票据权利或者授予一定的票据权利给他人为目的的票据行为。背书是我国《票据法》规定的唯一一种汇票转让方式。

2. 背书的种类

1）**转让背书，是指持票人以转让票据权利为目的的背书**。转让背书产生的法律效力包括：权利转移的效力、权利担保的效力和权利证明的效力。权利转移是指背书人通过背书的方式将汇票上的一切权利转移给被背书人，被背书人成为票据权利人。权利担保是指背书人对被背书人及其后手负有担保承兑和付款的责任，即当持票人请求承兑或者付款遭到拒绝时，可以向背书人行使追索权。权利证明是指持票人所持汇票上的背书是连续的，即可证明持票人享有票据权利。背书连续，是指在票据转让中，转让汇票的背书人与受让汇票的被背书人在汇票上的签章依次前后衔接。连续背书的第一背书人应当是汇票上记载的收款人，最后的票据持有人应当是最后一次背书的被背书人。

转让背书分为：完全背书和空白背书。①完全背书，又称记名背书或正式背书。完全背书的必要记载事项包括：背书人的签章、背书日期和被背书人的名称三项。背书人是否在汇票上记载"不得转让"，属于任意记载事项。"背书不得附有条件。背书时附有条件的，所附条件不具有汇票上的效力。""将汇票金额的一部分转让的背书或者将汇票金额分别转让给二人以上的背书无效。"这些属于不得记载事项。②空白背书，是指汇票以背书转让时，欠缺被背书人的名称。我国《票据法》不承认空白背书，但最高人民法院《关于审理票据纠纷案件若干问题的规定》实际上承认空白背书的存在。

2）**非转让背书，是指持票人以授予他人一定的汇票权利为目的的背书，并不以转让汇票权利为目的**。非转让背书包括委任背书和设质背书。委任背书，是指背书人以行使汇票权利为目的，授予被背书人一定代理权限的背书。设质背书，是指背书人以在汇票权利上设定质权为目的所为的背书，被背书人享有取得汇票质权而非汇票权利的权利。

7.2.4　汇票的保证

1. 保证的概念

票据保证，是对票据债务通过设定担保的方式，来确保票据债务的履行。具体来说，是指行为人在已签发的票据上，进行保证文句的记载，以表明对特定票据债务人的票据债务承担保证的附属票据行为。票据保证的行为人为保证人；由其所保证的票据债务人为被保证人；保证人所担保票据债务拥有票据权利的人，为被保证票据债权人。由票据保证行为所发生的债务，为票据保证债务；由其所保证的票据债务，为被保证债务。

2. 保证的记载事项

我国《票据法》规定，票据保证的必要记载事项主要有：①表明"保证"的字样；②保证人的名称和住所；③被保证人的名称；④保证日期；⑤保证人签章。其中，保证人签章和"保证"文句是绝对必要记载事项，被保证人名称、保证人的名称和住所、保证日期属于相对必要记载事项。保证人未记载被保证人名称的，已承兑的汇票，承兑人为被保证人；未承兑的汇票，出票人为被保证人。根据我国《票据法》规定，"保证不得附有条件；附有条件的，不影响对汇票的保证责任。"

3. 保证的效力

我国《票据法》规定，保证人应当与被保证人对持票人承担连带责任。汇票到期后，持票人得不到票款的，有权向保证人请求付款，保证人应当足额付款。保证人负有与被保证人完全相同的票据责任。保证人为两人以上的，保证人之间承担连带责任。保证人清偿汇票债务后，可以行使持票人对被保证人及其前手的追索权。

作为票据行为，汇票保证具有独立性和无因性。保证人承担的保证责任独立于被保证的票据债务，被保证的票据债务即使无效，也不影响保证责任的成立。被保证的票据债务因形式上欠缺票据行为的要件而无效时，保证人可不负票据保证责任，但可能要承担相应的民事责任。

7.2.5 汇票的承兑

1. 承兑的概念

承兑，是指汇票付款人在汇票上明确表示在汇票到期日支付汇票金额的一种票据行为。承兑涉及三方当事人，即汇票的出票人、票据上记载的付款人和持票人。持票人可以是票据上记载的收款人，也可以是依背书而受让票据的人。付款人一经承兑，则在三方当事人之间形成了相应的票据关系。①出票人与付款人之间形成了票据上的付款委托关系。②付款人与持票人之间形成了票据上的主债权债务关系。在承兑之前，付款人不是票据债务人，无票据责任，票据的出票人是票据的主债务人。而当付款人进行承兑后，付款人作为承兑人成为票据的主债务人，承担着绝对的付款责任。③持票人与出票人之间形成了从债权债务关系。付款人承兑后，成为票据的主债务人，承担着最终的票据付款责任，出票人成为从债务人，不承担票据的直接付款责任，只承担担保责任。

2. 承兑的记载事项

我国《票据法》规定，票据承兑的记载事项包括：承兑文句、承兑人签章和承兑日期。一般情况下，承兑日期是相对必要记载事项。汇票上未记载承兑日期的，以持票人提示承兑之日起的第三日，即付款人三天承兑期的最后一天，为承兑日期。但对于见票后定期付款的汇票，因承兑日期关系到汇票到期日的确定和计算，付款人必须记载承兑日期，承兑日期属于绝对必要记载事项。

付款人承兑汇票，不得附有条件，承兑附有条件的，视为拒绝承兑。

3. 提示承兑和拒绝承兑

提示承兑，是指持票人向付款人出示汇票，并请求付款人表示承兑与否的行为。承兑是汇票特有的制度。《票据法》对汇票的承兑规定不一，见票即付的汇票无须提示承兑；定日付款的汇票和出票后定期付款的汇票，是可以提示承兑的汇票；见票后定期付款的汇票应当提示承兑，持票人应当自出票日起一个月内向付款人提示承兑。如果持票人未按照规定期限向付款人提示承兑，即丧失对其前手的追索权。

根据《票据法》的规定，"付款人对向其提示承兑的汇票，应当自收到提示承兑的汇票之日起三日内承兑或者拒绝承兑。"付款人在期限届满后，既不表示承兑，也不表示拒绝承兑的，应视为拒绝承兑。如果付款人同意承兑，则应当在汇票正面记载"承兑"字样，并签名或盖章。

4. 承兑的效力

我国《票据法》规定，"付款人承兑汇票后，应当承担到期付款的责任。"在付款人承兑之前，持票人的付款请求权是一种期待权，处于不确定状态。付款人一旦承兑，即成为第一票据债务人，除非票据权利因时效届满而消灭，否则，持票人就可以向承兑人请求付款。

7.2.6 汇票的付款

1. 付款的概念

付款，是指汇票的付款人或者其代理付款人支付汇票金额，以消灭汇票关系的行为。对于票据金额，付款人并不具有当然的付款责任，是否付款，取决于付款人的决定。我国《票据法》规定，付款不是票据行为。

2. 付款的程序

付款的程序包括：付款提示、实际付款和交回汇票三个阶段。

付款提示，是指持票人向付款人或代理付款人实际出示票据，以请求其付款的行为。由于汇票的转让不以通知付款人为必要，如果持票人不提示汇票，付款人无从知道谁是汇票的权利人，也就无法履行其付款义务。因此，我国《票据法》规定付款提示的时间，"见票即付的汇票，自出票日起一个月内向付款人提示付款""定日付款、出票后定期付款或者见票后定期付款的汇票，自到期日起十日内向承兑人提示付款"。如果持票人按期提示付款，就保全了对前手的追索权，当付款人拒绝付款时，则持票人可据此做成拒绝证明，向其他汇票债务人行使追索权。如果持票人未在法定期间提示付款，则丧失对其全体前手的追索权。

实际付款，是指持票人按期提示付款的，付款人必须当日足额付款。付款人在付款时要对持票人进行形式资格审查，如背书是否连续，票据是否有效，而对持票人是否为真实持票人、背书人签章的真伪无须审查。如果付款人在付款时具有恶意或者重大过失，则必须自行承担责任。付款人的恶意或者重大过失行为主要包括：①未依《票据法》的规定，对提示付款人的合法身份证明或者有效证件以及汇票背书的连续性履行审查义务，而为错误付款；②在公示催告期间对公示催告的汇票进行付款；③收到人民法院的止付通知后进行付款；④其他以恶意或者重大过失为付款。

交回汇票，是指付款人付款后，持票人应将汇票交给付款人。

3. 付款的效力

付款人依法足额付款后，汇票法律关系全部归于消灭，付款人和全体汇票债务人的责任解除。

7.2.7 汇票的追索权

1. 追索权的概念

汇票追索权，是指持票人在汇票到期不获付款或期前不获承兑或有其他原因时，在依法行使保全汇票的权利后，向其前手请求偿还汇票金额、利息及其他法定款项的票据权利。相对于付款请求权，追索权是汇票上的第二次权利，是当持票人行使第一次权利受阻时才行使的汇票权利。如果付款请求权实现了，则追索权随之消灭。

追索权的当事人为追索权人和被追索人。追索权人包括最后持票人和已为清偿的汇票债务人。最后持票人在其所持汇票因法定原因得不到承兑或付款时，有权行使追索权。其他汇票债务人被持票人追索而清偿债务后，即享有与持票人相同的票据权利，可以向其前手行使再追索权。被追索人，是指追索权人行使追索权所指向的义务人，包括出票人、背书人和其他债务人。

追索权分为期前追索权和到期追索权。期前追索权，是指在汇票上所载的到期日到来之前持票人所行使的追索权。到期追索权，是指在汇票到期时，持票人因不获付款而行使的追索权。

期后背书是指，在票据被拒绝承兑、被拒绝付款或者超过付款提示期限以后，所进行的背书。也称为受阻背书。以先前已经在票据上签名的出票人、背书人等票据债务人为被背书人的背书属于回头背书。

【案例】

甲签发汇票给乙，乙背书转让给丙，丙背书转让给丁，丁又背书转让给甲，此时，产生什么样的后果？

A. 票据债权消灭，因债权人与债务人发生了混同

B. 甲仍可再作背书转让票据与戊

C. 如果甲请求付款遭到了拒绝，则对乙、丙、丁不得行使追索权

D. 甲不得再行背书转让票据

资料来源：于宏伟，李退桢，王小龙．国家司法考试考点案例教程［M］．北京：中国人民公安大学出版社，2007.

参考答案：BC

2. 追索权的要件

追索权的要件包括实质要件和形式要件两个方面。

追索权的实质要件是持票人所持汇票不获承兑或不获付款。根据我国《票据法》规定，"汇票到期被拒绝付款的，持票人可以对背书人、出票人以及汇票的其他债务人行使追索权。"当持票人所持汇票被拒绝承兑、承兑人或付款人死亡、逃匿、承兑人或付款人被依法宣告破产或者因违法被责令终止业务活动的，持票人也可以在汇票到期日之前行使追索权。

追索权的形式要件，是指持票人必须依照《票据法》的规定，按照一定的程序，在法定期限内，提供合法证明。持票人行使追索权时，应当提供被拒绝承兑或者被拒绝付款的有关证明。具体包括：当事人出具的合法证明、有关机关出具的合法证明等。

3. 追索权的效力

追索权的效力分为对人的效力和对物的效力两个方面。

对人的效力包括对追索权人的效力和对被追索权人的效力。①对追索权人的效力。持票人行使追索权，可以自由选择其前手债务人为被追索人，可以不按照汇票债务人的先后顺序，对其中任何一人、数人或者全体行使追索权。我国《票据法》规定，"持票人对汇票债务人中的一人或者数人已经进行追索的，对其他汇票债务人仍可以行使追索权。"②对被追索人的效力。一方面，汇票上的债务人对持票人承担连带责任；另一方面，被追索人清偿汇票债务后，与持票人享有同一权利，可以对其前手债务人行使再追索权。

对物的效力。追索权的对物效力表现为追索金额，包括最初追索金额和再追索金额。我国《票据法》规定，持票人行使追索权，可以请求被追索人支付下列金额和费用：被拒绝付款的汇票金额；汇票金额自到期日或者提示付款日起至清偿日止，按照中国人民银行规定的利率计算的利息；取得有关拒绝证明和发出通知书的费用。这里的"中国人民银行规定的利率"，是指中国人民银行规定的企业同期流动资金的贷款利率。再追索金额，是指偿还义务人行使再追索权时要求其前手清偿的金额，一般包括三部分：已清偿的追索金额、法定利息和再追索费用。

7.3 本票

7.3.1 本票概述

1. 本票的概念和特征

我国《票据法》规定，"本票是出票人签发的，承诺自己在见票时无条件支付确定的金额给收款人或者持票人的票据。"可见，本票具有如下特征。

1）本票是票据的一种，与汇票、支票一样，具有完全有价证券、设权证券、无因证券、文义证券和金钱债权证券等票据特性；

2）本票法律关系的当事人为出票人（付款人）和收款人，是出票人自己支付票据金额给收款人或者持票人的票据，属于自付证券；

3）本票是出票人无条件支付票据金额的票据。

2. 本票与汇票的比较

除了承兑属于汇票独有的制度以外，本票的其他各项制度与汇票相同。为了避免重复，除另有规定外，本票都适用或准用汇票的规定。本票与汇票的不同之处在于：本票是出票人自己承诺付款，汇票是出票人委托他人付款；本票是自付证券，汇票是委付证券；本票无须承兑，汇票除见票即付的汇票以外，可以或者应当请求承兑；我国《票据法》只承认银行本票，见票即付的本票，而汇票可以是见票即付、定日付款、出票后定期付款、见票后定期付款；本票的出票人始终是第一债务人，因此，持票人的付款请求权是确定的，而汇票在承兑前，不存在主债务人，承兑后，承兑人成为第一债务人；本票的付款期限，自出票日起不得超过2个月，汇票无此规定。

7.3.2 本票的特殊规则

1. 本票的出票

本票的出票，是指出票人自己承诺支付票据金额并交付给收款人的票据行为。

（1）**本票出票的记载事项** 绝对必要记载事项包括：①表明"本票"的字样；②无条

件支付的承诺；③确定的金额；④收款人名称；⑤出票日期；⑥出票人签章。如果本票上未记载其中的任何一项，则本票无效。本票的付款地和出票地是相对必要记载事项，本票上未记载付款地，则出票人的营业场所为付款地；本票上未记载出票地，则出票人的营业场所为出票地。

（2）**本票出票的效力**　①对出票人的效力。出票人出票后，即必须承担对本票持票人的付款责任，这种责任是无条件的、绝对责任，出票人是主债务人，出票人一经付款，本票法律关系就归于消灭。根据《票据法》的规定，本票的持票人未按照规定的期限提示见票的，虽然丧失对其前手的追索权，但仍然可以向出票人行使追索权。②对收款人的效力。出票人签发本票后，收款人及其后手持票人就取得本票上的票据权利。当持票人的付款请求权受阻时，才能行使追索权。

2. 本票的见票规则

为确定见票后定期付款的本票的到期日，需要持票人向出票人提示票据，这就是本票的见票。以本票上指定的到期日为标准，可以把本票分为即期本票和远期本票。我国《票据法》只承认见票即付的本票，也就不存在本票见票的问题。

7.4　支票

7.4.1　支票概述

1. 支票的概念和特征

我国《票据法》规定，"支票是出票人签发的，委托办理支票存款业务的银行或者其他金融机构在见票时无条件支付确定的金额给收款人或者持票人的票据。"可见，支票具有以下特征：

1）支票是票据的一种，与汇票、本票一样，具有完全有价证券、设权证券、无因证券、文义证券和金钱债权证券等票据特性。

2）支票法律关系形成三方基本当事人：出票人、收款人和付款人，与汇票同属委付证券，与汇票不同的是，支票的付款人仅限于银行和其他金融机构。

3）支票是见票即付的票据，是支付证券，不像汇票和本票有即期和远期之分。

2. 支票与汇票的比较

支票与汇票有许多相同之处，比如，两类票据都是委付证券；支票与汇票都有三方当事人：出票人、收款人和付款人。两者的不同之处在于：支票的付款人是银行或者其他金融机构，而汇票的付款人没有限制；支票（除保付支票外）没有主债务人，没有承兑制度，汇票有承兑制度，一经承兑，承兑人成为主债务人；支票出票时，出票人与付款人之间必须存在资金关系，汇票无此要求；支票属于见票即付的票据，无到期日规定，而汇票则有到期日的规定，等等。

7.4.2　支票的特殊规则

1. 支票的出票

支票的出票，是指出票人做成票据，并将票据交付给收款人，委托银行或者其他金融机构付款的票据行为。

（1）**支票出票的记载事项**　绝对必要记载事项：①表明"支票"的字样；②无条件支付的委托；③确定的金额；④付款人名称；⑤出票日期；⑥出票人签章。支票上未记载其中任何一项的，支票无效。支票的相对必要记载事项：付款地和出票地。支票上未记载付款地的，付款人的营业场所为付款地；支票上未记载出票地的，出票人的营业场所、住所或者经常居住地为出票地。我国《票据法》规定，"支票上未记载收款人名称的，经支票人授权，可以补记。"可见，收款人名称属于支票的任意记载事项。

（2）**支票出票的效力**　①对出票人的效力：我国《票据法》规定，"出票人必须按照签发的支票金额承担保证向该持票人付款的责任。"②对付款人的效力：我国《票据法》规定，"出票人在付款人处的存款足以支付支票金额时，付款人应当在当日足额付款。"③对收款人的效力：收款人享有付款请求权，在一定条件下也可以行使追索权。

2. 空头支票

各国票据法通常都规定，签发支票的出票人必须与付款人之间存在资金关系。这是因为支票是支付证券，且属于见票即付，为保证支票的支付功能的实现，我国《票据法》规定，"支票的出票人所签发的支票金额不得超过其付款时在付款人处实有的存款金额。"如果"出票人签发的支票金额超过其付款时在付款人处实有的存款金额的，为空头支票。禁止签发空头支票"。签发空头支票或者故意签发与其预留的本名签名式样或者印鉴不符的支票，是骗取财物的行为，应当追究行为人的刑事责任。不以欺诈为目的，签发空头支票或者签发与其预留的签章不符的支票的，应当追究行政责任。同时，给他人造成损失的，还应当追究民事责任。

3. 支票的付款规则

支票的付款，是指付款人根据持票人的请求向其支付票据金额，以消灭支票法律关系的行为。我国《票据法》规定，"支票的持票人应当自出票日起十日内提示付款；异地使用的支票，其提示付款的期限由中国人民银行另行规定。"持票人在提示期限内提示付款的，付款人应当立即付款。付款人依法支付支票金额的，对出票人不再承担委托付款的责任。对持票人不再承担付款的责任，除非付款人存在恶意或有重大过失。

本章小结

票据法是规范票据制度及各种票据关系的法律。票据法的主要内容包括：票据及其特征、票据行为、票据权利、票据基础关系与票据关系、票据抗辩、票据的伪造和变造、票据的丧失与补救、票据时效、利益补偿请求权，以及票据法规定的三大票据汇票、本票和支票的规则等。

票据法是民事特别法，因而除遵循民法的一般原则外，票据法还有其自身的独特的特性。如票据权利具有二重性，付款请求权和追索权，当行使第一次权利付款请求权受阻后，票据权利人可以行使第二次权利追索权以实现票据权利；有别于民法上的抗辩制度，票据抗辩着力保护票据权利人的利益；票据行为的无因性、独立性、文义性等特征使其不同于一般的民事行为等。这些特殊的规则可以确保票据的流通性，使票据的流通日益频繁和广泛，进而扩大贸易往来和经济发展。

票据法具有较强的国际性。随着国际经济一体化不断地向纵深发展，国际贸易增多，不同国家的票据法律制度的冲突，必然会对国际贸易产生影响。因此，统一各国票据法就称为各国的普遍要求。

关键术语

票据　　　票据关系　　　票据行为　　　票据抗辩　　　票据权利
追索权　　汇票　　　　　本票　　　　　支票

思考与练习

一、选择题

1. 票据的效力主要取决于其在形式上是否符合《票据法》的要求，而不取决于使用票据的原因。票据因此得名为（　　　）。
   A. 债权证券　　　B. 文义证券　　　C. 流通证券　　　D. 无因证券
2. 属于行使票据权利的是（　　　）。
   A. 票据转让权　　B. 票据设质权　　C. 付款请求权　　D. 质押票据权
3. 持票人不享有票据权利的情形是（　　　）。
   A. 无偿取得票据
   B. 以欺诈手段取得票据
   C. 出票人与收款人基础关系解除
   D. 出票人签章被伪造
4. 关于票据的伪造和变造，说法错误的是（　　　）。
   A. 票据伪造是假冒或虚构他人名义为票据行为
   B. 票据伪造主要是伪造签章
   C. 票据变造是变更签章以外的其他事项
   D. 票据伪造仅指伪造出票
5. 在我国，票据丧失后的救济途径包括（　　　）。
   A. 公示催告、申请支付令、提起诉讼
   B. 挂失止付、公示催告、提起诉讼
   C. 挂失止付、公示催告、仲裁
   D. 挂失止付、仲裁、提起诉讼

二、简答题

1. 简述票据行为的特征。
2. 简述票据的无因性。
3. 票据伪造和变造的区别。
4. 简述汇票出票对付款人的效力。
5. 汇票承兑的概念及效力。

案例讨论

案情：被告江苏省常州市盛鹏纺织有限公司（下称盛鹏公司）将自己所有的银行承兑汇票（出票人为浙江元昌漂染有限公司，收款人为盛鹏公司，出票日期为2006年6月29日，付款行为交通银行湖州分行，票面金额为人民币10万元，到期日为2006年12月29日），背书转让给常州市武进区寨桥镇成魅农机配件厂。2006年7月19日，该厂将该汇票背书转让给原告常州市绿岛铸造有限公司（下称绿岛公司）。原告在收到汇票后，于7月20日持该汇票前往招商银行常州分行请求贴现。该行受理后，发传真向交通银行湖州分行查询，7月21日得到回复，查询汇票与承兑汇票记载内容一致，该汇票无挂失。原告于7月26日从招商银行常州分行贴现获取现金9.8万余元。该汇票到期后，招商银行常州分行向交通银行湖州分行委托收款，后者以该汇票被法院冻结而拒绝付款。招商银行常州分行通知原告，要求原告按贴现时签订的银行承兑汇票贴现合同约定，将10万元退回。12月30日，原告将10万元退回。

在此期间，被告常州商汇物资有限公司（下称商汇公司）于2006年8月4日持银行承兑汇票正面复印件及盛鹏公司8月1日出具的证明，向浙江省湖州市吴兴区法院申请公示催告。吴兴区法院立案后，8月7日进行公告，要求利害关系人于公告之日起60日内向该院申报权利；8月8日通知交通银行湖州分行停止支付该汇票。10月25日，商汇公司向吴兴区法院申请除权判决。10月27日，吴兴区法院判决宣告该银行承兑汇票无效，商汇公司对上述款项有权请求支付。原告从招商银行常州分行处得到该情况后，为了防止银行承兑汇票的10万元被商汇公司取走，于2006年12月29日向吴兴区法院申请诉前财产保全，之后提起诉讼，请求法院依法判令被告商汇公司，盛鹏公司赔偿原告10万元。

思考题

试谈票据被他人申请除权判决后，合法持票人的权利如何保护。

资料来源：人民法院报，2009年2月27日第5版。本案案号：（2007）湖吴民二初字第113号，案例编写人：浙江省湖州市吴兴区人民法院，程烨，施同生。

延伸阅读

1. 刘春田. 知识产权法［M］. 北京：中国人民大学出版社，2007.
2. 王迁. 知识产权法教程［M］. 北京：中国人民大学出版社，2007.
3. 任自力，曹文泽. 著作权法［M］. 北京：清华大学出版社，2006.
4. 保护文学和艺术作品伯尔尼公约指南［M］. 刘波林，译. 北京：中国人民大学出版社，2002.
5. 曹建明. 新专利法司法解释精解［M］. 北京：人民法院出版社，2002.
6. 张学兵. 商标法［M］. 北京：中国经济出版社，2004.

CHAPTER 8
第8章
国际商事仲裁与涉外民事诉讼

■ 本章要点

- 国际商事仲裁的概念、种类与特点
- 国际商事仲裁协议
- 国际商事仲裁程序及仲裁裁决的执行
- 中国的仲裁机构，仲裁规则与仲裁协议的作用
- 涉外民事诉讼

8.1 国际商事仲裁的概念及其特点

8.1.1 国际商事仲裁的概念

在国际商事活动中，发生争议是难免的。根据国际惯例，解决商事争议的方式主要有协商、调解、仲裁和诉讼。目前，在国际上人们又把协商、调解和仲裁统称为非诉讼解决方式或称为可选择的争议解决方式。在国际商事领域，仲裁是最主要的纠纷解决方式。

仲裁也叫公断，是合同当事人在争议发生前或争议发生后达成协议，将争议提交给非司法机关的第三方审理，并由其做出具有约束力的裁决，双方当事人对此裁决有义务执行的一种解决争议的办法。国际上有许多国际性仲裁机构，并且确立了明确的仲裁规则。依仲裁制度适用领域的不同，仲裁分为三种不同性质的仲裁。

1. 国际仲裁

严格意义上的国际仲裁，是指用于解决国家之间争端的仲裁，它是解决国际争端的方法之一，属于国际公法研究的范畴。

2. 国内仲裁

这是一国内部的经济仲裁制度，用于解决一国国内在经济、贸易与劳动等方面所发生的争议。它属于国内程序法的研究范畴。

3. 国际商事仲裁

国际商事仲裁也称国际经济仲裁，是指国际经济活动的各方当事人自愿将其争议提交第三方进行审理并做出仲裁裁决的方式。国际商事仲裁作为国内商事仲裁的一种扩展延伸已独立发展起来。它以私法方面带有国际因素或涉外因素的争议为主要对象，既不同于解

决国家之间某一公法上的争端的国际仲裁，也不同于解决一国范围内自然人、法人和其他组织相互之间争议的国内仲裁。

"商事"一词是国际经济贸易交往中的一个重要的惯常用语。联合国《国际商事仲裁示范法》对"商事"一词做出了以下的解释："商事"一词应给予广义的解释，以便覆盖产生于所有具有商事性质关系的事项，而不论这种关系是否为契约关系。具有商事性质的关系包括（但不限于）下列交易：任何提供或交换商品或劳务的贸易交易；销售协议；商事代表或代理；保付代理；租赁；工程建造；咨询；设计；许可；投资；融资；银行业；保险；开采协议或特许；合营企业或其他形式的工业或商业合作；客货的航空、海洋、铁路或公路运输。

8.1.2 解决争议的方式与国际商事仲裁的特点

国际上通过第三者解决国际商事争议的方式主要有三种：协商调解、提交仲裁和司法诉讼。前面两种办法是非司法解决，后面一种办法是司法解决。

1. 仲裁与调解的异同

相同之处是两者都是以双方当事人的协议或同意为基础而进行的。

不同之处主要表现在三个方面。

1）调解的进行，自始至终都需要双方当事人的同意，如果有一方不同意，那么调解就无法进行；仲裁是只要双方合意达成仲裁协议，就对其产生法律约束力，即使一方反悔，不同意仲裁，另一方仍然可以根据仲裁协议提起仲裁程序，仲裁庭就可以受理案件，进行仲裁。

2）调解人只能对当事人进行说服劝导，无权自己做出决定，这样经过调解达成的协议，完全是基于双方当事人的相互同意；仲裁人是以裁判者的身份出现，可以独立自主地对有关争议的问题进行裁决，这种裁决不必经过双方当事人的同意，一般对他们是具有约束力的。

3）仲裁与调解的效力不同。调解书经双方当事人签收后，才发生法律效力。调解书签收前当事人反悔的，调解书无效。而仲裁委员会一旦做出裁决，送达后，立即发生法律效力。

2. 仲裁与诉讼的异同

相同之处是两者的处理决定均由第三者独立自主地做出，一般对当事人具有约束力。

不同之处主要表现在三个方面。

1）法院是国家机器的重要组成部分，具有法定的管辖权；仲裁机构，尤其是国际商事仲裁机构，一般都是民间组织，没有法定的管辖权。法院诉讼是强制管辖，而仲裁则是协议管辖。法院诉讼无须一方当事人事先得到另一方的同意或双方达成诉讼协议，只要一方当事人向有管辖权的法院起诉，法院就可依法受理所争议的案件，另一方就应当应诉；而仲裁机构必须依据当事人之间达成的仲裁协议和一方当事人的申请受理案件。仲裁机构的管辖权来自双方当事人的自愿和授权，这是仲裁与诉讼的根本区别。

2）法院受理案件的范围是由法律规定的，法院可以审判法定范围内的任何事项；仲裁的事项与范围都是双方当事人事先约定的，仲裁人不得对当事人约定范围以外的事项进行仲裁。法院审理案件一般是公开的；而仲裁审理案件一般是不公开进行，案情不公开，裁决也不公开。

3）法院负责审理案件的法官由法院任命，诉讼当事人没有任意指派或选择法官的权利，同时，法院开庭的时间、地点与程序等均由法院规定，当事人无权做出变更；在仲裁时，有关仲裁人、仲裁程序、时间与地点等，均可由双方当事人相互协商确定。

3. 国际商事仲裁的特点

仲裁的特点包括：①自愿。仲裁必须经双方当事人协商同意，未经当事人同意，任何人不能将争议提交仲裁。②保密。仲裁审理大多秘密进行，其裁决未经当事人同意一般不得公开。③迅速。仲裁一般比司法诉讼的时间更短，更迅速。

与司法诉讼相比，国际商事仲裁具有下列五个方面的优点或特点。

（1）**中立性**　在跨国经济贸易的交往与合作中，不同国家的当事人往往希望避开对方国家的法律与法院的公正性，都极力将争议提交本国法院，根据本国的法律解决争议。这是因为任何国家的法院在审理案件时都不能不考虑本国的政治和经济利益。仲裁可以作为双方都不愿意让步的替代办法，是中立于两国法院之外的，不受任何一国的司法制度与公共政策的影响。这样，在有关当事人看来，仲裁有利于争议的公平解决。

（2）**自主性**　在诉讼中，各国均有法律直接规定法院必须遵循的审判程序，当事人无权指定法官，也不能自行决定适用的实体法和程序法。在国际商事仲裁中，争议的双方当事人可以自行约定是否经由仲裁解决争议，自行选择仲裁机构、仲裁地点、仲裁员以及仲裁适用的程序法和实体法。

（3）**管辖权的非强制性**　诉讼是解决争议的一般原则和方法，只要双方当事人没有就争议的解决达成仲裁协议，任何一方均可以向有管辖权的法院提出诉讼；仲裁与诉讼相比，只有双方当事人就是否仲裁、仲裁机构的选择达成一致意见的情况下，才可以将仲裁作为解决争议的方法。

（4）**灵活性**　诉讼有严格的程序规定，而仲裁的程序比较灵活，并且由于仲裁多选择在某个领域的专家作为仲裁员，使得争议解决速度提高，同时减少当事人的费用和时间。

（5）**终局性**　诉讼多采用二审终审制，当事人对下级法院做出的判决不服，可以在法律规定的时间向上一级法院提起上诉；但世界上大多数国家规定国际商事仲裁是终局裁决，当事人无法提起上诉或请求重新仲裁，也不得向法院起诉。

正是由于具有上述各项特征，才使国际商事仲裁成为国际商事纠纷中最常用的解决手段。

8.2　国际商事仲裁协议

8.2.1　仲裁协议的含义

仲裁协议是指双方当事人愿意把他们之间将来可能发生或者已经发生的争议交付仲裁的协议。在仲裁实践中，特别是在国际商事仲裁实践中，仲裁协议一般都采用书面形式。各国立法与国际公约一般也都要求仲裁协议须是书面形式的协议。仲裁协议具有法律约束力，它既是任何一方当事人将争议提交仲裁的依据，又是仲裁机构和仲裁庭受理争议案件的依据。正因为如此，有人把仲裁协议比作是现代国际商事仲裁的基石。

仲裁协议是仲裁员或仲裁庭受理仲裁案件的依据。其作用是：①排除法院对争议案件的管辖权，使仲裁员或仲裁庭取得对争议案件的管辖权；②使当事人承担必须将争议提交仲裁解决，并根据仲裁协议规定的仲裁程序规则，指定仲裁员和参与仲裁协议的义务。仲裁协议最重要的作用是排除法院对该案件的管辖权。

8.2.2 仲裁协议的表现形式

仲裁协议有两种形式：一种形式是由双方当事人在争议发生之前订立的，表示愿意把将来可能发生的争议提交仲裁解决的协议，这种协议一般都包含在主合同内，作为合同的一项条款，即仲裁条款（arbitration clause）。另一种形式是由双方当事人在争议发生之后订立的，表示同意把已经发生的争议提交仲裁解决的协议，这是独立于主合同之外的一个单独的协议，通常称之为提交仲裁的协议（sub-mission to arbitration），即仲裁协议书。

这两种类型的仲裁协议虽然采用的形式不同，但其效力和作用完全相同。在仲裁实践中，仲裁条款一般较短，而仲裁协议书一般较长。因为仲裁条款是针对以后可能发生的争议而订立的，由于不知道以后会发生什么争议，所以不可能拟定详细的仲裁条文，通常都是在主合同中插入某个仲裁机构推荐的简短的标准仲裁条款或临时仲裁条款。与此相对比，仲裁协议书则是要通过仲裁处理现有争议，可以按具体情况拟定仲裁协议，并在仲裁协议书中就如何解决争议作出规定。当然，有些时候情况并非如此。例如，当事人拟定的仲裁协议书比较简短，而在合同中约定进行临时仲裁的仲裁条款却要详尽地约定设立仲裁庭的方法和仲裁所要循用的程序。一般地，在国际商事仲裁中拟定简短的仲裁协议书或采用临时仲裁的情况是比较少的，大多数则是在合同中拟定将有关争议提交某常设仲裁机构的仲裁条款。

8.2.3 仲裁条款的主要内容

仲裁协议的内容至关重要，它直接关系到争议能否得到公平合理的解决，关系到当事人的切身利益。一般而言，一项仲裁协议应包括仲裁地点、仲裁机构、仲裁规则、裁决的效力和提交仲裁的事项这五个方面的内容。

1. 仲裁地点

仲裁地点是仲裁条款的关键内容。在双方当事人订立仲裁协议时，各方一般都力争在本国进行仲裁，其原因在于当事人对自己所在国家的法律规定和仲裁的一套运作方法比较熟悉和信任，而对外国的仲裁制度往往不大了解，难免有所顾虑。另外，适用不同国家的法律，可能会对双方当事人的权利与义务做出不同的解释，对案件的处理也会得出不同的结果。在多数情况下，仲裁地点是与仲裁机构所在地一致的。当事人选择某一仲裁机构，往往都有以该仲裁机构所在地为仲裁地点的意向。如果当事人未有明示，仲裁庭时常也将仲裁机构所在地作为仲裁地，当然也不排除仲裁庭在考虑仲裁的各种情况后做出别的决定。

鉴于仲裁地点的重要性，双方当事人如果在订立仲裁协议时能就仲裁地点取得一致意见，还是就仲裁地点做出明示约定为好。中国企业在订立涉外经济合同时，对仲裁地点主要采取以下三种规定办法：①明确地规定在中国仲裁，由中国国际经济贸易仲裁委员会或海事仲裁委员会进行仲裁。②明确地规定在被告所在国家的仲裁机构仲裁。③明确地规定在双方当事人同意的第三国的仲裁机构仲裁。

2. 仲裁机构

仲裁机构是主持仲裁工作的常设组织。国际商事仲裁有两种做法：一种是在常设的仲裁机构的主持下进行仲裁；另一种是临时性仲裁。在常设仲裁机构进行仲裁是国际商事仲裁中普遍采用的方式。近年来，在国际贸易中，近95%的仲裁案件都是在常设仲裁机构的主持下进行审理的。只有少数案件在当事人认为无适当的常设仲裁机构的情况下，才采取临时仲裁方式予以解决。

3. 仲裁程序规则

仲裁规则主要是规定如何进行仲裁的程序与做法，包括仲裁申请的提出、答辩的方式、仲裁员的选定、仲裁庭的组成、仲裁的审理、仲裁裁决的做出及裁决的效力等内容。双方当事人在订立仲裁协议时应明确约定有关仲裁所应适用的仲裁规则，以便当事人和仲裁员在仲裁时有可依循的行为准则，使仲裁能顺利进行。仲裁规则的作用主要是为当事人与仲裁员规定一套进行仲裁的行为准则，以便在仲裁中有所依循。仲裁规则是由各国的仲裁机构自行制定的。在国际上，除了各国仲裁机构制定的仲裁规则外，还有一些国际性与地区性的仲裁规则。例如，《联合国国际贸易法委员会仲裁规则》与《国际商会商事仲裁规则》等。在国际商事仲裁中，一般在哪个仲裁机构仲裁，就根据该仲裁机构制定的仲裁规则办理。

4. 仲裁裁决的效力

仲裁裁决的效力主要是指裁决是否具有终局性，对双方当事人有无约束力，能否再向法院提起上诉的问题。许多国家的常设仲裁机构规则以及国际组织颁布的仲裁规则规定仲裁裁决具有终局效力，对双方当事人均有法律拘束力，任何一方都不得向法院上诉。例如，《联合国国际贸易法委员会仲裁规则》规定，"裁决应以书面为之，并应是终局的和对当事人双方具有约束力的，双方有承担立即履行裁决的义务"。《国际商会仲裁规则》规定：仲裁裁决是仲裁庭就当事人提交仲裁解决的事项做出的决定。这种决定无论是在仲裁程序进行中的哪一个阶段做出，对争议各方都有约束力。各国的法律对仲裁裁决的上诉均有一定的限制。多数国家原则上不允许对仲裁裁决提起上诉；有些国家虽然允许当事人上诉，但是法院只审理程序问题，不审理实体问题；也有些国家允许法院在特定的情况下撤销仲裁裁决。

从理论上说，仲裁裁决一旦做出，就对有关当事人具有法律上的约束力。如果一方当事人不能自动履行，另外一方当事人可以请求法院强制执行。根据有关国家的仲裁立法与实践，如果仲裁裁决存在法律规定的可以撤销的理由，当事人就可以在法律规定的时间内，向对此有管辖权的法院申请撤销该仲裁裁决。根据联合国国际贸易法委员会制定的《国际商事仲裁示范法》第34条的规定，当事人申请撤销仲裁裁决应当在收到裁决书之日起的三个月内提出；申请人申请撤销仲裁裁决应当有法律规定的理由，并应提供证据证明这些理由。归纳起来，该示范法规定的可以撤销仲裁裁决的理由，主要有以下四种情况：①仲裁裁决所依据的仲裁协议无效；②仲裁程序不当；③仲裁庭越权；④仲裁庭的组成与当事人的约定或应当适用的法律不相符。

5. 提交仲裁的事项

除了上述四项内容外，在仲裁协议中还应写明把何种争议提交仲裁，如写明"因本合同所发生的争议应提交××（仲裁机构名称或仲裁庭）仲裁"。其中"因本合同所发生的争议"就是提交仲裁的事项。多数国家法律都要求，仲裁协议必须同当事人之间特定的法律关系相关联，否则仲裁协议无效。另外，一方当事人实际提请仲裁的事项，如果超出仲裁协议中所约定的事项，有可能致使仲裁庭做出的裁决超出应裁决事项的范围，依各国仲裁法和有关国际公约的规定，仲裁庭所做出的超出约定范围的裁决将为无效裁决。

在合同的最后一部分，一般都载有仲裁条款。以下是一些合同中的具体的仲裁条款实例，可供参考。

例 8-1：凡因执行本销售确认书所发生的或与本销售确认书有关的一切争议，应通过友好协商解决。协商不能解决时，应提交北京中国国际经济贸易仲裁委员会，根据该机构的仲裁规则进行仲裁。仲裁裁决是终局的，对双方均有约束力。

例 8-2：凡因执行本合同或与本合同有关事项发生的一切争执，应由双方以友好方式协商解决。如果不能取得协议时，则在被告国家根据被告国仲裁机构的仲裁程序规则进行仲裁。仲裁裁决是终局的，对双方具有同等的约束力。仲裁费用除非仲裁机构另有规定外，应由败诉一方负担。

8.3 国际商事仲裁程序

国际仲裁机构接受仲裁申请必须以双方当事人的仲裁协议为基础，并且根据仲裁程序（arbitration proceedings）进行仲裁。仲裁程序是指仲裁机构在进行仲裁审理的过程中，仲裁机构、当事人与少数参与人从事仲裁活动必须遵循的程序。它主要包括仲裁申请的提出、仲裁员的指定、仲裁庭的组成、仲裁审理及仲裁裁决的做出等。

8.3.1 国际商事仲裁的申请

仲裁的申请，是指仲裁协议所约定的争议事项发生以后，仲裁协议的一方当事人依据仲裁协议将有关争议提交给他们所选定的仲裁机构、请求对争议进行仲裁审理。提出仲裁申请是开始仲裁程序的最初的法律步骤，也是开始仲裁程序的必要环节。仲裁申请的提出必须以书面形式进行。《中国国际经济贸易仲裁委员会仲裁规则》第 14 条规定，申请人提出仲裁申请时应提交仲裁协议申请书，仲裁协议申请书类似司法程序中的起诉书，提出申请书的一方当事人叫申请人，对方当事人叫被申请人，除申请人应按规定提交仲裁协议申请书外，争议和解后提出撤销案件的要求及被申请人有权对申请人的要求提出抗辩或提出反请求以外，在其他方面，申请人和被申请人拥有同等的权利，同时也承担同等的义务。

一项合格有效的仲裁申请书必须包含以下几个方面的主要内容：①申请人与被申请人的名称与地址；②申请人所根据的仲裁协议；③申请人的要求及所根据的事实与证据。仲裁申请书应当由申请人或申请人授权的代理人签名。申请人在提出仲裁申请书的同时，应按照有关常设仲裁机构的规定，或在选择临时仲裁机构仲裁时，按双方当事人在仲裁协议中所做的约定，预付一笔仲裁费用。仲裁申请书一经提出，即行中止索赔时效，同时标志着有关的仲裁程序的开始。

《中国国际经济贸易仲裁委员会仲裁规则》规定，申请人必须根据下列要求向仲裁委员会提出仲裁申请：①向仲裁委员会提交仲裁申请书；②向仲裁委员会提交仲裁申请书时，应当附具申请人要求根据的事实的证明文件；③在仲裁委员会仲裁员名册中指定一名仲裁员，或者委托仲裁委员会主席指定；④根据仲裁规则所附的仲裁费用表的规定预缴仲裁费。

8.3.2 国际商事仲裁的受理

有关的仲裁机构在收到申请人提交的仲裁申请书以后，应立即初步审查决定提请仲裁所依据的仲裁协议是否有效，申请仲裁的争议事项是否属于有关仲裁协议所涉及的范围之内，从而确定它是否具有有效的管辖权，同时还应审查仲裁申请是否超过索赔时效。一旦确定其具有仲裁管辖权，而申请人又没有违反时效规定，仲裁机构就应正式受理有关仲裁案件，并将仲裁申请书及其副本及时送达给有关被申请人和申请人所选定的仲裁员。如有必要，还应将有关仲裁机构的仲裁规则及仲裁员名册同时寄给被申请人。被申请人收到仲裁申请书以后，应根据仲裁立法和仲裁规则的规定，在一定的期限内提出答辩书，并选出应由他选定的仲裁员，或提交请求仲裁机构代为指定仲裁员的委托书。

根据各国仲裁立法的规定，无论是申请人，还是被申请人都有权委托代理人代为参加有关的仲裁活动，但接受委托的代理人应该向有关的仲裁机构提交授权委托书。

8.3.3 仲裁庭的组成

仲裁庭是审理国际商事争议的组织机构，在整个仲裁制度中占有十分重要的位置。所谓仲裁庭，是指根据当事人之间约定或法律与仲裁机构的规定，由仲裁员组成的、具体负责对已交付仲裁的争议事项进行审理并做出裁决的组织。如果是临时仲裁，则当事人所选定的仲裁员组成仲裁庭直接审理案件。若属机构仲裁，则当事人所约定的仲裁机构并不直接审理案件，而是由当事人或仲裁机构指定的仲裁员组成的仲裁庭处理纠纷，由仲裁机构的秘书处提供行政服务，待做出裁决后，仲裁庭便告解散。一般情况下，仲裁庭可以由一名仲裁员组成独任仲裁庭，也可以由多名仲裁员（通常是三名）组成的合议仲裁庭。

根据中国涉外仲裁机构的仲裁规则，双方当事人各自在仲裁委员会仲裁员名册中指定或者委托仲裁委员会主席指定一名仲裁员后，仲裁委员会主席即在仲裁委员会仲裁员名册中指定第三名仲裁员为首席仲裁员，组成仲裁庭，共同审理案件。根据国际上的一般做法，争议案件可以由三名、五名、七名仲裁员（其中一名为首席仲裁员）组成仲裁庭，以合议方式审理，也可以由独任仲裁员单独审理争议。

8.3.4 国际商事仲裁的审理

仲裁审理，是指仲裁庭依法成立以后，以一定的方式和程序调取和审核证据，查询证人、鉴定人，并对整个争议事项的实质性问题进行全面审查的仲裁活动。各仲裁机构对仲裁的审理过程基本相似，包括开庭、调解、搜集证据与调查证人、采取保全措施、最后做出裁决等几个主要步骤。

1. 开庭

仲裁开庭地点依仲裁协议确定，无协议时，各常设机构的仲裁规则一般规定，仲裁员有权决定仲裁审理地点。根据《中国国际经济贸易仲裁委员会仲裁规则》的规定，开庭地点应在仲裁委员会所在地，即在北京举行；在必要时，经仲裁委员会批准，也可以在中国境内的其他地点举行。开庭日期由仲裁庭与仲裁委员会秘书处商量后决定，并于开庭前30日通知双方当事人。《中华人民共和国仲裁法》第42条规定："申请人经书面通知，无正当理由不到庭或者未经仲裁庭许可中途退庭的，可以视为撤回仲裁申请。被申请人经书面通知，无正当理由不到庭或者未经仲裁庭许可中途退庭的，可以缺席裁决。"

2. 调解

在仲裁审理中，许多常设机构的仲裁规则都赋予仲裁庭调解的权力。如果调解成功且当事人有要求时，那么仲裁庭应以裁决或调解书的形式记载调解结果。调解书与裁决书具有同等的法律效力。中国涉外仲裁机构在处理外贸争议中采取调解与仲裁相结合的方针。这是中国涉外仲裁的一个重要特点。不仅如此，中国在对外经济贸易仲裁工作中还采用一种新的尝试，叫作"联合调解"，即在双方当事人友好协商无法解决的基础上，由两国仲裁机构或有关机构各出相等的人数组成"调解委员会"进行"联合调解"。除了上述"联合调解"这一新的尝试外，中国与日本之间又创造了一种"联合处理"的新形式。

3. 搜集证据与调查证人

在仲裁审理过程中，仲裁庭有权审核证据与调查证人。双方当事人为自己进行辩护，自然也会提出若干证据作为依据。仲裁庭认为有必要时可以传讯证人。欧洲、美洲国家一般都允许仲裁庭传唤证人出庭作证。但是如果证人不愿出庭作证，仲裁庭是否有权强令证人出庭作证，则各国的规定有所不同。

4. 保全措施

保全措施，是指在仲裁审理过程中，在做出最后的裁决之前的一段时间里，对有关当事人的财产作一种临时性的强制措施，以保证胜诉一方及时获得应有的损失赔偿。现在，许多仲裁立法或仲裁规则都规定，仲裁庭对于双方当事人对争议中的标的物可以采取必要的保全措施。

5. 法律适用

关于仲裁员在审理过程中究竟应适用哪一国法律的问题，其处理方法一般是属于程序者，各国都一致适用仲裁地法。但是双方当事人一致同意的仲裁协议另有规定者，则根据双方的规定办事。关于实体法的适用，各国一般都允许当事人自由选择，这就是"意思自治"原则在这方面的应用。如果双方当事人没有指定适用哪一国法律，那么，通常由仲裁庭自己确定应适用的法律。

8.3.5 国际商事仲裁裁决的做出

仲裁裁决是仲裁庭对当事人提出仲裁的争议问题所做出的处理结论。所谓仲裁裁决（arbitral award），是仲裁庭按照仲裁规则在仲裁过程中或者仲裁审理终结后，就任何程序性事项或者就当事人提出的实体请求所做出的书面决定。仲裁裁决具有法律效力。

仲裁裁决按照不同的标准，可以把它分成不同的类型，比如临时裁决、部分裁决和终局裁决等。此外，依据当事人是否全部参加仲裁程序作为分类标准，可以将基于当事人和解协议所作出的裁决归结为合意裁决；将仅有一方当事人出庭情况下所作出的裁决归结为缺席裁决。

1. 临时裁决

临时裁决又称为中间裁决，它是指在仲裁过程中应当事人请求并经仲裁庭同意，或者仲裁庭认为有必要时，对案件的程序性事项所做出的一种裁决。中间裁决一般是在案件未做出最终裁决前，对案件的一些重要问题必须予以澄清而又来不及在最终裁决里决定的情况下，由仲裁庭做出的。

2. 部分裁决

所谓部分裁决，是指在仲裁过程中对整个争议中的一个或者数个问题的事实和法律问题已经审理清楚，为有利于继续审理其他的争议事项，仲裁庭先行做出的对某一个或者数个问题的终局性的裁决。

3. 终局裁决

所谓终局裁决，是指仲裁庭在对整个案件审理终结之后，就全部提交仲裁的争议事项所作出的终局性的裁决。仲裁庭做出最终裁决，就意味着仲裁员已经履行完毕其职责，他们对争议不再享有任何管辖权，仲裁庭与当事人之间在仲裁过程中所产生的法律关系已不复存在。

8.4 国际商事仲裁裁决的承认和执行

国际商事仲裁裁决的承认与执行，是指法院或其他法定的有权机关承认国际商事仲裁裁决的终局约束力，并予以强制执行的制度。承认及执行是使仲裁裁决发生诉讼法上的效力，并且实施裁决所确定的实体权利与义务的司法活动。由于各国在承认与执行外国仲裁裁决的条件和程序方面存在的差异，阻碍国际商业活动的发展。基于这样的考虑，世界各国试图通过努力建立一项统一的、普遍性的承认及执行外国仲裁裁决的国际制度。所谓仲裁裁决的承认，是指国家的法院对仲裁机构所作出的具有约束力的裁决予以许可，并赋予其强制执行力的司法行为。所谓仲裁裁决的执行，是指在承认的基础上通过国家的强制力使已经发生法律效力并取得了执行力的仲裁裁决得以实施的司法行为。

8.4.1 关于承认与执行外国仲裁裁决的国际公约

为了解决各国在承认与执行外国仲裁裁决问题上存在的分歧，国际上曾先后缔结过三项有关承认与执行外国仲裁裁决的国际公约。

1.《关于仲裁条款的日内瓦议定书》

《关于仲裁条款的日内瓦议定书》（以下简称《议定书》）是欧洲16个国家在国际联盟主持下，于1923年9月24日在瑞士日内瓦签订的，这是国际第一项关于仲裁问题的公约，参加的国家有美国、法国、意大利、比利时、西班牙、挪威、日本、新西兰、印度等国家。《议定书》主要是保证"在各缔约国司法权下的契约当事人，签订一项现有或者将来的争议的协议，同意将由于契约所发生的一切或任何争议，不论是商事问题或者其他可以用仲裁方式解决的问题，提交仲裁"。并且"不论仲裁是否在对当事人有无管辖权的国家内进行，缔约各国都承认协议是有效的"。关于仲裁裁决的执行，该公约规定："缔约各国对于依照《议定书》的规定，在本国境内作出的仲裁裁决，负责保证由本国有关机关依照本国法律的规定执行。"由此可知，该《议定书》仅要求各缔约国承认仲裁协议的效力，并保证依据本国法律执行在本国境内所作出的仲裁裁决。因此，从严格意义上讲，该《议定书》所确立的并非是真正的承认及执行外国仲裁裁决的国际制度。

2.《关于执行外国仲裁裁决的日内瓦公约》

《关于执行外国仲裁裁决的日内瓦公约》签订于1927年9月26日，该公约肯定了1923年《议定书》中涉及仲裁裁决条款效力的内容。同时又规定，缔约国在其领土内对属于1923年《议定书》范围的仲裁申请所作出的裁决，应该被认定具有约束力，并应按照被请求履行该裁决所在国当地程序法予以执行，但必须符合下列条件。

1）裁决根据仲裁申请书做出，而申请书在有关法律之下是有效的。

2）裁决的事项，在请求承认或者执行裁决所在国的法律之下是可以用仲裁方式解决。

3）做出裁决的仲裁庭是按申请书所规定的，或者按照当事人所同意的形式组成，并且与有关仲裁程序的法律相符。

4）裁决在做成裁决所在国内已成为终局。

5）裁决的承认或者执行与申请承认或者执行所在国的公共秩序或者法律不相抵触。

3. 联合国 1958 年《承认及执行外国仲裁裁决的公约》

1958 年在联合国的主持下，在纽约缔结了《承认与执行外国仲裁裁决的公约》（Convention on the Recognition and Enforcement of Foreign Arbitral Awards），简称《纽约公约》。目前，《纽约公约》已经取代了上述两项公约，成为有关承认与执行外国仲裁裁决的一个最重要的国际公约。但是，对于那些未参加《纽约公约》而参加了 1927 年公约的国家，它们仍然适用上述公约。截至 1999 年 5 月，已有 121 个国家参加了《纽约公约》。中国于 1986 年 12 月 2 日正式加入《纽约公约》，但是提出两项保留：一是仅适用于缔约国间做出的裁决；二是只适用于商事法律关系引起的争议。

《纽约公约》共有 16 条，其主要内容如下。

1）《纽约公约》明确地规定，缔约国应该相互承认与执行对方国家作出的仲裁裁决，并规定在承认与执行对方国家的仲裁裁决时，不应该在实质上比承认与执行本国的仲裁裁决提出更加麻烦的条件或征收更高的费用。

2）《纽约公约》第 4 条规定，申请承认与执行裁决的一方当事人，必须提供经过适当证明的仲裁裁决的正本或副本，以及仲裁协议的正本或经过适当证明的副本，必要时还应附具译本。

3）《纽约公约》第 5 条规定了拒绝承认与执行外国仲裁裁决的条件。

4）《纽约公约》还规定，如果被请求承认与执行仲裁裁决的国家的有关当局认为，根据该国的法律规定，裁决中的争议事项不适合以仲裁裁决方式处理，或者认为裁决的内容违反该国的公共政策，也可以拒绝执行。

5）《纽约公约》允许各缔约国在参加该公约时发表声明，提出若干保留条件。《纽约公约》第 5 条规定了拒绝承认与执行外国仲裁裁决的条件：第一，被诉人证明仲裁协议的当事人无行为能力，或根据仲裁协议选定的准据法，或根据做出裁决国家的法律，该项仲裁协议是无效的。第二，被诉人没有得到关于指定仲裁员或进行仲裁程序的适当通知，或者由于其他原因不能对案件提出意见。第三，裁决的事项超出仲裁协议规定的范围。第四，仲裁庭的组成或仲裁程序与双方当事人的协议不相符，或者在双方当事人没有协议时，与仲裁地国家的法律不相符。第五，仲裁裁决对双方当事人还没有发生约束力，或者裁决已经被仲裁国家的有关当局撤销或停止执行。所谓裁决对当事人还没有发生约束力，是指对裁决还能够提出异议或上诉，或正在对裁决的有效性进行诉讼。

8.4.2 外国仲裁裁决承认和执行地的选择

申请承认和执行外国仲裁裁决，被请求承认和执行地的选择将取决于被执行人的资产所在地。执行裁决需通过法律程序扣押或查封被执行人的资产，以保证裁决中所确定的当事人债权的实现。该法律程序必须在被执行人的财产或其他资产所在地国进行，否则是无意义的。

在选择执行裁决的法院地时，还应考虑到以下因素。

1）是拟被请求执行裁决地与仲裁地或裁决做出地之间的关系，即两地所属国是否同是某一国际公约的缔约国，或两地所属国或两地之间是否缔结有关于承认和执行裁决的互惠协定等。

2）是拟被请求执行裁决地有关承认和执行仲裁裁决的法律规定是否便于裁决的承认和执行；该地法院对于申请承认和执行外国裁决的态度如何，是否支持国际商事仲裁或不拘泥于过分限制性的要求及是否比较通晓国际的商事关系。

3）是如果所申请执行的裁决是针对一个国家或者一个政府机构做出的，则应考察拟被请求执行裁决地国对国家豁免问题所持的立场和主张。

8.4.3　承认和执行外国仲裁裁决的程序及条件

根据各国立法及各有关国际条约的规定，各国法院或其他主管机构在经过审查，确认有关外国仲裁裁决符合内国法所规定的条件，并发给执行许可证书以后，一般都认为有关外国裁决具有与内国裁决相同的效力，应由内国法院或有关主管机构按执行内国裁决一样的程序执行有关外国仲裁裁决。中国民事诉讼法对于承认和执行外国仲裁裁决规定了与承认和执行外国法院判决完全相同的程序。

关于承认和执行外国仲裁裁决的条件，世界各国的要求各不相同，立法的规定也很不一致。常见的承认与执行外国仲裁裁决的条件主要包括以下内容。

1）存在有效的仲裁协议。国际商事仲裁完全以争议双方自愿提交仲裁为基础，国际商事仲裁庭的管辖权完全取决于当事人双方合意订立的仲裁协议。

2）裁决是仲裁庭在管辖权范围内做出的。双方当事人通过仲裁协议将其争议提交仲裁以后，就否定了有关国家法院的诉讼管辖权，影响了有关国家司法主权的行使。因为如果双方当事人不将其争议提交仲裁，原裁决国法院和承认与执行裁决的法院都有可能基于其内国法的规定而具有管辖权。所以，世界各国在制定内国法和参与缔结有关国际条约时，像在承认与执行外国法院判决时强调原判决国法院的管辖权一样，都把有关仲裁庭行使管辖权所依据的仲裁协议的有效存在作为承认与执行外国仲裁裁决的重要条件之一。

3）做出裁决所依据的仲裁程序符合当事人之间订立的仲裁协议的约定或在没有这种仲裁协议约定时，不违反原裁决国的法律。

4）有关的仲裁程序为被执行人提供了适当的辩护机会。

5）请求承认与执行的仲裁裁决应该是确定的裁决。

6）有关国家之间存在互惠关系，也常常是承认和执行对方裁决的重要条件。

7）有关外国仲裁裁决的承认和执行不得与内国的公共政策相抵触。

8.4.4　拒绝承认和执行外国仲裁裁决的理由

拒绝承认和执行外国仲裁裁决的理由是指法院可据以拒绝承认和执行外国仲裁裁决的根据和原因。一方面，法院出于自己的考虑可能拒绝承认和执行裁决，另一方面，法院考虑到反对执行裁决的当事人所提出的异议，也可能拒绝承认和执行裁决。拒绝承认和执行裁决理由的范围以及理由的成立与否，直接关系到裁决能否得到执行，是当事人的权利和义务能否实现的关键所在。

1958年的《纽约公约》具体规定了应由被执行人加以证实的拒绝承认和执行裁决的理由，主要有：仲裁协议无效，违反正当程序，仲裁员超越权限，仲裁庭的组成或仲裁程序不当，裁决不具有约束力及裁决在裁决做出地国被撤销。法院可自行拒绝承认和执行裁决的理由是：依法院地法，争议事项属于不可仲裁事项和执行裁决会违反法院地的公共政策。

8.4.5 我国关于承认和执行仲裁裁决的法律规定

虽然仲裁在严格意义上不是司法行为，但由于各国仲裁立法都规定仲裁裁决的强制执行需通过法院按照司法程序进行和实现，所以外国仲裁裁决的承认和执行问题应被包括在国际私法领域的司法协助范围内。中国关于承认和执行仲裁裁决的法律规定，可见于1991年《中华人民共和国民事诉讼法》和1994年《中华人民共和国仲裁法》中。根据该两项法律规定，中国执行或承认执行的外国裁决可分为以下几个类别：①非涉外裁决，即不具有任何国际因素或涉外因素的本国内地裁决；②涉外裁决（或国际裁决），具有涉外因素或国际因素的中国内地裁决和涉及不同法域的涉港、澳、台地区的裁决；③外国裁决。

对中国涉外仲裁机构做出的裁决，如果被申请人证明有下列情况之一者，经人民法院审查核实，法院可以裁定不予以执行：①当事人在合同中没有订立仲裁条款或者事后没有达成书面仲裁协议；②被申请人没有得到指定仲裁员或者进行仲裁程序的通知，或者由于对其他不属于被申请人负责的原因未能陈述意见；③仲裁庭的组成或者仲裁的程序与仲裁规则的规定不适当；④裁决的事项不属于仲裁协议的范围或者仲裁机构无权仲裁。

8.5 国际常设仲裁机构及其规则

8.5.1 国际商事仲裁的种类

依据国际商事仲裁机构组织形式的不同，可将其区分为临时仲裁机构和常设仲裁机构。

1. 临时仲裁机构

临时仲裁机构是根据双方当事人的仲裁协议，不依赖于任何常设机构，在争议发生后由双方当事人依法选定的仲裁员临时组成的，负责审理当事人之间的有关争议，并在审理终结做出裁决后即行解散的仲裁机构。临时仲裁机构没有固定的组织、规则和委员等，是一个临时性的机构。其最大的优点是灵活性，争议双方当事人在选任仲裁员、决定仲裁程序和适用法律方面享有充分的自由权。其次，还有花费少和速度快的优点。临时仲裁虽然是仲裁的初始形态，但有其优越性，目前仍为许多国家采用。

2. 常设仲裁机构

常设仲裁机构是指依照国际公约或一国国内立法所成立的，有固定的名称、地点、组织形式、组织章程、仲裁规则和仲裁员名单，并具有完整的办事机构和健全的行政管理制度，用于处理国际商事争议的仲裁机构。机构仲裁是目前国际社会主要的仲裁方式，其优点是在国际合同中引入常设机构仲裁规则很方便。在机构仲裁的情况下，当事人不必再试图重新创造一种规则，直接引用国际商事领域内的规则和程序即可。在长期的实践中，一些常设仲裁机构成为具有世界影响的仲裁机构，它们的权威和公正性得到许多国际商事交往的当事人认同，其良好声誉成为当事人的优先选择。

8.5.2 中国国际经济贸易仲裁委员会及其仲裁规则

中国的国际经济贸易仲裁机构是一个民间性质的常设仲裁机构。为了适应对外经济贸易发展的需要，原中央人民政府于1954年通过决定，在中国国际贸易促进委员会内设立对外贸易仲裁委员会；1958年，国务院又做出决定，在中国国际贸易促进委员会内设立海事仲裁委员会。现行的《中国国际经济贸易仲裁委员会仲裁规则》于 2014 年 11 月 4 日由中国国际贸易促进委员会、中国国际商会修订并通过，并于 2015 年 1 月 1 日起施行。

中国国际经济贸易仲裁委员会审理案件的基本原则是，以事实为根据，以法律为准绳，参考国际惯例，独立公正地解决争议。中国国际经济贸易仲裁的主要特点是调解与仲裁相结合，调解应以双方当事人自愿为基础，同时进行联合调解。

仲裁委员会现行仲裁规则分为总则、仲裁程序、裁决、简易程序、中国内地仲裁的特别规定、中国香港仲裁的特别规定与附则 7 章，全文共 84 条。有关仲裁程序的主要内容如下。

1. 仲裁申请、答辩与反诉

中国国际经济贸易仲裁委员会根据当事人之间订立的仲裁协议，以及一方当事人的书面申请，受理仲裁案件。申请人在提交《仲裁申请书》的同时预缴仲裁费。被申请人在收到仲裁通知之日起 45 天内向仲裁委员会秘书局提交答辩书、反请求及其证明材料。

2. 仲裁庭的组成

适用普通程序的案件，由 3 名仲裁员组成的仲裁庭审理，当事人应当在收到仲裁通知之日起 15 天内各自选定 1 名仲裁员或者委托仲裁委员会主任指定，首席仲裁员由双方当事人在被申请人收到仲裁通知之日起 15 天内共同选定或者委托仲裁委员会主任指定。适用简易程序的案件，由 1 名仲裁员组成独任仲裁庭审理，独任仲裁员由双方当事人在被申请人收到仲裁通知之日起 15 天内共同选定或者委托仲裁委员会主任指定。

3. 仲裁审理

除非当事人有约定，仲裁庭可以按照其认为适当的方式审理案件。仲裁庭应当开庭审理案件，但经双方当事人申请或者征得双方当事人同意，可以只依据书面文件进行审理并作出裁决。仲裁庭可以根据案件的具体情况采用询问式或辩论式审理案件，仲裁庭应于开庭前 20 日（简易程序 15 日）通知双方当事人第一次开庭审理的日期。

4. 仲裁裁决

适用普通程序的涉外案件，仲裁庭应当在组庭之日起 6 个月内做出裁决书；适用简易程序的涉外案件，仲裁庭应当在组庭之日起 3 个月内做出裁决书。当事人应当依照仲裁裁决书写明的期限自动履行仲裁裁决；仲裁裁决书未写明履行期限的，应当立即履行。一方当事人不履行仲裁裁决的，另一方当事人可以根据有关法律规定向有管辖权的法院申请执行。

8.5.3 国外主要商事仲裁机构及其仲裁规则

许多西方国家都有常设的仲裁机构，这些仲裁机构可以分为两类。

第一类是全国性的仲裁机构，如英国伦敦仲裁院、美国仲裁协会、瑞典斯德哥尔摩商会仲裁院、瑞士苏黎世商会仲裁院、日本商事仲裁协会、意大利仲裁协会与澳大利亚国际商事仲裁中心等。

伦敦仲裁院成立于 1892 年，是英国最重要的仲裁机构，仲裁院成员由伦敦商会与伦敦市指定的委员组成，其行政管理权由伦敦商会负责。

美国仲裁协会成立于 1926 年，它是由 1922 年成立的美国仲裁协会与 1925 年成立的美国仲裁基金会合并组成的。该协会总部设在纽约，在美国其他城市设有分会。

斯德哥尔摩仲裁院成立于 1917 年，是瑞典全国性的仲裁机构。由于瑞典在政治上是中立国，该仲裁院已逐渐发展成为东、西方国际贸易仲裁的中心。中国从西欧、北美进口的成套设备合同，有相当一部分是规定在瑞典进行仲裁的。

第二类是设立在特定行业内的专业性的仲裁机构，如伦敦油籽协会、伦敦谷物贸易协会、伦敦羊毛终点市场协会与伦敦黄麻协会等行业协会所设立的仲裁机构。这类仲裁机构的仲裁员在处理争议案件时，可以直接适用该行业的有关惯例。

8.5.4 国际性的仲裁机构与仲裁规则

1.《联合国国际贸易法委员会仲裁规则》

1976年，在第31届联合国大会上正式通过了《联合国国际贸易法委员会仲裁规则》（UNCITRAL Arbitration Rules）。这套规则是供双方当事人自愿选择使用的，它在任何国家都不具有普遍的法律约束力。由于联合国没有成立常设的仲裁机构，因此，这项仲裁规则是供临时仲裁使用的，即适用于没有常设仲裁机构管理的仲裁（non-administered arbitration）。根据《联合国国际贸易法委员会仲裁规则》的规定，仲裁员的人数必须由双方当事人事先约定。《联合国国际贸易法委员会仲裁规则》的特点之一是，它在任何情况下都不会由于双方当事人不能就仲裁人员人选达成协议而影响仲裁的进行。

2. 国际商会仲裁院及其仲裁规则

国际商会仲裁院成立于1932年，是一个处理国际性商事争议的仲裁机构。该仲裁院本身并不直接处理争议案件，它的主要任务是：①保证该院所制定的仲裁规则与调解规则（rules of conciliation）的适用；②指定仲裁员或确认当事人所指定的仲裁员；③对仲裁员的异议是否正当做出决定；④批准仲裁裁决的形式。有关的仲裁规则：当事人如果申请仲裁，则既可以根据仲裁协议或仲裁条款直接向设在巴黎的国际商会仲裁院秘书处提出，也可以通过申请人所在国的国际商会国别委员会（National Committee）转交该院秘书处。

根据《国际商会仲裁规则》的规定，如果双方当事人已商定由一名独任仲裁员处理他们之间的争议案件，则双方当事人应共同规定一名仲裁员，并提请仲裁院予以确认。当事人如果申请仲裁，则既可以根据仲裁协议或仲裁条款直接向设在巴黎的国际商会仲裁院秘书处提出，也可以通过申请人所在国的国际商会国别委员会（National Committee）转交该院秘书处。如果一方当事人拒绝仲裁，则仲裁仍然应当根据仲裁规则的规定进行。在开始审理案件以前，仲裁员必须就其职责范围（terms of reference）提出一份报告，送交仲裁院批准。裁决必须以书面作成，除经双方当事人明示排除外，还应附具理由。仲裁裁决是终局性的，当事人应当自动执行裁决，并放弃任何形式的上诉权。

8.6 涉外民事诉讼

涉外民事诉讼是司法诉讼的一种，又称国际民事诉讼，是指在涉外民（商）事法律关系中，因当事人相互间发生争议而在一国法院进行的诉讼活动。这种诉讼活动可能在国内法院进行，也可能在外国法院进行。一国法院审理涉外民事诉讼案件，需要适用不完全同于国内民事诉讼的特别程序，这种特别程序就称为涉外民事诉讼程序或国际民事诉讼程序。涉外民事诉讼主要包括涉外民事案件的管辖权、外国人和外国国家的民事诉讼地位、司法协助、外国法院判决的承认和执行等问题。

8.6.1 国际商事纠纷案件的管辖权

1. 国际商事纠纷案件管辖权的含义

国际商事纠纷案件管辖权是一国法院受理国际商事纠纷案件的权力和资格,具体来说,是一国法院受理国际商事纠纷案件的权限范围和法律依据。国际民事诉讼管辖权的法律根据主要是国际条约和国内立法。一国对国际商事纠纷案件管辖权确定的法律依据有:①依有关的国际条约规定,该国法院有权受理某一国际商事纠纷案件;②依照国内法的规定,某一类国际商事纠纷案件必须或可以由国内法院管辖;③双方当事人协议选择的法院。因为各国立法都规定,在国际商事纠纷中,允许双方当事人选择管辖法院。在一般情况下,被选择的法院都受理当事人的诉讼,行使司法管辖权。

国际商事纠纷案件管辖权的确定,具有十分重要的意义:①管辖权的行使是维护国家司法主权的体现,因此,每一个主权国家都在立法中规定,凡与本国有某种联系的国际商事纠纷案件,都可以行使管辖权。②确定管辖权是受理案件的前提,只有确定了管辖权以后,其他诉讼程序才能开始。③管辖权的确定直接关系到审理案件的结局。因为不同国家的法院审理案件,往往会适用不同的法律,因而可能会对案件做出不同的判决。④正确确定司法管辖权,不仅方便当事人诉讼活动,也有利于判决的执行。

2. 确定国际商事纠纷案件管辖权的一般原则

(1) **属地管辖原则** 又称为地域管辖原则或领土管辖原则,它是指依一定的地域为联系因素,由该地域的所属国法院行使管辖权。与地域有关的联系因素有:当事人在住所、居所、临时所在地、诉讼标的物所在地、被告财产所在地、诉讼原因发生地等。目前,国际上大多数国家都承认并采用这一原则,但由于各国对这一原则理解上的差异,在实践中大体上有以下四种情况:①以被告的住所、居所、临时所在地为联系因素确定管辖权。②以诉讼标的物所在地为联系因素确定管辖权。③以被告财产所在地为联系因素确定管辖权。④以诉讼原因发生地为联系因素确定管辖权。诉讼原因发生地主要有:契约成立地、义务履行地和侵权行为地。

(2) **属人管辖原则** 属人管辖原则是依当事人的国籍为联系因素,认为当事人的国籍国法院有司法管辖权,而不管当事人是原告还是被告,以及当事人现在居住在国内还是国外,本国法院均有管辖权。属人管辖原则符合国家主权原则,它是从国际法中属人优势权中引申出来的,其目的在于更好地保护当事人的利益。许多国家都采用这一原则。

(3) **协议管辖原则** 协议管辖又称合意管辖,它是根据"意思自治"原则确立的一种管辖制度。所谓协议管辖权,是指双方当事人在争议发生之前或争议之后,用协议的方式确定他们之间的争议应由哪一国的法院审理的一种管辖权。世界各国对协议管辖一般都持肯定态度。不过,各国法律一般都同时规定,凡专属管辖案件,不得以当事人的协议来变更。

在实践中,双方当事人在合同中订立诉讼管辖权条款,是常见的协议管辖的表现方式。在合同中订立诉讼管辖权条款,可以使当事人具有一定的预见性,可以预先知道一旦发生争议,根据法院地国家的冲突法规范,将适用何国法律,当事人的权利将会得到什么程度的保护。选择不同国家的法院管辖,案件的判决结果可能会有所不同,所以选择何国法院作为合同的管辖法院十分重要。

(4) **专属管辖原则** 专属管辖,又称独占管辖,是指依国际条约和国内立法的规定,对某些具有特别性质的涉外民事诉讼硬性规定只能由特定国家的内国法院具有独占的管辖权，而不承认其他国家的法院对这类案件享有管辖权。一国主张它的法院对某类案件具有独占的、排他性的管辖权，不允许当事人和法院加以变更，对于当事人来说，这是一种强制性的管辖。这一原则为许多国家所采用，但各国管辖案件的范围有所不同。一般地说，大陆法系各国规定涉及位于内国境内的不动产产权、国际租赁、法人破产及因内国登记而发生的诉讼和内国国民的身份关系的涉外民事案件，属于内国法院的专属管辖范围。此外，在内国领域内涉及财产执行案件、侵犯内国专利权和其他类似保护的权利案件，许多国家规定为属于内国法院专属管辖范围。

3. 我国法律关于涉外经济案件管辖权的规定

关于我国法院对涉外经济案件的管辖权，《中华人民共和国民事诉讼法》主要做了如下规定。

1）对在我国境内有住所的被告提起诉讼的，一般由被告所在地法院管辖。

2）因合同纠纷或其他财产权益纠纷，对在我国领域内没有住所的被告提起的诉讼，如果合同在我国领域内签订或履行，或诉讼标的物在我国境内，或被告在我国境内有可供扣押的财产，或被告在我国境内设有代表机构，可由合同签订地、合同履行地，诉讼标的物所在地、可供扣押财产所在地、侵权行为地或者代表机构所在地人民法院管辖。

3）涉外合同或者涉外财产权益纠纷的当事人，可以用书面协议选择与争议有实际联系的地点的法院管辖。被选择的法院可以是外国法院，也可以是中国法院。不过，如果选择中国法院，则不能违反《中华人民共和国民事诉讼法》关于级别管辖和专属管辖的规定。

4）涉外民事诉讼的被告对人民法院管辖不提出异议并应诉答辩的，视为承认该人民法院为有管辖权的法院，法院因而取得管辖权。

5）因在我国履行中外合资经营企业合同、中外合作经营企业合同、中外合作勘探开发自然资源合同纠纷提起的诉讼由我国法院管辖，当事人不得选择外国法院。

8.6.2 外国当事人的诉讼地位

外国当事人诉讼地位是指根据内国法或国际条约的规定，外国人（包括外国自然人和法人）在某一国家境内享有什么样的诉讼权利，承担什么样的诉讼义务，并能在多大程度上通过自己的行为行使民事诉讼权利和承担民事诉讼义务的实际状况。

在对外国人的诉讼地位方面，世界各国普遍采用国民待遇原则。在国际民事诉讼地位方面，国民待遇原则是指一国赋予在本国境内的外国人享有和本国公民同等的民事诉讼权利，它是调整外国人民事诉讼地位的最普遍采用的一般原则。目前国际社会通行的做法是给予外国人以有条件的国民待遇，即在承认外国人在本国境内享有与本国国民同样诉讼权利的同时，又附加某种限制，如要求付诉讼费用担保，或以对等为原则等。例如，《中华人民共和国民事诉讼法》第5条规定，外国人、无国籍人、外国企业和组织在人民法院起诉、应诉，同中华人民共和国公民、法人和其他组织有同等的诉讼权利义务。外国法院对中华人民共和国公民、法人和其他组织的民事诉讼权利加以限制的，中华人民共和国人民法院对该国公民、企业和组织的民事诉讼权利，实行对等原则。我国除了在《民事诉讼法》中规定外国人享受国民待遇以互惠或对等为条件之外，近年来还跟许多国家相继签署了双边的司法协助条约，通过由缔约方相互承担条约义务的方式来切实保证民事诉讼中国民待遇原则的贯彻实施。

诉讼代理是世界各国普遍承认和采用的一种制度。诉讼代理是保证当事人充分行使诉讼权利的一项制度，它是指诉讼代理人基于法律的规定、法院指定或当事人及其法定代理人的委托，以当事人的名义代为实施诉讼活动的行为。在大陆法系国家采取律师代理诉讼主义制度，即一切诉讼必须由律师代理，当事人可以不出庭。在英美法系一些国家，也允许当事人委托诉讼代理人参加诉讼，而且诉讼代理人必须为律师。与大陆法系国家不同的是，当事人也必须同时出庭。各国对委托律师为代理人，一般都附有两个条件：一是只能委托在法院国执业的律师代理诉讼，不能委托外国律师作代理人；二是必须有书面委托书并经过认证后才有效。我国《民事诉讼法》规定："外国人、无国籍人、外国企业和组织在人民法院起诉、应诉，需要委托律师代理诉讼的，必须委托中华人民共和国的律师。在中华人民共和国领域内没有住所的外国人、无国籍人、外国企业和组织委托中华人民共和国律师或者其他人代理诉讼，从中华人民共和国领域外寄交或者托交的授权委托书，应当经所在国公证机关证明，并经中华人民共和国驻该国使领馆认证，或者履行中华人民共和国与该所在国订立的有关条约中规定的证明手续后，才具有效力。"

8.6.3 司法协助

1. 司法协助的含义

国际司法协助简称为司法协助，是指一国法院或其他主管机关，根据另一国法院或有关当事人的请求，代为或协助实行某些诉讼行为，如送达司法文件、传讯证人、收集证据及承认和执行法院判决等。提出请求的法院行为叫作法院委托，履行他国法院委托的行为叫作司法协助。

从司法协助的内容或范围来看，主要有广义和狭义的两种主张。狭义的司法协助仅包括协助送达诉讼文书、传讯证人和收集证据；广义的司法协助除了上述内容外，还包括外国法院的判决和外国仲裁机构的承认和执行。司法协助一般根据有关国家立法、双边的司法互助规定或有关国际公约的规定进行，而且通常要求互惠，否则被请求国有权拒绝履行。

各国立法和有关国际条约一般还规定了可以拒绝提供司法协助的情形，主要有以下几个方面。

1) 委托的送达违背被请求国法律或有关国际条约所规定的必要程序。
2) 对于外国法院委托文件的真实性存在怀疑。
3) 委托履行的行为，根据被请求国的法律，不属于该国司法机关的职权范围。
4) 委托履行的行为是被请求国法律所明文禁止的诉讼行为。
5) 委托履行的行为与履行地国家的主权和安全不相容。
6) 履行委托的行为显然违背被请求国的公共政策。
7) 两国间不存在互惠。

2. 域外送达

域外送达是指一国法院根据国际条约或本国法律或按照互惠原则将有关诉讼文书送交居住在国外的诉讼当事人或者其他诉讼参与人的一种诉讼行为，是司法协助中的一项重要内容。

根据各国国内立法和有关国际条约的规定，国际司法文书的送达主要采取下列途径：

（1）**外交途径** 即由一国法院将需要越境送达的司法文书交给本国外交部，由本国外交部通过外交途径送到被送达国家的外交机关，再由该国外交机关转交给该国有关法院，由法院送达有关当事人。在没有条约关系的情况下，各国一般都采取这一方式进行送达。

（2）**领事途径** 即由一国法院将需送达的文书交给本国驻被请求国的领事，由领事代为送达。

（3）**法院途径** 即由一国法院把需送达的文书寄交给被请求国法院。采用这种途径必须以条约为基础。

（4）**通过指定的中央机关送达** 即由一国法院把需送达的文书交给本国的司法机关，再由本国的司法机关将文书转交给被请求国指定的中央机关送达。

（5）**个人送达** 即一国法院将须送达的司法文书委托给具有一定身份的个人代为送达。这种个人可能是有关当事人的诉讼代理人，也可能是当事人选定的人，或与当事人关系密切的人。这种方式一般为英美法系各国所承认和采用。

（6）**邮寄送达** 即一国法院将须送达的司法文书通过邮局，直接寄给国外的诉讼当事人或其他诉讼参与人。许多国家法律允许通过这种方式对外送达有关司法文书，但前提条件是受送达人所在国家法律允许。

（7）**公告送达** 即将需送达的文书的内容用张贴公告、登报或广播的方法告知有关的当事人或其他诉讼参与人，自公告之日起经过一定的时间即视为送达。一般是受送达人的地址不明或采取上述六种方式都不能被实现时才被采用。

我国《民事诉讼法》规定，对在我国领域内没有住所的当事人送达诉讼文书，可以采用下列方式：①依照受送达人所在国与中华人民共和国缔结或者共同参加的国际条约中规定的方式送达；②通过外交途径送达；③对具有中华人民共和国国籍的受送达人，可以委托中华人民共和国驻受送达人所在国的使领馆代为送达；④向受送达人委托的有权代其接受送达的诉讼代理人送达；⑤向受送达人在中华人民共和国领域内设立的代表机构或者有权接受送达的分支机构、业务代办人送达；⑥受送达人所在国的法律允许邮寄送达的，可以邮寄送达，自邮寄之日满 3 个月，送达回证没有退回，但根据各种情况足以认为已送达的，期间届满之日起视为送达；⑦不能用上述方式送达的，公告送达，自公告之日起满 3 个月，即视为送达。

此外，《中华人民共和国民事诉讼法》还规定，人民法院与外国法院相互请求，代为送达文书以及其他诉讼行为，应根据中华人民共和国缔结或者参加的国际条约或者按照互惠原则办理。外国法院请求协助事项有损于中华人民共和国的主权、安全或者社会公共利益的，人民法院不予执行。外国驻中华人民共和国的使领馆可以向该国公民送达文书和调查取证。但不得违反中华人民共和国的法律，并不得采取强制措施，除此以外，未经中华人民共和国主管机关准许，任何外国机关或者个人不得在中华人民共和国领域内送达文书、调查取证。人民法院和外国法院相互请求的请求书及其所附文件，都应当附有被请求国文字译本或者国际条约规定的其他文字文本。

3.《民商事国外送达海牙公约》

为了便利各国之间顺利进行司法协助，统一和简化司法协助的手续，海牙国际私法会议在 1965 年第 10 届会议上通过了《关于向国外送达民事或商事司法文书和司法外文书公约》，目前已有 30 多个国家批准或加入了该公约，我国于 1991 年 3 月 2 日正式批准加入了该公约，1991 年 12 月 1 日起对我国生效。1970 年在海牙签订的《关于从国外获取民事或商事证据公约》，至 1992 年 5 月已有 21 个国家和地区批准或加入了该公约。1980 年在海牙签订的《国际司法救助公约》，至今仅有法国、德国等少数国家签字或批准。除了上述这些国际公约之外，各国间还签订了一些地区性的多边公约以及大量的双边条约，对国家间的司法协助的发展起到了积极的推动作用。这些公约的宗旨在于：建立一套合适的制度以便利司法文书的国外送达，从而保证被送达人有充分的时间准备应诉；同时通过一种简单而迅速的程序以改进相互司法协助的体制。

8.6.4 承认与执行外国法院判决

1. 承认与执行外国法院判决的含义

承认与执行外国法院判决，是指一国法院根据其本国立法或有关的国际条约，承认有关外国法院的民商事判决在本国的域外效力，并在必要时依法予以强制执行。

一国法院的判决是该国司法机关代表国家行使的司法权，因此，原则上一国法院做出的判决只能在该国领域内发生效力，而没有域外的法律效力。要使一国法院的判决在国外发生效力并得以执行，就必须得到有关国家的承认，然后由有关国家赋予其与本国法院判决同等的效力，从而得到执行。

承认外国法院判决和执行外国法院判决，是两个既有联系又有区别的概念。承认外国法院判决是执行外国法院判决的前提条件，任何被执行的外国法院判决，都必须先由执行国法院承认其效力。

2. 承认和执行外国法院判决的条件

承认与执行外国法院判决的条件，是指在什么情况下外国法院的判决才能在内国得到承认与执行。由于外国法院做出的判决，毕竟不同于内国法院做出的判决，因此，各国对于外国法院判决的承认与执行都附有一定的条件，凡不符合内国所规定条件的外国法院的判决，就不可能得到内国承认和执行。这些条件主要有。

1) 原判决国法院必须具有合格的管辖权。
2) 外国法院的判决必须是已经确定的判决。
3) 外国法院进行的诉讼程序是公正的。
4) 外国法院判决必须是通过合法的手段获取的。
5) 外国法院适用了被请求国冲突规范所指定的准据法。
6) 不存在诉讼竞合。即外国法院判决不与本国法院就同一当事人之间的同一争议所做的判决，以及本国法院已经承认的第三国法院就同一当事人之间的同一争议所做的判决相冲突。
7) 有关国家之间存在互惠条件。
8) 外国法院判决不与内国的公共秩序相抵触。

3. 承认与执行外国法院判决的程序

目前国际上关于承认与执行外国法院判决的程序主要有两种：执行令程序制度和登记制度。

（1）**执行令程序制度** 这一制度由德国首创，为法国、日本等许多国家所接受。所谓执行令程序制度，是指一国法院受理了有关当事人或其他利害关系人提出的承认和执行某一外国法院的判决和请求后，先对该有关外国法院判决进行审查，如果符合本国法所规定的有关条件，即做出一个判决，发给执行令，从而赋予该外国判决与本国判决同等的效力，并按照执行本国法院判决的程序予以执行。在实行这一制度的国家中，大部分都只对外国法院判决作形式上的审查，即只审查有无应予拒绝承认和执行的情形，但也有一些国家，如比利时、葡萄牙等，不仅要求形式审查，还要求对外国判决进行实质性审查，即在法律适用和案件事实的裁决两方面进行审查。

(2) **登记制度** 英国是比较典型的实行登记制度的国家。根据英国1933年外国判决（相互执行）法的规定，外国法院判决中胜诉的一方，可在做出判决后六年以内将该判决向英国伦敦高等法院登记，经英国法院审查，符合英国规定的条件的，即具有同英国法院判决的同等效力，并由英国国家予以强制执行。英国的登记制度在所有英联邦国家以及大部分普通法系国家有着广泛的影响。美国在承认与执行外国法院判决的程序上，就主要仿效英国的做法。

(3) **我国关于判决域外承认执行的规定** 根据《中华人民共和国民事诉讼法》的规定，我国实行形式审查制度。我国《民事诉讼法》规定："人民法院对申请或者请求承认和执行的外国法院做出的发生法律效力的判决、裁定，依照中华人民共和国缔结或者参加的国际条约，或者按照互惠原则进行审查后，认为不违反中华人民共和国法律的基本原则或者国家主权、安全、社会公共利益的，裁定承认其效力。需要执行的，发出执行令，依照本法的有关规定执行。违反中华人民共和国法律的基本原则或者国家主权、安全、社会公共利益的，不予承认和执行。"我国法院在接受委托协助执行外国法院判决时，依《民事诉讼法》的上诉规定，既不对其作实质性的审查，也不需要申请人就原判决的执行重新提出一个诉讼，只需根据以上条件进行形式性审查并认为符合执行条件时，即可做出裁定，承认其效力，发出执行令，然后依我国民事诉讼执行程序规定交付执行。

本章小结

国际商事仲裁和涉外民事诉讼都是解决国际商事争议的重要方式。国际商事仲裁的前提与基础是当事人之间拟定的仲裁协议。一份完整的仲裁协议应包括仲裁地点、仲裁机构、仲裁规则、裁决的效力和提交仲裁的事项等五个方面的内容。国际商事仲裁的条件与保证是合理的仲裁程序。仲裁程序主要包括仲裁申请的提出、仲裁员的指定、仲裁庭的组成、仲裁审理以及仲裁裁决的做出等。国际商事仲裁主要分为临时仲裁和机构仲裁两种，当前世界知名的仲裁机构包括一些国外商事仲裁机构和主要国际仲裁机构，《纽约公约》是国际通行的仲裁裁决与执行的准则。涉外民事诉讼主要包括国际商事纠纷案件管辖权的规定、外国人诉讼地位、国际司法协助及外国法院判决的承认与执行等。

关键术语

仲裁　　　　仲裁协议　　　　仲裁程序　　　　涉外民事诉讼

思考与练习

一、填空题

1. 国际商事仲裁有两种做法：①在_____的仲裁机构的主持下进行仲裁；②_____仲裁。
2. 按照国际上的习惯做法，对于经济贸易过程中发生的争议，可以采取_____、_____和_____三种不同的方式来处理。

3. 国际商会仲裁院成立于_____年，它是一个处理_____的仲裁机构。
4. _____年在第_____届联合国大会上正式通过了《联合国国际贸易法委员会仲裁规则》。
5. 仲裁的5个主要特点是：_____、_____、_____、_____、_____。
6. 在我国的对外经济贸易实践中，绝大部分争议也都是通过_____的方式取得和解的。

二、单项选择题

1. 目前，有关承认和执行外国仲裁裁决最重要的国际公约是（   ）。
   A. 《1923年日内瓦仲裁条款协定书》　　B. 《关于执行外国仲裁裁决的公约》
   C. 《承认和执行外国仲裁裁决的公约》　　D. 《国际商会仲裁规则》

2. 根据我国仲裁规则的规定，被申请人应当在收到仲裁委员会送达的仲裁申请书之日起（   ）内指定或委托仲裁委员会主席代为指定仲裁员。
   A. 10日　　　　B. 20日　　　　C. 30日　　　　D. 60日

3. 英国最重要的常设仲裁机构是（   ）。
   A. 伦敦仲裁院　　　　　　　　　B. 利物浦仲裁院
   C. 曼彻斯特仲裁院　　　　　　　D. 伯明翰仲裁院

4. 我国第一个仲裁机构，成立于（   ）。
   A. 1949年　　　B. 1954年　　　C. 1956年　　　D. 1958年

5. 为了解决各国在承认和执行外国仲裁裁决问题上所存在的分歧，国际上曾先后缔结过三个有关承认和执行外国仲裁裁决的国际公约。这三个国际公约不包括（   ）。
   A. 《1923年日内瓦仲裁条款议定书》
   B. 1927年缔结的《关于执行外国仲裁裁决的公约》
   C. 1958年在联合国主持下，在纽约缔结的《承认和执行外国仲裁裁决的公约》
   D. 《联合国国际商事仲裁示范法》

6. 以下内容哪些不属于仲裁的特点？（   ）
   A. 终局性裁决　　　　　　　　　B. 仲裁机构是民间组织
   C. 对仲裁不服可向法院提起上诉　　D. 可向法院提请强制执行

7. 关于我国涉外仲裁法律规则，下列哪些表述不符合我国《仲裁法》的规定？（   ）
   A. 只要是有关当事人可以自由处分的权利的纠纷，就可以通过仲裁解决
   B. 如果当事人有协议约定，仲裁案件可以不开庭审理
   C. 仲裁庭在中国内地进行仲裁时，无权对当事人就仲裁协议有效性提出的异议做出决定
   D. 由三人组成仲裁庭审理的案件，裁决有可能根据一个仲裁员的意见做出

8. 我国甲公司与瑞士乙公司订立仲裁协议，约定由某地仲裁机构仲裁，但约定的仲裁机构名称不准确。根据最高人民法院关于适用《中华人民共和国仲裁法》的解释，下列哪些选项是正确的？（   ）
   A. 仲裁机构名称不准确，但能确定具体的仲裁机构的，应认定选定了仲裁机构
   B. 如仲裁协议约定的仲裁地仅有一个仲裁机构，该仲裁机构应视为约定的仲裁机构
   C. 如仲裁协议约定的仲裁地有两个仲裁机构，成立较早的仲裁机构应视为约定的仲裁机构
   D. 仲裁协议仅约定纠纷适用的仲裁规则的，不得视为约定了仲裁机构

三、简答题

1. 什么是仲裁？与诉讼相比，仲裁具有哪些特点？
2. 仲裁协议应包括哪些基本内容？
3. 简述商事仲裁的主要程序。
4. 涉外民事诉讼包括哪些内容？
5. 简述《承认和执行外国仲裁裁决的公约》(《纽约公约》) 主要内容。

延伸阅读

1. 赵秀文. 国际商事仲裁法 [M]. 3版. 北京：中国人民大学出版社，2012.
2. 艾伦·雷德芬，马丁·亨特. 国际商事仲裁法律与实践 [M]. 林一飞，宋连斌，译. 北京：北京大学出版社，2005.
3. 宋渝玲. 涉外民事诉讼法律实务 [M]. 厦门：厦门大学出版社，2017.
4. 赵秀文. 国际商事仲裁法原理与案例教程 [M]. 北京：法律出版社，2010.
5. 乔欣. 仲裁法学 [M]. 2版. 北京：清华大学出版社，2015.
6. 张艾清. 国际商事仲裁中反垄断争议的可仲裁性问题研究 [M]. 北京：法律出版社，2016.
7. 史学瀛，潘晓滨. 国际商法 [M]. 3版. 北京：清华大学出版社，2015.
8. 沈四宝，王军. 国际商法 [M]. 3版. 北京：对外经济贸易大学出版社，2016.

CHAPTER 9

第9章

国际知识产权保护法

本章要点

- 知识产权的概念及特征
- 专利权的概念及主要法律制度
- 商标权的概念及主要法律制度
- 著作权的概念及主要法律制度
- 保护知识产权的主要国际公约

9.1 知识产权法概述

1. 知识产权的概念和特征

知识产权（intellectual property）这一概念是经过长期发展，不断演变而形成的。学术界对知识产权的界定有多种方式，比较普遍的方法是采用列举知识产权主要内容来表述概念，如1967年签订的《世界知识产权组织公约》指出，知识产权应包括下列权利：著作权和邻接权、专利权、商标权、制止不正当竞争的权利以及其他一切来自工业、科学及文学、艺术领域的智力创作活动所产生的权利。《与贸易有关的知识产权协议》规定的知识产权范围包括：版权与邻接权、商标权、地理标志权、工业品外观设计权、专利权、集成电路布图设计权、未公开的信息专有权，主要是商业秘密权。这种列举方式直观、内涵明确，但却不能涵盖知识产权的全部外延。因此，对知识产权做出比较抽象的概括更能反映其全貌。

知识产权是基于创造性智力成果和工商业标记依法产生的权利的统称。此定义反映出知识产权具有以下特征。

（1）**强调智力成果的创造性** 智力成果应当是体现完成者的思想、灵感、智慧与设计等的完美的创造性组合，与他人的智力成果有所不同，如果是机械地复制、模仿他人的智力成果，就不属于知识产权。可见，只有创造性的智力成果才可能成为知识产权。

（2）**创造性智力成果与工商业标记不同** 工商业标记是指商标、商号、产品包装、装潢、地理标记等标记，用来使自己的商品与他人商品相区别，其与专利权和著作权少有相同或相似之处，法律予以分别规范。

（3）**知识产权依法产生** 只有符合法律规定的创造性智力成果和工商业标记才能受到法律保护，并且，受到不同的法律传统、政治、经济、文化、宗教习俗等的影响，各国知识产权保护范围也各有不同。

2. 知识产权的分类及与其他民事财产权利的区别

（1）**知识产权分类** 知识产权分类主要有两种：①把知识产权分为著作权和工业产权。著作权包括文学、艺术和科学作品，表演艺术家的演出，录音制品和广播电视节目。很多国家把邻接权也规范在著作权中。工业产权包括专利权和商标权。②把知识产权分为创造性智力成果权和工商业标记权。

（2）**知识产权与其他民事财产权利的区别** 一般来说，物权法、债权法和知识产权法同属于民事财产权利。物权法是指调整权利人直接支配物并排除他人干涉的权利的法律规范，是人与人之间对物的占有关系在法律上的体现。债权法是指调整按照合同约定或者法律规定，在当事人之间产生的特定的权利和义务关系的法律规范。可见，知识产权与债权的区别是明显的。知识产权与物权的不同主要表现在以下几个方面：①权利对象不同。物权的对象是动产、不动产及其他财产权利。知识产权的对象是思想或者情感的表现形式，是非物质形式。②在独占性、专有性和排他性的表现程度上不同。物权人在行使权利时，只要不违反法律、国家和公共利益以及他人利益，其权利是绝对的和排他的。而知识产权权利人在行使权利时，除了不得滥用权利以外，还要受到限制，主要是"合理使用""法定许可使用""强制许可使用"等制度。因此，物权人权利的独占性、专有性和排他性要强于知识产权。③知识产权的期限不同于物权的期限。④当知识产权与物权发生冲突时，知识产权通常会因物权的对抗而无法实现。

3. 世界各国知识产权立法模式概况

自第一部专利法在英国问世以来，知识产权法兴起至今不足三百年，但对于推动科学技术文化和社会经济发展的作用却不容忽视。世界各国日益重视知识产权立法，知识产权法已经成为各国法律体系中重要的组成部分。

从世界范围来看，关于知识产权保护的立法模式主要有三种，即知识产权单行立法、知识产权纳入民法典和知识产权法典，这三种立法模式各具特色。多数国家采用知识产权单行立法的模式，这种模式的好处在于，对保护对象、保护范围、权利与义务等的规定明确、清晰，但各单行法内容之间易于交叉和重复。知识产权纳入民法典模式是在民法典总论中概括规定知识产权的共同原则。采用知识产权法典模式可以消除权利冲突，形成内在和谐的规范体系，有助于知识产权法律制度的科学化，更好地保护权利人的利益。但知识产权对象繁多、变化较快，不利于法典化的稳定性。我国采取知识产权单行立法模式。

9.2 专利法

9.2.1 专利法概述

1. 专利与专利权概念

专利是受法律保护的发明创造，它是申请人向国家专利审批机关提出申请，经审查合格后授予申请人在规定的时间内对该项发明创造享有的专有权。

专利权是指专利权人对发明创造享有的专有权，是国家依法授予专利申请人在一定期间内独占使用其发明创造的权利。专利权具有独占性、排他性，通常情况下，非专利权人要想使用该专利技术，必须征得专利权人的授权或者许可。

2. 专利制度的特征

从专利制度本身来看，主要有两个方面的特征。

（1）**兼顾个人权利和公共利益的平衡** 专利法赋予的垄断性权利并不是对技术的全面垄断，而是限定在权利人对技术的营利性实施方面。专利法通过"合理使用""专利强制许可"等制度，减弱了专利权人对技术的垄断程度。同时，专利法采用先申请制，大大地提高了最新技术公布于世的时间。这些制度设计平衡着个人利益和公共利益之间的矛盾，改变了早期专利制度的较强烈的垄断性色彩。

（2）**专利技术的公开性** 技术的公开性包括技术信息的公开和专利权利内容的公开。①各国专利法规定，公开欲申请的专利技术信息是申请人的义务。任何想要进行发明创造的人通过查询专利技术信息，就可以了解该技术领域的最新发展动态，从而使其研究活动能够建立在现有的新技术的层面上，避免因重复研究带来的无谓的浪费。②公开专利权利内容，是指申请人要明确划定其权利保护的范围，权利保护范围是通过《权利要求书》确定的，《权利要求书》可以告诉公众，哪些领域的哪些技术已属于他人专有，以避免重复研究。

9.2.2 专利权的对象

各国专利法规定的专利权保护的对象不尽相同，最常见的受专利权保护的对象有发明、实用新型、外观设计、植物专利等。我国专利法的保护范围有发明、实用新型和外观设计，而对科学发现、智力活动的规则和方法、疾病的诊断和治疗方法、动物和植物品种、用原子核变换方法获得的物质不授予专利权。其中，对动植物产品的生产方法可以授予专利权。

1. 发明

我国《专利法实施细则》规定，"发明是指对产品、方法或者其改进所提出的新的技术方案。"专利法意义上的发明通常具备以下条件。

（1）**发明是具体的技术方案** 要求发明是一种技术方案，是相对于人的思想而言的。思想是人脑的思维活动，以某种观念或者意识而存在，不具有外化的形式，法律难以对其进行保护。因此，将创造性的思想具体化为技术方案，就能够为法律所保护。专利法并不要求申请的发明创造已经实施，但通常人们希望将技术方案转化为某种产品、方法或者是针对已有的产品和方法的改进，以获取经济利益。

（2）**发明应当符合自然规律** 自然规律是不以人的意志为转移的，能够为人们所认识的客观存在。例如万有引力定律、浮力定律等。自然规律本身不是发明，是科学发现。依据自然规律进行的创造性智力活动，提出的技术方案才构成发明。

2. 实用新型

我国《专利法实施细则》规定，"实用新型是指对产品的形状、构造或者其结合所提出的适于实用的新的技术方案。"它具有以下特征。

（1）**具有一定形状、结构的产品** 具有确定形状的产品才能申请实用新型专利，结构是指产品的各个组成部分的相互关系。如传统的邮寄信件的信筒只有一个投递口，后来经过改进，变成本市和外埠两个投递口，大大提高了邮局工作人员分拣信件的效率。这种对邮局信筒结构的改进设计，就是实用新型专利。

（2）**实用性** 实用新型强调的是技术方案的实用性，能够解决实际存在的技术问题，相对于发明来说，专利法对实用新型的创新性要求不高，所以，人们又把实用新型称之为

"小改小革"。

3. 外观设计

我国《专利法实施细则》规定,"外观设计是指对产品的形状、图案、色彩或者其结合所作出的富有美感并适于工业应用的新设计。"外观设计具有以下特征。

(1) **工业产品外观设计** 形状、图案、色彩或者其结合可以是美术作品,但只有应用在工业产品上才可能成为专利法意义上的外观设计。工业产品应当是可以被重复生产的产品,不能再现的产品不能构成外观设计。

(2) **对产品的形状、图案、色彩或者其结合的设计** 产品上的形状、图案或者其结合以及色彩与形状、图案的结合均可构成外观设计。色彩不能单独构成外观设计,要与形状和图案相结合才可能构成外观设计,以避免对色彩的垄断。

(3) **富有美感** 外观设计不强调实用性,而是注重以外观的美感吸引人,从而激发人们购买产品的欲望。美感的标准具有很强的主观性,一般来说,只要产品的外观具有一定的特色,就可以认为符合美感要求。

9.2.3 专利权的主体

1. 发明人或者设计人

我国《专利法实施细则》规定,发明人或者设计人,是指"对发明创造的实质性特点作出创造性贡献的人。在完成发明创造过程中,只负责组织工作的人、为物质技术条件的利用提供方便的人或者从事其他辅助性工作的人,不是发明人或者设计人"。

2. 申请人和专利权人

我国专利法将发明创造分为职务发明创造和非职务发明创造。我国专利法将发明创造分为职务发明创造和非职务发明创造。职务发明创造指"(一)在本职工作中作出的发明创造;(二)履行本单位交付的本职工作之外的任务所作出的发明创造;(三)退职、退休或者调动工作后一年内作出的,与其在原单位承担的本职工作或者原单位分配的任务有关的发明创造"。申请职务发明创造专利的权利属于该单位,申请被批准后,该单位为专利权人。非职务发明创造,申请专利的权利属于发明人或者设计人;申请被批准后,该发明人或者设计人为专利权人。"利用本单位的物质技术条件所完成的发明创造,单位与发明人或者设计人订有合同,对申请专利的权利和专利权的归属作出约定的,从其约定。""两个以上单位或者个人合作完成的发明创造、一个单位或者个人接受其他单位或者个人委托所完成的发明创造,除另有协议的以外,申请专利的权利属于完成或者共同完成的单位或者个人;申请被批准后,申请的单位或者个人为专利权人。""两个以上的申请人分别就同样的发明创造申请专利的,专利权授予最先申请的人。""转让专利申请权或者专利权的,当事人应当订立书面合同,并向国务院专利行政部门登记,由国务院专利行政部门予以公告。专利申请权或者专利权的转让自登记之日起生效。"

9.2.4 专利权的实质条件和形式要件

1. 实质要件

授予专利权的实质条件,是指专利技术应当满足的内在条件,包括创造性、实用性和新颖性,即人们常说的专利的"三性"。

(1) **新颖性** 发明创造的新颖性是相对于现有技术而言的。现有技术是指在专利申请日之前公众已知的技术，如果申请的专利在已有的技术范围之内，那么，该技术就不具有新颖性。因此，新颖性的判断标准就是看申请的专利是否在此之前已公开。我国专利法规定，如果在申请日以前有同样的发明或者实用新型在国内外出版物上公开发表过，或者同样的发明、实用新型在国内公开使用过，这项发明或者实用新型就被认为是已有技术。除此之外，演讲、报告、交谈、授课等方式如果能够使公众知悉技术内容，也会使技术成为已有技术。至于技术在多大的范围内公开并不重要，专利法强调的是技术脱离保密状态，已被公众所知晓。

申请专利的发明创造在申请日以前 6 个月内，有下列情形之一的，不丧失新颖性，包括：①在中国政府主办或者承认的国际展览会上首次展出的。②在规定的学术会议或者技术会议上首次发表的。③他人未经申请人同意而泄露其内容的。其中，学术会议或者技术会议，是指国务院有关主管部门或者全国性学术团体组织召开的学术会议或者技术会议。

（2）**实用性** 实用性是指该发明或者实用新型能够制造或者使用，并且产生积极效果。专利法要求申请专利的表现形式是一种技术方案，人们按照该技术方案能够生产出产品。可见，该技术方案不是纯理论方案，而是可以被实施的技术方案。法律保护专利权的宗旨之一就是要鼓励人们进行发明创造，不断积累社会财富，同时，实用性也满足了发明者创造的目的。

（3）**创造性** 创造性是指同申请日以前已有的技术相比，该发明有突出的实质性特点和显著的进步，该实用新型有实质性特点和进步。专利法对发明和实用新型的创造性要求不同，法律用"实质性"的特点和"显著"的进步将发明与实用新型相区别，以表明发明的创造性要高于实用新型。

判断一项发明是否具有实质性特点，要求该技术不仅是最新的，同时，还应当具有技术上的难度。如果技术人员掌握了现有技术，通过分析判断、逻辑推理或者简单的实验手段就可以得到一项技术，这样的"小改小革"显然不能称为发明。发明的显著性进步，是指与现有技术相比，该技术能够在产品质量、产量、节约能源、保护环境等方面产生较大的经济效益。

2. 形式要件

（1）**申请专利应当提交的书面文件** 申请发明或者实用新型专利应当提交的文件包括：①请求书。请求书是申请人向专利行政主管部门递交的请求授予专利权的申请文件。需要填写知识产权局印制的《发明专利请求书》或者《实用新型专利请求书》。②说明书及其摘要。说明书是解释权利要求书的重要的专利申请文件，人们也是从公开的说明书中了解最新的专利技术的。因此，说明书必须对发明或者实用新型做出清楚、完整的说明，以所属技术领域的技术人员能够实现为准。说明书具体包括：发明或者实用新型的名称；要求保护的技术方案所属的技术领域；对发明或者实用新型的理解、检索、审查有用的背景技术；发明或者实用新型所要解决的技术问题及解决其技术问题采用的技术方案，并对照现有技术写明发明或者实用新型的有益效果；附图说明；具体实施方式等。③权利要求书。权利要求书应当以说明书为依据，说明发明或者实用新型的技术特征，清楚、简要地表述请求保护的范围。申请外观设计专利应当提交的文件包括：①请求书；②外观设计图片或者照片。

（2）**专利审查程序** 我国专利法分别规定发明和实用新型与外观设计的审查程序。

发明专利的审查程序：①初步审查。主要审查专利申请文件是否齐备、格式和内容是否符合要求、申请人资格以及申请的主题是否属于专利法保护对象。②早期公开。对于通过了初步审查的发明专利，自申请日起满18个月即行公布。此时申请尚未获得批准，申请人还没有获得专利权。人们通过了解公开的专利申请文件，未经许可就可以实施，其行为并不构成侵权。为了保护申请人的利益，我国专利法规定，发明专利申请公布后，申请人可以要求实施其发明的单位或者个人支付适当的费用。如果专利申请被驳回，申请人无权要求他人支付实施费用。如果申请人获得了专利权，专利权人要求他人支付在发明专利申请公布后至专利权授予前使用该发明未支付适当使用费的诉讼时效为2年。③实质审查。我国专利法规定，对发明专利的实质审查自申请日起3年内，申请人可以随时提出申请。申请人无正当理由逾期不请求实质审查的，视为撤回申请。实质审查的内容主要是申请的技术是否具有新颖性、实用性和创造性，说明书是否充分公开，权利要求书是否符合要求，是否符合单一性要求等，申请人可以对审查的问题进行修改和补充。

实用新型和外观设计专利的审查程序：多数国家对实用新型和外观设计不进行实质审查，通过初步审查的申请，就会被授予专利权，发给专利证书，并予以登记和公告。

如果申请人对于初步审查或者实质审查后被驳回申请的决定不服，可以自收到通知之日起3个月内，向专利复审委员会请求复审。对于专利复审委员会的决定不服的，申请人可以自收到通知之日起3个月内向人民法院起诉。

9.2.5 专利权的保护

1. 专利权的内容

专利权是国家赋予专利权人排除他人未经许可实施其专利技术的权利。我国《专利法》对产品专利的权利人、方法专利的权利人规定了不同的权利内容。

（1）**专利产品的权利内容** ①制造权。未经许可以生产经营为目的而制造专利产品的，制造行为构成侵权。②使用权。专利权人享有使用专利产品的专有权利。他人未经许可以生产经营为目的使用专利产品的，构成专利侵权。③销售权。专利权人享有销售专利产品的专有权利。他人未经许可以经营目的销售专利产品的，构成专利侵权。④许诺销售权。TRIPs协议第28条规定，专利权人应当享有制止第三方未经许可进行许诺销售（offer for sale）行为的专有权利。我国《专利法》依此规定了许诺销售权，许诺销售是指以做广告、在商品橱窗中陈列或者在展销会上展出等方式做出销售商品的意思表示。可见，即使没有实际的销售行为，仅仅为了销售专利产品进行广告宣传或者产品展示，也构成专利侵权。⑤进口权。专利权人享有进口专利产品的专有权利。他人未经许可以生产经营为目的进口专利产品的，构成专利侵权。

【知识窗】

平行进口

平行进口，是指专利权人只许可专利产品在某一国家或地区进行销售，而有人则将该专利产品进口至另一国家或地区。产生平行进口的原因主要是专利产品在不同的国家或地区价格有差异，将专利产品从价格低的国家运至价格高的国家销售就会有利可图。各个国家对于平行进口的态度不一，因此，TRIPs协议明确说明，平行进口问题由各缔约国自行规定。

（2）**专利方法的权利内容**　①使用权。专利权人享有使用该方法的专有权利。他人未经许可以生产经营为目的使用该专利方法的，构成侵权。②方法专利的延伸保护。方法专利保护的对象是方法，如果方法专利权人只能阻止他人擅自使用该专利方法，而对于由该专利方法形成的产品的使用、销售等行为无权干涉，那么，对方法专利的保护就形同虚设了。因此，我国《专利法》规定，对于方法专利，任何单位或者个人未经专利权人许可不得使用其专利方法以及使用、许诺销售、销售、进口依照该专利方法直接获得的产品。

2. 对专利权的限制

从本质上说，专利权是一种垄断权，是法律赋予专利权人享有的专有权利，目的在于鼓励、激发和保护发明创造、技术创新行为。但我国《专利法》的立法宗旨不仅限于此，为了防止专利权人滥用专利权，限制或者阻碍科学技术进步，同时也为了兼顾社会公共利益，各国专利法都适当控制专利权人行使专利权的行为。

（1）**强制许可**　①在国家出现紧急状态或者非常情况时，或者为了公共利益的目的；②一项专利比前已经取得专利权的发明或者实用新型具有显著的重大技术进步，其实施又有赖于前一发明或者实用新型的实施的；③具备实施条件的单位以合理的条件请求发明或者实用新型专利权人许可实施其专利，而未能在合理长的时间内获得这种许可的。

（2）**不视为专利侵权的行为**　①专利权人制造、进口或者经专利权人许可而制造、进口的专利产品或者依照专利产品方法直接获得的产品售出后，使用、许诺销售或者销售该产品的；②在专利申请日前已经制造相同产品、使用相同方法或者已经做好制造、使用的必要准备，并且仅在原有范围内继续制造、使用的；③临时通过中国领陆、领水、领空的外国运输工具，依照其所属国同中国签订的协议或者共同参加的国际条约，或者依照互惠原则，为运输工具自身需要而在其装置和设备中使用有关专利的；④专为科学研究和试验而使用有关专利的。

3. 专利侵权及其法律责任

（1）**权利范围的界定**　判断专利侵权的前提是要明确专利受法律保护的范围，我国《专利法》规定，发明或者实用新型专利权的保护范围以其权利要求的内容为准，说明书及附图可以用于解释权利要求。可见，弄清楚权利要求书的含义是确定专利权范围的关键。专利权保护范围以权利要求书内容为准，同时，还要结合说明书及附图来确定。

（2）**专利侵权行为**　①专利侵权。未经专利权人许可，也无法定免责事由，以生产经营为目的实施专利的行为。②假冒专利。未经许可，在其制造或者销售的产品、产品的包装上标注他人的专利号；未经许可，在广告或者其他宣传材料中使用他人的专利号，使人将所涉及的技术误认为是他人的专利技术；未经许可，在合同中使用他人的专利号、使人将合同涉及的技术误认为是他人的专利技术；伪造或者变造他人的专利证书、专利文件或者专利申请文件。③冒充专利。制造或者销售标有专利标记的非专利产品；专利权被宣告无效后，继续在制造或者销售的产品上标注专利标记；在广告或者其他宣传材料中将非专利技术称为专利技术；在合同中将非专利技术称为专利技术；伪造或者变造专利证书、专利文件或者专利申请文件。

假冒专利与冒充专利的区别在于：假冒的专利是真实有效的专利，而冒充的专利是根本不存在的专利或者已失效的专利；假冒专利和冒充专利的法律后果不同。

（3）**专利侵权的法律责任**　专利侵权的侵权人应当承担民事责任。假冒专利行为应当承担民事责任、行政责任，构成犯罪的，还要承担刑事责任。冒充专利行为应当承担行政责任。

9.3 商标法

9.3.1 商标法概述

1. 商标的概念及特征

简单地说，商标是一种商品或者服务区别于他种商品或者服务的标志。例如，汉堡是一类商品的通用名称，制造商通过在自己生产的汉堡上使用商标，就能把自己与他人生产的汉堡区别开来，"肯德基"和"麦当劳"汉堡就是汉堡的不同商标，消费者借助商标将同类的商品相区别。可见，商标具有以下特征。

1）商标是商品或者服务的标记，依附于商品或者服务而存在。

2）商标是区别商品或者服务来源的标记，消费者通过商标识别商品或者服务的来源，享受物美价廉的商品或者服务，并促进经营者不断提高质量，开展公平竞争。

3）商标具有显著性，才能不与他人的商标相混同。

2. 商标的分类

根据不同的划分标准，可以将商标分为不同的种类。

（1）**商品商标和服务商标** 这是按照商标的使用者是商品经营者还是服务的提供者来划分的。商品商标是指商品的经营者使用于商品上的商标。服务商标是指服务的提供者为了将自己的服务区别于他人同类服务而使用的商标。我国《商标法》从1993年开始保护服务商标。

（2）**集体商标和证明商标** 集体商标是指以团体、协会或者其他组织名义注册，供该组织成员在商事活动中使用，以表明使用者在该组织中的成员资格的标志。如铁路、邮政等标志。集体商标的所有权归属集体组织，这个组织的成员可以使用该商标。我国《商标法》从2001年开始保护集体商标。证明商标是指由对某种商品或者服务具有监督能力的组织所控制，而由该组织以外的单位或者个人使用于其商品或者服务，用以证明该商品或者服务的原产地、原料、制造方法、质量或者其他特定品质的标志。如众所周知的纯羊毛标志就是证明商标。

我国《商标法》规定，地理标志可以作为证明商标或者集体商标申请注册。地理标志是指标示某商品来源于某地区，该商品的特定质量、信誉或者其他特征，主要由该地区的自然因素或者人文因素所决定的标志。

（3）**可视商标和非可视商标** 可视商标，亦称视觉商标，是指通过人的视觉感受到的商标。如文字商标、图形商标、文字与图形组合商标、颜色商标和立体商标。非可视商标是指通过人的听觉、嗅觉才能感知的商标，如音乐商标、气味商标等。这类商标在世界范围内还鲜有受到法律保护的实例。2013年修订的《商标法》规定，声音等可以作为商标注册，大大地方便了申请人注册商标。

（4）**联合商标和防御商标** 联合商标是指商标所有人在同一种商品或者类似商品上注册的与主商标相近似的一系列商标。注册联合商标的目的在于，防止他人使用或者注册与主商标相近似的商标，避免淡化自己商标的显著性。防御商标是指商标所有人在与注册商标所指定的商品和服务不同的其他类别的商品或者服务上注册的同一商标。注册防御商标的目的在于，防止他人在不同类别的商品或者服务上使用自己的商标，误导消费者，从而降低了自己商标的影响力。这两种商标都是商标所有人用来保护自己的注册商标免受不正当竞争的有效措施。

3. 驰名商标

（1）**驰名商标的认定**　驰名商标最早出现在保护工业产权巴黎公约之中，但却没有明确的定义。我国《商标法》于2001年修订时首次将驰名商标纳入法律保护，该法规定，认定驰名商标应当考虑下列因素：相关公众对该商标的知晓程度；该商标使用的持续时间；该商标的任何宣传工作的持续时间、程度和地理范围；该商标作为驰名商标受保护的记录；该商标驰名的其他因素。因此，可以将驰名商标描述为有较高的市场声誉、为相关公众所熟知，并有较强竞争力的商标。2013年我国《商标法》修订，明确对驰名商标实行个案认定、被动保护。

（2）**驰名商标的保护**　从保护工业产权巴黎公约、TRIPs协议以及世界各国法律中，归纳出对驰名商标保护的以下几个方面的规定：对未注册的驰名商标予以保护；放宽驰名商标注册的显著性条件；对驰名商标的保护范围大于一般注册商标的保护范围；驰名商标所有人享有特别期限的排他权。

4. 商标法的基本原则

（1）**保障消费者和经营者共同利益的原则**　保护商标专用权是我国《商标法》的核心内容，同时，法律要求商标所有人保证商品或者服务的质量，维护商标的信誉，保护消费者的利益。

（2）**自愿注册原则**　世界各国对商标专用权的确立采取两种方式：注册原则和使用原则。注册原则是指商标专用权通过注册方式取得。使用原则是指商标一经使用，商标权即归属先使用人。两种制度各有利弊，绝大多数国家采用注册原则。自愿原则是指商标使用人可以自行选择是否将使用的商标注册。我国《商标法》规定，除了少数涉及人体健康的商品以外，均实行自愿原则。我国《商标法》采取自愿注册原则。

（3）**申请在先原则**　世界各国商标法对于判定商标权的归属采取两种方式：申请在先原则和使用在先原则。以提出申请的先后，决定商标权授予的，为申请在先原则。以使用商标的先后决定商标权授予的，为使用在先原则。我国采取申请在先原则。

（4）**商标确权与司法救济原则**　依照我国《商标法》的规定，国家授予商标专用权通常需要经过一系列的程序：商标申请人申请、初步审查并予以公告、异议、核准注册来决定是否授予商标权。当事人对商标评审委员会做出的涉及商标专用权的裁决不服的，可以自收到通知之日起30日内向人民法院起诉。这就把授予商标专用权与必要的司法救济相结合，完善了商标专用权的保护制度。

9.3.2　商标权

1. 商标权的概念

商标权是指法律赋予商标所有人依法对商标享有的权利。商标权是商标注册人对其注册商标所享有的权利，包括对注册商标的占有、使用、收益和处分的权利。商标注册人在指定商品或者服务上专有使用其注册商标的权利是商标权最主要的内容。

长期以来，我国现实中存在着未注册而使用的商标，其中有些未注册商标还有一定的影响力，一旦被他人抢先注册，其所有人便不能继续使用该未注册的商标，否则就构成侵权。2001年我国《商标法》修订后规定，不得以不正当手段抢先注册他人已经使用并有一定影响的商标。法律赋予了未注册商标应享有的权益，进一步完善了申请在先原则。2013年新修订的《商标法》规定，禁止抢注因业务往来等关系明知他人已经在先使用的商标；禁止将他人商标用作企业字号，这些规定更加完善了对商标权的保护。

2. 商标权的内容

商标权包括商标所有人依法对其商标享有的占有、使用、收益和处分的权利。具体有以下几个方面。

（1）**专有使用权** 专有使用权是指商标权人在核准使用的商品上专有使用注册商标的权利。我国《商标法》规定，注册商标的专用权，以核准注册的商标和核定使用的商品为限。这就确立了商标专用权的权利范围，商标权人不得使用与注册商标相近的标志，也不得在与核定商品相类似的商品上使用其注册商标，否则，擅自扩大使用注册商标的行为无效，甚至会导致注册商标被撤销的后果。

（2）**禁止权** 商标所有人享有禁止他人未经许可使用其注册商标的权利。商标一经核准注册，就受到法律保护。未经许可，他人不得在注册商标核定使用的商品或者类似商品上使用与注册商标相同或者近似的商标。一旦他人擅自使用，商标所有人有权禁止其侵权行为。

（3）**转让权** 商标权是一种可以转让的财产权利，转让商标是商标所有人对注册商标的处分。

（4）**许可使用权** 商标权人可以许可他人使用其注册商标。通过许可他人使用自己的商标，商标权人可以取得收益。商标许可分为独占使用许可、排他使用许可和普通使用许可三种，商标权人与被许可人需要签订合同做出约定。

3. 商标权的主体

商标权的主体是指依法享有商标权的人。在我国，商标权的主体包括：自然人、法人及其他组织。同时，我国《商标法》保护共有商标权，即两个以上的自然人、法人或其他社会组织可以共同向商标局申请注册同一商标，共同享有和行使该商标专用权。

4. 商标权的取得

（1）**取得方式** ①原始取得。商标是由商标权人直接创设取得的，一般是通过申请注册或者使用在先的方式取得的。②继受取得。商标权人享有的商标权是基于他人已存在的权利而产生的。一般是通过商标权的转让、继承、法人合并或者破产等原因发生的商标权转移。

（2）**取得原则** ①注册原则。商标权依法通过注册取得，并受法律保护。②申请在先原则。对于两个或两个以上的申请人，在同一种或类似商品上申请注册相同或近似的商标时，准予先申请人的注册。对于同一天提出申请注册商标的，准予在先使用人注册。严格地讲，我国商标注册采取的是以使用在先为补充的申请在先原则。③优先权原则。优先权是《保护工业产权巴黎公约》确立的重要原则之一。优先权是指任何一个巴黎公约成员国国民向任何一个公约成员国就工业产权保护第一次提出正式申请后的一定期间内，专利和使用新型为12个月，商标与外观设计为6个月，再向其他成员国提出申请时，该成员国应当将该申请人的第一次申请日视为在该国提出申请的日期，即优先权日。我国《商标法》规定，商标注册申请人自其商标在外国第一次提出商标申请之日起6个月内，又在中国就相同商品以同一商标提出商标注册申请的，依照该外国同中国签订的协议或者共同参加的国际条约，或者按照相互承认的优先权原则，可以享有优先权。商标在中国政府主办的或者承认的国际展览会展出的商品上首次使用的，自该商品展出之日起6个月内，该商品的注册申请人可以享有优先权。

9.3.3 商标注册

1. 商标注册的程序

（1）**商标注册的申请** 我国《商标法》规定，自然人、法人或者其他组织对其生产、制造、加工、拣选或者经销的商品，需要取得商标专用权的，应当向商标局申请商品商标注册。自然人、法人或者其他组织对其提供的服务项目，需要取得商标专用权的，应当向商标局申请服务商标注册。外国人或者外国企业在中国申请商标注册和办理其他商标事宜的，应当委托国家认可的具有商标代理资格的组织代理。商标注册申请人应当按规定的商品分类表填报使用商标的商品类别和商品名称，提出注册申请。交送商标图样、附送有关证明文件、缴纳费用等。2013年新修订的我国《商标法》规定，商标注册申请人可以通过一份申请就多个类别的商品申请注册同一商标。

（2）**商标注册的审查和核准** 商标审查是商标主管机关对商标注册申请是否符合法律规定所进行的一系列审查活动。包括：①形式审查和实质审查。形式审查是对申请文件、手续是否符合法律要求的审查，主要包括申请人资格、申请书的填写、商标及商标图样的规格、数量、证明文件是否齐备、商标的申请日期等。实质审查是对商标是否具备注册条件的审查。主要有商标是否违背我国《商标法》禁用条款、商标是否具备法定的构成要素、是否具备显著特征、商标是否与他人在同一种或类似商品上注册的商标相混同、是否与申请在先的商标及已撤销、失效并不满1年的注册商标相混同。②2013年我国《商标法》修订，增加了审查意见书制度，规定商标局在审查过程中可以向申请人发送《审查意见书》，要求申请人对其商标申请作出说明或者修正。③初步审定及公告。对申请注册的商标经过形式审查和实质审查后，可以核准注册并公布。④商标异议。对初步审定公告的商标，自公告之日起3个月内，在先权利人、利害关系人认为违反本法第13条第2款和第3款、第15条、第16条第1款、第30条、第31条、第32条规定的，或者任何人认为违反本法第10条、第11条、第12条规定的，可以向商标局提出异议。公告期满无异议的，予以核准注册，发给商标注册证，并予公告。2013年修订后的我国《商标法》，完善了商标注册异议制度，进一步限定提出异议的主体和理由。同时也简化程序，删除了商标局对商标异议进行审查做出裁定的环节，规定商标局对商标注册异议进行审查后直接做出准予或者不予注册的决定。

（3）**注册商标的续展、变更** 注册商标的期限是指注册商标受法律保护的有效期，我国《商标法》规定注册商标的有效期为十年，同时规定注册商标有效期满，商标注册人继续使用该注册商标的可以申请续展注册，经商标局核准后，继续享有商标权。续展注册的有效期为十年，并可以无次数限制地续展下去，使商标权成为一种相对的永久性权利。注册商标的变更是指不超出商标权范围的商标注册人名义、地址及其他注册事项的变更。

（4）**注册商标的转让和转移** 注册商标的转让是指商标权人依法将其注册商标转让给他人所有，转让人失去商标权，受让人成为商标权人。注册商标的转移是指因继承、企业合并、破产等事由发生的商标权转移。与注册商标的转让不同的是，注册商标的转移不是双方的法律行为，是由原注册商标权人消灭这一事件引起的。

（5）**注册商标的使用许可**　商标权人通过签订使用许可合同，许可他人使用其注册商标，注册商标的所有权仍归商标注册人。

2. 注册不当商标

（1）**注册不当商标的概念**　注册不当商标是指已经注册的商标违反了商标注册条件，或者以欺骗等不正当手段或者损害他人合法在先权利取得注册的商标。

（2）**撤销注册不当商标的程序**　①对于违反商标注册条件，或者以欺骗等不正当手段取得注册的注册不当，商标局可以主动撤销，其他单位或者个人可以请求商标评审委员会裁定撤销该注册商标。撤销这类注册不当的商标不受时间限制。②对于损害他人合法在先权利取得注册的注册不当，商标所有人或者利害关系人可以请求商标评审委员会裁定撤销该注册商标，提出撤销的期限须在商标核准注册五年之内。对恶意注册的，驰名商标所有人不受五年的时间限制。

（3）**被撤销的注册商标专用权视为自始不存在**　但自商标被核准注册之后至被撤销之前，有关撤销注册商标的决定或者裁定，对在撤销前人民法院做出并已执行的商标侵权案件的判决、裁定，工商行政管理部门做出并已执行的商标侵权案件的处理决定，以及已经履行的商标转让或者使用许可合同，不具有追溯力；但是，因商标注册人恶意给他人造成的损失，应当给予赔偿。

9.3.4　商标确权制度

1. 商标评审的一般程序

商标评审委员会是我国商标确权程序中的行政复审机构，对商标权做出予以确认或撤销的裁定或决定。商标评审程序：①商标评审的受理。申请评审的法定条件：申请人具有合法的主体资格；在法定期限内提出申请文件；属于评审范围；有具体的评审请求和事实根据；缴纳评审费用。②商标评审的裁决。一般采取书面审理的方式，也可以由商标评审委员会决定公开评审。③行政裁决的司法审查。当事人不服商标评审委员会的裁决的，可以自收到通知之日起 30 日内向人民法院起诉，超过 30 日未向人民法院起诉的，裁决书即发生法律效力。

2. 商标复审裁决

商标评审委员会做出的商标复审裁决分为三种类型。

（1）**驳回商标复审**　商标注册申请人如果不服商标局驳回商标注册申请的，可以在收到驳回通知之日起 15 天内向商标评审委员会提出复审申请，由商标评审委员会做出决定。

（2）**商标异议复审**　对于初步审定并公告的商标，自公告之日起 3 个月内，异议人可以向商标局提出异议，异议人不服的，可以依照我国《商标法》第 44 条、第 45 条的规定向商标评审委员会请求宣告该注册商标无效。被异议人不服的，可以自收到通知之日起 15 日内向商标评审委员会申请复审。商标评审委员会应当自收到申请之日起 12 个月内做出复审决定，并书面通知异议人和被异议人。有特殊情况需要延长的，经国务院工商行政管理部门批准，可以延长 6 个月。被异议人对商标评审委员会的决定不服的，可以自收到通知之日起 30 日内向人民法院起诉。人民法院应当通知异议人作为第三人参加诉讼。

（3）**撤销注册商标复审**　①撤销注册商标复审。包括：自行改变注册商标的；自行改变注册商标的注册人名义、地址或者其他注册事项的；自行转让注册商标的；连续三年停止使用的；使用注册商标，其商品粗制滥造，以次充好，欺骗消费者的，商标局可以撤销其注册商标。②撤销注册不当商标复审。

3. 商标确权

商标确权是通过商标评审制度来确定商标权的归属。现行商标评审制度规定，商品经营者或者服务提供者需要取得商标专用权的，应当向商标局提出注册申请，商标局应当自收到商标注册申请文件之日起九个月内审查完毕，符合本法有关规定的，予以初步审定公告（请参阅9.3.4节中"商标复审裁决"）。对商标确权进行司法审查，是商标立法的一大进步，标志着我国商标确权制度日趋完善。

9.3.5 注册商标专用权的保护

1. 注册商标专用权的保护范围

我国《商标法》明确规定对注册商标专用权的保护范围。①以核准注册的商标为限，即注册商标所有人实际使用的商标必须与核准注册的商标相一致，否则，不受法律保护且可能承担法律后果。②以核定使用的商品为限。注册商标所有人实际使用注册商标的商品与核定使用的商品必须一致，否则，将承担违法使用注册商标的后果。

2. 侵犯注册商标专用权及法律责任

我国《商标法》规定的侵犯商标权的表现形式有以下几种。

1）未经商标注册人的许可，在同一种商品或者类似商品上使用与其注册商标相同或者近似的商标的。

2）销售侵犯注册商标专用权的商品的。

3）伪造、擅自制造他人注册商标标识或者销售伪造、擅自制造的注册商标标识的。

4）未经商标注册人同意，更换其注册商标并将该更换商标的商品又投入市场的。

5）给他人的注册商标专用权造成其他损害的。

2013年新修订的《商标法》增加了应承担法律责任的侵犯注册商标专用权的行为种类，即故意为侵权提供便利条件，帮助他人实施侵犯商标专用权行为的，属于侵犯注册商标专用权行为。

侵犯商标权的法律责任分为民事责任、行政责任和刑事责任。民事责任有停止侵害、排除妨碍、消除危险、赔偿损失、消除影响。行政责任有责令停止侵权行为，没收、销毁侵权商品和专门用于制造侵权商品、伪造注册商标标识的工具的措施制止侵犯商标权行为，并处罚款。刑事责任有假冒注册商标罪、伪造、擅自制造他人注册商标标识或者销售伪造、擅自制造注册商标标识罪、销售明知是假冒注册商标商品罪，统称为侵犯注册商标罪。

9.4 著作权法

9.4.1 著作权和著作权法

1. 著作权

著作权是指基于文学、艺术和科学作品依法产生的权利。一般来说，著作权分为狭义著作权和广义著作权。狭义著作权是指作品的作者依法享有的权利，包括著作人身权和著作财产权。著作人身权包括作者的发表权、署名权、修改权和维护作品的完整权；著作财产权有复制发行权、表演权、播放权、展示权、改编权等。广义著作权，亦称著作邻接权，是指除狭义著作权以外，还包括艺术表演者、录音录像制品制作者和广播电视节目的制作者依法享有的权利。

2. 著作权法

著作权法是指调整因著作权的产生、使用、限制而形成的社会关系的法律规范的总称。著作权法属于民法范畴，是知识产权法的重要组成部分。我国著作权法律制度主要包括《宪法》《民法总则》《著作权法》、行政条例、相关的司法解释及我国参加的与著作权有关的知识产权国际条约、双边条约等。

9.4.2 著作权的对象

1. 作品及其特征

我国著作权法实施条例所称的作品，是指文学、艺术和科学领域内具有独创性并能以某种有形形式复制的智力成果。作品具有以下基本特征。

（1）**作品是思想、情感的表现形式** 著作权只保护表现形式，不保护被表达的思想和情感。

（2）**作品具有独创性** 有无独创性是判定是否为作品的标准，这里的独创性是指形式上的独创，不是指思想的独创。

（3）**表现形式属于文学、艺术和科学范畴** 只有在文学、艺术和科学范畴内的表现形式才属于作品。

2. 著作权保护的作品

《保护文学和艺术作品伯尔尼公约》（简称《伯尔尼公约》）规定，受保护的文学和艺术作品是指文学、科学和艺术领域内以任何方法或形式表现的一切产物，并列举出一切可能的作品。作品除非以某种物质形式固定下来，否则不受保护。我国《著作权法》规定，作品包括以下列形式创作的文学、艺术和自然科学、社会科学、工程技术等作品：①文字作品；②口述作品；③音乐、戏剧、曲艺、舞蹈、杂技艺术作品；④美术、建筑作品；⑤摄影作品；⑥电影作品和以类似摄制电影的方法创作的作品；⑦工程设计图、产品设计图、地图、示意图等图形作品和模型作品；⑧计算机软件；⑨法律、行政法规规定的其他作品。

3. 著作权不保护的作品

为了维护国家利益或公共利益，我国著作权法对于一些作品或欠缺作品某些特征的对象不给予保护：①法律、法规，国家机关的决议、决定、命令和其他具有立法、行政、司法性质的文件及其官方正式译文；②时事新闻；③历法、通用数表、通用表格和公式。

9.4.3 著作权的内容

1. 著作人身权

著作人身权是指作者基于作品依法享有的以人身利益为内容的权利。与民法中的人身权不同，著作人身权以作品为法律事实，不因作者的生命结束而消灭，作品可以无限期地存在。所以，有些著作人身权期限不受限制。著作人身权包括以下几个方面。

（1）**发表权** 决定是否公开作品的权利。

（2）**署名权** 在作品上表明作者身份的权利。

（3）**修改权** 作者对原作品的完善，属于继续创作活动。

（4）**保护作品完整权** 保护作品不受歪曲、篡改的权利。

2. 著作财产权

著作财产权是指著作权人基于对作品的利用而获得的经济利益。我国《著作权法》规定，著作权包括：

（1）**复制权**　以印刷、复印、拓印、录音、录像、翻录、翻拍等方式将作品制作一份或者多份的权利。

（2）**发行权**　以出售或者赠与方式向公众提供作品的原件或者复制件的权利。

（3）**出租权**　有偿许可他人临时使用电影作品和以类似摄制电影的方法创作的作品、计算机软件的权利，计算机软件不是出租的主要标的的除外。

（4）**展览权**　公开陈列美术作品、摄影作品的原件或者复制件的权利。

（5）**表演权**　公开表演作品及用各种手段公开播送作品的表演的权利。

（6）**放映权**　通过放映机、幻灯机等技术设备公开再现美术、摄影、电影和以类似摄制电影的方法创作的作品等的权利。

（7）**广播权**　以无线方式公开广播或者传播作品，以有线传播或者转播的方式向公众传播广播的作品及通过扩音器或者其他传送符号、声音、图像的类似工具向公众传播广播的作品的权利。

（8）**信息网络传播权**　以有线或者无线方式向公众提供作品，使公众可以在其个人选定的时间和地点获得作品的权利。

（9）**摄制权**　以摄制电影或者以类似摄制电影的方法将作品固定在载体上的权利。

（10）**改编权**　改变作品，创作出具有独创性的新作品的权利。

（11）**翻译权**　将作品从一种语言文字转换成另一种语言文字的权利。

（12）**汇编权**　将作品或者作品的片段通过选择或者编排，汇集成新作品的权利。

（13）**注释权与整理权**　对已有作品的注释和整理而产生的作品，其著作权由注释人和整理人享有，但行使著作权时不得侵犯原作品的著作权。

3. 著作权的取得及保护期间

（1）**著作权的取得**　具备什么条件才能取得著作权，世界各国的法律规定不一，总体上有三种做法。一是自动取得原则。作品一经产生，即产生著作权，无须履行其他手续，《伯尔尼公约》就采取自动保护原则。二是作品产生后，还需要履行注册登记手续才能取得著作权。三是以加注著作权标记为取得著作权的条件，如"不许复制"、作品的出版日期、著作权人的姓名或名称及其缩写等。我国《著作权法》采取自动保护原则。

（2）**著作权的保护期限**　著作权是有时间限制的。我国《著作权法》规定，作者的署名权、修改权、保护作品完整权的保护期不受限制。

公民的作品，其发表权和著作财产权的保护期为作者终生及其死亡后50年，截止于作者死亡后第50年的12月31日；如果是合作作品，截止于最后死亡的作者死亡后第50年的12月31日。

法人或者其他组织的作品、著作权（署名权除外）由法人或者其他组织享有的职务作品，其发表权和著作财产权的保护期为50年，截止于作品首次发表后第50年的12月31日，但作品自创作完成后50年内未发表的，我国《著作权法》不再保护。

电影作品和以类似摄制电影的方法创作的作品、摄影作品，其发表权和著作财产权的保护期为50年，截止于作品首次发表后第50年的12月31日，但作品自创作完成后50年内未发表的，我国《著作权法》不再保护。

4. 著作权的限制

法律赋予著作权人对其作品的使用权利不是绝对无限制的，为了兼顾国家利益、社会公共利益与著作权人的利益，需要对著作权进行必要的限制。著作权的限制包括"合理使用"、"法定许可使用"和"强制许可使用"制度。

(1) **合理使用**　著作权人以外的人可以不经著作权人许可，不向其支付报酬，但应当指明作者姓名、作品名称，并且不得侵犯著作权人依法享有的其他权利，称为合理使用。合理使用的范围和具体方式包括：①为个人学习、研究或者欣赏，使用他人已经发表的作品；②为介绍、评论某一作品或者说明某一问题，在作品中适当引用他人已经发表的作品；③为报道时事新闻，在报纸、期刊、广播电台、电视台等媒体中不可避免地再现或者引用已经发表的作品；④报纸、期刊、广播电台、电视台等媒体刊登或者播放其他报纸、期刊、广播电台、电视台等媒体已经发表的关于政治、经济、宗教问题的时事性文章，但作者声明不许刊登、播放的除外；⑤报纸、期刊、广播电台、电视台等媒体刊登或者播放在公众集会上发表的讲话，但作者声明不许刊登、播放的除外；⑥为学校课堂教学或者科学研究，翻译或者少量复制已经发表的作品，供教学或者科研人员使用，但不得出版发行；⑦国家机关为执行公务在合理范围内使用已经发表的作品；⑧图书馆、档案馆、纪念馆、博物馆、美术馆等为陈列或者保存版本的需要，复制本馆收藏的作品；⑨免费表演已经发表的作品，该表演未向公众收取费用，也未向表演者支付报酬；⑩对设置或者陈列在室外公共场所的艺术作品进行临摹、绘画、摄影、录像；⑪将中国公民、法人或者其他组织已经发表的以汉语言文字创作的作品翻译成少数民族语言文字作品在国内出版发行；⑫将已经发表的作品改成盲文出版。

(2) **法定许可使用**　根据我国《著作权法》的规定，不经著作权人许可，以某些方式使用他人已经发表的作品，但应当向著作权人支付使用费，并尊重著作权人的其他著作权，称为法定许可使用制度。法定许可使用的具体表现：①著作权人向报社、杂志社投稿的，作品刊登后，除著作权人声明不得转载、摘编的外，其他报刊可以转载或者作为文摘、资料刊登，但应当按照规定向著作权人支付报酬。②录音制作者使用他人已经合法录制为录音制品的音乐作品制作录音制品，可以不经著作权人许可，但应当按照规定支付报酬；著作权人声明不许使用的不得使用。③广播电台、电视台播放他人已发表的作品，电影作品和以类似摄制电影的方法创作的作品、录像制品除外，可以不经著作权人许可，但应当支付报酬。④广播电台、电视台播放已经出版的录音制品，可以不经著作权人许可，但应当支付报酬。当事人另有约定的除外。⑤为实施九年制义务教育和国家教育规划而编写出版教科书，除作者事先声明不许使用的外，可以不经著作权人许可，在教科书中汇编已经发表的作品片段或者短小的文字作品、音乐作品或者单幅的美术作品、摄影作品，但应当按照规定支付报酬，指明作者姓名、作品名称，并且不得侵犯著作权人依法享有的其他权利。上述规定适用于对出版者、表演者、录音录像制作者、广播电台、电视台的权利的限制。

(3) **强制许可使用**　《伯尔尼公约》和《世界版权公约》都规定了强制许可制度。根据两个公约的规定，实施强制许可制度是为了公众利益的目的，由主管部门将已经发表的作品的使用权利授予给申请使用的人，主要是教学、科学研究等方面。但不能损害作者的人身权利，并必须向著作权人支付报酬，有约定的按照约定执行，未约定的，由主管部门解决。我国著作权法未规定强制许可制度。

9.4.4 著作权的主体

1. 著作权的归属原则

著作权属于作者是著作权归属的一般原则。作者包括自然人、法人或者其他组织。作者以外的公民、法人或者其他组织，依法也可以成为著作权人。著作权归属的具体情况包括：公民的著作权在公民死亡后，其著作财产权在保护期内，依照继承法的规定转移。法人或者其他组织的著作权在法人或者其他组织变更、终止后，其著作财产权在保护期内，由承受其权利义务的法人或者其他组织享有；没有承受其权利义务的法人或者其他组织的，由国家享有。

2. 各类作品的著作权

（1）**合作作品的著作权** 两人以上合作创作的作品，著作权由合作作者共同享有。没有参加创作的人，不能成为合作作者。合作作品可以分割使用的，作者对各自创作的部分可以单独享有著作权，但行使著作权时不得侵犯合作作品整体的著作权。合作作品不可以分割使用的，其著作权由各合作作者共同享有，通过协商一致行使；不能协商一致，又无正当理由的，任何一方不得阻止他方行使除转让以外的其他权利，但是所得收益应当合理分配给所有合作作者。

（2）**职务作品的著作权** 职务作品是指：①主要是利用法人或者其他组织的物质技术条件创作，并由法人或者其他组织承担责任的工程设计图、产品设计图、地图、计算机软件等作品；②法律、行政法规规定或者合同约定著作权由法人或者其他组织享有的作品。职务作品由作者享有署名权，著作权的其他权利由法人或者其他组织享有。其中的"物质技术条件"，是指该法人或者该组织为公民完成创作专门提供的资金、设备或者资料。上述两种情况以外的职务作品的著作权由作者享有，但法人或者其他组织有权在其业务范围内优先使用。

（3）**汇编作品的著作权** 汇编作品是指对若干作品、作品的片段或者不构成作品的数据或者其他材料的内容的选择或者编排体现独创性的作品。汇编作品的著作权由汇编人享有，但行使著作权时，不得侵犯原作品的著作权。

（4）**委托作品的著作权** 受委托创作的作品，著作权的归属由委托人和受托人通过合同约定。合同未作明确约定或者没有订立合同的，著作权属于受托人。

（5）**视听作品的著作权** 电影作品和以类似摄制电影的方法创作的作品的著作权由制片者享有，编剧、导演、摄影、作词、作曲等作者享有署名权，电影作品和以类似摄制电影的方法创作的作品中的剧本、音乐等可以单独使用的作品的作者有权单独行使其著作权。

（6）**外国人作品在中国的著作权** 外国人、无国籍人的作品根据其作者所属国或者经常居住地国同中国签订的协议或者共同参加的国际条约享有的著作权，受本法保护。外国人、无国籍人的作品首先在中国境内出版的，依照本法享有著作权。未与中国签订协议或者共同参加国际条约的国家的作者以及无国籍人的作品首次在中国参加的国际条约的成员国出版的，或者在成员国和非成员国同时出版的，受本法保护。

9.4.5 邻接权

1. 邻接权的概念

对作品的表演、制作唱片和制作广播电视节目的行为是对作品的再度创作，其行为人所享有的权利,称之为邻接权。我国《著作权法》没有明确邻接权这一概念,而是将这类权利统称为"与著作权有关的权利"。

2. 邻接权的种类及其保护

作为与著作权有关的权利,邻接权的行使必然与著作权密切相关,这里仅着重说明邻接权的保护。

(1) **表演者权** 表演者,包括演员和演出单位。表演者的著作人身权:表明表演者身份及表演形象不受歪曲的权利,其权利保护期不受限制。表演者的著作财产权:许可他人从现场直播和公开传送其现场表演,并获得报酬;许可他人录音录像,并获得报酬;许可他人复制、发行录有其表演的录音录像制品,并获得报酬;许可他人通过信息网络向公众传播其表演,并获得报酬。其权利保护期为 50 年,截止于该表演发生后第 50 年的 12 月 31 日。

(2) **录音、录像制品作者的权利** 录音制品,是指任何对表演的声音和其他声音的录制品;录像制品,是指电影作品和以类似摄制电影的方法创作的作品以外的任何有伴音或者无伴音的连续相关形象、图像的录制品。录音录像制作者对其作品享有许可他人复制、发行、出租、通过信息网络向公众传播并获得报酬的权利;权利的保护期为 50 年,截止于该制品首次制作完成后第 50 年的 12 月 31 日。

(3) **广播电台、电视台播放权** 广播电台、电视台有权控制将其播放的广播、电视转播;或者将其播放的广播、电视录制在音像载体上以及复制音像载体。该权利的保护期为 50 年,截止于该广播、电视首次播放后第 50 年的 12 月 31 日。

(4) **出版者的权利** 出版者有权许可或者禁止他人使用其出版的图书、期刊的版式设计。该权利的保护期为 10 年,截止于使用该版式设计的图书、期刊首次出版后第 10 年的 12 月 31 日。图书出版者经作者许可,可以对作品修改、删节。报社、期刊社可以对作品作文字性修改、删节。对内容的修改,应当经作者许可。

9.4.6 著作权的保护

侵犯著作权是指自然人、法人或者其他组织,未经著作权人的许可,擅自使用其著作权的行为。应当承担民事责任的侵权行为有:未经著作权人许可,发表其作品的;未经合作作者许可,将与他人合作创作的作品当作自己单独创作的作品发表的;没有参加创作,为谋取个人名利,在他人作品上署名的;歪曲、篡改他人作品的;剽窃他人作品的;未经著作权人许可,以展览、摄制电影和以类似摄制电影的方法使用作品,或者以改编、翻译、注释等方式使用作品的,本法另有规定的除外;使用他人作品,应当支付报酬而未支付的;未经电影作品和以类似摄制电影的方法创作的作品、计算机软件、录音录像制品的著作权人或者与著作权有关的权利人许可,出租其作品或者录音录像制品的,本法另有规定的除外;未经出版者许可,使用其出版的图书、期刊的版式设计的;未经表演者许可,从现场直播或者公开传送其现场表演,或者录制其表演的;其他侵犯著作权及与著作权有关的权益的行为。民事责任的具体形式:停止侵害、消除影响、赔礼道歉、赔偿损失等。

有下列侵权行为的,应当根据情况,承担民事责任:同时损害公共利益的,可以由著作权行政管理部门责令停止侵权行为,没收违法所得,没收、销毁侵权复制品,并可处以罚款;情节严重的,著作权行政管理部门还可以没收主要用于制作侵权复制品的材料、工具、设备等;构成犯罪的,依法追究刑事责任:未经著作权人许可,复制、发行、表演、放映、广播、汇编、通过信息网络向公众传播其作品的，本法另有规定的除外；出版他人享有专有出版权的图书的；未经表演者许可，复制、发行录有其表演的录音录像制品，或者通过信息网络向公众传播其表演的，本法另有规定的除外；未经录音录像制作者许可，复制、发行、通过信息网络向公众传播其制作的录音录像制品的，本法另有规定的除外；未经许可，播放或者复制广播、电视的，本法另有规定的除外；未经著作权人或者与著作权有关的权利人许可，故意避开或者破坏权利人为其作品、录音录像制品等采取的保护著作权或者与著作权有关的权利的技术措施的，法律、行政法规另有规定的除外；未经著作权人或者与著作权有关的权利人许可，故意删除或者改变作品、录音录像制品等的权利管理电子信息的，法律、行政法规另有规定的除外；制作、出售假冒他人署名的作品的。

9.5 知识产权的主要国际公约

1. 世界知识产权组织与我国加入的与知识产权有关的国际公约

世界知识产权组织（World Intellectual Property Organisation，WIPO）是联合国的专门机构之一，致力于使用和保护人类智力成果的国际组织。其宗旨是通过国家之间的合作，必要时通过与其他国际组织的协作，促进全世界对知识产权的保护；确保各知识产权联盟之间的行政合作，并管理着一系列的国际公约。中国已经是该组织的成员国。

我国加入的与知识产权有关的国际公约有：《建立世界知识产权组织公约》《与贸易有关的知识产权协议》《保护工业产权巴黎公约》《保护文学和艺术作品伯尔尼公约》《世界版权公约》《商标国际注册马德里协定》《集成电路知识产权条约》《保护植物新品种国际公约》《保护非物质文化遗产公约》等。

2. 《与贸易有关的知识产权协议》

《与贸易有关的知识产权协议》（Agreement on Trade-Related Aspects of Intellectual Property Rights，TRIPS协议）是世界贸易组织管辖的一项多边贸易协定。其宗旨是期望减少国际贸易间的摩擦，促进对知识产权充分、有效的保护，同时，保证知识产权的执法措施与程序不至于变成合法的障碍。保护的内容包括：著作权及其相关权利、商标、地理标记、工业品外观设计、专利、集成电路布图设计、对未公开信息的保护和对许可合同中限制竞争行为的控制。TRIPS协议对知识产权的可获得性、范围及行使标准、获得与维持程序、纠纷的预防及解决等，均做了详细规定，已超出任何现有的知识产权国际公约。

3. 《保护工业产权巴黎公约》

《保护工业产权巴黎公约》（Paris Convention on the Protection of Industrial Property）简称"巴黎公约"，1883年在巴黎缔结，1967年在斯德哥尔摩最后修订。巴黎公约的保护范围是工业产权，包括发明专利权、实用新型、工业品外观设计、商标权、服务标记、厂商名称、产地标记或原产地名称以及制止不正当竞争等。其宗旨是保证成员国的工业产权在所有其他成员国都得到保护。巴黎公约在尊重各成员国的国内立法的同时，规定了各成员国必须共同遵守的基本原则，以协调各成员国的立法，使之与公约的规定相一致。

4. 《保护文学艺术作品伯尔尼公约》

《保护文学艺术作品伯尔尼公约》（Berne Convention）缔结于1886年，是历史最悠久的国际著作权条约。《公约》将作者列为第一保护主体，保护范围包括精神权利和财产权利。保护的作品范围是缔约国国民的或在缔约国内首次发表的一切文学艺术作品。其核心是规定了每个缔约国都应自动保护在伯尔尼联盟所属的其他各国中首先出版的作品和保护其作者是上述其他各国的公民或居民的未出版的作品。联盟各国必须保证使属于其他成员国国民的作者享受该国的法律给予其本国国民的权利。

5.《集成电路知识产权条约》

《集成电路知识产权条约》（The Treaty on Intellectual Property in Respect of Integrated Circuits，IPIC）缔结于1989年，该条约迄今为止尚未生效。但因 TRIPS 协议对集成电路已有规范，随着加入 TRIPS 协议国家的增多，实际上，集成电路知识产权已在许多国家得到保护。集成电路知识产权条约规定了广泛的法律保护形式，即每一缔约方可自由通过布图设计（拓扑图）的专门法律或者通过其关于版权、专利、实用新型、工业品外观设计、不正当竞争的法律，或者通过任何其他法律或者任何上述法律的结合进行保护。保护范围包括：复制受保护的布图设计（拓扑图）的全部或其任何部分，无论是否将其结合到集成电路中，但复制不符合第三条（二）款所述原创性要求的任何部分布图设计除外。为商业目的进口、销售或者以其他方式供销受保护的布图设计（拓扑图）或者其中含有受保护的布图设计（拓扑图）的集成电路。

本章小结

知识产权法律制度是民事法律制度的重要组成部分，其主要以单行法律形式存在，如《专利法》《商标法》《著作权法》等。这些法律的保护对象各有不同，人们常把专利权和商标权统称为工业产权，将著作权也称为版权。但知识产权法都要求受保护的对象应当是具有创造性的人类智力成果。

《专利法》主要规范了专利权的主体、专利权的对象、专利权产生的形式要件和实质要件、专利权的内容、专利侵权及其救济等制度。《商标法》的主要内容包括：商标权的主体、商标权的对象、驰名商标的保护、商标注册的条件及程序、注册不当商标与注册商标争议、商标评审与商标确权、商标侵权及其法律责任。《著作权法》的主要内容包括：著作权的主体及归属原则、著作权的对象、著作权的内容、邻接权、著作权的使用及其限制、著作权的保护等。

知识产权法律制度具有很强的国际性，在国际知识产权组织管辖下的一系列知识产权国际公约，覆盖了专利、商标、作品、植物新品种、集成电路、非物质文化遗产等广泛的领域，有效地促进了国际交流，有力地保护了人类共同的智力财富。

关键术语

知识产权　　专利权　　商标权　　著作权　　知识产权国际公约

思考与练习

一、选择题

1. 我国《著作权法》中对公民作品的发表权的保护期限是（　　）。
    A. 作者有生之年加死后50年　　B. 作品完成后50年
    C. 没有限制　　D. 作者有生之年

2. 电视剧《三国演义》的著作权人应该是（　　）。
   A. 导演　　　　　　B. 主要演员　　　　C. 剧本作者　　　　D. 制片人
3. 下列选项中不属于我国著作权所保护的作品是（　　）。
   A. 用C++语言编写的计算机程序　　　B. 没有剧本的小品表演
   C. 建筑施工图纸　　　　　　　　　　D. 法院的判决书
4. 我国《专利法》规定，确定发明和实用新型专利权的保护范围的依据是（　　）。
   A. 说明书　　　　　B. 请求书　　　　　C. 权利要求　　　　D. 附图
5. 在中国，实用新型和外观设计专利申请（　　）。
   A. 须经过实质审查后授权　　　　　　B. 经初审合格后即授权
   C. 递交申请后即可授权　　　　　　　D. 经过形式审查和实质审查后才可授权
6. 我国《商标法》对初步审定的商标，利益相关人可提出异议的三个月的起算日期为（　　）。
   A. 申请日　　　　　B. 公告日　　　　　C. 注册日　　　　　D. 使用日
7. 使用注册商标，其商品粗制滥造、以次充好，欺骗消费者的，商标局（　　）。
   A. 可以撤销其注册商标　　　　　　　B. 不可以撤销其注册商标
   C. 可以停止其经营　　　　　　　　　D. 可以对其警告

二、简答题

1. 简述职务作品及其著作权归属。
2. 简述防御商标与联合商标的区别。
3. 简述外观设计的概念和特征。
4. 对专利权的限制有哪些方面？
5. 对驰名商标保护有哪些方面？
6. 简述邻接权的概念及其种类。

案例讨论

1. 2007年12月5日，齐白石后人从济南市新华书店购得人民教育出版社出版的《中国美术馆藏近现代国画大师作品精选》，并取得购书发票，并以其中的《齐白石》册侵犯其著作权为由向济南市中级人民法院提起诉讼，将济南市新华书店和人民教育出版社告上法庭。中国美术馆作为第三人参加诉讼。

思考题

齐白石先生于1957年9月16日去世，其美术作品的著作权是否受法律保护？

资料来源：人民法院报．2009年6月10日，第8版．

2. 海南澄迈万昌苦丁茶场（下称万昌茶场）于2003年5月28日经核准在第30类商品中获准使用"兰贵人"商标。自2005年7月起，其以商标侵权为由向海口、三亚等地法院涉诉海南万福隆百货有限公司（下称万福隆公司）、海南香圣天然食品有限公司（下称香圣公司）及其他经营者，要求有关被诉主体停止对其"兰贵人"商标的侵权行为、赔偿损失并公开赔礼道歉。

万福隆公司和香圣公司等经营者在诉争中针对"兰贵人"商标的注册效力提出"通用名称"抗辩。此前，海南省茶叶协会已于2003年7月向商评委提出申请，要求撤销对"兰贵人"商标注册的效力。根据这一案外因素法院中止了对前述商标侵权与赔偿纠纷案的审理。

2008年8月25日，商评委做出裁定：撤销争议商标"兰贵人"在茶、茶叶代用品、冰茶、茶饮料等商品上的注册；维持该争议商标在咖啡、糕点、调味品等其他商品上的注册效力。万昌茶场不服该裁定，遂于同年9月涉诉商评委，该行政诉讼案一审判决维持了商评委裁决。2009年1月6日，万昌茶场申请撤诉并获准许。

上述商标纠纷案中，海南茶协认为："兰贵人"在茶叶制造行业是公知公用的茶叶通用名称，在海南、福建、广东、广西、云南等南方茶区有着广泛的生产和销售，故其不能作为注册商标而被独占使用。万福隆公司和香圣公司等的抗辩理由基本相似，并提出商标侵权与赔偿纠纷案的审理应以商评委的裁决为依据，故有关民事赔偿案件应当中止审理。

商评委认定：有关茶协会对"兰贵人"是否属于行业公知公用的名称所发表的意见具有专业性和权威性，应予采信；有关茶叶生产厂家的证明也说明了"兰贵人"的使用历史。对于类似于"兰贵人"这种非属于六大通用茶类的茶叶分支品种，很难在全国全面流通，但"兰贵人"在南方一定地域范围内的流通并不影响对其已成为约定俗成通用名称的认定。

思考题

（1）试谈争议商标在区分商品来源时是否具有显著性功能？

（2）试谈在对争议商标是否构成"通用名称"的认定中，应重视对同行业中"约定俗成"认知状态的判别。

资料来源：人民法院报.2009年3月1日，第7版.

延伸阅读

1. 赵旭东.商法学［M］.北京：高等教育出版社，2015.
2. 范健.商法判例解读［M］.北京：高等教育出版社，2004.
3. 刘俊海，徐海燕.最新票据法实用问答［M］.北京：人民法院出版社，1995.
4. 范健，王建文.商法的价值、源流及本体［M］.北京：中国人民大学出版社，2004.

CHAPTER 10

第10章

电子商务法

本章要点

- 电子商务和电子商务法的概念
- 电子商务法的基本原则
- 电子商务合同的订立和生效
- 电子签名的法律效力
- 域名权的法律属性及与其他类型知识产权的关系
- 网络环境中商标权、著作权和专利权的侵权及解决

10.1 电子商务法概述

10.1.1 电子商务的概念及分类

1. 电子商务的概念

电子商务，源于英文 electronic commerce（E-Commerce），有广义和狭义之分。广义的电子商务，是指一切以电子通信手段所进行的商业活动，包括但不限于商业伙伴间进行的电子数据交换（EDI），通过电报、传真或电子邮件进行的商业交易或合作、洽谈等。狭义的电子商务，是指以互联网为运行平台而展开的商事交易活动，也称在线交易（on-line transaction）。这是当前发展最快、前途最广的电子商务的形式，是电子商务的主流。本书采用狭义的概念。

现代电子信息技术的发达为商务活动的开展提供了技术上的便利，从而使得电子商务具有虚拟性、时空的跨越性、信息化和无纸化以及自动化、迅捷化的特征，同时也对传统商事法律提出了挑战。

2. 电子商务的分类

电子商务可以从不同的角度加以分类。

（1）**贸易型电子商务和服务型电子商务** 贸易型电子商务是移转财产权利的电子商务，包括有形货物的贸易和无形的信息产品的贸易。前者仍然需要借助于传统物流配送渠道加以实现，如读者通过"当当网"购书；后者则可以通过网络直接实现标的物的交付，如网络用户通过付费的形式下载 MP3 音乐、电影、游戏软件或电子书等。服务型电子商务包括

为开展电子商务提供服务的经营活动和通过网络开展各项有偿服务的经营活动，它不移转任何财产，而只是提供某种设施、因特网接入、传输、信息服务等。如一些网站为用户提供的付费信箱服务。

（2）**简单电子商务和完全电子商务**　简单电子商务是通过网络达成交易，但在网下完成支付的电子商务，它是在网上支付存在困难或条件不成熟情况下所采取的初级形态的电子商务；而能够实现网上支付的电子商务则是完全的或高级的电子商务。一般来说，信息产品交易和信息服务不仅可以实现在线支付，而且可以实现在线履行，达到信息传递、货币支付和"货物"交付的三位一体，因而当属最典型也是最完全的电子商务。

（3）**企业和消费者间电子商务、企业间电子商务和支持性业务流程**　这是按照交易或商业环节的参与方对电子商务进行的分类。企业和消费者间（B2C）电子商务，也称为商家对个人客户或商家对消费者的电子商务，表现为网上零售和网上购物。近些年来，各种网络零售平台和大小网店如雨后春笋般涌现出来，其佼佼者如京东、淘宝、亚马逊中国等，大众消费者也越来越习惯于网上购物，这些都极大地推动了中国网络零售业的繁荣。据权威机构发布的最新数据显示，2017 年我国网络零售市场的交易规模超过 7.2 万亿元。企业间（B2B）电子商务，也称为商家对商家、商家对企业或商业对商业的电子商务，表现为企业（商家、公司）使用因特网或各种商务网络向供货商订货、接收发票和付款，如著名的网络商务平台阿里巴巴。企业往往会设立专门的部门负责同供应商谈判，进行采购交易，因此，企业间电子商务通常又被称作电子采购（E-Procurement）。2016 年中国 B2B 电子商务交易额达 16.7 万亿元，从全球范围内来看，电子采购的规模更是惊人。此外，商家通过互联网所进行的各种沟通、控制及交易相关活动都是电子商务的有机组成部分，如员工利用网络进行远程办公，这些作为辅助性或支持性的业务活动，我们将其统称为支持性业务流程。

此外，电子商务还可以按照电子交易的地域范围分为本市或本地区的电子商务、远程国内电子商务和国际性电子商务。

10.1.2　电子商务法的概念及特点

1. 电子商务法的概念

电子商务的发展和自身的规范要求导致电子商务法的产生。顾名思义，电子商务法就是调整电子商务活动或行为的法律规范总和。电子商务法既有对传统商事法律的继承和肯认，又不乏基于交易环境和交易方式的改变而对新出现的特殊商事法律问题的回应，因而成为一个崭新的法律规范体系。实践中，对电子商务法的理解亦有广义和狭义之分。

（1）**狭义的电子商务法**　调整以数据电文为内容的电子商务法为狭义的电子商务法，它强调电子商务行为手段，其任务是要从法律上造成一个使各种通信技术都能畅通无阻地应用于其中的商事交易活动的环境。

（2）**广义的电子商务法**　调整电子商务活动的形式和内容两个方面的规范总和是为广义的电子商务法，它更加强调电子商务中交易行为本身及其引出的其他问题，既注重形式方面的规范，又注重电子交易内容规范。广义的电子商务法需要调整的内容包括电子商务网站建设及其相关法律问题、在线交易主体及市场准入问题、电子商务合同法律问题、电子商务市场规制问题、网络环境下的知识产权保护问题以及在线交易法律适用和管辖冲突等诸多方面的问题。

本书认为，广义上的电子商务法概念更有利于人们对电子商务实践活动的体系性把握以及对电子商务法律问题的全面解决，基于此点考虑，本书采用广义概念。

2. 电子商务法的特点

传统商法的特点是习惯性和无国界性，而电子商务法的发展则从一开始就突破了国家的领域，以联合国为代表的国际社会对电子商务法的一系列原则规则形成了广泛的共识，遂使得电子商务法具有鲜明的全球性。

电子商务法在21世纪的卓越发展持续印证了电子商务法的两个基本特征：其一，它以现代商业惯例为其规范标准；其二，它具有跨越任何国界、地域的、全球化的天然特性。

此外，由作为电子商务技术支撑的互联网的技术属性所决定，电子商务法也必然体现出一定的技术特征。这种特征主要表现在四个方面。

（1）**程式性** 电子商务法一般不直接规定交易的具体内容，即当事人享有的权利和义务，因为可以直接援用传统商法的既有规定。电子商务法主要调整当事人之间因特定交易形式的使用而引起的权利义务关系，解决诸如有关数据电文是否有效、是否归属于某人、电子签字是否有效、是否与交易的性质相适应、认证机构的资格如何、它在证书颁发与管理中应承担何种责任等问题。

（2）**技术性** 在电子商务法中，许多法律规范都是直接或间接地由技术规范演变而来的，特别是在数字签字和数字认证中使用的密钥技术、公钥技术、数字证书等均是一定技术规则的应用。技术的规范和统一是电子商务得以在更大范围内展开的基础性条件，技术性是电子商务法区别于传统商法的很重要的一个方面，也是促进电子商务法国际趋同化的关键性因素。

（3）**开放性** 电子商务法是基于以数据电文进行意思表示的法律制度，而数据电文在形式上是多样化的，并且还在不断发展之中。因此，必须以开放的态度对待任何技术手段与媒介，设立开放型和非歧视性的规范，从而为各种有利于电子商务发展的设想和技术都能发挥作用而预留空间。

（4）**复合性** 电子商务法的复合性源于电子商务交易关系的复合性，而电子商务交易关系的复合性源于其技术手段上的复杂性和依赖性。它通常表现为当事人必须在第三方的协助下才能完成交易活动。比如在电子合同订立中，需要有网络服务商提供接入服务，需要有认证机构提供数字证书等。电子商务法要同时兼顾多元主体的利益诉求，当然要有更加精巧和细致的规范设计。

10.1.3 电子商务法的基本原则

放眼全球，电子商务立法方兴未艾，从世界各国的电子商务立法中我们可以抽绎出电子商务法的一些基本原则。准确地把握这些原则，将有助于我国立法机关制定出切实可行的电子商务法律法规。

1. 最小程度原则

最小程度原则（minimal principle）又称作谦抑性原则，是指对于电子商务的立法应该采取低调的态度，不是要大范围地全面地建立一个有关电子商务的新的系统性的法律，而是尽量在最小的程度上为电子商务订立新的法律，尽力将已经存在的规则适用到电子商务中。

确立最小程度原则在很大程度上是基于经济学意义上的成本效益分析，当电子商务在现有的法律框架内完全可以顺畅进行或者只需将现有法律做适当修改即可达到此目的时，完全没有必要创建一套全新的规则。而且，有关电子商务的技术还在不断地发展，最小程度原则可以对新的技术保持足够的灵活性，过于具体的规定则可能会面临过时的危险，而且可能阻碍新技术的发展。再者，最小程度原则有利于电子商务法的国际认同，从而形成共同的规则，过于具体的规则却可能在不同的法域存在很大差异，从而为跨国交易制造潜在的障碍和不确定性。

最小程度原则在很多国家的电子商务立法和国际性电子商务立法中都有体现。如美国的《统一电子交易法》在前言中表明："《统一电子交易法》的目的是通过认可和实现电子记录和签名的效力来消除对于电子商务的法律障碍。该法不是一个有关合同的一般成文法——合同法的本质原则不会因为该法而改变。"

2. 程序性原则

程序性原则（procedural principle）是紧紧承接最小程度原则而来的一个原则。该原则要求电子商务法在一定程度上只是为适用已经存在的法律清除障碍或者明确关系，即如何将实体法适用于电子商务实践中，因而电子商务法应该更多地体现为程序性规范而不是实体性规范。

联合国的《电子商务示范法》（以下简称《示范法》）对程序性原则做了充分、明确的展示，其指南中说道："《示范法》旨在提供必不可少的程序和原则，以利于在各种不同情况下使用现代技术记录和传递信息……应当指出，《示范法》所考虑的记录和传递信息的技术，除引起在实施条例中要解决的程序问题之外，还可能引起在《示范法》中不一定能找到答案而要在其他法律中寻求答案的一些法律问题。这类其他法律可包括适用的行政法、合同法、刑法和司法程序法等，这些都是《示范法》并不打算涉及的。"

3. 功能等同原则

功能等同原则（functional equivalence）是指在将基于传统媒介的法律适用到网络技术环境中时，通过对基于网络技术的新型媒介和传统媒介的法律功能进行比较，如果这种新的媒介所具有的法律意义上的功能与传统媒介相等，那么适用于传统媒介的法律便可以直接适用到这些具有相同功能的新的媒介的实践中。

这一原则几乎被所有的电子商务立法的国家或者组织所采纳。例如，在联合国《示范法》中对于书面形式规定："如法律要求信息须采用书面形式，则假若一项数据电文所含信息可以调用以备日后查用，即满足了该项要求。"这便体现了以功能等同原则解决传统法律中的书面形式要求的问题。对于传统法律中的签字的要求，《示范法》规定："如果法律要求要有一个人签字，则对于一项数据电文而言，倘若情况如下，即满足了该项要求：①使用了一种方法，鉴定了该人的身份，并且表明了该人认可了数据电文内含的信息；②从所有各种情况看来，包括根据任何相关协议，所用的方法是可靠的，对生成或传递数据电文的目的来说也是适当的。"这同样是根据功能等同原则对传统法律中的要求所产生的障碍的解决方法。

4. 技术中性原则

技术中性（technology neutrality）原则是指在制定电子商务法时不是仅仅以现存的某一种特定技术作为基础而立法，而是尽力地超脱在某一种特定技术之外，以更加开放、宏观的视角来看待现存的和未来的各种技术。技术中性原则要求立法者不能搞技术歧视，不能动辄将某一类或某几类技术排除在电子商务法的调整范围之外。技术中性原则使得电子商务法在保持相对稳定性的同时，又不会妨碍技术的竞争和进步，因而成为许多国家的电子商务法竞相贯彻的一项重要原则。当然，技术中性原则是一个相对的概念，因为不可能存在对所有技术都适合的法律。

《示范法》在界定该法所规范的范围时体现了立法者对于技术中性原则的清醒认识，"虽然拟订《示范法》时经常提及比较先进的通信技术，如电子数据交换和电子邮件，但《示范法》所依据的原则及其条款也照顾到适用于不大先进的通信技术，如电传传真等作为普遍原则，任何通信技术均不应排除在《示范法》范围之外，因为未来技术发展也必须顾及。"

5. 当事人意思自治原则

当事人意思自治（party autonomy）原则是民商事法律的基本原则之一，即民事行为的当事人可以在法律许可的范围内按照自己的意思实施民事法律行为。这一原则落实到电子商务法中首先表现在当事人有选择以电子数据形式进行商务活动的自由，即当事人是利用网络与电子数据形式进行商业活动还是采取传统的方式由当事人自己决定；其次是在当事人选择网络与电子数据形式进行商业活动时，可以对于其中法律所许可的内容或者技术在法律上根据自己的意思进行约定，这种约定对于双方当事人有约束力。

例如，联合国《示范法》就明确宣示："决定着手拟订《示范法》时，人们就承认，在应用现代通信手段中所遇到的许多法律困难，实际上都在所订立的合同中商定了解决办法。因此，《示范法》是支持当事方自主权原则的。"同时，《示范法》第3章主要是关于数据电文传递的规定，包括合同的订立和有效性，当事人各方对数据电文的承认，数据电文的归属，确认收讫以及发出和收到数据电文的时间和地点等，对于这些内容当事人双方都可以通过协议的方式加以改变。

当然，当事人意思自治原则不是绝对的，各国和国际组织的电子商务立法均出于保护消费者权益等公共政策的考虑，对当事人意思自治原则做出了一些限制，从而使得当事人不可能对任何事项进行约定。

6. 国际协调性原则

国际协调性（international harmonization）原则是指由电子商务的国际性所决定，电子商务立法必须注意国际社会之间的协调和一致。实际上，《示范法》便是在这样的背景和要求下产生的，其目的便是要向各国立法者提供一套国际公认的规则，说明怎样去消除此类法律障碍，如何为电子商务创造一个比较可靠的法律环境。

正是由于认识到电子商务法国际协调的必要，《示范法》在世界范围内被广泛地接纳。例如，阿根廷、澳大利亚、百慕大、哥伦比亚、法国、韩国、墨西哥、印度、爱尔兰、菲律宾、新加坡和斯洛文尼亚等国家和中国香港地区都已经采纳了《示范法》。

为此，我国电子商务立法也应当尽量与《示范法》保持一致，这样有利于我国电子商务规范与世界接轨。与此同时，吸收其他国际组织和发达国家成熟的立法经验，既可以避免走弯路，同时也可以减少摩擦和规则冲突，使我国立法一开始就融入全球电子商务大环境中。

10.2 各国及国际电子商务立法概况

10.2.1 美国的电子商务立法

美国的电子商务发展最早、最成熟，其电子商务立法和电子商务政策也已蔚为大观，现撮其要者介绍如下。

1. 《全球电子商务纲要》

美国克林顿政府在 1997 年 7 月 1 日公布了美国《全球电子商务纲要》(A Framework For Global Electronic Commerce，以下简称《纲要》)，向世界各国宣示美国政府积极致力于发展电子商务的大政方针。这份《纲要》是由时任副总统戈尔所领导的跨部会的电子商务工作小组，经过 18 个月的讨论后提出来的，充分体现了美国政府对于发展电子商务的高度重视。

《纲要》高屋建瓴地提出了五项基本原则，并围绕九大议题给出了建设性的解决方案。五项基本原则分别是：第一，私人企业应居领导地位；第二，政府应避免对电子商务做不必要的限制；第三，政府参与之目的在于支持及实施一个可预测、管制最少、一致且简单的商业法律环境；第四，政府应该承认因特网的独特性质；第五，因特网上电子商务的推动应以全球为基础。从这五项基本原则中，可以看出美国这个市场经济国家的本色，体察到美国社会对于市场"无形之手"的充分信任和政府对于自身在推动电子商务发展中的谨慎定位。《纲要》致力于解决的九大议题包括了关税与税捐、电子付款系统、针对电子商务制订的统一商法典、知识产权的保护、隐私权保护、网络安全、电信建制与信息科技、网络内容与广告和网络相关科技标准等诸多方面的内容，围绕这九个方面的议题一一地提出了解决的建议，如认为电子商务不应受到新的捐税的负累，反对各国采取僵硬与强制性的管制政策，主张因特网也应发展国际一致的商业法典，主张加强网络知识产权和隐私权的保护，强调网络安全法律建制的重要性，呼吁世界各国放眼长远，对科技保持中立场，并加强在建立统一的网络科技标准方面的合作。

2. 《统一计算机信息交易法》

1999 年 7 月 30 日，美国统一州法委员会通过了《统一计算机信息交易法》(英文缩写为 UCITA，以下简称 UCITA)，其性质为示范法。UCITA 规范以电子形式传播的软件与信息，而不规范诸如电影合同等其他种类的信息授权。UCITA 亦不适用于以传统书面形式，如书籍、杂志以及报纸传播信息的情况。UCITA 主要完成了以下几个方面的工作。

(1) **界定相关名词的定义**　UCITA 对信息、信息权、大众市场交易、电子代理人等说法均作了概念上的界定。

(2) **明确规范对象**　依照第 103 条 (a) 款规定，本法适用于计算机信息交易。而所谓"计算机信息交易"，按照第 102 条 (a) 款第 11 项的解释，系指"就计算机信息或其中的信息权利的生成、修改、转移或许可使用而达成的协议，以及对此种协议的履行"。

(3) **修正部分合同法概念**　主要表现在：①针对合同法上的"文件"(documents) 一词，以"记录"(records) 加以代替；②扩展了合同法上"签章"的含义；③将现代合同法上的"承诺"(acceptance)，以"明示同意"(manifest assent) 代替之；④将合同法中的"归因程序"(attribution procedures) 修订为"商业上的合理归因程序"(commercial reasonableness of attribution procedure)；⑤加入了现代合同法所没有，但在消费者保护法中常见的"明显性"(conspicuous) 要件。

(4) **规定了合同成立**　UCITA 第 215 条特别对电子交易是否成立合同作了规定。根据该条 (a) 款，电子讯息于接收时生效，即使无人知道这种接收。该条 (b) 款则规定，收到对一条电子讯息的电子确认的事实，证明该讯息已经被收到，但其本身并不证明发送的内容与收到的内容一致。

(5) **规定电子错误的后果**　所谓电子错误 (electronic error) 是指在没有提供检测并纠正或避免错误的合理方法的情况下，用户在使用一个信息处理系统时产生的电子讯息中的错误。按照 UCITA 第 214 条（b）款的规定，在一个自动交易中，对于用户无意接受的，并且是由于电子错误产生的电子讯息，如用户采取了适当的反应，则不受其约束。

（6）**关于选择管辖地的问题**　UCITA 第 110 条（a）款规定，双方可以协议选择一个排他性的管辖法院，除非此种选择不合理且不公平；第 110 条（b）款又规定，除非双方协议明确规定，双方协议选择的管辖法院不具有排他性。

综上，尽管 UCITA 存在过于偏袒商业组织的倾向，但是该法仍然将美国的电子商务立法推进了一大步，美国各州正在积极采纳该法。我们有理由相信，UCITA 会成为美国调整电子商务的基本法。

3.《全球和国内商业法中的电子签名法案》

2000 年 10 月，美国国会通过了《全球和国内商业法中的电子签名法案》（以下简称《法案》）。它是一项重要的电子商务立法，其突出特点是采纳了"最低限度"模式来推动电子签名的使用，不规定使用某一特定技术。其主要内容体现在以下几个方面。

在电子签名的适用范围方面，规定适用于一切影响到州际的或外国的商业合同、协议和记录及 1934 年《证券交易法》管辖范围的事项。即电子签字可以广泛适用于消费者申请抵押或贷款、在网上购买汽车，开立佣金户头或处理与保险公司的事务等领域。

对于电子签名的效力，《法案》将重点放在查证签名人的意图上，而不是签名的形式和规则。《法案》赋予电子签名、电子合同和电子记录与传统形式和手写签名相同的法律效力和可执行力。它不但承认了"数字签名技术"，而且也授权在未来可使用其他任何类型的签名技术。但它同时也明确，《法案》的规定不影响现有关于合同、记录必须采用书面、签名或电子形式以外的其他形式的法律要求。《法案》规定了通过选择"加入"系统而自愿使用电子签名或记录的规则。消费者可以自由地选择交易形式（即"当事人自治"）；如果同意进行在线交易，则以电子方式确认其意思表示。《法案》规定，公司必须提供一种"清楚、明晰的陈述"，在消费者表示同意前，告知其有权获得一份纸质的或非电子形式的记录和撤回其同意接收电子记录的意思表示，以及有权取得保留电子记录所需要的硬件和软件条件（第 101 条）。至于消费者的"意思表示"，必须"合理地表明"消费者获得电子形式的信息，该信息是用以证明消费者意思表示（同意）的客体。

至于电子签字的国际性效力，《法案》的规定与联合国的《电子商务示范法》是相一致的。它消除了以纸质为基础的传统对电子交易造成的障碍，对来源于其他国家的电子签字和认证方法采取了非歧视的原则。

《法案》的特点在于：第一，与欧盟《关于建立电子签名共同法律框架的指令》相比，最具积极意义的部分是在私营部门和自律政策方面。它试图为电子交易的可靠性和安全性提供一个法律框架，对政府的不适当干预进行限制，放弃对电子签字和认证的强制性规制方案，采取了自由化的和非歧视的市场导向方法。第二，《法案》通过"技术中立"的规定，明确表明，保障在线签约安全不只存在一种单一的技术或方法，尽管数字签名在美国得到了广泛的承认。第三，《法案》预先制止了可能出现的指定特定技术方案的州一级的电子签字法的出台，为创设互通性的电子签约系统创造了条件。

10.2.2　欧盟的电子商务立法

1.《内部市场电子商务法律架构指令》

1998 年 12 月 23 日，欧盟颁布了《内部市场电子商务法律架构指令》（以下简称《架构指令》），主要目的是通过清除欧盟境内阻碍电子商务发展的现行法律，促进欧盟单一市场内部电子商务的发展。

《架构指令》特别提出了信息社会服务（information society services）的概念，并开宗明义地指出，为寻求确保内部市场适当功能得以发挥最大效用，将采取适当方式来促进各成员国间信息社会服务的自由流通。《架构指令》对内部市场规划、硬件设施服务提供者、商业讯息传递、在线电子缔约、媒介者的责任、行为规范、法庭外纠纷解决机制、司法行为及各成员国间所应建立的合作关系等重大议题作了规定。

《架构指令》要求服务业者在服务接受者和监督部门有所需要时，必须以适当方式将己方信息提供给对方。一项商业讯息的传递，若属未经要约同意的，则发送者必须保证接收者在接收到的当时就能够清楚明确地识别信息发送者的身份。该指令还特别要求各成员国要通过立法或修法来保障在线契约的有效使用和顺利开展。同时，对于如何确定一桩网上契约缔结完成的时间，《架构指令》也给出了指导性意见。

《架构指令》对于那些"单纯从事媒介、中介行为"的媒介业者表达了一种宽容的态度，认为那些专门为服务接受者提供通信网络传送服务，或是提供通信网络接取服务的业者，其行为性质如果符合自动性、中介性和短暂储存性的特点，并且其于全部通信网络传送过程中，仅单纯负责传送的服务，则其在通常情况下不需承认任何法律责任或是只承担有限的法律责任。

《架构指令》鼓励由各贸易、专业的协会团体为先导，完成在共同体层面上适用的行为规范。提倡加快法庭外纠纷解决机制的创立，明确该体制运行的一般原则，以及各成员国在建立该体制过程中的责任。

2. 《电子签章指令》

欧盟委员会于 2000 年 1 月 19 日正式公布了《关于建立电子签名共同法律框架的指令》（以下简称《指令》）。其主要目标是：（1）推动电子签名的使用，促进法律承认；（2）协调成员国之间的规范；（3）提高人们对电子签名的信心；（4）创设一种弹性的、与国际的行动规则相容的、具有竞争性的跨境电子交易环境。

《指令》提出了一个涉及电子签名和"认证服务商"（CSPs）的法律框架。它依据交易敏感度的不同，将电子签名依其安全水平的高低分为"基本电子签名"（the basic signature）和"高级电子签名"（the advanced signature），前者适用于低安全水平交易，后者用于需要较高安全水平的交易。《指令》没有提出具体的技术导向，但偏向于采用数字签名（第 2 条第 2 款、第 5 条）。在法律承认方面，《指令》提出了电子签名的非歧视原则。但它要求"高级电子签名"必须满足国内法的形式条件，而且事实上只将数字签名视为效力等同于手写签名的电子签字方式。此外，它规定电子签名作为证据不得因其为电子形式而被否认其具有的可强制执行力和可采证力（第 5 条第 2 款）。但这种承认仍然有限，因为所有关于合同或非合同义务的规定被排除在《指令》的范围之外，关于合同订立、效力的问题也必须符合国内法或欧盟法律所规定的条件。

在市场进入方面，《指令》规定各成员国不得将电子签名认证服务纳入"强制性许可"范围，应由各成员国自行决定引入"民间认证方案"。但它要求必须客观、透明、非歧视和适当的。《指令》规定了认证服务商的责任规则（第 6 条）。对于因为泄露数据而给任何机构造成的损失，以及基于其所签发的合格证书产生的"合理信赖"而造成的损失，认证服务商应承担责任，除非其能够证明其没有"疏忽行事"。此外，《指令》承认第三国认证具有与欧盟的认证服务供应商所签发的证书同等的法律效力，只要其与欧盟存在联结关系（如欧盟的民间认证），或欧盟与该第三国之间有双边或多边协议（第7条）。

3.《电子商务指令》

欧盟于2000年5月4日正式通过《内部市场电子商务信息社会服务法律观点指令》（以下简称《电子商务指令》）。根据共同体条约第251条规定，各成员国必须于18个月内调整国内法律，以执行本项指令。

《电子商务指令》适用范围涵盖所有信息社会服务，不论其形式为B2B或B2C，其所适用的具体形态相当广泛，包括在线新闻、在线数据库、在线金融服务、在线专业服务、在线娱乐服务、在线广告以及其他使用国际网络提供服务的业者。这份指令的核心内容主要包括如下几方面。

（1）**设立与管理** 该指令对于信息服务者的设立地做出定义，所谓设立地系指业主借由固定设施实际进行经济活动的处所，而与网站设立地点和电子邮件信箱无关。该指令还要求信息社会服务提供业者必须向消费者和权责部门提供容易接取和存续的基本讯息。

（2）**在线契约** 该指令要求各成员国取消使用电子契约的限制或禁令，此外在电子契约缔结时，通过要求特定信息以确保法律安全，尤其是帮助消费者避免科技错误。

（3）**媒介的责任** 该指令希望，在媒介的责任这一问题上能够消除法律的不确定性，以避免成员国之间的冲突。对于单纯扮演载体角色来传送信息的媒介业者，应免除其法律责任；对于提供诸如储存资料服务的媒介业者，则限制其责任。

（4）**商业通信（commercial communications）** 《电子商务指令》对商业通信给出了定义，认为包括广告、DM、域名、电子邮件均在其范畴之内。该指令要求业者必须达成一定程度的透明度，以确保用户放心与之交易。对于一些特殊职业如律师、会计师等，该指令提供了在线经营的一般指引，如禁止各成员国通过广告规制来限制专门业者经营网站，但要求尊重专门行业协会所制定的职业规范。

（5）**指令的执行** 该指令通过鼓励各贸易、专业的协会团体完成共同体层次的电子商务行为规范，寻求各成员国间的政府合作，建立有效的在线争执处理机制来促进指令的执行。

（6）**相互承认与法律抑损（derogation）** 该指令的一项基本精神是各成员国的法律必须相互承认，同时原产国（the country of origin）原则必须适用于信息社会服务。该指令还对其不予适用的情况和问题做了一一列举。此外，在何种情况下可对信息社会服务实施禁止或限制，何种限制方为适当，该指令也做了说明。

10.2.3 中国的电子商务立法

我国电子商务立法伴随着电子商务的开展而逐渐推进并完善，往往体现了"地方先行、行业先行"的特点，即立法首先以地方法规的形式出现，或者在行业中通过对相对成熟的规则进行总结，最后上升为国家层次的立法。国务院在2005年12月出台了《关于加快电子商务发展若干意见》，这是我国发展电子商务的主要政策之一，其中强调了电子商务对国民经济和社会发展的重要作用，规定了加快电子商务发展的指导思想和基本原则，将完善政策法规环境、规范电子商务发展置于很高的地位。

1.《电子签名法》

2004年8月28日《中华人民共和国电子签名法》（以下简称《签名法》）通过，自

2005年4月1日正式实施，于2015年4月24日修正。作为我国首部"真正意义上的信息化法律"，《签名法》共5章36条，分别是第1章"总则"、第2章"数据电文"、第3章"电子签名与认证"、第4章"法律责任"和第5章"附则"，全文共约3 900字。《签名法》主要针对如下几方面的问题做了规定。

1）数据电文的法律效力和适用范围。
2）数据电文的等同采用和收发规则。
3）电子签名的使用要求和法律效力。
4）电子认证服务提供者的设立条件和业务规则。
5）电子签名人和电子认证服务提供者的权利、义务及相应的法律责任。

《签名法》首先为"电子签名"下了定义，"是指数据电文中以电子形式所含、所附用于识别签名人身份并表明签名人认可其中内容的数据。"而所谓"数据电文"是指"以电子、光学、磁或者类似手段生成、发送、接收或者储存的信息"。

关于电子签名和数据电文的法律效力问题，《签名法》规定，"民事活动中的合同或者其他文件、单证等文书"，当事人如果约定使用电子签名、数据电文的，"不得仅因为其采用电子签名、数据电文的形式而否定其法律效力"。同时，《签名法》还对数据电文作为证据使用的资格予以了明确的承认。当然，并不是所有的民事活动中当事人都可以约定使用电子签名和数据电文的，有几种情况当事人是不能约定采用电子签名和数据电文的，"①涉及婚姻、收养、继承等人身关系的；②涉及土地、房屋等不动产权益转让的；③涉及停止供水、供热、供气、供电等公用事业服务的；④法律、行政法规规定的不适用电子文书的其他情形。"这实际上就为电子签名和数据电文的适用限定了范围。

《签名法》充分借鉴了国际先进的立法经验，遵循等同采用的思路设计了数据电文的具体使用要求，如第5条规定："符合下列条件的数据电文，视为满足法律、法规规定的原件形式要求：①能够有效地表现所载内容并可供随时调取查用；②能够可靠地保证自最终形成时起，内容保持完整、未被更改。但是，在数据电文上增加背书以及数据交换、储存和显示过程中发生的形式变化不影响数据电文的完整性。"在等同采用数据电文的基础上，《签名法》还对数据电文的发送、接收、确认收讫等问题做了细致的规定。

关于电子签名的法律效力问题，《签名法》认为："可靠的电子签名与手写签名或者盖章具有同等的法律效力。"那么，什么样的电子签名才算是"可靠的"呢？按照《签名法》的规定，必须要同时满足这样一些条件，电子签名才是可靠的。"①电子签名制作数据用于电子签名时，属于电子签名人专有；②签署时电子签名制作数据仅由电子签名人控制；③签署后对电子签名的任何改动能够被发现；④签署后对数据电文内容和形式的任何改动能够被发现。"同时，《签名法》也允许当事人通过合意提高或降低电子签名可靠性的标准，体现出对当事人自主权的尊重。

【案例分析】

2004年1月，杨先生认识了女孩韩某。同年8月27日，韩某发短信给杨先生，向他借钱应急，短信中说："我需要5 000元，刚回北京做了眼睛手术，不能出门，你汇到我卡里。"杨先生随即将钱汇给了韩某。一个多星期后，杨先生再次收到韩某的短信，又借给韩某6 000元。因都是短信来往，两次汇款杨先生都没有索要借据。此后，因韩某一直没提过借款的事，而且又再次向杨先生借款，杨先生产生了警惕，于是向韩某催要。但一直索要未果，于是起诉至海淀法院，要求韩某归还其11 000元钱，同时提交了银行汇款单两张。但韩某却称这是杨先生归还以前欠她的欠款。为此，在庭审中，杨先生又向法庭提交了自己使用的飞利浦手机一部，其中记载了部分短信内容。后经法官核实，该手机短信中所显示的对方手机号码确为韩某所使用，韩某本人对此亦予以承认。

最终，法院判决韩某在判决生效后偿还杨先生借款11 000元。

资料来源：《检察日报》2005年7月26日。

思考题

本案中，法院判决的依据何在？

[参考答案]

依据《中华人民共和国电子签名法》中的规定，移动电话短信息符合电子签名的形式。同时，移动电话短信息能够有效地表现所载内容并可供随时调取查用，能够识别数据电文的发件人、收件人以及发送、接收的时间，可以认定该移动电话短信息内容作为证据的可靠性。

在电子商务中，往往需要第三方对电子签名人的身份进行认证，向交易双方提供信誉担保，这个第三方一般称之为电子认证服务机构。认证机构的可靠与否，对电子签名的真实性和电子交易的安全性起着关键作用。《签名法》对提供电子认证服务设定了严格的法人资格、人员、资金、场所、技术、设备，以及国家密码管理机构同意使用密码的证明文件等方面的条件限制。此外，电子认证服务机构从事相关业务，需要经过国务院信息产业主管部门许可，颁发电子认证许可证书。电子认证服务机构在提供电子认证服务过程中，还需要遵守一系列业务规则，《签名法》也对此一一做了规定。

为使《签名法》真正起到规范市场秩序和保证交易安全的作用，《签名法》对包括电子签名人、电子认证服务机构和电子认证服务业监督管理部门的工作人员在内的相关主体不履行法定义务或职责所需承担的法律责任作了明晰的规定，同时还对未经许可从事电子认证服务和伪造、冒用、盗用他人的电子签名的行为需要承担的法律责任作了规定。

《签名法》是我国电子商务和信息化领域第一部专门的法律，它通过确立电子签名法律效力，规范电子签名行为，维护有关各方合法权益，从而从法律制度上保障电子交易的安全，促进电子商务和电子政务的发展，同时为电子认证服务业的发展创造了良好的法律环境，为我国电子商务安全认证体系和网络信任体系的建立奠定了重要基础。

2. 《电子商务法》

近年来，我国电子商务迅猛发展，对推进供给侧结构性改革、激发社会创新创业活力、满足人民日益增长的美好生活需要发挥了重要作用。中国已成为世界领先的电子商务市场，积累了丰富的创新发展经验。为了进一步支持、促进电子商务发展，维护市场秩序，保障电子商务各方主体的合法权益，《中华人民共和国电子商务法》（以下简称《电子商务法》）历经"五年四审三公开"于2018年8月31日正式通过。

《电子商务法》共分7章89条，分别是第1章"总则"、第2章"电子商务经营者"、第3章"电子商务合同的订立与履行"、第4章"电子商务争议解决"、第5章"电子商务促进"、第6章"法律责任"和第7章"附则"。该法主要针对如下几方面的问题做了规定：

（1）电子商务的概念和本法的适用范围。《电子商务法》第2条第2款规定："本法所称电子商务，是指通过互联网等信息网络销售商品或者提供服务的经营活动。"单看这一表述，《电子商务法》对电子商务采用一种广义的理解。然而，该法第 2 条在规定"中华人民共和国境内的电子商务活动，适用本法"的基础上，又规定："法律、行政法规对销售商品或者提供服务有规定的，适用其规定。金融类产品和服务，利用信息网络提供新闻信息、音视频节目、出版以及文化产品等内容方面的服务，不适用本法。"与欧盟《电子商务指令》及其他国际立法相比，《电子商务法》的适用范围明显要窄，反映出我国立法者面对日新月异的电子商务的谨慎态度。

（2）电子商务经营者的权利、义务和责任。电子商务经营者是《电子商务法》规制的首要主体，对电子商务经营者的权利、义务和责任尤其是义务和责任的规定构成了《电子商务法》的重心。首先，《电子商务法》第 9 条对电子商务经营者给出了定义："是指通过互联网等信息网络从事销售商品或者提供服务的经营活动的自然人、法人和非法人组织，包括电子商务平台经营者、平台内经营者以及通过自建网站、其他网络服务销售商品或者提供服务的电子商务经营者。"其中，又以电子商务平台经营者和平台内经营者为主。在此基础上，《电子商务法》一方面对电子商务经营者的经营规则和法律义务做了一般性的规定，另一方面又专门针对电子商务平台经营者做了一些特殊的规定，涉及商品和服务质量保障、消费者权益保护、个人信息保护、知识产权保护以及反垄断和反不正当竞争等方面的问题。

（3）电子商务合同的订立和履行。《电子商务法》第 49 条规定："电子商务经营者发布的商品或者服务信息符合要约条件的，用户选择该商品或者服务并提交订单成功，合同成立。当事人另有约定的，从其约定。"为保障用户的正当权益，该法第 50 条还规定："电子商务经营者应当清晰、全面、明确地告知用户订立合同的步骤、注意事项、下载方法等事项，并保证用户能够便利、完整地阅览和下载。电子商务经营者应当保证用户在提交订单前可以更正输入错误。"此外，《电子商务法》还对合同标的的交付、价款的支付以及在采用电子支付的情况下用户和电子支付服务提供者彼此的权利和义务做了较为详尽的规定。

（4）电子商务争议的解决。针对争议解决途径，《电子商务法》第 60 条规定："电子商务争议可以通过协商和解，请求消费者组织、行业协会或者其他依法成立的调解组织调解，向有关部门投诉，提请仲裁，或者提起诉讼等方式解决。"这一规定与我国《消费者权益保护法》的规定是一致的。此外，为了有效地处理争议，《电子商务法》还对电子商务经营者提出了一系列要求，如应当建立便捷、有效的投诉、举报机制，在争议处理中应当提供原始合同和交易记录。

（5）跨境电子商务。针对跨境电子商务这一新兴事物，《电子商务法》只做了原则性的规定，如第 26 条"电子商务经营者从事跨境电子商务，应当遵守进出口监督管理的法律、行政法规和国家有关规定。"此外，该法还明确了国家在推动和促进跨境电子商务方面的义务和责任。

整体而言，《电子商务法》遵循保障权益、规范行为、维护秩序、促进发展的立法宗旨，坚持"鼓励创新、包容审慎"原则，主要制度充分考虑了电子商务发展实际和面临的突出问题，也为将来的发展留有充分的空间，具有较强的针对性、可行性和包容性。

10.2.4　联合国的《电子商务示范法》

1996 年 12 月联合国国际贸易法委员会通过了《电子商务示范法》（以下简称《示范法》）。它是经过众多的国际法律专家多次集体讨论后制定的，意在向各国政府的执行部门和议会提供电子商务立法的原则和框架，尤其是对以数据电文为基础的电子合同的订立和效力等事项做出了开创性的规定，因而成为各国制定本国电子商务法规的"示范文本"。

1.《示范法》的适用范围

关于《示范法》的适用范围问题，该法第1条即开宗明义讲道："本法适用于在商业活动方面使用的、以一项数据电文为形式的任何种类的信息。"考虑到这样一种表述仍显概括，该法对"商业"和"数据电文"做了进一步的界定："对'商业'一词应作广义解释，使其包括不论是契约性或非契约性的一切商业性质的关系所引起的种种事项。商业性质的关系包括但不限于下列交易：供应或交换货物或服务的任何贸易交易；分销协议；商业代表或代理；客账代理；租赁；工厂建造；咨询；工程设计；许可贸易；投资；融资；银行业务；保险；开发协议或特许；合营或其他形式的工业或商业合作；空中、海上、铁路或公路的客、货运输。"而"'数据电文'系指经由电子手段、光学手段或类似手段生成、存储或传递的信息，这些手段包括但不限于电子数据交换（EDI）、电子邮件、电报、电传或传真。"可见，《示范法》的适用范围是非常广泛的，涵盖了差不多所有类型的商业活动和当前人们所能够利用的电子通信手段，并为未来电子商务的发展预留了空间。

2.《示范法》的基本结构

《示范法》具有一种开放型的文本结构，它允许根据需要不断增加相关的内容，这是它作为一份国际性示范文本的生命力所在。

《示范法》共分两大篇，第一篇规定电子商务的一般问题，第二篇处理特殊领域中的电子商务问题，两篇之间的关系很明显类似于我国《合同法》总则和分则的关系。其处理特定领域电子商务的部分，目前仅有一章，只适用于货物运输的电子商务。按照《示范法》的精神，涉及电子商务的其他内容，可以在将来条件成熟时再做规定。国际贸易法委员会也会持续关注国际电子商务的发展动态，随时准备对《示范法》的条款做出明智、及时的增删或修改。据说国际贸易法委员会曾考虑过将《统一电子签名规则》纳入《示范法》的体系，作为《示范法》的一个篇章，由此可见《示范法》开放性的结构特征及它与其他相关法律文件之间有机的衔接关系。

综上，《示范法》是一个开放的系统，它的开放性不仅表现在一部法律文件中一般规范与具体应用的纵向联结关系上，还表现在整部《示范法》可与其他相关的电子商务法律规范形成网状联结，构成电子商务法律群的横向联结关系上。这样一种开放性的文本结构反映出立法者积极务实的立法态度，也使得《示范法》能够灵活应对日新月异的电子商务实践。

3.《示范法》的主要内容

（1）**明确数据电文的法律地位** 电子商务的基本媒介是数据电文，《示范法》首先对数据电文的法律地位予以承认和肯定。《示范法》第5条规定："不得仅仅以某项信息采用数据电文形式为理由而否定其法律效力、有效性或可执行性。"第9条（1）规定："在任何法律诉讼中，证据规则的适用在任何方面均不得以下述任何理由否定一项数据电文作为证据的可接受性：①仅仅以它是一项数据电文为由；②如果它是举证人按合理预期所能得到的最佳证据，以它并不是原样为由。"

在明确承认数据电文法律地位的基础上，《示范法》对于数据电文的保存和传输等问题做了比较全面的规定。同时，《示范法》允许当事人得经由合意变更第3章"数据电文的传输"中条文的适用。

（2）**引入功能相等原则** 《示范法》的立法者们清楚地认识到，单是承认数据电文的法律效力是远远不够的，还必须在数据电文和传统的纸面媒介之间建立起可以互相类比的法律机制，为此，《示范法》引入了功能相等原则。该原则的具体操作方法是，将传统书面规范体系分层剖析，从中抽象出功能标准，再从电子商务交易形式中找出具有相应效果的手段，以确定其效力。

《示范法》的第6~8条和第10条等条款就充分体现了对功能相等原则的运用。如第6条规定了数据电文要想达到书面的形式要求所应具备的相应法律功能；第7条规定了当法律有签名之要求时，数据电文所应达到的功能标准；第8条规定了当法律要求以原本形式呈现或保存时，数据电文所应满足的功能条件；第10条规定了当法律要求保存特定文件、记录或信息时，数据电文所应具备的功能。

《示范法》将数据电文和传统的纸面媒介做了类比，通过找寻和确认电子数据可能具备的与纸面文件同效的法律功能，从而赋予了电子数据可以与纸面文件相媲美的法律效力和证据资格。功能相等原则既是《示范法》的认识论工具，又是该法的立法与执法的基本指导方针之一。

同时，在传统纸面媒介的环境中，法律对形式的要求是不尽一致的，即有不同层次的标准和要求。例如，有时法律只是简单要求书面形式，无论其为原件或是复印件，有无签名，而针对某些事项法律则要求当事人必须提交原件，在一些特殊重要的场合，法律甚至要求当事人一定要签名。《示范法》认为，法律对数据电文的形式要求也应根据实际情况做灵活调整，不宜一律采用最严格的要求。

（3）**确立本法解释原则** 法律的解释原则，往往是与立法的宗旨相一致的。《示范法》的主要目的，是通过向各国立法者提供一套国际上可接受的规则，以便消除传统法律中的障碍，为电子商务创造更加适宜的法律环境。因而《示范法》第3条规定："①在解释本法时，须顾及本法之国际性本质并促进适用本法的一致性与诚信原则的遵守。②涉及受本法规范却未予明文规定的问题，应依本法一般法律原则加以解决。"

本条规定是受到《联合国国际货物买卖合同公约》第7条的启发，旨在为法院或其他国内或地方机关在解释并适用《示范法》时提供指南。因而，尽管该法可以转化为国内立法，但是国内的具体执法部门在解释和运用《示范法》时，必须要注意到该法的国际性特点，重点考虑这样一些目标的实现：①在各国之间促进电子商务；②促进与鼓励使用新信息技术；③促进诚信原则的遵守；④促进法律的统一；⑤支持商业惯例。

（4）**规定了货物运输领域特殊的电子商务问题** 货物运输属于电子商务的特定领域。《示范法》第16条规定了与货运合同有关的行动，包括但不限于获取或转移合同权利和义务在内的7种情况。第17条规定了数据电文用作运输单据的条件和限制。

10.3 电子商务合同的法律问题

正如现实世界中的商务活动常常要借助于合同的形式来加以完成一样，虚拟世界中的商务活动就往往表现为电子商务合同。关于电子商务合同，很多教材中干脆称之为电子合同，本书认为两者不能等同，电子合同的外延明显要大过于电子商务合同。基于此，本书将"电子商务合同"定义为：电子商务合同是商事领域中平等主体之间以数据电文的形式达成的，用于设立、变更、终止权利义务关系的协议。

电子商务合同的订立与履行是电子商务活动的核心环节，电子商务合同的实践表明它并没有颠覆合同法的一般准则，只不过其特殊的形式和技术性特点决定了在一些细节问题上电子商务合同必须适用特殊的规则，因此，本节将主要讨论有关电子商务合同的一些特殊法律问题。

10.3.1 电子商务合同的形式

电子商务合同区别于传统合同的首要特征，即在于形式的特殊性。这种形式的特殊性主要表现在电子商务合同以数据电文的形式存在，没有原件和复印件之分。同时，由于数据电文本身具有易改动性，评估其证据效力时，必须要考虑到生成、存储或传递该数据电文的办法的可靠性。实践中，电子商务合同主要有以下三种形式。

1. EDI 合同

早期的电子商务合同主要是 EDI 合同，即利用电子数据交换系统订立的合同。它往往经过这样一个过程：如果一个生产企业采用 EDI 系统签订合同，通过网络收到一份订单，该系统可以自动处理该订单，检查订单是否符合要求，向订货方发确认报文，通知企业管理系统安排生产，向零配件供应商订购零配件，向交通部门预订货运集装箱，到海关、商检等部门办理出口手续，通知银行结算并开具 EDI 发票，从而将整个订货、生产、销售过程贯穿起来。

EDI 合同是商业发展史上的里程碑，因为它突破了传统纸上贸易的藩篱。相对于传统的订货和付款方式，EDI 交易大大节约了时间和费用，并有比较可靠的安全保障。但是 EDI 合同也有它成本高昂的缺点，因为它需要一整套软硬件条件的支持，因而限制了这种合同形式的普及。而真正给电子商务带来革命性改变的是电子邮件合同。

2. 电子邮件合同

电子邮件合同是以网络协议为基础，从终端机输入信件、便条、文件、图片或声音等，最后通过邮件服务器将其传送到另一端的终端机上，通过这样一种发送电子邮件的方式签订的合同。它往往表现为当事人双方通过发送和接收电子邮件的方式进行要约和承诺，对合同条款做反复协商，最后达成一致的协议。电子邮件合同具有快捷、方便、低成本的优势，在许多方面都超过了传统的邮件投递业务。而且较之 EDI 合同，以电子邮件方式所订立的合同更能清楚地反映订约双方的意思表示。但电子邮件在传输过程中易被截取、修改，故安全性较差，因而常常需要附加电子签名以保障其真实性和安全性。

3. 点击合同

点击合同（click-wrap contract）是指由商品或服务的提供人通过计算机程序预先设定了合同条款，以规定其与相对人之间的法律关系，并适用于不特定的多数人，用户不得加以改变，必须点击"同意"后才能订立的合同。点击合同是格式合同的电子形式。

在网络上消费和交易，使用格式条款、格式合同的情况经常发生，顾客不需要在购买商品时与商家就责任承担及具体的交易条件进行协商，往往根据标准化的合同条款进行交易。一般消费者只需填写个人基本资料，明确内容后只需按键同意即可看到合同全文。此种合同形式方便、快捷、高效，几秒钟的时间就可以完成合同订立的整个过程，因而受到网络零售商和广大网民的青睐，成为时下网络购物的主流模式。

然而，由于用户无权参与合同条款的制订和修改，因而常常发生侵害消费者权益的情况。作为用户，在决定接受该合同前，仔细审阅合同的全部条款，应该是明智之举。

【案例分析】

2001年4月22日,天津的来云鹏通过互联网在四通利方公司所属的《新浪网》上注册为会员,并根据该网站的承诺,使用网站提供的50兆容量的"免费邮箱"服务。2001年8月2日,《新浪网》通知所有用户,于9月16日零时将"免费邮箱"的容量从50兆缩减至5兆。来云鹏认为,《新浪网》不顾其承诺和信誉,在未经会员同意的情况下,擅自变更电子邮箱服务,压缩"免费邮箱"的容量,构成了违约,遂向北京市海淀区人民法院提起诉讼,请求判令《新浪网》继续履行承诺提供50兆容量"免费邮箱"的服务。被告四通利方公司辩称:《新浪网》是根据服务条款向用户提供信息服务的。用户在《新浪网》注册会员身份时,《新浪网》全面展示了网站信息服务条款的内容。用户只有点击了"同意"键,表明接受服务条款的全部内容后,方能完成会员的注册,并使用"免费邮箱"服务。"免费邮箱"的电子邮件信息服务是完全免费的,不需要用户承担其他义务。由于网站的服务条款明确规定,《新浪网》有权在必要时调整服务合同条款,并随时更改和中断服务。所以,我公司调整"免费邮箱"容量不构成违约,不同意原告的诉讼请求。

法院认为:"免费邮箱"是四通利方公司所属《新浪网》自愿单方面无偿提供的一项服务,应认定四通利方公司有权根据服务条款对此进行合理的变更。《新浪网》在将"免费邮箱"由原50兆容量调整为5兆前,已事先在网站的重要页面上做出声明,履行了服务条款中的说明和提示义务,其行为应该是合法有效的,不构成违约。2001年11月15日,北京市海淀区人民法院做出一审判决:驳回原告来云鹏要求四通利方公司继续履行提供50兆免费电子邮箱服务的诉讼请求。在二审阶段,该判决得到了北京市第一中级人民法院的维持。

资料来源:中华人民共和国最高人民法院公报:来云鹏诉北京四通利方信息技术有限公司服务合同纠纷案, http://gongbao.court.gov.cn/details/553264d27a09-a2ea3e9662ebe3dfb8.html.

思考题

本案中,为何被告方公司违背先前的承诺,却能赢得诉讼?

[参考答案]

本案的案由属于网络服务合同纠纷诉讼。本案中,被告四通利方公司之所以能够胜诉,关键不在于被告向原告提供的服务是免费的,甚至也不在于被告调整邮箱容量之前,在网站上做出明确的声明,而在于原告在注册会员时,通过"点击"的确认,实际上已经承认了被告方变更服务内容和形式的权利,无论原告是否仔细阅读服务条款的全部内容。

10.3.2 电子商务合同的订立

电子商务合同的订立过程亦具有特殊性,因为它是通过互联网等电信网络实现的。传统的合同的订立一般采用"面对面"的方式,而电子商务合同主要是以"非面对面"的方式订立的。而且,电子合同可以是自动完成的,由自动信息系统代表当事人做出要约或承诺的意思表示,订立过程无须人工干预。当然,电子商务合同的订立亦须遵循合同法关于要约和承诺的一般程序要求,只不过在要约和承诺的具体实现手法上有所区别而已。

1. 要约

所谓要约,是指电子商务交易中的一方当事人以缔结合同为目的而向对方当事人做出的意思表示,该意思表示必须符合这样两个条件:①内容具体明确;②表明经受要约人承诺，要约人即受该意思表示的约束。

实践中，要约是订立电子商务合同的第一步，必须把它和要约邀请区别开来。要约邀请，是希望他人向自己发出要约的意思表示，它不因相对人的回应而成立合同。那么，作为卖方的商家通过互联网发布商业广告的行为究竟是要约还是要约邀请呢？对此，应该区分几种情况。第一种情况，如果广告发布者在网页上刊载的是仅供客户浏览的商业信息，其性质为要约邀请，因为该广告内容缺乏具体性，而且发布商家并没有受其意思约束的表示。第二种情况，如果网上刊载的广告明确规定了价格、数量和其他具体的信息，且客户被明确告知或指示可以将选中的产品放入广告发布者指示的购物菜单中，单击购买即可成交，这说明发布人已经具有了明确的订约意图，则该广告应当定性为要约。但是，如果广告发布者明确规定在客户用鼠标单击购买后，必须有网页所有人的确认，则此广告只能视为要约邀请。第三种情况，如果网上广告发布者在广告中嵌入电子邮件，允许客户通过用鼠标单击该邮件附件，按照广告发布者的要求填写相关内容，并作为拟订立合同的主要条款，客户将该信息通过电子邮件反馈给广告发布者，不需经过发布者进一步确认就可使合同成立，则广告发布者的这种嵌入附带邮件形式的广告，也构成要约。

要约对于要约人和受要约人均具有约束力，要约产生约束力的时间为要约生效时间。在我国，要约生效采取到达主义。"到达"一般理解为送到受要约人控制范围，并不以受要约人实际知晓为必要。按照我国《电子商务法》（示范法）第21条第2款的规定，一份以电子讯息形式表现的要约的到达时间按下述办法确定：①如果接收人为接收电子讯息指定了某一信息系统，以该电子讯息进入该指定信息系统的时间为收到时间；如果电子讯息并未发给指定的信息系统，而是发给接收人的另一个信息系统，则以接收人知悉该电子讯息的时间为收到时间；②如接收人并未指定信息系统，则以电子讯息进入接收人的任一信息系统的时间为收到时间。

要约一经生效，对要约人和受要约人均具有约束力。要约对要约人的约束力，表现在要约一经生效，要约人不得随意改变要约的内容，亦不得撤回要约；要约对受要约人的约束力，主要是指要约生效后受要约人即取得做出承诺以使合同成立的权利，但并不因此承担必须承诺的义务。

按照《合同法》的规定，要约在生效以前可以撤回。要约人撤回要约，应当向对方发出通知。撤回要约的通知应先于或与要约同时到达受要约人。然而，在电子商务活动中，数据电文在信息系统之间的传递几乎没有迟延，要约的撤回变得很难实现。因此，有学者认为在电子商务合同中谈论要约的撤回没有意义。然而，亦有观点认为，电子要约的撤回虽然非常困难，但并非绝无可能。在网络拥挤或服务器故障的情况下，数据电文都可能延迟到达，使得撤回要约的通知可能更早地到达受要约人。本书认为，在电子商务合同法的规范体系内，亦有必要保留要约的撤回制度，以维护法律的一致性和平衡双方当事人的利益。

《合同法》还规定，要约生效后亦可以撤销，但撤销要约的通知应当在受要约人发出承诺通知之前到达受要约人。在线交易中，如果要约以电子邮件的方式发出，那么在受要约人回复之前是可以撤销的；如果当事人通过即时通信工具在网上协商，这与口头方式无异，要约人在受要约人做出承诺前可以撤销。如果当事人采用电子自动交易系统从事电子商务，承诺由交易系统自动回复，则要约人很难有机会撤销要约。

2. 承诺

所谓承诺，是指受要约人向要约人做出的，对要约的内容表示同意并愿意与之订立合同的意思表示。承诺的法律意义在于，承诺一经做出并生效，则意味着合同的成立。一项有效的承诺须具备这样几个条件：①承诺必须由受要约人向要约人做出；②承诺的内容必须与要约的内容一致；③承诺必须在要约的有效期间内做出。

关于承诺生效的时间，我国亦采用到达主义的判断标准，即承诺到达要约人时才发生法律效力。至于"到达"的含义，前文已有介绍，兹不赘述。若采用到达主义，则发生承诺撤回的问题。在理论上，电子商务合同中关于要约撤回的规则当然适用于承诺的撤回，以数据电文形式发出的承诺亦可以撤回。在电子商务活动中，数据电文的传输可能遇到网络故障、信箱拥挤、停电断电、信息系统感染病毒等情况，因此受要约人撤回以数据电文发出的承诺的情况是存在的。按照我国《合同法》的规定，撤回承诺的通知应当在承诺通知到达要约人之前或与承诺通知同时到达要约人。

如上所述，承诺一旦到达受要约人处，即发生法律效力，意味着合同已经成立。所以，承诺不能撤销。

10.3.3 电子商务合同的生效

电子商务合同的生效与电子商务合同的订立是两个概念，合同的订立是导致合同成立的一个动态的过程，而合同的生效则是合同成立后法律对合同的评价问题。电子商务合同的成立是其生效的前提，但成立后的合同并不必然产生当事人所追求的法律效果，只有符合法律规定的生效要件的合同才会产生法律拘束力。而一份电子商务合同如果不符合法定的生效要件，则可能分别成为无效合同、可撤销合同和效力待定合同。

按照我国《民法总则》和《合同法》的规定，合同的一般生效要件包括：①订立合同的当事人具有相应的民事行为能力；②意思表示真实；③合同不违反法律或者社会公共利益。毫无疑问，电子商务合同亦须满足这一要求方为有效。然而，围绕有效性问题，电子商务合同亦有其特殊的地方值得探讨。

1. 当事人订约能力的认定

如上所述，当事人具有相应的民事行为能力，是一项合同发生法律效力的基本要件。在传统的面对面的交易模式中，当事人可以借由外貌、语言、行为举止等来判断交易相对人的民事行为能力状况。而在电子商务活动中，判断对方当事人的订约能力变得非常困难。对此，我国《电子商务法》第48条第2款规定："在电子商务中推定当事人具有相应的民事行为能力。但是，有相反证据足以推翻的除外。"

【案例分析】

一个8岁的男孩经常上网，某日竟然在某购物网站以其父亲的身份证号注册并订购了一台小型打印机。结果货送到家后，才发现是他订购的。其父母表示很抱歉但拒绝买下此打印机，购物网站虽然不情愿，但也没有办法。

故而，一些网站为了避免损失经常会在自己的网站中做出如下声明。

春天购物网法律声明：

注意：使用本网站前请您仔细阅读以下条款。使用本网站则表明您已明知并接受这些条款。如果不接受这些条款请不要使用本网站。

春天购物网是由四季春天（大连）商贸有限公司于2007年独立开发的大型网上购物交易平台。作为网络内容服务提供商，是以提供网上购物交易场所、服务广大网民的B2C模式下的新一代网络购物平台。春天购物网的网址是：15ctbuy.com，网站名称为："春天购物网"。

关于限制行为能力人的特别声明：

10周岁以上的未成年人、不能完全辨认自己行为的精神病人是限制行为能力人，限制行为能力人可以进行与他年龄、智力、精神健康状况相适应的民事活动；其他民事活动由他的法定代理人代理，或者征得他的法定代理人的同意。

春天购物网以最大的限度注意限制行为能力人用户的安全。未满18周岁的未成年人或不能完全辨认自己行为的精神病人的个人资料，请一定在得到监护人同意下进行提供。交易双方注意：限制行为能力人订立的合同，经法定代理人追认后，该合同有效，但纯获利益的合同或者与其年龄、智力、精神健康状况相适应而订立的合同除外；相对人可以催告法定代理人在1个月内予以追认。法定代理人未作表示的，视为拒绝追认。

资料来源：光明日报.

思考题

试想一下，在购物网站发布这些声明之后，能够有效地避免争议吗？

[参考答案]

在购物网站发布这些声明之后，相信可以在一定程度上减少和避免争议的发生。这些声明一方面对用户有提示功能，从而起到筛选用户的作用，另一方面亦是解决争议的主要依据。

2. 电子自动交易带来的问题

在时下的电子商务活动中，智能化的交易系统得到越来越多的应用，该系统能够自动发送、接收、处理数据电文，甚至部分或全部地履行合同，这种交易方式即为电子自动交易。通过电子自动交易系统达成的合同往往并没有严格意义上的双方当事人意思表示一致的过程，那么这种合同是否会因此而变得无效呢？

本书认为，自动交易系统虽然不具备法律人格，但其程序是由其设立人预设的，执行的是设立人的意思表示，因而自动交易系统所作反应的法律后果应归属于其设立人，该系统出现错误后的责任亦应由其设立人来承担，设立人不得以所发送的信息未经自己审查为由而否认。

3. 电子错误的后果

电子错误，是指在电子商务合同订立过程中，双方当事人因使用信息系统而产生的错误或者变异。这种错误与变异或者是源于当事人的疏忽，或者是信息系统的错误导致，但必须符合这样几个要件：①当事人的意思表示产生了错误；②该错误与使用信息系统存在直接的关系；③该信息系统的程序设置正当，即当事人未故意设置某一程序以改变原始信息的内容。

电子错误并非当事人的真实意思表达，所以原则上应允许当事人撤销。国际电子商务立法建立了一系列规则，鼓励信息系统的提供者建立适当的技术手段，以及时地发现和纠正错误。这些规则可以归纳为以下几个方面。

1) 在当事人双方有约定的情形下：若当事人双方约定使用某种安全程序检测变异或者错误，一方当事人遵此执行，而另一方当事人未遵守约定。在未遵守约定方如遵守约定就可以检测到错误的情形下，遵守方可以撤销变异或错误的电子信息所产生的效力，不论合同是否已经成立或履行。

2）在当事人双方没有约定的情形下：①若一方当事人采用某种程序检测到自己所发出的信息有变异或者错误，应即时通知接收方，接收方应在合理的时间内予以确认。如果确认，则变异或者错误不发生效力，或者发出方可以撤销变异或错误产生的效力；如果接收方未在合理时间内确认的，发出方也可以撤销变异或错误所产生的效力；如果接收方在合理时间内否定了有错误存在，应由发出方证明他发出的信息有变异或错误。发出方不能证明的，不能撤销所发出信息的效力。②若一方采用某种程序检测到对方所发出的信息有变异或错误，应即时通知发出方，发出方在合理时间内予以确认的，双方均可以撤销该变异或错误的效力；发出方未在合理时间内予以确认的，接收方可以撤销该变异或错误的效力。

基于电子错误导致合同或某一条款无效或被撤销的，当事人应当返还因此所获得的利益，不能返还的应给予补偿。因电子错误导致当事人一方受到损失的，若错误可以归责于一方的，由责任方赔偿损失；不可归责于任何一方的，该损失由自己承担。

【案例分析】

2011年8月3日，纳纳购公司在互联网上发布广告，进行音箱促销活动，商品名称为海尔音箱H97，价格为0.01元，并宣称市场价为500元，同时网页界面上显示有限购数量。刘某发现上述信息后，立即下单购买了100台，查询得知下单成功后，刘某即通过支付宝将货款1元转给纳纳购公司。后因纳纳购公司未向刘某交付货物而发生纠纷，刘某起诉至法院要求纳纳购公司赔偿其损失9 900元（按每台100元计算99台的损失）。

法院经审理认为，纳纳购公司在网上发布促销活动信息，信息内容明确具体，并提供下单服务，刘某下单成功并付款，故双方之间的买卖合同关系成立。纳纳购公司在收到刘某的货款后，本应依约交付货物，纳纳购公司至今未交货已构成违约。在违约责任的认定问题上，按常理，合同双方对"秒杀"的预期应为购买一台音箱，以极低价格购买100台的情形已超出合同当事人的合理预期，现刘某起诉要求纳纳购公司按每台100元的价格进行赔偿，对刘某的损失应按照购买一台音箱的索赔数额确定为宜，故纳纳购公司应向刘某支付赔偿款100元。

资料来源：《广州中院发布十大电子商务纠纷典型案例》，广州审判网，http://www.gzcourt.org.cn/cpws/ckal/2014/04/22163018713.html。

思考题

本案中刘某和纳纳购公司之间的买卖合同是否有效？

[参考答案]

刘某和纳纳购公司之间的买卖合同应为部分有效。按照行业的一般理解，"秒杀"的商品应为单件，同时纳纳购网站页面上也显示有限购数量，可是由于系统后台漏洞，用户却可以不限数量地下单，此种"错误"导致订单的达成违背了商家的真实意思，因而属于部分可撤销的合同。

10.3.4 电子签名的概念与法律效力

1. 电子签名的概念

2001年联合国《电子签名示范法》第2条给出了电子签名的定义："电子签名是指在数据电文中，以电子形式所含、所附或在逻辑上与数据电文有联系的数据，它可用于鉴别与数据电文有关的签名人和表明此人认可数据电文所含信息。"

我国《电子签名法》第 2 条将电子签名界定为:"数据电文中以电子形式所含、所附用于识别签名人身份并表明签名人认可其中内容的数据。"两相比照,可以看出我国《电子签名法》对电子签名的定义基本借鉴了联合国《电子签名示范法》的做法,将电子签名限定为"数据"。

理论上讲,电子签名可能并不限于"数据"。如 2004 年 1 月由我国一批专家学者起草的《电子商务法》(示范法)将电子签名称为电子签章,规定电子签章"是指在电子讯息中用于识别签章者身份并表明签章者认可其中信息内容的声音、符号和程序等。"很明显,该示范法对电子签章的定义较《电子签名法》的规定外延更为广泛。然而,为了避免重复和冲突,我国《电子商务法》没有再就电子签名做出定义性的规定,而是规定电子商务当事人订立和履行合同,适用《电子签名法》等法律的规定。

综上所述,所谓电子签名,主要是指通过一种特定的技术方案来鉴别电子商务合同当事人的身份及确保交易资料内容不被篡改的安全保障措施。当前,应用最广泛的电子签名技术叫作非对称性密钥加密技术。

2. 电子签名的法律效力

(1)可靠的电子签名的法律效力 我国《电子签名法》首先在原则上承认了电子签名的法律效力,按其第 3 条第 2 款之规定,"当事人约定使用电子签名、数据电文的文书,不得仅因为其采用电子签名、数据电文的形式而否定其法律效力。"当然,一份特定的电子签名是否具备法律效力,具备什么样的法律效力,要取决于很多因素,我国立法主要采纳了可靠性标准,认为"可靠的电子签名与手写签名或者盖章具有同等的法律效力"。(《电子签名法》第 3 条第 2 款)那么,何为可靠的电子签名?法律规定要同时满足这样四个条件:①电子签名制作数据用于电子签名时,属于电子签名人专有;②签署时电子签名制作数据仅由电子签名人控制;③签署后对电子签名的任何改动能够被发现;④签署后对数据电文内容和形式的任何改动能够被发现。

2018 年 9 月 7 日,最高人民法院针对互联网法院的案件审理发布司法解释《最高人民法院关于互联网法院审理案件若干问题的规定》,其中第 11 条第 2 款规定:"当事人提交的电子数据,通过电子签名、可信时间戳、哈希值校验、区块链等证据收集、固定和防篡改的技术手段或者通过电子取证存证平台认证,能够证明其真实性的,互联网法院应当确认。"从而进一步确认了电子签名等技术手段的法律效力。

(2)电子签名的效力范围 立法在原则上赋予电子签名法律效力的同时,考虑到当前社会的交易习惯和技术应用的难度,通常会限定电子签名的适用范围。我国《电子签名法》第 3 条第 3 款明确规定,有几种情况不适用电子签名,即"①涉及婚姻、收养、继承等人身关系的;②涉及土地、房屋等不动产权益转让的;③涉及停止供水、供热、供气、供电等公用事业服务的;④法律、行政法规规定的不适用电子文书的其他情形"。换言之,在上面几种情况下,当事人即便使用了电子签名,其法律效力也是不能得到认可的。

【案例分析】

2009 年 6 月刘先生和张女士夫妻两人在成都某房屋中介公司处求购房屋,并与其签订了《独家求购服务协议》。刘先生夫妻两人看中了黄先生所有的一套住房,由于黄先生是新加坡籍人,签约时人不在国内,刘先生和张女士在中介公司的安排下以电子邮件方式与卖房人黄先生签订《房屋转让合约》，该合约中"黄杰伟"签名系电子签名。

合约约定卖方将其所有的房屋出售给刘、张两人，并约定双方协同到成都市房地产交易中心签订《成都市存量房买卖合同》，否则视为违约，后卖房人拒绝前往办理手续，刘、张两人诉至法院要求卖房人承担违约责任。签订合同后，刘先生、张女士已将定金交付给中介公司，纠纷发生后，中介公司将尚未交付给卖方的定金20 000元退还给刘、张两人。庭审中，被告黄先生称自己没有签订过房屋转让合同，也没有收取过两原告的定金。

成都高新区法院经审理，认为双方签订的《房屋转让合约》因当事人未有效签名而尚未成立，判决驳回原告要求被告支付违约金的诉讼请求。

资料来源：中国普法网 http://www.legalinfo.gov.cn/pfkt/content/2012-11/09/content_3972828.htm?node=7905。

思考题

为何说本案中《房屋转让合约》的当事人签名不是有效签名？

[参考答案]

我国《电子签名法》第3条规定，涉及土地、房屋等不动产权益转让的情况不适用电子签名。

10.4 电子商务与国际知识产权保护

10.4.1 域名与域名权

1. 域名的概念

所谓**域名**（domain name），是网络设备和主机在互联网中的字符型地址标识（如sohu.com）。在互联网中，作为信息交换的基础，每一台计算机都被分配给一个唯一的IP地址，用于识别和定位该计算机。然而，以32比特整数形式表现的IP地址难于记忆，于是人们发明了一种更加符合人类语言习惯的树状结构的表达系统来与IP地址实现转换，这就是域名系统。域名为广大网民方便快捷地使用互联网提供了基本的技术支撑。

一个完整的域名以分级表示，如域名"neu.edu.cn"中，一级域名是"cn"代表中国，二级域名是"edu.cn"代表中国的教育机构，三级域名是"neu.edu.cn"代表东北大学。

2. 域名权的法律属性

域名的获得实行申请注册的方式，而且遵循"先申请先注册"原则，当前，法律允许任何组织或个人向域名注册服务机构提交注册域名的申请，只要该申请注册的域名不违反宪法和法律，不损害国家和公共利益，一般都会通过审核。一旦完成注册，注册人将获得对于该域名的排他性的支配权。对于此种支配权，我们可以称为域名权。

对于域名权的法律属性，学界一直意见分歧，当前的主流看法是域名权是一种新型的知识产权。该权利在凝结了人们的智力劳动成果的同时，其具体内容表现为域名持有人可以排他性地支配其持有的域名，并从对该域名的使用、转让和许可使用中获得利益。

围绕域名权的法律纠纷主要有两类，一类是妨碍域名权的正当行使和实现、侵害域名持有人利益所引起的纠纷，一类是行使域名权的行为与在先的其他类型的知识产权发生冲突所引起的纠纷。这两类问题的妥善处理，构成网络环境下知识产权保护的新课题。

10.4.2 网络环境下商标权的法律纠纷及解决

1. 网络环境下的商标侵权

互联网的技术特性使得网络环境不但成为快速造就驰名商标和著名商标的温床，更成为商标侵权行为的多发地。互联网上形形色色的商标侵权行为中除了有传统的商标假冒、反向假冒等侵犯商标权行为的网络延伸外，尚有其独特的表现形式，大体可分为两类。

（1）**域名抢注引起的商标侵权** 表现为直接将他人的商标注册为自己的域名或者将与他人商标相近似的名称用作自己的域名。实践中，一些知名度较高的商标常常成为域名抢注（cybersquatting）浪潮中的牺牲品，包括"麦当劳"（Mcdonalds.com）、"可口可乐"（Coca-cola.com）在内的许多著名商标都曾经遭到抢注，甚至发生一些知名企业的商标被抢注以致不得不巨资赎回的案例。

最高人民法院于 2002 年 10 月 12 日公布的《关于审理商标民事纠纷案件适用法律若干问题的解释》中表示，"将与他人注册商标相同或者相近似的文字注册为域名，并且通过该域名进行相关商品交易的电子商务，容易使相关公众产生误认的"属于商标法第五十二条第（五）项规定的给他人注册商标专用权造成其他损害的行为"。由此确认了该行为的侵权性和违法性。

【案例分析】

原告 LRC 制品有限公司起诉称，杜蕾斯（DUREX）在中国销售多年，具有较高知名度，其是 "DUREX" 商标在中国真正的权利人。同时，其通过关联公司注册了杜蕾斯 DUREX 官方网站 www.durex.com 及中文官方网站 www.durex.com.cn 对 DUREX 产品和商标进行宣传。其后发现 durex.cn 域名归属于案外人唐某，且该域名指向网站的内容曾与杜蕾斯的竞争对手 "杰士邦" 官方网站内容完全相同，严重影响了杜蕾斯品牌产品的正常业务，LRC 公司要求该域名的持有人、域名服务商等连带赔偿其经济损失，并将域名过户至 LRC 公司名下。

北京市海淀区法院经审理，判决支持了原告的诉讼请求，判令被告唐某将域名 "DUREX.cn" 转移至 LRC 制品有限公司名下，被告中国互联网络信息中心、被告厦门易名科技股份有限公司协助该项转移行为，同时判令被告厦门易名网络有限公司、厦门易名科技股份有限公司、李某、唐某等连带赔偿 LRC 制品有限公司经济损失 18 万元及合理费用 8 万元。

资料来源：《人民法院报》2017 年 4 月 1 日第 03 版．

思考题

本案中 LRC 公司和唐某之间的纠纷性质为何？

[参考答案]

本案属于因域名抢注引起的商标侵权纠纷，本质上是域名权和商标在先权利的冲突。《中国互联网络域名管理办法》第 29 条规定："域名持有者应当遵守国家有关互联网络的法律、行政法规和规章。因持有或使用域名而侵害他人合法权益的责任，由域名持有者承担。"本案中几名被告在持有或使用涉案域名的过程中，不仅给 LRC 公司商标权的行使造成干扰，而且将涉案域名用于 LRC 公司竞争方的广告宣传活动，侵害了 LRC 公司的合法权利，因而应当承担商标侵权的法律责任。

（2）**经营者在网页上擅自使用他人商标构成的商标侵权**　此类行为常常表现为经营者未经商标权人许可，在自己的网页上使用他人的文字、图形商标，借以扩大自己网站的影响或推销自己的产品。其具体的手法有很多，如行为人选取、使用他人注册商标中的图形归入其网页或设计为网页图标，以扩大人气；使用他人的知名商标作为链接标志，以吸引浏览者的点击；将他人的知名商标作为关键词埋置以期待搜索引擎的搜索。诸如此类的行为都构成了对商标权的侵犯。

2. 商标侵权争议解决机制

当前，不论在我国还是在国际上，恶意进行域名抢注造成商标侵权的现象是最为普遍的。因而，在网络时代进行商标权保护，当务之急是要建立和完善反域名抢注的纠纷解决机制。

（1）**司法解决机制**　当前，针对域名抢注中的商标侵权纠纷的司法解决机制已在很多国家得以建立。美国于1999年11月通过了《反抢注消费者保护法》，并将其作为商标法的一部分。该法案详细规定了构成商标侵权的域名抢注的主客观要件，明确了商标权人的诉讼权利，引入了对物诉讼制度，并对域名抢注行为提供了多元的救济方式。

【知识窗】

关于对物诉讼制度

对物诉讼制度源于罗马法，其典型为"要求返还所有权"之诉。通过对物诉讼，可以向任何对物的占有者索回原物，这在侵权人或其他占有人破产、无支付能力等情况下，对物主提供了特别的保护。按照美国《反抢注消费者保护法》的规定，若商标持有人在尽其合理努力后，仍无法确定系争域名注册者的具体身份，则其可以直接以系争域名作为被告，向系争域名注册地的联邦地区法院提起对物诉讼。该法案破天荒地将对物诉讼制度引入商标保护领域，从而为商标权人突破传统诉讼形式的藩篱，方便快捷地寻求法律救济提供了制度保障。

对于域名抢注所造成的商标侵权问题，我国至今没有针对性的立法颁布。然而，最高人民法院在2001年7月出台了《关于审理涉及计算机网络域名民事纠纷案件适用法律若干问题的解释》，从而统一了司法审判的标准。该《解释》对域名争议案由的确定、判定被告构成侵权或者不正当竞争的条件、"恶意"的含义以及驰名商标的认定等几个问题都做出了明确的解释。

【阅读材料】

商标淡化理论

美国的法院在处理基于商标权的域名争议时，创设了商标淡化理论。之所以采用淡化理论（dilution）来解决注册域名对商标可能产生的侵权问题，乃是由于域名抢注的复杂多样而又没有专门针对性的法律予以规范。比如一些抢注者注册了对驰名商标进行贬损的域名（如 microsoft-sucker.com），如果按照传统的混淆理论，由于不存在使消费者混淆产品的来源地的问题，所以常常置商标权人于不利的境地。在这种情况下，采用商标淡化理论，可以很好解决此类问题。根据该理论，只要域名对既有的驰名商标造成了淡化，那么域名持有者的域名权就要被转让给驰名商标的所有人。

资料来源：黄晖．驰名商标和著名商标的法律保护[M]．北京：法律出版社，2001．

（2）**非诉讼解决机制** 1999年8月，国际互联网名址分配公司（英文简称为ICANN）通过了《统一域名争端解决政策》（Uniform Domain Name Dispute Resolution Policy，以下简称UDRP），从而在国际范围内建立了一种有别于司法解决机制的非诉争端解决机制。

根据UDRP的规定，符合如下三个条件的争端，才可向争端解决机构提出裁决申请：①注册域名与投诉人享有权利的商标相同或令人混淆地近似；②域名注册人就其域名不享有权利或合法利益；③域名被恶意注册和使用。至于何为"恶意"，UDRP亦给出了明确的参考因素。

UDRP允许域名注册人在收到投诉的通知后，进行善意抗辩。如其能够达到基本的举证要求，则争端裁决机构就初步认定域名注册人就该域名享有其权利。

UDRP所规定的争端解决机构是由ICANN所指定的ADR组织，具体裁决争端的工作人员为各个组织所聘请的电子商务、知识产权等领域的专家。争端解决组织之所以有权裁决域名争端，乃是基于域名持有人在申请域名注册时与域名注册机构之间达成的协议。

争端解决机构对于一桩域名争端的裁决仅限于要求域名注册组织取消被投诉人的域名注册或将系争域名转移给投诉人。至于投诉人针对被投诉人提出的索赔请求，则非其受案范围。对于争端解决机构的裁决，域名注册管理机构必须立即执行。

UDRP所建立起来的非诉讼争端解决机制并没有剥夺当事人寻求司法救济的权利，争端解决机构所作出的裁决是让位于司法判决的。

2002年8月，中国互联网络信息中心（CNNIC）借鉴UDRP的做法，推出了《中国互联网络信息中心域名争议解决办法》，从而建立了我国针对域名争议的非诉讼解决机制。

10.4.3 网络环境下著作权的法律纠纷及解决

1. 网络环境下的著作权侵权

随着信息技术和互联网的普及，一些有别于传统形式的文学、艺术和科学作品的作品大量涌现，在很大程度上促进了著作权法保护范围的拓展，像数据库和计算机软件等新型作品也已成为著作权法的保护对象。

为了因应网络环境下保护著作权的需要，我国《著作权法》借鉴相关国际公约的规定，明确地引入了信息网络传播权的概念，赋予了著作权人利用网络传播作品的权利和授权他人利用网络传播作品并获得报酬的权利。按照《著作权法》的规定，所谓网络信息传播权，是指以有线或者无线方式向公众提供作品，使公众可以在其个人选定的时间和地点获得作品的权利，该权利还延及于表演者和录音录像制作者。网络信息传播权是著作权基本权能的延伸，是著作权在网络时代的主要表现形式。

互联网的交互性和发散性的特点，使得网络信息传播权受到侵害的可能性大大增加。大致归纳其表现形式，主要有以下几种。

1）未经许可将传统媒体上发表的作品上传到互联网上；
2）A网站未获许可擅自转载B网站的作品；
3）将网上作品擅自下载并发表在印刷载体上；
4）擅自破解著作权人对作品所采取的技术措施。

【案例分析】

在王蒙等6位作家诉世纪互联通讯技术有限公司（以下简称世纪互联）网上著作权侵权案中，被告世纪互联在未取得王蒙等6位作家授权或许可的情况下，在其创立的"小说一族"栏目下设的"当代中国"子目中，从其他网上下载了王蒙等6位作家创作的《坚硬的稀粥》等7部作品，并存储在计算机系统内，通过www服务器在国际互联网上传播，联网主机用户只要通过拨号上网方式进入被告网址，便可浏览或下载6位原告创作的7部作品。法院经审理认为，除法律规定外，任何单位和个人未经著作权人的授权，公开使用他人的作品，均构成对他人著作权的侵害。在互联网上传播作品亦构成对作品的使用。本案中，被告作为网络内容提供服务商，未经原告许可，将原告的作品在其计算机上存储并上传到互联网上的行为，是一种侵权行为，侵害了原告对其作品享有的使用权和获得报酬权，被告应当承担相应的法律责任。据此，法院判令被告承担停止侵权、赔礼道歉、赔偿损失的法律责任。二审法院也维持了原判。

资料来源：http://news.sina.com.cn/china/writers/index.shtml/六作家诉世纪互联网.

思考题

（1）本案属于侵犯著作权的哪一种情形？

（2）本案中，除了王蒙等6位作家外，还有谁可以原告的身份起诉世纪互联网？

[参考答案]

（1）本案属于A网站未获许可擅自转载B网站的作品的情况。

（2）除了王蒙等几位作家外，被转载作品的其他几家网站也可以作为原告起诉，前提是这些网站在上载作品之时曾做出不得转载的声明，同时亦有足够的证据证明世纪互联上传的这些作品来自其他几家网站。

2. 著作权侵权争议解决机制

相比较于传统的著作权侵权现象，网络环境中的著作权侵权的责任追究，情况比较复杂，因为不同类型的网络服务商在其中所扮演的角色和所起的作用是不同的。美国法学界习惯上把网络服务商分为两类——网络内容提供者（英文简称ICP）和网络服务提供者（英文简称ISP），对于二者通常适用不同的归责原则。对于ICP，由于它对于网络传播的内容具有直接的控制力，所以应承担严格责任；而对于ISP，由于其只是单纯提供联机服务，无权选择、编辑、控制和监督所传播的信息，因此应按照过错责任原则追究其责任。美国1998年《数字千禧年著作权法》（英文简称DMCA）在此基础上，又通过"安全港"（safe harbor）条款为ISP提供了四种免责的情形：①暂时性数字化传输；②系统自动缓存；③用户指令下的存取于系统或网络的信息；④信息搜索工具。

在我国，因《著作权法》没有对著作权侵权行为的归责原则做出特别规定，故只能依据《民法通则》的规定对著作权侵权适用过错责任原则，包括ICP和ISP的侵权。这也可从2006年最高人民法院《关于审理涉及计算机网络著作权纠纷案件适用法律若干问题的解释》的条文中得到印证。

2006年7月1日，我国首部网络版权保护行政法规《信息网络传播权保护条例》开始实施，条例为搜索引擎等网络服务提供者提供了国际通用的"避风港规则"，即网络服务提供者只提供搜索、链接服务的，如在接到权利人通知书后立即断开与侵权作品的链接，则不承担赔偿责任。此外，搜索引擎运营商可以运用《互联网著作权行政保护办法》第七条到第十条关于著作权人与互联网信息服务提供者之间就侵犯网络著作权的通知与反通知的相关规定,将侵权风险降到最低。这些无疑为我国网络电子商务的发展提供了一个相对自由的空间。

【案例分析】

2005年9月,在上海步升音乐公司诉百度侵犯音乐著作权案中,百度败诉。该案一审法院北京市海淀区法院判令,自判决生效之日起,被告百度公司应立即停止在其网站上提供34首侵权歌曲的访问链接;同时,在判决生效之日起10日内,被告赔偿原告经济损失人民币6.8万元(按每首歌2 000元计算)。随后,环球、百代、华纳、索尼、BMG等7家唱片公司以同样的理由将百度起诉至北京市第一中级人民法院,2006年11月17日,法院一审判决,因7大唱片公司指控百度侵权的主张缺乏法律依据,驳回了他们的诉讼请求。

法院认为,搜索引擎技术服务用于帮助互联网用户在浩如烟海的信息中迅速定位并显示其所需要的信息。百度公司提供的MP3搜索引擎服务是以互联网中的音频数据格式文件为搜索对象的,其搜索范围遍及整个互联网空间中未被禁链的每个网络站点,并受控于上载作品的网站。因此,被告提供MP3搜索引擎服务并没有侵犯他人信息网络传播权的主观过错。法院还认为,如果权利人认为搜索引擎服务所涉及的录音制品侵犯了其信息网络传播权,可以向搜索引擎服务提供商提交书面通知,要求其断开与该制品的链接,通知中应当明确告知侵权网站的网址。搜索引擎服务提供商接到权利人的通知后,应立即断开与该制品的链接。在此案中,原告未尽到通知义务。

2007年1月16日,百代唱片与百度达成了数字音乐版权战略合作,百代授权百度使用其所有华语歌曲,供网民在百度MP3搜索上免费试听,百代和百度通过广告进行分成。这一音乐巨头与互联网公司的大规模合作,对解决数字音乐的版权问题具有一定参考价值。

资料来源:http://tech.sina.com.cn/i/2005-09-16/1630722582.shtml/步升案败诉,百度MP3侵权官司缠身不可收拾;http://news.xinhuanet.com/tech/2006-11/17/content_5344887.htm/七大唱片公司状告百度MP3搜索下载侵权败诉;http://www.news365.com.cn/csj/csjkj/200701/t20070120_1260836.htm/百度、百代唱片首次联手,推出在线数字音乐服务.

思考题

(1)在百度先后成为被告的两个案子中,为什么百度在前一个案子中输了,而在后一个案子中却胜诉?

(2)百代唱片与百度的合作给予我们什么样的启示?

[参考答案]

(1)百度提供的是搜索引擎服务,其身份为典型的网络服务提供者,依据国际通则和我国现行的法律法规,对其侵犯著作权的行为应适用过错责任原则。同时,我国《信息网络传播权保护条例》又有"避风港规则",即网络服务提供者只提供搜索、链接服务的,如在接到权利人通知书后立即断开与侵权作品的链接,则不承担赔偿责任。基于此,百度能够在后一个案子中胜诉。而在前一个案子中,有证据证明百度存在过错,或是未能达到"避风港规则"规定的要求,所以败诉。

(2)百代唱片与百度的合作提示我们,在网络环境下,网络服务运营商与传统文化产业两者之间未见得一定要此消彼长、一枯一荣,完全可以做到共存共荣、互利互惠。为此,网络服务运营商应增强知识产权保护意识,避免侵犯其他经营者的著作权,积极谋求合作互惠之道。

10.4.4　网络环境下专利权的法律纠纷及解决

1. 网络环境下的专利纠纷

计算机和网络技术催生了更多的可专利主题，也引发了更多的围绕专利权的法律纠纷。这里重点介绍关于软件和网络商业方法的可专利性问题。

（1）**软件的可专利性**　计算机软件是计算机程序的载体，它与硬件相配合，共同完成某种功能。对于软件能否成为专利权保护客体这一问题，人们有一个认识转变的过程。最初的时候，人们认为计算机软件只是一种纯数学算法，属于人类智力活动的规则和方法范畴，因而不宜获得专利权的保护。然而，随着计算机软件在人们的生产、生活中发挥越来越重要的功用，以至于有人惊呼"网络的灵魂是软件"的时候，人们开始重新审视软件的可专利性问题。美国在20世纪80年代中后期，率先将计算机软件纳入专利制度的保护范围。为此，美国专利与商标局于1995年6月发布了《对软件以及与计算机相关发明的检验标准》，其中规定，尽管包含于软件中的数字算法只是一种"抽象思想"，但是如果这种算法被用于实践，从而产生了"有用的、具体的、有形的结果"，该软件即可成为可专利主题，能够获得专利。与美国相类似，世界上很多国家都纷纷降低了软件申请专利权的门槛。而我国的情况不太一样，根据我国《计算机软件保护条例》，现阶段我国所生产的软件主要受《著作权法》的保护，对于单纯的程序软件是不授予专利权的。但依据专利法相关规定，如果计算机程序被固定在某一硬件之上，可以以硬件作为专利申请的对象。同时《专利审查指南》（2006年版）中规定："为了解决技术问题而利用技术手段，并获得技术效果的涉及计算机程序的发明专利申请属于专利法实施细则第二条第一款规定的技术方案，因而属于专利保护的客体。"可见，我国当前对计算机软件的专利保护尚处于初始阶段。

（2）**网络商业方法的可专利性**　网络商业方法，也称为网络商业模式，是指电子商务经营者在经营过程中所使用的新型网络商业经营方法，如网上商品销售方式、网络广告方式、网上支付链接方式等。网络商业方法是电子商务经营者在网络商业中结合特定网络技术加以延伸的结果，是技术与方法相结合的产物，常常可以达到降低交易成本、提高交易效率的目的。1999年1月，美国联邦最高法院对 *State Street Bank &Trust Co. v. Signature Financial Group Inc.* 案的终审判决"开启了商业方法可以申请专利的闸门"。依据该案的法庭意见，商业方法作为技术与经验的结合并表现为一个完整的处理系统，只要能够证明其是实用的，就可以被授予专利。

【案例分析】

1999年9月，Amazon.com获得了第5960411号专利，它是执行网上购物订单的一种计算机单击订购方法。Amazon意识到顾客网上利用"购物车模式"选购的商品，有很大一部分在最后用信用卡结账之前又放弃了，这使他们十分痛心。Amazon猜测可能是键入信用卡与送货信息耽误了顾客的时间，给顾客带来了不便，这才使一部分潜在顾客放弃了购物车。Amazon试图在方便顾客使用上与其他网络零售商区分开来，于是他们发明了单击订购模式。在该模式下，顾客在单击同时发出了订单以及一个cookie标识，这个cookie是顾客上次从Amazon订购时留在计算机里的，cookie会激活以前留在并存储在Amazon计算机里的信用卡及送货信息，然后显示屏就会显示出订单及送货信息，只等购买者予以确认即可。点击确认后，Amazon 就可以从注册账户上收取货款并立即发送货物。Amazon 起诉图书销售竞争对手 Barnes & Noble.com（BN），声称后者的一项名为"快车道"的网上购物技术与其专利相同，侵犯了前者的专利权。1999 年 12 月，初审法院向被告发出了禁止使用单击订购模式的禁令。这迫使 BN 在其订购步骤中又增加了"确认订购"这一步。

在 2001 年初上诉法院撤销了初审法院的禁令并将该案发回重审之后，Amazon 和 BN 于 2002 年 3 月达成了庭外秘密和解。

资料来源：Edward J Deak、杨青，郑宪强，译. 电子商务与网络经济学 [M]. 大连：东北财经大学出版社，2006.

思考题

本案中，Amazon 的单击订购模式是否可以构成一项专利？

[参考答案]

Amazon 的单击订购模式作为一种网络商业方法，具有一定的可专利性。按照美国的判例精神，是可以构成专利的。然而，亦有争议，正如本案所显示的，上诉法院就并不认同初审法院的认定。可见，这是一个新的问题，理论和实践中尚未达成共识。

网络商业方法的可专利性问题在世界范围内尚未达成一致意见，如欧洲议会法律事务委员会曾在 2003 年明确表示，不认同美国的做法。例如，Amazon.com 网站的单击订购方法虽已获得美国专利权，但不能获得欧盟的专利保护。我国关于商业方法专利问题的研究刚刚起步，立法上尚无明确规定。

2. 网络专利纠纷解决机制

实践中，准确地认定侵犯专利权的行为，区分不同的侵权类型，是妥善解决专利争端的前提。学理上，人们将专利侵权大致分为两种——直接侵害和间接侵害。直接侵害是指无权利使用专利的人未经专利权人许可实施其专利的行为，即所实施之行为被包含在该专利说明书所披露的技术范围之中；间接侵害是指未经专利权人之许可，诱导、怂恿、唆使其他无权利使用专利的人侵犯专利权的行为，行为人本身并没有直接实施侵犯专利权的行为，但客观上却对侵权行为的发生提供了必要条件。我国《专利法》只规定了直接侵害行为，却没有规定间接侵害行为，这不利于实践中对于网络专利侵权的打击。

一直以来，我国的法院在认定专利侵权的司法实践中广泛地运用了等同原则（doctrine of equivalents），最高人民法院在《关于审理专利纠纷案件适用法律问题的若干规定》中进一步明确了等同原则的内涵，等同特征必须同时具备两个条件：一是与权利要求中的技术特征以基本相同的手段，实现基本相同的功能，达到基本相同的效果；二是本领域的普通技术人员无须经过创造性劳动就能联想到，也就是对本领域普通技术人员来讲是显而易见的。然而，对于等同原则是否可以一如既往地运用于网络专利侵权行为的判定，目前还存在很多不确定性因素。此外，不同国家对于等同原则的使用尺度的不同也会导致侵权与否判定结果的歧义。因而，国际范围内电子商务专利争端解决机制的顺利运转将有待于各国专利保护制度的彼此接近。

本章小结

电子商务法，是随着电子通信技术在商贸活动中的广泛而综合地应用而涌现出来的一个新的商事法律领域。网络的无国界性使得电子商务法从一开始就具有国际商法的属性。

为了迎接方兴未艾的网络时代的到来，促进电子商务的开展，各个国家和国际组织纷纷制定有关电子商务、电子交易、电子签名和认证方面的法律法规和指南、示范法等，这些法规和规范性文件在反映出电子商务法的国际趋同性的同时，也共同参与确定了电子商务法的基本原则，其中最为我们所瞩目的是功能相等原则。

电子商务活动通常是以订立和履行电子商务合同的形式而展开，所以电子商务合同法是电子商务法的核心。有关电子商务合同订立过程中要约和承诺的做出及其撤回和撤销、电子商务合同的效力认定等问题，除了要依循合同法的一般规定外，尚需考虑网络交易的技术性特点。电子签名是传统签名在信息化时代的变异，是电子商务合同的技术保障手段之一，界定电子签名的法律含义并明确其法律效力对于电子商务的顺利开展深有裨益。

网络技术的发展不但向传统知识产权保护制度提出了挑战，同时也创设了新的知识产权类型，域名权即为其一。在开展电子商务过程中，如何保护这些新、老知识产权并协调诸项权利之间的关系，亦是电子商务法需要重点考虑的一个问题。

关键术语

功能等同原则　　　联合国《电子商务示范法》　　　电子签名
域名　　　　　　　信息网络传播权　　　　　　　　非诉讼争端解决机制

思考与练习

一、判断题

1. 朋友之间互相收发邮件的行为也属于电子商务的范畴。（　　）
2. 联合国《电子商务示范法》是具有约束力的国际公约。（　　）
3. 软件既可以受到著作权法的保护，又可以受到专利权法的保护。（　　）
4. 对域名权的保护要让位于对传统知识产权如商标权、专利权和版权的保护。（　　）
5. 在电子商务合同订立过程中，当事人既可以撤回和撤销要约，亦可以撤回和撤销承诺。（　　）

二、选择题

1. 早期的电子商务合同主要是（　　）。
   A. EDI 合同　　　　　　　　　　B. 电子邮件合同
   C. 点击合同　　　　　　　　　　D. 拆封合同
2. 联合国《电子商务示范法》中对于书面形式规定："如法律要求信息须采用书面形式，则假若一项数据电文所含信息可以调用以备日后查用，即满足了该项要求。"这体现了电子商务法的哪一项基本原则？（　　）
   A. 最小程度原则　　　　　　　　B. 技术中性原则
   C. 功能等同原则　　　　　　　　D. 程序性原则
3. 域名的获得遵循（　　）原则。
   A. 自动获得　　B. 先使用先获得　　C. 先申请先注册　　D. 金多者得
4. 域名抢注中最可能受到侵害的是哪一种权利？（　　）
   A. 域名权　　　B. 商标权　　　　　C. 专利权　　　　　D. 著作权

5. 国际互联网名址分配公司通过《统一域名争端解决政策》（UDRP）所建立起来的针对域名争端的一套解决机制在性质上是一种（　　）。
   A. 司法解决机制　　　　　　　　　　B. 仲裁解决机制
   C. 非诉讼争端解决机制　　　　　　　D. 调解机制

三、简答题

1. 电子商务法和传统商法的主要区别体现在哪些方面？
2. 为什么说域名权是一种新型的知识产权？
3. 电子商务合同的生效与成立是不是一回事儿？请简述理由。
4. 当前我国法律对待电子签名的基本立场是怎样的？
5. 请简述电子商务法的功能等同原则的基本内涵？
6. 请简要列举电子商务环境中侵犯知识产权的主要表现形式？

案例讨论

1. 2006年11月，浙江某服饰有限公司（以下简称甲公司）接到美国加州某服饰有限公司（以下简称乙公司）的一封电子邮件，要求订购价值200美元的饰品。甲公司很快回复表示同意，并要求对方先支付50%的货款，其余的50%货款待货到后一周内付清。乙公司表示同意，很快汇来100美元，甲公司按时发货。货到后，乙公司很快汇出余款。后来又做了几笔货款金额为几千美元的生意，乙公司付款也比较及时，双方逐渐建立了互相信任的关系。到了2007年上半年，乙公司订货量加大，由每笔几千美元上升到几万美元。2007年3月乙公司要求订购价值2.6万美元的货物，并要求货到付款。甲公司认为乙公司信誉较好，其网站做得也很好，还能进入该网站与客户时时聊天，就同意了货到付款的条件。货物是根据乙公司的要求，直接发给了乙公司的客户，到了付款截止日期，乙公司并不支付货款，推诿货还未卖出，后又以资金紧张为借口，拖延付款时间。甲公司认为2.6万美元数目不大，就等了一段时间，还经常进入乙公司的网站与其联系，包括催收货款。结果乙公司不久后关闭了自己的网站，甲公司无法进入该网站与其沟通，电话、传真也无人接听。通过查找，甲公司发现乙公司又新建了网站，继续通过网络从我国多个厂家进口货物，而且经营的货物品种很多，还在不断地欺诈我国其他出口企业。甲公司想通过法律手段追讨货款，但他们苦于没有证据，步履维艰。

思考题
（1）本案中甲、乙两公司之间的合同是否成立和有效？
（2）甲公司可以以电子邮件作为证据起诉乙公司吗？

资料来源：吕西萍. 论电子邮件的证据效力——以一起国际电子商务合同纠纷为例［J］. 当代经济，2008(6)．

2. 2004年9月，上海市第一中级人民法院对上海市首例涉及网络专利侵权纠纷案作出一审判决，认定两被告易趣网络信息服务有限公司、上海易趣贸易有限公司在易趣网上发布商品图片信息的行为，不构成专利侵权。原告荆玉堂于2003年获得国家知识产权局授予两项"床上用品套件"的外观设计专利权，荆玉堂又授予本案另一原告江苏堂皇家纺有限公司独家使用该两项专利生产、销售纺织产品的权利。两名原告诉称，被告易趣网站等未经权利人同意，在网站上擅自发布和销售上述外观设计专利产品图片，并以低于原告价格进行销售，要求判令两被告停止侵权、赔礼道歉，并赔偿经济损失20万元。法院经审理认定，两原告向法院提供的证据，不能全面反映被控侵权商品图案，使法院无法对系争产品外观设计的相同和不同之处做出完整、准确的比较与判断；两被告开办易趣网是为买卖双方提供网络交易服务的平台，其自身并不参与网上商品交易，故两被告并未实施销售系争被控侵权商品的行为。因此，两被告发布被控侵权商品图片等的行为并不属于专利法规定的侵权行为。据此做出上述判决。

思考题

本案中被告异趣网扮演了什么样的角色？对它应该适用哪一种归责原则？

资料来源：上海市第一中级人民法院网站：http://www.a-court.gov.cn/.

3. 泉州简艾服装有限公司（以下简称简艾公司）是一家从事童装开发及生产经营的外资企业，经过3年多的努力，自主产销的"艾艾屋.Aiaiwu"童装得到了社会各界的认可，品牌知名度日渐提升。2007年10月中旬，简艾公司在互联网中对艾艾屋品牌网络报道进行日常搜索时，发现一个域名与自己公司合法注册的网站 www.aiaiwu.com 只有一个字母之差的网站，且其在百度等搜索引擎的点击排名中不断上升。简艾公司网络技术人员跟踪后发现，该网站盗取简艾公司合法授权使用的"艾艾屋.a-iaiwu"商标名称；且网站首页赫然出现的是简艾公司对外的主要联系电话，网站内容与简艾公司网站信息如出一辙。随后简艾公司又发现，该网站通过群体替换的方式，将其他品牌名称替换成"艾艾屋童装"，然后堂而皇之地进行链接报道。报道中出现了"艾艾屋是韩国品牌"、"艾艾屋是中国十大童装品牌"等大量不实信息。虚假的报道随即影响了简艾公司的正常经营活动，简艾公司不断接到来自客户、合作伙伴、政府相关部门和消费者的电话、传真、E-mail等投诉信息，要求简艾公司澄清该虚假网站报道内容中互相矛盾、不切实际的内容，并给予解释。在该网站发布虚假信息后的短短时间内，简艾公司产品的销售业绩急剧下降，蒙受了巨大的经济损失。事发后，简艾公司给注册虚假网站的广东某互联网有限公司发了律师函，希望通过法律手段维护公司的形象和品牌的声誉。

思考题

本案中原告简艾公司的何种权利受到侵害？它应如何主张救济？

资料来源：中国保护知识产权网：http://www.ipr.gov.cn/cn/.

延伸阅读

1. 施耐德. 电子商务 [M]. 成栋, 译. 北京：机械工业出版社, 2008.
2. 爱德华J迪克. 电子商务与网络经济学 [M]. 杨青, 郑宪强, 译. 大连：东北财经大学出版社, 2006.
3. 吴弘. 电子商务发展的法律研究 [M]. 上海：上海交通大学出版社, 2006.
4. 郭鹏. 电子商务法 [M]. 北京：北京大学出版社, 2004.
5. 李艳. 网络法 [M]. 北京：中国政法大学出版社, 2008.
6. 李晓秋. 电子商务法案例评析 [M]. 北京：对外经济贸易大学出版社, 2011.

APPENDIX

附录

思考与练习参考答案

第1章 导论

一、填空题

1. 商事组织
2. 《国际贸易术语解释通则 2010 年修订本》《跟单信用证统一惯例 2007 年修订本》
3. 国际公约，国际贸易惯例
4. 成文法，系统化，条理化，法典化，逻辑性
5. 联邦法，州法

二、判断题

√ × √ × √

三、单项选择题

D B D

四、多项选择题

1. AD
2. ACD
3. BC
4. ABC
5. ABCD

五、简答题

略。

案例讨论

如果甲方是中国籍的企业，则甲方与乙方签订的合同不具有国际性，应适用中国法律；如果甲方是外国籍企业，则甲方与乙方签订的合同具有国际性，可以适用合同中约定的法律，即韩国法律。

第2章 合同法

一、填空题

1. 合意，允诺

2. 给付不能，给付延迟
3. 违反条件，违反担保
4. 民法典，债务法典
5. 实际给予，答应给予

二、单项选择题

A B D C A B A C C C

三、多项选择题

1. CD
2. ACD
3. ABCE
4. AB
5. ABE
6. ABCD

四、判断题

√ × √ √

五、简答题

略。

六、论述题

略。

案例讨论

1.（1）甲传真订货行为的性质属于要约邀请。因该传真欠缺价格条款，邀请乙报价，故不具有要约性质。乙报价行为的性质属于要约。甲回复报价行为的性质属于承诺。

（2）买卖合同成立。虽双方未按约定签订书面合同，但乙已实际履行合同义务，甲亦接受，未及时提出异议，故合同成立。

（3）乙可向人民法院提出行使撤销权的请求，撤销甲的放弃到期债权、无偿转让财产的行为，以维护其权益。对撤销权的时效，《合同法》规定，撤销权应自债权人知道或者应当知道撤销事由之日起 1 年内行使，自债务人的行为发生之日起 5 年内未行使撤销权的，该权利消灭。

2.（1）A 公司与 B 公司签订的加工承揽合同成立。A 公司虽未在加工承揽合同上签章，但已经实际履行了主要义务，且 B 公司已经接受，加工承揽合同成立。

（2）C 公司可向 A 公司主张加工承揽合同的权利。根据《合同法》的规定，当事人订立合同后分立的，除债权人和债务人另有约定的以外，由分立的法人或者其他组织对合同的权利和义务享有连带债权、承担连带债务。

（3）首先，C 公司要求判令 A 公司支付违约金的主张可以获得支持。其次，C 公司要求判令 A 公司继续履行合同的主张不能获得支持。

（4）D 公司应当承担保证责任。根据《合同法》的规定，行为人超越代理权以被代理人名义订立合同，相对人有理由相信行为人有代理权的，该合同有效。

3. 海拉尔区人民法院审理后认为，协议是双方当事人的真实意思表示，不违反法律规定，合法有效，具有法律约束力，双方均应全面履行该合同。原告王娜已领取了全部的拆迁补偿费，双方的权利义务关系终止。

4. 法官认为，案件中双方签订的合同为有效合同，双方当事人应按照合同的约定享受权利和承担义务。原告应当继续履行合同以避免已砍伐的林木损失。对原告提出与被告解除合同、由被告共同赔偿其经济损失的诉讼请求，予以驳回。

5.（1）乙袜厂违约。按照合同法的有关规定，甲公司起初拒收货物是有法律依据的。

（2）后甲公司同意接受乙袜厂迟延交付的货物并将部分货物出售，因此乙袜厂要求甲公司给付全部货款有理。

（3）乙袜厂逾期交货，应按照合同的约定，向甲公司偿付逾期交货违约金。

（4）甲公司逾期付款，应比照银行有关延期付款的规定向乙袜厂偿付逾期付款违约金。

6.（1）甲公司与乙公司之间转让机床的合同有效。

（2）甲公司中止履行合同的理由成立。

（3）甲公司可以解除合同。

（4）丙公司不能行使留置权。因为根据《担保法》的留置权的法定要件之一是债权人对留置物的占有，而本题中丙公司已经丧失了对机床的占有，因此不能行使留置权。

7.（1）信息公司来电构成要约；（2）澳公司复电构成承诺；（3）假设澳大利亚公司在本国法院起诉，法院不受理。

第3章　商事组织法

一、判断题

× × × × √ × × × × √

二、选择题

D D B D B D D C

三、简答题

略。

案例讨论

1. 甲、乙、丙为拟设立公司的发起人，依法应承担拟设立公司对外拖欠的债务。李某为甲、乙、丙三人委聘的拟设立公司的总经理，不属于拟设立公司的发起人，对拟设立公司对外形成的债务，依法不应承担责任。

2. 担保合同有效。

3. 股东会决议及董事会决议有效。

4. 丙的主张不能得到支持。

5. 股权转让协议有效。丙应支付20万元。

第4章　国际货物买卖法

一、填空题

1.《联合国国际货物买卖合同公约》

2. 国际贸易术语解释通则

3. 合同法，民法总则

4. 义务，非强制性

二、单项选择题

B D C D C C D D

三、多项选择题

1. ABD

2. CD

3. CDE

4. ACD

5. AD

四、判断题

√ √ × × ×

五、简答题

略。

六、论述题

略。

第5章 代理法

一、填空题

1. 被代理人/本人，代理人，外部关系

2. 第三人，知道该代理人没有代理权

3. 支付佣金

4. 意定代理，法定代理

5. 当事人，第三人

二、单项选择题

A D B B A D D

三、多项选择题

1. ABC

2. AB

3. ABC

4. BD

5. AB

四、判断题

× × √ √

五、简答题

略。

六、论述题

略。

案例讨论

1.（1）可以。李某委托王某代为出售电脑，双方形成代理法律关系，但是王某滥用代理权，与张某恶意串通，损害李某的利益，依照《民法总则》第164条的规定，代理人与第三人恶意串通，损害被代理人利益的，应承担民事责任。张某不能取得电脑的所有权，李某有权要求其返还电脑。

（2）王某向赵某出售显示器的行为是无权代理行为，属于效力待定的民事行为。李某没有委托王某出售显示器，因此，王某以李某的名义出售显示器的行为是没有代理权的无权代理行为，其效力处于不确定状态，李某可以追认该行为而使其有效，赵某在知道王某为无权代理后也可以催告李某追认，或者自行撤销该行为。

(3) 王某以自己的名义出售李某的显示器，此属于无权处分行为。赵某虽然不知情，并且合理价格有偿购买，但是赵某没有实际受让该显示器，按照善意取得制度的要件，善意相对人必须实际占有标的物，所以本题中的情形不符合善意取得的要件，赵某不能取得显示器的所有权。

2.(1) 由于 B 公司对 A 公司与甲之间在交易前已终止代理关系并不知情，故有权要求 A 公司对甲的无权代理行为负责。

(2) 甲的行为从商法的角度来看是无权代理行为。在确定了 A 公司对 B 公司的付款责任后，甲要向 A 公司承担还款的责任。如果 A 公司不承担对 B 的付款责任，则甲应向 B 公司承担付款责任。从另一角度上说，甲骗得货物逃之夭夭，若构成诈骗，则同时要负刑事责任。

第6章　产品责任法

一、填空题

1. 美国
2. 生产者，消费者
3. 生产者，不可能，疏忽
4. 疏忽说，违反担保说，严格责任说
5. 《关于对有缺陷的产品的责任的指令》
6. 关于产品责任的法律适用公约

二、单项选择题

A A C B

三、多项选择题

1. ABCDE
2. ABD
3. ABCD
4. ABC
5. ABCD
6. ABCD

四、判断题

× √ √ √ √ √

五、简答题

略。

六、论述题

略。

案例讨论

1. 啤酒瓶爆炸的本身就已经说明了该产品是缺陷产品，原告对此无须承担举证证明责任，必须由被告承担其产品不是缺陷产品的证明责任。

2. 被告应赔偿原告损失。
3. 支持第二种意见。

第7章 票据法

一、选择题

D C B D B

二、简答题

略。

案例讨论

法院审理后认为，本案原告汇票的取得、贴现及返还给银行贴现所得均符合法律规定，是正当的汇票持票人。被告商汇公司实际已取得该汇票的票面金额 10 万元，致使原告已贴现所得仍返还给银行，其合法财产遭受损失。被告赔偿原告 10 万元。

第8章 国际商事仲裁与涉外民事诉讼

一、填空题

1. 常设，临时仲裁机构
2. 调解，仲裁，诉讼
3. 1932 年，国际性商事争端
4. 1976 年，在第 31 届
5. 中立性，自主性，管辖权的非强制性，灵活性，终局性
6. 仲裁

二、单项选择题

C D A B D C

三、简答题

略。

第9章 国际知识产权法

一、选择题

A D D C B B A

二、简答题

略。

案例讨论

1. 根据我国《著作权法》的相关规定，公民的作品，其复制权、发行权、获得报酬权等财产权利的保护期为作者终生及其死亡后 50 年，截至作者死亡后第 50 年的 12 月 31 日。齐白石先生于 1957 年 9 月 16 日去世，其上述权利的保护期截止到 2007 年 12 月 31 日。法院受理此案时，其著作权尚在保护期。

2.（1）根据商标评审委员会的裁定，"兰贵人"在南方一定区域内的流通已成为约定俗成的通用名称，因此，在区分商品来源时不具备显著性功能。（2）根据商标评审委员会的认定，"兰贵人"系非属于六大通用茶类的茶叶分支品种，很难在全国全面流通。但鉴于原被告双方提供的证据中，行业协会及茶厂等的证明，形成的约定俗成的认定，最后形成

的裁定,"兰贵人"在南方一定区域为茶的通用名称。

第10章 电子商务法

一、判断题

1. × 2. × 3. √ 4. √ 5. ×

二、选择题

A C C B C

三、简答题

略。

案例讨论

1. 答:(1)甲、乙两公司之间的合同已经成立,并且是合法有效的。这是因为,首先,两公司之间订立合同的过程并没有问题,符合法律对要约和承诺的基本要求。其次,订立合同的当事人具有相应的民事行为能力,双方意思表示真实,而且合同不违反法律或者社会公共利益,因而符合法律规定的生效要件,所以是合法有效的。尽管当事人双方是通过电子邮件联系的,但这只是订约的形式问题,并不影响合同的成立和生效。(2)甲公司可以以电子邮件作为证据起诉乙公司。因而包含订约双方意思联络的电子邮件可以作为书面证据使用。我国《电子签名法》第4条规定:"能够有形地表现所载内容,并可以随时调取查用的数据电文,视为符合法律、法规要求的书面形式。"

2. 答:本案中被告易趣网实际上扮演了网络服务提供者(英文简称ISP)的角色。无论是按照国际规则还是按照我国相关法律的规定,对被告都应该适用过错责任原则。由此,本案中法院的判决是正确的。

3. 答:本案中原告简艾公司的域名权和商标权都受到了侵犯。原告可以直接与侵权人取得联系,要求对方停止侵害、消除影响、赔偿损失,如果对方拒不承认错误,原告可以按照《中国互联网络信息中心域名争议解决办法》的规定,通过非诉讼解决机制来维护自己的权利。原告也可以到法院起诉,通过司法途径来实现权利救济。

参 考 文 献

- [1] 沈四宝,王军. 国际商法 [M]. 北京:对外经济贸易大学出版社,2016.
- [2] 尹尊声,海闻. 美国商法浅谈 [M]. 上海,上海人民出版社,1995.
- [3] 翟新辉. 中国合同法理论与实践 [M]. 北京:北京大学出版社,2018.
- [4] 约翰·卡拉马里,约瑟夫·佩里罗,海伦·哈德吉扬那基斯·本德,卡罗琳·布朗,美国合同法案例精解 [M]. 王飞,译. 上海:上海人民出版社,2017.
- [5] 解琳,张诤. 英国合同法案例评选 [M]. 北京:对外经济贸易大学出版社,2004.
- [6] 王军. 美国合同法 [M]. 北京:对外经济贸易大学出版社,2011.
- [7] 王军,戴萍. 美国合同法案例选评 [M]. 北京:对外经济贸易大学出版社,2006.
- [8] 王东敏. 公司法审判实务与疑难问题案例解析 [M]. 北京:人民法院出版社,2018.
- [9] 唐青林,李舒. 公司法25个案由裁判综述及办案指南 [M]. 北京:中国法制出版社,2018.
- [10] 张迪圣,张素. 公司法案例讲堂 [M]. 北京:中国法制出版社,2009.
- [11] 李建伟. 公司法案例—裁判经典与法理解释 [M]. 北京:中国政法大学出版社,2008.
- [12] 朱伟一. 美国公司法判例解析 [M]. 北京:中国法制出版社,2000.
- [13] 怀效锋. 中国最新公司法典型案例评析 [M]. 北京:法律出版社,2007.
- [14] 美国经典案例解析,华中大法律网(http://law.hust.edu.cn),2008-4-24,2008-5-8.
- [15] 张玉卿. 国际货物买卖统一法 [M]. 北京:中国商务出版社,2009.
- [16] 张圣翠. 国际商法 [M].7版. 上海:上海财经大学出版社,2016.
- [17] 于宏伟,李返桢,王小龙. 国家司法考试考点案例教程 [M]. 北京:中国人民公安大学出版社,2007.
- [18] 陈迎. 国际商法:实务与案例 [M]. 北京:北京大学出版社,2012.
- [19] 刘春田. 知识产权法 [M]. 北京:中国人民大学出版社,2007.
- [20] 王迁. 知识产权法教程 [M]. 北京:中国人民大学出版社,2007.
- [21] 中华人民共和国民法总则
- [22] 中华人民共和国合同法
- [23] 中华人民共和国公司法
- [24] 中华人民共和国产品质量法
- [25] 中华人民共和国电子商务法
- [26] 中华人民共和国专利法
- [27] 中华人民共和国专利法实施细则
- [28] 中华人民共和国商标法
- [29] 中华人民共和国著作权法
- [30] 中华人民共和国著作权法实施条例
- [31] 曹祖平. 新编国际商法 [M].2版. 北京:中国人民大学出版社,2008.
- [32] 郑远民,吕国民,于志宏. 国际私法:国际民事诉讼法与国际商事仲裁法 [M]. 北京:中信出版社,2002.
- [33] 史学瀛,乔达. 国际商法 [M]. 北京:清华大学出版社,2006.
- [34] 赵秀文. 国际商事仲裁法 [M]. 北京:中国人民大学出版社,2008.

[35] 艾伦·雷德芬,马丁·亨特. 国际商事仲裁法律与实践 [M]. 林一飞, 宋连斌, 译. 北京: 北京大学出版社, 2005.

[36] 范健. 商法学 [M]. 北京: 高等教育出版社, 2007.

[37] 姜建初. 票据法 [M]. 北京: 北京大学出版社, 2000.

[38] 中华人民共和国票据法.

[39] 最高人民法院《关于审理票据纠纷案件若干问题的规定》.

[40] 中华人民共和国民事诉讼法.

[41] 秦成德, 孙德林, 刘继山, 吕西萍, 樊林波. 电子商务法教程 [M]. 西安: 西安交通大学出版社, 2008.

[42] 陈健. 电子支付法研究 [M]. 北京: 中国政法大学出版社, 2006.

[43] 高富平, 张楚. 电子商务法 [M]. 北京: 北京大学出版社, 2002.

[44] 张楚, 谭华霖, 赵占领. 电子商务法 [M]. 北京: 中国人民大学出版社, 2007.

[45] 吴伟光. 电子商务法 [M]. 北京: 清华大学出版社, 2004.

[46] 对外贸易经济合作部条约法律司. 国际电子商务法律汇编 [M]. 北京: 中国对外经济贸易出版社, 2002.

[47] 王丹. 电子商务法律实务 [M]. 上海: 上海交通大学出版社, 2013.

推荐阅读

	中文书名	原作者	中文书号	定价
1	经济学（微观）（原书第7版）	R.格·哈伯 哥伦比亚大学	978-7-111-71012-7	99.00
2	经济学（宏观）（原书第7版）	R.格·哈伯 哥伦比亚大学	978-7-111-71758-4	99.00
3	计量经济学（原书第4版）	詹姆斯·斯托克 哈佛大学	978-7-111-70760-8	109.00
4	经济计量学精要（原书第4版）	达莫达尔·古扎拉蒂 西点军校	978-7-111-30817-1	49.00
5	经济计量学精要（英文版·原书第4版）	达莫达尔·古扎拉蒂 西点军校	978-7-111-31336-6	65.00
6	经济计量学精要（第4版）习题集	达莫达尔·古扎拉蒂 西点军校	978-7-111-31370-1	29.00
7	应用计量经济学（原书第7版）	A.H.施图德蒙德	978-7-111-56546-1	65.00
8	应用计量经济学：时间序列分析（原书第4版）	沃尔特·恩德斯 哥伦比亚大学	978-7-111-57847-5	79.00
9	商务与经济统计（原书第14版）	戴维·R.安德森	978-7-111-71998-4	129.00
10	博弈论：策略分析入门（原书第3版）	罗杰·A麦凯恩	978-7-111-70091-3	89.00
11	时间序列分析：预测与控制（原书第5版）	乔治·E.P.博克斯	978-7-111-71240-4	129.00
12	管理经济学（原书第12版）	克里斯托弗R.托马斯 南佛罗里达大学	978-7-111-58696-8	89.00
13	发展经济学（原书第12版）	迈克尔·P.托达罗 纽约大学	978-7-111-66024-8	109.00
14	货币联盟经济学（原书第12版）	保罗·德·格劳威 伦敦政治经济学院	978-7-111-61472-2	79.00

推荐阅读

序号	书名	作者	中文书号	定价
1	货币金融学	钱水土（浙江工商大学）	978-7-111-65012-6	55.00
2	证券投资分析：理论、务实、方法与案例	王德宏（北京外国语大学）	978-7-111-72500-8	55.00
3	风险管理（第2版）	王周伟（上海师范大学）	978-7-111-55769-2	55.00
4	风险管理学习指导及习题解析	王周伟（上海师范大学）	978-7-111-55631-2	35.00
5	国际金融：理论与政策	汪洋（江西财经大学）	978-7-111-68785-6	69.00
6	金融市场学（第2版）	韩同文（武汉大学）	978-7-111-64656-3	55.00
7	商业银行经营管理	张桥云（西南财经大学）	978-7-111-69067-2	59.00
8	投资银行学：理论与案例（第3版）	马晓军（南开大学）	978-7-111-66146-7	55.00
9	中央银行学	汪洋（江西财经大学）	978-7-111-63489-8	45.00
10	行为金融学（第2版）	饶育蕾（中南大学）	978-7-111-60851-6	49.00
11	财富管理：理论与实践	易行健（广东外语外贸大学）	978-7-111-67696-6	59.00
12	《财富管理：理论与实践》学习指南与习题集	易行健（广东外语外贸大学）	978-7-111-70136-1	39.00
13	个人理财：流程与案例	张颖（对外经贸大学）	978-7-111-69498-4	49.00
14	金融工程	付剑茹（江西师范大学）	978-7-111-71936-6	59.00
15	衍生金融工具基础	任翠玉（东北财经大学）	978-7-111-60763-2	40.00
16	金融风险管理	郭战琴（郑州大学） 李永奎（电子科技大学）	978-7-111-69138-9	49.00
17	金融科技概论	曹衷阳（河北经贸大学）	978-7-111-70927-5	59.00
18	金融服务营销	周晓明（西南财经大学）	978-7-111-30999-4	30.00